Inhaltsverzeichnis

Vorwort

Unter den Hilfen zur Erziehung wird in der Kinder- und Jugendhilfe eine Vielzahl sehr unterschiedlicher Leistungen im ambulanten, teilstationären und stationären Bereich zusammengefasst. Sorgeberechtigte Eltern haben einen gesetzlichen Anspruch auf Hilfen zur Erziehung, wenn sie mit der Aufgabe der Erziehung nicht mehr zurechtkommen und mit den alltäglichen Erziehungsaufgaben überfordert sind. Der Staat wiederum hat die Pflicht, immer dann einzugreifen, wenn die Erziehung durch die Sorgeberechtigten nicht mehr gewährleistet ist und das Wohl des Kindes beeinträchtigt sein könnte. In einigen Fällen kann diese Beeinträchtigung so gravierend sein, dass von einer akuten Gefährdung des Kindeswohls an Leib und Leben auszugehen ist.

Bei den Hilfen zur Erziehung handelt es sich um sozialstaatliche Leistungen, die im Achten Sozialgesetzbuch geregelt sind. Sorgeberechtigte Väter und Mütter, aber auch das Kind selbst, haben das Recht Hilfe, Rat oder Unterstützung beim zuständigen Jugendamt, einer Beratungsstelle oder einer sonstigen Einrichtung der Kinder- und Jugendhilfe in Anspruch zu nehmen.

Die Vielschichtigkeit der infrage kommenden Leistungen und Maßnahmen in den Hilfen zur Erziehung stellen an die Erzieherinnen und sonstigen pädagogischen Fachkräfte in den Jugendämtern, Kindertagesstätten, Erziehungsberatungsstellen und Einrichtungen der Kinder- und Jugendhilfe besondere fachliche Anforderungen.

Das Berufsfeld der Erzieherinnen ist insbesondere im Kinder- und Jugendhilfebereich in ständiger Veränderung und Erweiterung begriffen. Die Arbeit erfordert über das allgemeine pädagogische Grundwissen hinaus ein umfangreiches Fachwissen, um im Interesse des Wohls der Eltern und Kinder verantwortungsvoll entscheiden und kompetent handeln zu können.

Dieses Lehrbuch gibt einen Überblick über die wichtigsten Themenfelder in den Hilfen zur Erziehung. Hierfür wurden die Lehrpläne der einzelnen Bundesländer und auch länderübergreifende Entwicklungen berücksichtigt. Ebenso wurden aktuelle Fragen und Fachthemen aufgegriffen und dargestellt.

Das Lehrbuch orientiert sich in seiner Grundstruktur am kompetenzorientierten Qualifikationsprofil für die Ausbildung von Erzieherinnen an Fachschulen/Fachakademien der Kulturministerkonferenz. Weiterhin wird Bezug genommen auf den länderübergreifenden Lehrplan für die Erzieherinnenausbildung, der von den meisten Bundesländern gemeinsam entwickelt wurde. Vor diesem Hintergrund wird ein grundlegend einführendes Kapitel vorangestellt, das Handreichungen für das Aufgabenfeld der Hilfen zur Erziehung bereithält. Die anschließenden Kapitel orientieren sich in der inhaltlichen Ausrichtung an einem handlungsorientierten Ansatz, der sich in unterschiedlichen Lernfeldern konkretisiert.

Im Vordergrund stehen Themenbereiche zu …
- beruflicher Identität und Professionalität,
- Hilfearten und Trägerstrukturen,
- Lebenslagen und Handlungskonzepten,

- spezifischen sozialpädagogischen Ansätzen,
- Diagnose- und Evaluationsverfahren,
- Institutionen und Teamentwicklung,
- Kooperationen und Schnittstellen.

Vier Formen von Aufgaben tragen dazu bei, die unterschiedlichen Aspekte eines beruflichen Handlungsfeldes kompetenzorientiert zu erarbeiten und zu vertiefen.

Es geht in jedem Kapitel um

V Verstehen

A Analysieren

P Planen

R Reflektieren

Diese Grundstruktur soll dazu beitragen, das sehr heterogene und komplexe Aufgabenfeld der Hilfen zur Erziehung anschaulich und praxisorientiert zu erschließen. Die Hinweise zur weiterführenden Literatur verstehen sich als Anregung, das erworbene Wissen zu vertiefen.[1]

Unter BuchPlusWeb kann Material für ein Planspiel zum Thema: „Aufnahme in die Kinder und Jugendhilfe" kostenfrei heruntergeladen werden. Zudem finden Sie dort weiterführende Literatur sowie Beispiele und Vorlagen.

Mainz, im August 2015

Dr. Richard Hammer

Prof. Dr. Thomas Hermsen

Prof. Dr. Michael Macsenaere

---

1 Aus Gründen der besseren Lesbarkeit wird bei der Verwendung der weiblichen Form der Begriffe Erzieherin, Schülerin usw. stets die männliche Form mitgedacht.

1 EINFÜHRUNG: Handreichungen in das Aufgabengebiet der Hilfen zur Erziehung

Fallbeispiel

Es ist höchste Zeit die Kinder ins Bett zu bringen, da Sie heute mit Ihrer Gruppe eine Exkursion gemacht haben und später als geplant in Ihre Wohngruppe zurückgekommen sind. Sie fordern Steven, einen achtjährigen Jungen, der erst vor drei Wochen aufgenommen wurde, mehrfach auf, ins Bad zu gehen, um anschließend die Nachtruhe einzuläuten. Steven reagiert mit Widerstand und lässt sich nur nach wiederholtem Bitten dazu bewegen. Nachdem er über zwanzig Minuten im Bad verbracht hat und es plötzlich laut wird, betreten Sie nach Anklopfen und Nachfragen das Bad und finden Steven beim Spielen mit Wasserspielzeug wieder. Dabei ist das Waschbecken übergelaufen und der Boden steht unter Wasser. Sie sind energisch, aber ruhig und fordern ihn auf, das Spielen sofort zu beenden und die Überschwemmung zu beseitigen. Steven reagiert mit einem Wutausbruch, beschimpft Sie und wirft mit Gegenständen nach Ihnen.

Wenn Sie in dieser Situation herausgefordert sind, eine passende Handlungsstrategie zu entwickeln, greifen Sie dafür eher in eine Psychologie- oder in die Pädagogikschublade? Sicher sind die Anforderungen, die für geeignete Lösungswege gestellt werden, nicht in einem Fach fundiert zu vermitteln. Wäre es da nicht besser „ganzheitlich" an die Fragestellung heranzugehen und aus einem Fundus von Wissen und Fertigkeiten kompetente Handlungsschritte zu entwickeln?

Dieser Grundidee trägt das **Lernfeldkonzept** Rechnung. Der methodische Aufbau des Unterrichts orientiert sich an der Praxis sonderpädagogischen Handelns, d. h. der Einstieg in die Thematik des Unterrichts verläuft über eine Lernsituation, die eine besondere Szene aus dem pädagogischen Alltag darstellen soll. Sicher würde man in der oben beschriebenen Situation spontan und intuitiv handeln. Aber Intuition muss zur Methode werden, um zu einem professionellen Handeln zu führen. Für eine kompetente Bewältigung dieser Situation reicht es nicht aus, nur Handwerkszeug oder einfache „Kochrezepte" zum Einsatz zu bringen. Nur eine reflektierte Praxis ist eine gute Praxis und gute Lösungen können nur gefunden werden, wenn die professionell Handelnden die Situation gut analysieren und passende Handlungsschritte einleiten können.

Zur Vermittlung der dafür erforderlichen Kompetenzen bietet der Beschluss der Kultusministerkonferenz (KMK) vom 07.11.2002 in der Fassung vom 03.03.2010 eine hilfreiche Grundlage. Er orientiert sich inhaltlich an einem kompetenzorientierten Qualifikationsprofil, das die beruflichen Handlungskompetenzen, über die eine qualifizierte Fachkraft verfügen muss, beschreibt.

Darin miteinbezogen ist die Verpflichtung nach einer engen Verzahnung von Schule und dem Lernort Praxis als zwei bedeutsamen Ausbildungsstätten. Damit kann die Ausbildung handlungsorientiert gestaltet werden, ohne theoriefern zu sein. Die Handlungsorientierung wird gewährleistet durch ein Lernen in vollständigen Handlungsvollzügen (Beobachtung, Analyse, Formulierung von Zielen und Maßnahmen, deren Erfolg evaluiert wird). Der Lernprozess wird dabei kooperativ gestaltet, wobei die Schülerinnen sich weitgehend selbstständig Wissen und Fertigkeiten aneignen sollen. Die Reflexions- und

Teamfähigkeit, später eine wichtige Ressource im Arbeitsfeld der Kinder- und Jugendhilfe, wird hier quasi nebenbei unter „supervisorischer" Begleitung der Lehrkräfte eingeübt.

Diese handlungsorientierte Ausbildung erfolgt in Lernfeldern, welche aus den beruflichen Handlungsfeldern abgeleitet sind, wie sie im kompetenzorientierten Qualifikationsprofil für die Ausbildung von Erzieherinnen (Beschluss der KMK vom 01.12.2011) formuliert und von den Bundesländern in deren Lehrplänen weitgehend übernommen wurden. Diese Lernfelder umfassen Zielformulierungen, Zeitrichtwerte und Angaben zu Lerninhalten, die thematisch aus den Arbeitsfeldern der Kinder- und Jugendhilfe abgeleitet werden und somit eine generalistische Ausbildung gewährleisten.

Es ist nun Aufgabe der Lehrkräfte, diese Lernfelder durch die Gestaltung und fundierte Bearbeitung von Lernsituationen zu erschließen und in didaktisch gestalteten Unterrichtseinheiten den Schülerinnen die Möglichkeit zu bieten, sich die dafür notwendigen Kenntnisse und Fertigkeiten anzueignen.

Die didaktische Planung muss also berücksichtigen, wie professionelle Handlungskompetenz in der Unterrichtseinheit erworben werden kann. Das heißt, dass es hier gelingen muss, Theorien der Pädagogik, Psychologie und anderer Fachwissenschaften so in den Unterricht einzubauen, dass ihre praktische Relevanz unmittelbar deutlich wird. Bei der Lösung praktischer Probleme sollten sich die Schülerinnen auf die Suche nach Theoriebausteinen machen, die sie für ihren Fall lösungsorientiert anwenden können, um somit praktisch ihr Wissen zu erweitern. Diese aktive Aneignung von Wissen und Fertigkeiten führt zu einer kontinuierlichen Verbesserung einer beruflichen Handlungskompetenz, verbunden mit einer professionellen Haltung, die stets im praktischen Handeln reflektiert werden kann.

Professionelle Haltung

In Anlehnung an den Deutschen Qualifikationsrahmen wird die professionelle Haltung als personale Kompetenz in den Kategorien Sozialkompetenz und Selbstständigkeit beschrieben. Sie wird in einem komplexen Lernprozess erworben, der sich in alle Lernfelder und in den Lernort Praxis hinein erstreckt.

„Die Entwicklung einer professionellen Haltung ist ein wesentliches Ziel im Ausbildungsprozess, denn die Qualität der professionellen Beziehungs- und Bildungsarbeit der Fachkraft in den verschiedenen Arbeitsfeldern kann nur durch die Weiterentwicklung von Selbstständigkeit und Sozialkompetenzen der Fachschülerinnen und Fachschüler im Rahmen der Ausbildung erreicht werden. Hierbei ist insbesondere auf den Erwerb von kommunikativen Kompetenzen hinzuweisen, die unerlässlich für die Gestaltung einer ressourcenorientierten pädagogischen Interaktion mit dem Kind, Jugendlichen bzw. jungen Erwachsenen sind. Diese Entwicklungsprozesse werden durch die Reflexion des eigenen pädagogischen Handelns im Prozess der Ausbildung an den Lernorten Schule und Praxis nachhaltig angeregt und gefördert."
(Quelle: BöfAE, 2012, S. 20)

Da die „Methode Lernsituationen" nicht automatisch auch Lernerfolge produziert, muss bei der Gestaltung des Unterrichts große Sorgfalt geleistet werden.

Eine Hilfestellung dafür sollen die Texte in diesem Buch liefern, das sich in seinem Aufbau am kompetenzorientierten Qualifikationsprofil für die Ausbildung von Erzieherinnen an Fachschulen/Fachakademien (Beschluss der KMK vom 01.12.2011) orientiert. Die einzelnen Lernfelder werden erarbeitet mit vielen praktischen Beispielen, die alle aus dem Bereich der „Hilfen zur Erziehung" (§§ 27 bis 35a SGB VIII, Kinder- und Jugendhilfe) entnommen sind.

„Folgende Unterrichtsprinzipien unterstützen diese Lernprozesse:

- Der Erwerb beruflicher Handlungskompetenz erfordert einen handlungsorientierten Unterricht, der Lernen in vollständigen Handlungsvollzügen (Lernsituationen) ermöglicht. Kooperatives Lernen im Team, zunehmende Steuerung des Lernprozesses durch die Schülerinnen/Studierenden und selbstreferenzielles Lernen sind dabei wichtige Elemente.
- Die zu vermittelnden Inhalte und theoretischen Modelle, die für den Erwerb der beruflichen Handlungskompetenz erforderlich sind, orientieren sich an den Anforderungen des Berufs. Damit werden die Fachwissenschaften in den beruflichen Kontext eingebunden.
- Der Unterricht stellt eine enge Theorie-Praxis-Verknüpfung sicher. Strukturierte Lernprozesse am Lernort Praxis werden mit dem Unterricht am Lernort Schule didaktisch verknüpft.
- Die Entwicklung der professionellen Haltung erfordert einen Unterricht, der beziehungsorientiertes Lernen in den Lernorten Schule und Praxis ermöglicht.
- Kooperative und selbstgesteuerte Lernformen unterstützen die Gestaltung von Lernprozessen, durch die lernmethodische Kompetenzen erworben werden.
- Forschendes Lernen und erwachsenengerechte Lehr-/Lernformen besitzen eine hohe Relevanz für die fachliche Weiterentwicklung in der Ausbildung und späteren Berufspraxis.
- Unterrichtsprozesse sind im Sinne der doppelten Vermittlungspraxis [also Schule und Praxis als enge Verzahnung der beiden Lernorte] so gestaltet, dass die Qualität von Lehr-/Lernformen und der Beziehungsgestaltung in die Berufspraxis transferiert werden."

(Quelle: BöfAE, 2012, S. 13, verändert)

2 LERNFELD 1: Berufliche Identität und Professionalität in den Hilfen zur Erziehung

2.1 Geschichte der Hilfen zur Erziehung

2.1.1 Ein Blick zurück

Die Geschichte der Hilfen zur Erziehung lässt sich in der Realität nicht immer so lesen, wie es die Theorie verspricht. Der Gedanke des Helfens war häufig überdeckt von den gesellschaftlichen Interessen der herrschenden Gesellschaftsschicht. So kümmerte man sich um die Kinder und Jugendlichen oft nur dann, wenn es den gesellschaftlichen Notwendigkeiten nützlich erschien.

2.1.2 Von der Armenpflege bis zu den Hilfen zur Erziehung

2.1.2.1 Erste Findel- und Waisenhäuser

Im frühen Mittelalter wurden Kinder und Jugendliche mit Behinderungen oder die verwaist waren, von kirchlichen Einrichtungen aufgenommen, da den Gläubigen so die Möglichkeit geboten war, ihre Christenpflicht zu erfüllen und sich mit der Gabe von Almosen den Einlass ins Paradies „zu erkaufen".

Um das Ganze in geordneten Bahnen zu lenken, richteten die Städte auch Fürsorgeeinrichtungen für alle Hilfsbedürftigen ein, die sich nicht selbstständig versorgen konnten. Diese waren zunächst angegliedert an die Hospitäler und nahmen all die Menschen auf, die wir heute als Obdachlose bezeichnen würden. Kinder und Erwachsene, Männer und Frauen, Behinderte und Nichtbehinderte. Erst ab dem 12. Jahrhundert wurden in Deutschland die ersten Findel- und Waisenhäuser eingerichtet, in denen Kinder untergebracht wurden. Als Erziehung erhielten sie vermutlich nur religiöse Unterweisungen und eine Anleitung zum Betteln, dessen Erfolg dem Haus zugutekam, in dem sie lebten. Auf diese Weise mussten die Kinder mit ihrem Erlös zum Unterhalt der Findel- und Waisenhäuser beitragen. Berichte vom Anfang des 16. Jahrhunderts zeigen uns, dass es den Kindern nicht schlecht ging. Erst später, gegen Ende des 16. Jahrhunderts, als sich die Bettler zunehmend zu einer Belastung entwickelten, da die Naturalwirtschaft verfiel und der Arbeitsmarkt die Menschen nicht mehr aufnehmen konnte, wurde die Bettelei mit Körperstrafen, ja sogar mit der Todesstrafe belegt. In Nürnberg wurden um diese Zeit mehr als 4 000 Bettler gezählt, was etwa ein Fünftel der gesamten Einwohnerzahl ausmachte. In der Folge kam es zum Verbot des Bettelns und zur Einsperrung von Bettelkindern in den Findelhäusern. Diese blieben trotz wirtschaftlicher Schwierigkeiten auch während des 30-jährigen Krieges aufrechterhalten. Sie schienen dort beinahe so etwas wie einen Schonraum zu genießen und hatten zwar einen ausgefüllten und geregelten Tag, der geprägt war von Beten und Arbeiten, in dem aber auch eine schulische Ausbildung und eine Erholungszeit nicht vermisst wurden.

Erst als in der zweiten Hälfte des 17. Jahrhunderts, durch die Folgen des 30-jährigen Krieges mit seinen vielen Toten und Seuchenkrankheiten, die Bevölkerung stark dezimiert wurde und gleichzeitig mit dem wirtschaftlichen Aufschwung, dem entstehenden Welthandel und Merkantilismus ein erhöhter Bedarf an Arbeitskräften entstand, war es mit dem ruhigen Leben in den Findel- und Waisenhäusern vorbei. Alle verfügbaren Arbeitskräfte, die nach dem Krieg ziemlich knapp waren, wurden gebraucht, natürlich auch die der Waisen- und Findelkinder.

Seit der Mitte des 17. Jahrhunderts nahm der Anteil der gewerblichen Arbeit in den Findel- und Waisenhäusern immer größeren Raum ein. Nach holländischem Vorbild wurden zahlreiche Waisenhäuser gegründet, in denen die umherziehenden Kinder und Jugendlichen untergebracht und durch Arbeit „gebessert und erzogen" wurden. In der Regel waren diesen Waisenhäusern Manufakturbetriebe direkt angeschlossen, sodass eine optimale Ausnutzung der billigen Arbeitskräfte gewährleistet war. Ab dem sechsten Lebensjahr mussten die Kinder täglich acht Stunden harte Arbeit leisten und noch zusätzlich vier Stunden Unterricht über sich ergehen lassen. Den ganzen Tag mussten sich die Kinder in geschlossenen Räumen aufhalten und wurden nur selten vom Aufsichtspersonal ausgeführt.

Kupferstich eines Waisenhauses von William Hogarth

2.1.2.2 Pietisten

Aus der Kritik an diesen Waisenhäusern, die in der Regel räumlich mit Arbeits- und Zuchthäusern vereint waren, wurden von **Pietisten**, einer evangelischen Religionsbewegung, die vor allem im süddeutschen Raum Verbreitung fand, mehrere Waisenhäuser eingerichtet, in denen die Kinder nicht nur durch Arbeit ausgebeutet, sondern zu gottesfürchtigen Menschen erzogen werden sollten. Zucht und Askese waren wesentliche Gesichtspunkte im Erziehungsprogramm von August Hermann Francke, einem der bedeutendsten Vertreter dieser Bewegung. Erziehung war aufzufassen als Bekehrung des erbsündenbelasteten Kindes, welche auf dem religiösen Verständnis fußte, dass jeder Mensch mit Erbsünde belastet zur Welt kommt. Diese Kinder mussten ständig nützlich beschäftigt sein, um vor den Verlockungen der Welt geschützt zu werden und lernten dadurch schon frühzeitig ihren von Gott gegebenen Platz in dieser Welt auszufüllen. Im Gegensatz zu den Arbeitshäuser trat bei

August Hermann Francke (1663–1727), Theologe

Francke der Erwerbszweck in den Hintergrund. Die Kinder wurden also nicht durch ihre Arbeit ausgebeutet, sondern durch Arbeit zur Arbeit erzogen. Da es nicht um den Verbrauch von Arbeitskräften ging, sondern um deren Herausbildung, wurde auch großer Wert auf die körperliche Erziehung und Pflege der Kinder gelegt. Jedes Kind schlief – aus Angst vor Übertragung von ansteckenden Krankheiten – in seinem eigenen Bett und wurde täglich gewaschen und gekämmt. Die hohen Ansprüche konnten jedoch nicht lange aufrechterhalten werden. Aus ökonomischen Zwängen heraus gingen die pietistischen Einflüsse immer mehr zurück zugunsten gewerblicher Interessen, sodass Francke aus heutiger Sicht als erster „Fürsorgeunternehmer" bezeichnet werden kann. Die Lebensbedingungen der Kinder verschlechterten sich zusehends, nicht selten war deshalb eine Sterblichkeitsquote von bis zu 25 % zu verzeichnen.

Pietismus, *abgeleitet vom lateinischen pietas (= Frömmigkeit) war im späten 17. Jahrhundert eine Erweckungsbewegung des Protestantismus. Sie setzte sich kritisch ab gegen die Aufklärung und richtete die Aufmerksamkeit auf die Innerlichkeit des Menschen. Sie betonte die Bedeutung des tätigen Lebens, orientiert an den Glaubensinhalten der Bibel. Über die Gründung der Stiftung in Halle wurden diese Ideen für die Pädagogik fruchtbar gemacht.*

Die franckeschen Anstalten um 1749

2.1.2.3 Aufklärung

Das Zeitalter der Aufklärung (um 1800) brachte wieder humanistische Ideen ins Spiel. Es wurden immer mehr Stimmen gegen die Waisenhauserziehung laut. Auch die Findelhäuser, wo die meisten Kinder schon bald nach ihrer Einlieferung an Infektionskrankheiten und Ernährungsstörungen starben, gerieten in Misskredit. Nur wenige Kinder erlebten das zweite Lebensjahr. Im folgenden Kampf um die Verbesserung der Lebensbedingungen dieser Kinder, der als „Waisenhausstreit" in die Jugendhilfegeschichte einging, taten sich besonders die **Philanthropen** hervor. Diese traten für eine kindgerechtere Erziehung ein, die sie sich nur in ländlichen Pflegefamilien und in den von ihnen eingerichteten Schulen vorstellen konnten, wo die Kinder nicht brutal ausgebeutet, sondern nach den Grundsätzen des Philanthropismus unterrichtet und zu vernünftigen Menschen und tüchtigen Arbeitern erzogen werden sollten.

Gegen Ende des 18. Jahrhunderts wurde ein großer Teil der bestehenden Waisenhäuser geschlossen. Fraglich ist, ob es wegen der moralischen Bedenken oder eher aus finanziellen Gründen geschah. Die in der Folge bevorzugten Pflegestellen waren erheblich billiger als die Unterbringung in den Waisenhäusern.

Doch sehr bald gerieten auch die Pflegestellen in Verruf, da sie, oft übereilt und ohne besondere staatliche Kontrolle ausgesucht, nicht den Anforderungen der Kindererziehung genügten. Die Kinder wurden meist von armen Familien aus finanziellen Gründen aufgenommen und als billige Arbeitskräfte ausgenutzt. Erziehung und gesunde Lebensbedingungen waren von nachrangiger Bedeutung, sodass die Sterblichkeit in den Pflegefamilien denen der Waisenhäuser nicht nachstand. Deshalb wurden im Zuge einer Neuorganisation viele Waisenhäuser wieder geöffnet, in denen die Kinder untergebracht wurden, die den Pflegeeltern davongelaufen waren oder von diesen zurückgegeben wurden. Ein wesentlicher Gewinn an Lebensqualität für die Kinder wurde dadurch jedoch nicht erreicht. Die politischen und wirtschaftlichen Entwicklungen in der Zeit nach den Befreiungskriegen gegen Napoleon und der anschließenden Restaurationsära mit der Wiederbelebung des Absolutismus, verhinderten durchgreifende Reformen. Die staatlichen Kassen waren leer, die Bevölkerung verdoppelte sich innerhalb kurzer Zeit und die Errichtung von Fabriken in den Städten rissen die Menschen aus ihrer Heimat fort, in das Elend der Städte, in denen das Gesetz des Stärkeren herrschte. Die Kinder mussten um ihr Überleben kämpfen, die Erziehung fand auf der Straße, vor allem aber in den Fabriken statt.

Der **Philanthropismus** *(= Menschenliebe) setzte die Ideen der Aufklärung in der Pädagogik um. Er ging aus von der Annahme über die Bildsamkeit des Menschen und seiner Erziehungsbedürftigkeit. Durch die Gründung eigener Schulen bestätigte er die praktische Bedeutung seiner Theorien, die über die Reformpädagogik bis heute ihre Wirksamkeit entfalten können.*

Philanthropinum

2.1.3 Von der Fürsorgeerziehung zur Kinder- und Jugendhilfe

2.1.3.1 Rettungshausbewegung

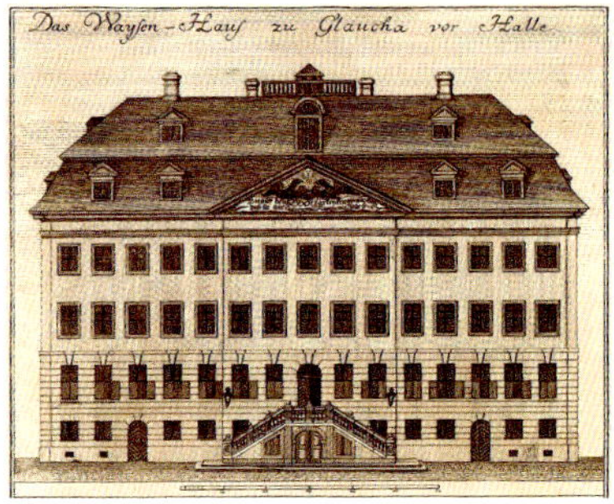

Das Rauhe Haus

In dieser Phase, als sich das staatliche Engagement auf dem Gebiet der Kinder- und Jugendfürsorge zurückentwickelte, traten wieder verstärkt private, insbesondere religiöse Hilfsorganisationen in den Vordergrund. Erneut getragen von pietistischem Gedankengut, entstanden aus der „Rettungshausbewegung" mehrere Waisenhäuser. Das bekannteste und bis heute noch existierende „Rauhe Haus" wurde 1833 in Horn bei Hamburg von Johann Heinrich Wichern (1808–1881) gegründet. Diese Institutionen wollten zwar einen Beitrag zur Bekämpfung von Not und Elend der verwaisten und verwahrlosten Jugend leisten, sie standen jedoch von Anfang an unter dem Zwang, ökonomisch über die Runden zu kommen. Die Aufnahme in die Rettungshäuser war freiwillig – im Gegensatz zu den staatlichen Zwangserziehungsanstalten – und die erzieherische Tätigkeit wurde getragen von christlichen Ideen. Die Unabhängigkeit vom Staat wurde jedoch erkauft mit der Abhängigkeit von Spendengeldern oder von selbst erwirtschafteten Einkünften. Deshalb spielte neben der erzieherischen Zielsetzung die Berufsarbeit eine nicht unwichtige Rolle in der Tagesgestaltung der Zöglinge, wobei nicht der Erwerb, sondern die Erziehung durch die Arbeit im Vordergrund stand.

So wohlgemeint wie die Versuche waren, die Jugend vor dem Verfall zu retten, so hilflos waren sie gegen die massiven Auswirkungen der Industrialisierung. Die Erziehungsansätze des Rauhen Hauses orientierten sich an einem christlichen Menschen- und Weltbild, das die „Heilige Familie" in die Heimerziehung transportieren sollte. Es war sicher ein Fortschritt, in Anlehnung an Pestalozzi, die „Wohnstubenerziehung" in den Rettungshäusern anzuwenden. Die Erziehung war jedoch bürgerlich und ging an den Lebensbedingungen der Kinder und Jugendlichen des entstehenden Proletariats vorbei. Die Kritik an der Gesellschaft war moralisch, sie suchte die Schuld am Abfall des Einzelnen vom Christentum und übersah, dass der Zerfall der Familie den neuen Arbeitsbedingungen in den Fabriken zuzuschreiben war, die für die meisten nicht nur den Verlust der Heimat, sondern – wegen der Kinder- und Frauenarbeit – auch noch die Auflösung der Familien bedeutete. Die Bedeutung der Rettungshäuser nahm deshalb auch in der zweiten Jahrhunderthälfte ab, wirkte aber nach beim Aufbau der „Inneren Mission", die 1946 in das „Diakonische Werk" überging. Das Los der verwahrlosten Kinder und Jugendlichen war es, wieder vermehrt in die Armen- und Besserungsanstalten des Staates oder in privaten Pflegestellen untergebracht zu werden, weil in den Zwangserziehungsanstalten zu wenig Platz war, oder weil Pflegestellen billiger waren. Den Pflegestellen machten Gesetze ein Ende – nachdem „Engelmacherei", Ausbeutung und Verwahrlosung in den Pflegefamilien wieder massiv aufgetreten waren –, zumindest was die „schwererziehbaren" Kinder und Jugendlichen betraf.

Betsaal im Rauhen Haus (um 1845)

Knabenarbeitssaal im Rauhen Haus

*In der ersten Hälfte des 19. Jahrhunderts entstand im süddeutschen Raum die „***Rettungshausbewegung***", deren Ziel es war, armen und gesellschaftlich verwahrlosten Kindern und Jugendlichen zu helfen und sie in die Gesellschaft zu integrieren. Ihr bedeutendster Vertreter war der Hamburger Theologiestudent Johann Heinrich Wichern, der 1832 das noch heute bestehende „Rauhe Haus" gründete. Er nahm zum Teil vorbestrafte Jugendliche auf, bildete sie handwerklich aus und wollte damit seinen Beitrag gegen den Verfall der christlichen Staats- und Gesellschaftsordnung leisten. Orientiert an einem vorindustriellen Gesellschaftsbild führte er in seinem pädagogischen Konzept neue Ideen ein wie etwa die Unterbringung in familienähnlichen Gruppen, die Einbeziehung der Mitverantwortung der Jugendlichen und die Bedeutung von Arbeit und Freizeit für den erzieherischen Prozess. Seine Arbeit gilt als Grundstein der heutigen Diakonie.*

Johann Hinrich Wichern (1808–1881), Theologe

2.1.3.2 Situation nach dem Ersten Weltkrieg

Wegen der massiven Zunahme der verwahrlosten Kinder und Jugendlichen und dem Mangel an geeigneten Anstalten wurden diese in spezialisierten Heimen und Erziehungsanstalten untergebracht, die nach dem Ersten Weltkrieg überwiegend nur noch Versorgungscharakter vorweisen konnten, mit einem strikt geplanten Tagesreglement und einer überaus strengen Disziplin.

Rühle beschreibt sehr drastisch, dass nicht Erziehung, sondern harte Arbeit und Strafe das Leben in den Fürsorgeheimen bestimmten, die nach Inkrafttreten des Reichsjugendwohlfahrtgesetzes (1922) als Nachfolgeeinrichtungen der Zwangserziehungsheime zahlenmäßig stark anwuchsen.

Erich Birnbaum, Fürsorgehöllen, 1932

„Lasst alle Hoffnung hinter Euch! [...] Diese ‚Fürsorge' hat mit Pestalozzis Geist und Güte nichts gemein. In der Uniform des Aufsehers und Büttels schreiten sie einher; mit Flüchen und rohen Worten treiben sie auf Feldern und in düstren Werkstätten zur Arbeit an; auf kahlen Höfen mit Glasscherben auf den Mauern oder in öden Gelassen mit Gitterfenstern bis zum vierten Stock walten sie hart und lieblos ihres Amtes. [...] Dunkle Karzer, [...] Gummischläuche, [...] die neunschwänzige Katze und der Prügelstock, [...] diese widerliche Frucht eines Systems, das eine einzige große Versündigung am Recht des Kindes verkörpert, ist es, was sich – von wenigen rühmlichen Ausnahmen abgesehen – heute bei uns Fürsorgeerziehung nennt."
(Quelle: Rühle, 1923, S. 316, gekürzt)

2.1.3.3 Heimrevolten

Diese unmenschlichen Verhältnisse blieben der Öffentlichkeit nicht verborgen und lösten massive Proteste sowohl außerhalb als auch innerhalb der Einrichtungen aus, wo sie 1928 bis 1932 in „Heimrevolten" ihren Höhepunkt erreichten. Einflüsse der Reformpädagogik und Konzepte der sozialistischen Erziehung, die aus der Arbeiterbewegung heraus entwickelt wurden, blieben in der Regel beschränkt auf wenige Ausnahmen. Es waren Experimente von nur kurzer Dauer, oder bezogen sich – wie das Beispiel der **„Landerziehungsheimbewegung"** zeigt – nicht auf die Kinder und Jugendlichen, die in den Fürsorgeerziehungsheimen untergebracht waren. Diese Heime dienten weiterhin der Gesellschaft als Korrekturanstalten fehlgelaufener Sozialisation oder der Isolierung „verdorbener" Jugendlicher.

Landerziehungsheime *waren Internate, deren Pädagogik in Abwendung von der Kultur der Großstadt auf die heilende Wirkung der Natur setzte. Ihre Pädagogik wandte sich gegen die Buchschule und war sehr praxisorientiert ausgerichtet. Sie setzte auf die Selbsttätigkeit und Selbstverwaltung der Schüler, die in der Begegnung mit der Natur in der Gemeinschaft zu sozialen und auch gesunden Menschen heranwachsen sollten, ohne Alkohol und Nikotin. Körperliche Abhärtung, Nächstenhilfe und ästhetische Bildung gehörten zu den Kernelementen dieser Pädagogik.*

2.1.3.4 NS-Zeit

Eine tiefgreifende Umstrukturierung der Jugendhilfe erfolgte in der Zeit des deutschen Faschismus, in der sich der Staat und die privaten, meist kirchlichen Träger, die Aufgabe der Kinder- und Jugenderziehung teilten – nach Maßgabe der Nationalsozialisten. In den staatlichen Fürsorgeerziehungsheimen, die „NS-Jugendheimstatt", die im Rahmen der Nationalsozialistischen Volkswohlfahrt (NSV) unter der Leitung der Hitlerjugend standen und von ideologietreuen Erzieherinnen geführt wurden, fanden nur „erblich unbelastete", körperlich, geistig und seelisch nicht geschädigte Kinder und Jugendliche Aufnahme, während die „erbkranken" Personen, die als unerziehbar galten, in Heil- und Pflegeanstalten oder in Arbeitshäusern untergebracht wurden. Ab 1940 wurde mit der Einrichtung von **Jugendschutzlagern** die letzte „Lücke der Fürsorgeerziehung" geschlossen. Jugendschutzlager wurden nicht zum Schutze der Jugend eingerichtet (wie der Name vermuten lässt), sondern zur Internierung von Jugendlichen, die nicht den nationalsozialistischen Idealen entsprachen. Sie sollten dort umerzogen, später dann „ausgemerzt" werden.

Arbeiten in den Anlagen der Siedlung und beim Straßenbau im KZ Ravensbrück

Die aus nationalsozialistischer Sicht schwersterziehbaren, kriminellen und asozialen Jugendlichen wurden in „Schutzlager untergebracht, wo sie unter militärischem Drill und hartem Zwang, ähnlich dem der Konzentrationslager, überleben mussten. Dies war nicht einfach, da ihr Leben immer bedroht war von der Gefahr, endgültig als ‚unerziehbar' kategorisiert und mit Erreichen der Volljährigkeit ins Konzentrationslager gebracht zu werden. Sie hätten damit das Los der Kinder und Jugendlichen geteilt, die in konfessionellen Heimen untergebracht waren. Diese galten zunächst als ‚erziehungsunwürdig', später dann als ‚lebensunwürdig' – eine Kategorisierung, die für viele mit einem ‚leichten Tod' (= Euthanasie) endete."
(Hammer, 1995, S. 88)

Auf deutschem Boden gab es in Moringen (bei Solingen) ein Jungenkonzentrationslager, in dem bis Kriegsende 1 400 Jugendliche interniert waren. Für Mädchen und junge Frauen wurde das Jugendkonzentrationslager Uckermarck in der Nähe des Frauenkonzentrationslagers Ravensbrück eingerichtet. Hier wurden zwischen 1942 und Anfang 1945 circa 1 200 Mädchen und junge Frauen inhaftiert. In der Propaganda wurde dies als „letzter Erziehungsversuch" etikettiert, in der Realität waren es Ausgrenzung und Vernichtung „unwerten Lebens".

2.1.3.5 Neuanfang nach 1945

Eine schwere Bürde hatte die Jugendwohlfahrt nach der Befreiung Deutschlands vom Hitlerfaschismus zu übernehmen. Materiell war das Land am Boden zerstört, viele Waisenhäuser und Heime waren ausgebombt und oft nicht mehr als Heim für die Kinder und Jugendlichen zu nutzen. Der Krieg machte viele Kinder zu Waisen oder gab sie – völlig haltlos und ohne Hilfe von Erwachsenen – der Verwahrlosung preis.

Diese Orientierungslosigkeit machte sich auch bei den Heimpädagogen breit, hatten sie doch auch jeglichen ideologischen Rückhalt verloren. Eingebunden in das nationalsozialistische Erziehungssystem, ausgerichtet nach dem Führerprinzip, mit einer Erziehung, die sich streng an den Idealen der Nationalsozialisten orientierte, erfüllten sie ihren Auftrag, der jetzt als verbrecherisch galt. Diese Kritik konnte auch nicht Halt machen vor den kirchlichen Einrichtungen der Inneren Mission und der Caritas. Auch sie hatten ihren Teil dazu beigetragen, die Volksgemeinschaft von „Ballastexistenzen" zu befreien, wobei die Tötung des „unwerten Lebens" nicht bei Menschen mit geistiger Behinderung Halt machte, sondern auch „asoziale und kriminelle Existenzen" mit einbezog.

Erziehungsanstalt für katholische Knaben im französischen Spielfilm „Sie küssten und sie schlugen ihn" (1968)

Theoretisch konnte man zwar anknüpfen an die 1920er-Jahre, wo es – im Zusammenhang mit der Reformpädagogik – ausgezeichnete Beispiele fortschrittlicher Heimerziehung gab. Sieht man von einigen wenigen Ausnahmen ab, die, meist von privater Hand geführt, alternative Wege der Heimerziehung gegangen sind, änderte sich jedoch im allgemeinen wenig, da viele Einrichtungen beim Neubeginn auf altbewährte Kräfte zurückgriffen.

Arbeitende Heimkinder

Schlechte räumliche Verhältnisse und eine unzureichende Versorgung erschwerten Anfang der 1950er-Jahre die Erziehung der Kinder und Jugendlichen, die in viel zu großen Gruppen (mit 25 bis zu 60 Gleichaltrigen) zusammenlebten, ebenso, wie das

Schlafsaal einer Erziehungsanstalt

schlecht oder fachlich gar nicht ausgebildete Personal, das mit der Arbeit meist überfordert war. Folge war, dass Zucht und Ordnung als Erziehungsprinzip dominierten, wo Liebe und Zuneigung angemessen gewesen wären.

Erste Reformversuche mit ihren Forderungen nach kleineren, am Familienprinzip orientierten Gruppen, der Verbesserung der fachlichen Ausbildung der Erzieherinnen, die Einführung therapeutischen Angebots, wie sie von der Arbeitsgemeinschaft für Erziehungshilfe (AFET) 1959 in den „Richtlinien für heilpädagogische Heime" initiiert wurden, mussten zunächst scheitern, da die politische Öffentlichkeit an der Verbesserung der Qualität der Heimerziehung nicht interessiert war. Das Nachkriegsdeutschland kümmerte sich nur um das Wirtschaftswunder, nicht aber um randständige Existenzen, die den Lauf der Dinge nicht stören konnten, solange sie in meist weit abgelegenen Anstalten verwahrt wurden. Die Gesellschaft hatte es nicht nötig, sich um diese Kinder und Jugendlichen zu sorgen, solange nur diese unter den Lebensbedingungen leiden mussten.

2.1.3.6 Heimkampagne

Ende der 1960er-Jahre schien dann dieser Punkt erreicht zu sein. Mitten hinein in die stillen Versuche, Heimerziehung von innen heraus zu erneuern und qualitativ auf einen höheren Stand zu bringen, platzte die von der Studentenbewegung initiierte „**Heimkampagne**", die mit ihren Forderungen an die Ziele der „Heimrevolte" Ende der 20er-Jahre des 20. Jahrhunderts anknüpfen konnte.

Durch die Besetzung von Heimen und die Befreiung von Jugendlichen aus geschlossenen Erziehungsanstalten geriet die Heimerziehung ins Licht der Öffentlichkeit. Die Medien berichteten in aller Ausführlichkeit über die Ereignisse, stellten die Lage der Jugendlichen dar und publizierten deren Forderungen. Der Versuch, die „befreiten Jugendlichen" in „sozialistischen Jugendwohnkollektiven" unterzubringen, wo sie gemeinsam mit den Studenten leben sollten, scheiterte jedoch an der intellektuellen Überheblichkeit und an der Unfähigkeit der Studenten, die soziale Lage der „deklassierten Jugendlichen" richtig einzuschätzen.

„Als die ‚Heimkampagne' nach zweijährigem, oft stürmischem Verlauf, zu Ende ging, war es zwar nicht gelungen, die wesentlichen Forderungen der Jugendlichen und Studenten durchzusetzen. Durch die Öffentlichkeitswirksamkeit wurde jedoch ein so großer Reformdruck erzeugt, dass es schließlich doch zu einigen einschneidenden Änderungen im Bereich der Jugendhilfe kam. Die Heime wurden nicht nur durch politische Aktionen, sondern vor allem durch Deprivationsstudien als Aufbewahrungsanstalten für Kinder in Frage gestellt. Die Entwicklung von Alternativen zur Heimerziehung, hin zu familienunterstützenden und -ergänzenden Erziehungshilfen sowie zur Adoption, ließ die Belegzahlen in den Anstalten erheblich zurückgehen, da sie erst dann in Betracht gezogen wurden, wenn alle anderen ambulanten und familienorientierten Hilfen gescheitert waren. Diese negative Auslese der Klientel führte zu einer Verlagerung der Altersstruktur auf ältere Kinder und Jugendliche, deren Verhaltensweisen die Grenzen der pädagogischen Wirkungsmöglichkeiten aufzeigten. Um den Anforderungen des erhöhten Schwierigkeitspotenzials zu genügen, und um gegen die Konkurrenz der zunehmenden Kleinstheime bestehen zu können, mussten die Träger der traditionellen Heimeinrichtungen mit Maßnahmen reagieren, die das Angebot Heim nach außen hin attraktiver, nach innen effektiver gestalten sollten."

(Quelle: Hammer, 1995, S. 133)

Die positive Entwicklung der Belegzahlen in den 1980er-Jahren macht deutlich, dass es der Kinder- und Jugendhilfe zwar gelungen ist, die Jugendämter von ihrer Leistungsfähigkeit zu überzeugen, ein wirksamer Effekt über die Fachöffentlichkeit hinaus scheint jedoch nicht erzielt worden zu sein. Heimerziehung wird in der Öffentlichkeit nach wie vor argwöhnisch beurteilt und die Entwicklung in den 1990er-Jahren zeigt, dass in Zeiten öffentlicher Sparsamkeit an dieser Stelle zuerst finanzielle Einschränkungen spürbar werden – eine Tendenz, die sich durch die gesamte Geschichte der Kinder- und Jugendhilfe nachvollziehen lässt.

Der Binneneffekt ließ endlich die Forderungen zum Tragen kommen, die bereits Ende der 1950er-Jahre gestellt wurden, aber wegen fehlender Unterstützung nicht durchgesetzt werden konnten. Unterstützt durch die Reformeuphorie der beginnenden 1970er-Jahre, führte die Kritik an den bestehenden Verhältnissen in der Heimerziehung zu einer verbesserten Ausstattung der Einrichtungen, zur Verringerung der Gruppengrößen, zur Anhebung der Pflegesätze und der Qualifikation des Personals, die es ermöglichten, das erzieherische Angebot zu differenzieren und zu dezentralisieren.

Mittlerweile befindet sich die Kinder- und Jugendhilfe in einer Phase der Konsolidierung. Stieg die Zahl der Unterbringungen in den Jahren bis 2010 deutlich an, so verlangsamt sich nun dieser Anstieg sowohl im ambulanten, als auch im stationären Bereich. Dennoch kann davon ausgegangen werden, „dass es nach wie vor junge Menschen in besonders schwierigen Lebenslagen gibt, für die lediglich eine Fremdunterbringung in Frage kommt. Ein aktuelles Beispiel und damit auch eine Herausforderung für die Jugendämter vor Ort sind in diesem Zusammenhang sicherlich die unbegleiteten minderjährigen Flüchtlinge oder auch Ausländer und Ausländerinnen, die mitunter eine zunehmende Rolle in den Hilfen gemäß § 34 SGB VIII einnehmen."

(Quelle: Fendrich/Tabel, 2015, S. 7)

Aufgabe

V *Lesen Sie die folgenden Texte, recherchieren Sie dazu im Internet und stellen Sie Ihre Erkenntnisse in einer Kleingruppe vor.*

A *Formulieren Sie, welche Bedeutung diese Ereignisse für die Heimerziehung heute haben.*

Textauswahl zur Kinder- und Jugendhilfe

Reformansätze im Bundesverband für Erziehungshilfe

Der AFET (Allgemeine Fürsorge-Erziehungs-Tag) begrüßte die neue Öffentlichkeit und bezog in dem Artikel „Aktionen gegen die Heimerziehung" im Dezember 1969 wie folgt Position (AFET-Mitglieder-Rundbrief Nr. 6/7, Dez. 1969):

Aktionen gegen die Heimerziehung

„Der AFET sieht seine Aufgabe nicht darin, sich in einzelnen Aktionen zugunsten der einen oder anderen Seite einzuschalten. Es muss jedem Heim und seinem Träger überlassen bleiben, wie er reagiert und wie weit er Diskussionen durchführt. Ein Regulativ für ein aktuelles Verhalten in solcher Situation kann nicht gegeben werden. Die Formen der Aktionen haben vielfach Unwillen hervorgerufen – im Sinne der APO sollen sie es auch. Ohne sich über und für solche Formen aussprechen zu können, sollte immerhin bedacht werden, welcher Wandel in der Denkweise vorliegt: abgewogene und dezente Formen, die sich um äußerste Sachlichkeit bemühen, sind im heutigen Allgemeindenken zurückgetreten vor kritischen und mit Emotion vorgetragenen Äußerungen. Dieses Erscheinungsbild ist hinzunehmen und sogar teilweise zu begrüßen, da das Engagement zu unserer Arbeit, die energischere Vertretung der pädagogischen Aufgaben vor der Öffentlichkeit und die Betonung des subjektiven Empfindens als Ausdruck einer autonomen Haltung zu den notwendigen und wichtigen Entwicklungsvorgängen unserer Zeit gehören. Dass wir allerdings auch Grenzen sehen, [...] ist ebenfalls selbstverständlich. Der sachliche Inhalt der Aktionen mit seinen Forderungen, wie nach Heimparlament, Arbeitsentlohnung, progressive Erziehung und vielen anderen, entspricht durchaus den notwendigen Reformbestrebungen, die heute in jeder Einrichtung intensiv bedacht werden sollten und die auch ein Anliegen des AFET hauptsächlich in seiner Ausschußarbeit bilden."
(Quelle: Mangold/Schrapper, 2010, S. 59, gekürzt und verändert)

Auszug aus dem Flugblatt der Staffelbergaktion am 28.06.1969

Heimkampagne

„Noch ist es uns unmöglich, Erziehungsheime abzuschaffen. Deshalb bleibt uns im Augenblick nichts anderes übrig, als Änderungen zu erkämpfen.
Wir fordern: Aufstellung eines geheim gewählten, unabhängigen Heimrates, der alle Entscheidungen im Heim fällt, als Übergangslösung: an allen Entscheidungen beteiligt ist, dieser Rat macht Änderungsvorschläge, die öffentlich diskutiert werden müssen.
Wir fordern: Öffentlichkeit der Erzieherkonferenz [...].
Wir fordern: Sofortigen Abbruch des Karzers; die übrige Geschlossene Abteilung muss umorganisiert werden.
Wir fordern: Tarifgerechte Löhne und freie Verfügung darüber (kein Geldentzug!).
Wir fordern: Offenlegung sämtlicher Verwaltungsvorgänge, Finanzkontrolle usw.
Wir fordern: Dass der Staat uneingeschränkt die Kosten für die Heimunterbringung trägt.
Wir fordern: Rausschmiss aller Erzieher, die prügeln bzw. geprügelt haben.
Wir fordern: Abschaffung der Postzensur.
Wir fordern: Dass das ganze Heim Tag und Nacht geöffnet und unkontrolliert Mädchenbesuch möglich ist.

Wir fordern: Freie Berufswahl.
Wir fordern: Abschaffung der Anstaltskleidung und Flatterklamotten; die Haarlänge geht die Erzieher einen Dreck an."
(Quelle: Brosch, 1971, S. 97 f. gekürzt und verändert)

Weitere Texte zum Thema „Heimerziehung in der (alten) Bundesrepublik Deutschland und der Deutschen Demokratischen Republik – und was wir daraus lernen können. Eine Textcollage" von Manfred Kappeler finden Sie zum Beispiel unter www.linksnet.de/de/artikel/29609.

Auszug aus Briefen ehemaliger Heimkinder
„Ich bin ein ehemaliges Heimkind aus dem Kalmenhof in Idstein und schreibe über meine furchtbaren Erlebnisse aus meinen Kindertagen. Ich war von Ende der 1950er-Jahre bis September 1962 in Kalmenhof. Ich war sehr traurig, hatte Depressionen und habe viel geweint, weil ich nicht wusste, warum meine Eltern (Pflegeeltern) mich nicht mehr haben wollten. Ich wusste bis dahin noch nicht, dass ich Pflegeeltern hatte, das habe ich alles erst in Kalmenhof erfahren.
Ich musste im Kalmenhof viel arbeiten: der Holzfußboden musste mit Stahlspänen auf Knien und mit den Händen geschrubbt werden, dann gebohnert und mit einem Bohnerklotz blank poliert werden. Ich musste auch im Waschhaus oder auf dem Feld schwer arbeiten.
Einmal die Woche, immer Sonnabends, wurde geduscht, wenn dann mal wieder ein Mädchen Schläge mit nassen Handtüchern von den anderen Mädchen bekam, hatte ich immer Angst. Es waren auch Mädchen dabei, die das Sagen hatten. Oft musste ich zur Erzieherin Frau Franz, das war für mich eine alte Hexe. Sie hat mich immer an den Haaren gezogen und eingesperrt, bei Wasser und Brot. Oft habe ich zwei Tage in diesem Waschraum verbracht.
Ich war davon so müde und kaputt und musste trotzdem hart arbeiten. Ich habe das alles nicht mehr ausgehalten, ich bekam Krampfanfälle mit Bewusstlosigkeit. Ich kam ins Heimkrankenhaus, dort erlitt ich dann einen Anfall nach dem anderen. Meine Kinderseele war kaputt und hat sehr gelitten. Jeden Tag habe ich im Kalmenhofgelände diese weißen Kreuze gesehen, auch davon bekam ich Depressionen und hatte Angst, dass ich auch sterben muss und so ein Kreuz bekomme".
(Quelle: Nagel, 2015)

Filme:

Kritischer Bericht zu Erziehungsanstalten in der Schweiz (1972) unter www.youtube.com/watch?v=ba3mJLJkRIl&hd=1.

„Bambule": Fernsehspiel des Südwestfunks von 1970 von Ulrike Meinhof unter www.ubu.com/film/meinhof_bambule.html.

„Napola – Elite für den Führer": deutscher Spielfilm aus dem Jahr 2004.

„Die unbarmherzigen Schwestern" (*The Magdalene Sisters*): britisch-irisches Filmdrama von Peter Mullan aus dem Jahr 2002.

„Freistatt": deutscher Spielfilm aus dem Jahr 2015.

„Hermines Liste": Dokumentarfilm, 2006 unter www.hermine-schneider.de/.

Zusammenfassung

Im frühen Mittelalter wurden in ***Findel- und Waisenhäusern*** *Kinder und Jugendliche mit Behinderungen oder ohne Angehörige von kirchlichen Einrichtungen aufgenommen, da dadurch den „Gläubigen" die Möglichkeit geboten war, ihre Christenpflicht zu erfüllen und sich mit Almosen den Einlass ins Paradies zu erkaufen.*

Aus der Kritik an den katastrophalen Zuständen in diesen Einrichtungen richteten ***„Pietisten"*** *Waisenhäuser ein, in denen die Kinder nicht durch Arbeit ausgebeutet, sondern zu gottesfürchtigen Menschen erzogen werden sollten.*

Im Zeitalter der ***Aufklärung*** *traten vor allem die „Philanthropen" für eine kindgerechte Erziehung ein. Kinder sollten nicht mehr ausgebeutet, sondern zu vernünftigen Menschen und tüchtigen Arbeitern erzogen werden.*

Dieses Anliegen wurde auch in der ***„Rettungshausbewegung"*** *aufgegriffen, die einen Beitrag zur Bekämpfung von Not und Elend der verwaisten und verwahrlosten Jugend leisten wollten. Der Zwang, ökonomisch über die Runden zu kommen führte dazu, dass auch hier die Kinder und Jugendlichen arbeiten mussten, wobei aber nicht der Erwerb, sondern die Erziehung durch die Arbeit im Vordergrund stand.*

In der ***NS-Zeit*** *wurden körperlich, geistig bzw. seelisch geschädigte Kinder und Jugendliche, nach nationalsozialistischer Auffassung also „erbkranke" Menschen, in Heil- und Pflegeanstalten oder in Arbeitshäusern oder „Schutzlagern" untergebracht. Stellten sie sich als „unerziehbar" heraus, wurde ihrem Leben mit dem „leichten Tod" (= Euthanasie) ein Ende gesetzt.*

Der ***Neuanfang nach 1945*** *stellte die Kinder- und Jugendhilfe vor eine große Herausforderung, da das Land materiell am Boden zerstört war und im Krieg viele Kinder zu Waisen gemacht worden waren. Knappe finanzielle Ressourcen und schlecht ausgebildetes Personal führten zu oft untragbaren Zuständen. Erste Reformversuche zur Verbesserung der Lebensbedingungen scheiterten, da die politische Öffentlichkeit an der Verbesserung der Qualität der Heimerziehung nicht interessiert war.*

Dies änderte sich durch die ***„Heimkampagne"*** *1968, die durch ihre Hausbesetzungen und die Befreiung von Jugendlichen einen massiven Druck auf die Öffentlichkeit ausübte. Durch diese politischen Aktionen, vor allem aber auch durch Deprivationsstudien wurden die Heime als Aufbewahrungsanstalten für Kinder infrage gestellt und mit familienunterstützenden und -ergänzenden Erziehungshilfen vielfache Alternativen entwickelt. Die Reform der Erziehungshilfen führte zur* ***Dezentralisierung, Professionalisierung und Differenzierung*** *der sozialpädagogischen Arbeit, für die durch das Kinder- und Jugendhilfegesetz 1990 eine rechtliche Grundlage geschaffen wurde.*

2.2 Hilfen zur Erziehung und der Schutz von Ehe und Familie

2.2.1 Familie und Sozialstaat

Ehe und Familie stehen in vielen Ländern unter besonderem Schutz des Staates. In Deutschland wird dieser Schutz ausdrücklich im Grundgesetz geregelt. Dort heißt es in Artikel 6 des ersten Abschnitts der Grundrechte der Bundesrepublik Deutschland:

§

I. Die Grundrechte
Artikel 6
(1) Ehe und Familie stehen unter dem besonderen Schutze der staatlichen Ordnung.
(2) Pflege und Erziehung der Kinder sind das natürliche Recht der Eltern und die zuvörderst ihnen obliegende Pflicht. Über ihre Betätigung wacht die staatliche Gemeinschaft.
(3) Gegen den Willen der Erziehungsberechtigten dürfen Kinder nur auf Grund eines Gesetzes von der Familie getrennt werden, wenn die Erziehungsberechtigten versagen oder wenn die Kinder aus anderen Gründen zu verwahrlosen drohen.
(4) Jede Mutter hat Anspruch auf den Schutz und die Fürsorge der Gemeinschaft.
(5) Den unehelichen Kindern sind durch die Gesetzgebung die gleichen Bedingungen für ihre leibliche und seelische Entwicklung und ihre Stellung in der Gesellschaft zu schaffen wie den ehelichen Kindern.

Art. 6 GG

Unter einer Ehe wird hiernach eine gesetzlich (und kirchlich) anerkannte Lebensgemeinschaft von Mann und Frau verstanden. Die traditionelle Familie besteht aus den Eltern und den leiblichen Kindern und beschreibt im juristischen Sinne einen sozialen Status, der durch ein Beziehungsverhältnis von Eltern und Kindern gekennzeichnet ist. Zu einer Familie zählt auch eine eingetragene Lebenspartnerschaft mit dem leiblichen oder angenommenen Kind eines Lebenspartners, die zusammen in sozial-familiärer Gemeinschaft leben.

Durch die verfassungsrechtliche Verankerung von Ehe und Familie im Artikel 6 des Grundgesetzes macht der Staat deutlich, dass es sich bei der Lebensform Ehe und Familie um eine besonders bevorzugte, privilegierte Lebensform handelt, die durch vielschichtige Maßnahmen gefördert und geschützt wird. Hierzu gehören insbesondere spezifische steuerrechtliche Vorteile (z. B. Kinderfreibeträge, Freibeträge für den Betreuungs- und Erziehungs- oder Ausbildungsbedarf) und besondere (sozial-)gesetzliche Regelungen zum Schutz, zur Förderung und Unterstützung der Familie. Hervorzuheben ist hier insbesondere das Vierte Buch des Bürgerlichen Gesetzbuchs (BGB) als juristische Basis für die Rechtsinstitute der Ehe und Familie sowie das Achte Sozialgesetzbuch (SGB VIII Kinder- und Jugendhilfe).

In der Literatur wird von einer sogenannten institutionellen Garantie von Ehe und Familie gesprochen, die verfassungsrechtlich geschützt ist. Der Staat bekennt sich durch das Grundgesetz zu einer wertentscheidenden Grundsatznorm, indem er eine bestimmte Lebensform als unantastbares Kernelement staatlicher Gemeinschaft als Ideal benennt.

Warum hat die Bundesrepublik Deutschland Ehe und Familie vorbehaltlos durch das Grundgesetz unter den besonderen Schutz der staatlichen Ordnung gestellt?

Die Verfasser des Grundgesetzes wollten auf einer normativen Ebene deutlich machen, dass es sich bei der Familie um ein entscheidendes Strukturelement der Gesellschaft handelt. Hierbei sollte hervorgehoben werden, dass Ehe und Familie quasi „menschenrechtlichen Status" einnehmen. Auf der Basis einer lebenslangen, monogamen Verbindung von Mann und Frau wird nach Einschätzung der Verfassungsgeber die Grundlage für ein Beziehungsverhältnis gelegt, aus der dann eine Familiengründung folgen soll. Die Familie bildet insofern das Fundament für Stabilität, Kontinuität und Reproduktion des Staates durch seine in ihm lebende Bevölkerung. Ehe und Familie bilden in diesem Selbstverständnis ein wichtiges Funktionselement zur

- demografischen (Sicherung der Fortpflanzung der Mitglieder einer Gesellschaft),
- ökonomischen (Sicherung der wirtschaftlichen Produktivität einer Gesellschaft),
- normativen (Sicherung einer spezifischen Wertebasis als Fundament der Gesellschaft),
- kulturellen (Sicherung eines bestimmten Basisbestandes und Selbstverständnisses der Lebensführung) und
- sozialen (Sicherung des Wohlfahrtsstaates auf der Basis einer stabilen Solidargemeinschaft) Sicherung des Zusammenlebens in einer staatlichen Gemeinschaft.

Neben der besonderen Bedeutung für den Erhalt der Gesellschaft, die hier zum Ausdruck kommen soll, wird die Familie als ideales Umfeld für heranwachsende Kinder gesehen. Aus diesem Grunde garantiert der Gesetzgeber in Art. 6 Abs. 2 des Grundgesetzes den Eltern ein umfassendes Sorge- und Erziehungsrecht. Die Pflege und Erziehung der Kinder sind das natürliche Recht der Eltern und stellen eine ausdrückliche Verpflichtung für diese dar. In den Schutzbereich von Ehe und Familie darf der Staat prinzipiell nicht eingreifen, zugleich besitzt der Staat allerdings auch eine gewisse Wächterfunktion, da es sich bei Ehe und Familie um ein besonders wertvolles Gut einer Gesellschaft handelt.

Der Einzelne hat grundsätzlich die Freiheit und das Recht, Eingriffe jeglicher Art von staatlicher Seite abzuwehren. Zugleich ist der Staat allerdings berechtigt, stellvertretend einzugreifen, wenn bestimmte Voraussetzungen erfüllt sind. Vor diesem Hintergrund lässt bereits das Grundgesetz gewisse Ausnahmen zu, die durch weitere familienrechtliche Vorschriften konkretisiert werden. Erscheint zum Beispiel das Wohl eines Kindes gefährdet, sind angemessene staatliche Eingriffe zulässig. Gegen den Willen der Erziehungsberechtigten, so Artikel 6 Absatz 3 GG, dürfen Kinder nur aufgrund eines spezifischen Gesetzes von der Familie getrennt werden, wenn die Erziehungsberechtigten versagen und/oder wenn aus anderen Gründen eine Verwahrlosung des Kindes droht.

Die Wächterfunktion des Staates wird in Deutschland überwiegend durch die zuständigen Jugendämter wahrgenommen und gewährleistet. Diese greifen dann ein, wenn zum Beispiel durch Gewalt in der Familie das Wohl des Kindes gefährdet ist oder aber wenn Eltern oder Elternteile mit der Erziehungsaufgabe überfordert sind, etwa bei physischer und psychischer Vernachlässigung.

Seit Inkrafttreten des Grundgesetzes im Jahr 1949 haben sich aber auch die Lebensstile, Lebenseinstellungen, Werthaltungen und das Verständnis von Partnerschaft, Ehe und Familie in der Bundesrepublik erheblich gewandelt. Sozialwissenschaftler sprechen in diesem Zusammenhang von einer Modernisierung der Gesellschaft, die ihren Ausdruck unter anderem in einer Individualisierung und Pluralisierung der Lebensformen findet, die wiederum zu einem Strukturwandel von Ehe und Familie geführt hat. Die Ehe mit Kindern ist mittlerweile nur eine von vielen Lebensformen, die im Alltag unter den Oberbegriff Familie fallen. Darüber hinaus verändern sich Lebensstile und Lebensweisen bereits mehrfach während des eigenen Lebens. Hierfür sind u. a. die deutlich längere Lebenserwartung, der allgemeine Wandel der Erwerbsarbeit, der zunehmende materielle Wohlstand sowie die wachsende Mobilität der Menschen verantwortlich.

Inzwischen wird bereits jede dritte Ehe geschieden und es werden neue (eheähnliche) Beziehungen eingegangen. Familien bestehen vielfach aus Kindern, die von unterschiedlichen Eltern stammen (Patchworkfamilie) und auch gleichgeschlechtliche eheliche Beziehungen sind längst, neben vielen anderen, zu einer anerkannten Lebensform geworden.

Diese Vielfalt der Familienformen findet auch Ausdruck in weitreichenden Änderungen des Familienrechts, auf die an dieser Stelle allerdings nicht näher eingegangen wird.

Grundsätzlich ist festzuhalten, dass der Strukturwandel der Familie dazu geführt hat, dass diesem Wandel im Zusammenleben der Menschen auch ein verändertes Verständnis des Familienbegriffs gefolgt ist. Die traditionelle Kleinfamilie ist inzwischen auch im juristischen Sinne nur eine Form von Familie, der andere alternative Lebensformen gleichgestellt werden, die ebenfalls unter den institutionellen Schutz des Artikels 6 GG fallen. **Geschützt sind nun alle Formen gelebter Eltern-Kind-Beziehungen** (Einelternfamilien, Familien mit Stief-, Adoptiv- und Pflegekindern, Lebenspartnerschaften und nichteheliche Lebensgemeinschaften mit – gemeinsamen – Kindern). Darüber hinaus steigt mit dem Wandel der Familie auch der Grad der Destabilisierung von Familienformen mit der Folge, dass öffentliche Erziehungseinrichtungen, Bildungs- und Freizeitangebote an Bedeutung gewinnen.

Im Vordergrund steht daher nicht mehr ein normatives und aus heutiger Sicht eher konservatives Verständnis eines klassischen Familienmodells. In den Fokus der Gesellschaft und der Gesetzgebung rücken stattdessen stärker sowohl das persönliche Kindeswohl als auch die Gleichberechtigung aller Mitglieder der Familie. Nicht nur die Rechte der (Ehe-) Frauen, sondern auch diejenigen der Kinder finden zunehmend Beachtung. Kinder werden als eigenständige Rechtssubjekte mit eigenen Entscheidungs- und Handlungsspielräumen einbezogen.

Die grundsätzliche Auffassung des staatlichen Schutzes von Ehe und Familie hat sich auch international durchgesetzt und wurde ausdrücklich durch internationales Recht grenzüberschreitend festgeschrieben. Verwiesen sei in diesem Zusammenhang auf Artikel 33 Absatz 1 der Charta der Grundrechte der Europäischen Union, die ausdrücklich den Schutz der Familie in rechtlicher, sozialer und wirtschaftlicher Hinsicht gewährleistet. Ergänzt wird diese Charta auf globaler Ebene durch die Allgemeine Erklärung der Menschenrechte vom 10. Dezember 1948 (Artikel 16 Abs. 3) sowie den Internationaler Pakt über bürgerliche und politische Rechte vom 19. Dezember 1966 (Art. 23 Absatz 1).

2.2.2 Lebens- und Problemlagen von Kindern, Jugendlichen und Familien

Den Medien sind fast täglich Mitteilungen über Formen der Kindesvernachlässigung in Familien, einer zunehmenden Gewaltbereitschaft von Kindern und Jugendlichen in Schulen sowie eines steigenden Trends zur Kriminalität und des Konsums von Drogen, wie z. B. Alkopops oder Ecstasy bei jungen Menschen, zu entnehmen. Da viele dieser Kinder und Jugendlichen noch nicht strafmündig sind, fallen die Fälle nicht in den Zuständigkeitsbereich der Strafgerichte, sondern hier greift in den meisten Fällen die öffentliche Jugendhilfe mit ihren jeweiligen gesetzlichen Grundlagen (SGB VIII).

Das Achte Sozialgesetzbuch ist das Ergebnis eines sich seit den 1920er-Jahren vollziehenden Reformprozesses in der öffentlichen Jugendhilfe. Es gab eine Vielzahl von gesetzlichen Vorläufern, die bereits vor Gründung der Bundesrepublik Deutschland den Schutzauftrag des Staates für heranwachsende Kinder und Jugendliche hervorhoben und konkretisierten. Am 1. April 1924 trat das Reichsgesetz für Jugendwohlfahrt (RJWG) in der Weimarer Republik in Kraft. 1953 wurde die Jugendhilfe wieder in die Selbstverwaltung der Kommunen überführt. Von 1961 bis 1990 fand das Jugendwohlfahrtsgesetz (JWG) zur Regelung der öffentlichen Jugendhilfe in der Bundesrepublik Deutschland Anwendung. Zum 1. Januar 1991 trat dann, nach langer Reformdebatte, das Kinder- und Jugendhilfegesetz, SGB VIII, bundesweit in Kraft.

Das heutige SGB VIII umfasst eine Vielzahl von Leistungen und Aufgaben der Kinder- und Jugendhilfe, die in Zusammenarbeit mit öffentlichen und freien Trägern staatliche Unterstützungsangebote anbietet, um elterliche Erziehungsverantwortung zu ermöglichen, zu unterstützen und zu stärken. Beispiele hierfür sind Kindertageseinrichtungen und Kindertagespflege, Hilfen zur Erziehung und Jugendsozialarbeit.

Lernsituation

Stefanie ist 28 Jahre alt und als Kassiererin in Teilzeit bei einer großen Supermarktkette beschäftigt. Sie ist Mutter von drei Kindern: der 8-jährigen Anna und den 6 Jahre alten Zwillingen Finn und Leon. Stefanie lebt seit zwei Jahren mit den Kindern vom Ehemann getrennt und das Scheidungsverfahren läuft. Aktuell weiß Stefanie nicht mehr, wie es weitergehen soll. Sie ist mit der Erziehung überfordert, kann sich durch ihre Berufstätigkeit nicht intensiv um die Kinder kümmern und auch das Geld wird am Ende des Monats immer wieder knapp. Die fehlende Zeit für die Kinder und die ständigen Geldnöte sind oft der Grund für familiäre Streitigkeiten.

Der leibliche Vater Christian (32 Jahre) trinkt sehr häufig und hat aufgrund seiner Alkoholsucht momentan keinen Kontakt zu den Kindern. Er hat wenig Interesse an seinen Kindern und besucht diese auch nur sehr selten. Stattdessen trifft er sich lieber mit seinen Kumpels an einem Kiosk in der Stadtmitte und verbringt dort nach seinem Schichtdienst bei einem großen Waschmittelkonzern seine Freizeit.

Wenn er die Familie besucht, ist er meist stark alkoholisiert und es kommt häufig zu Streitigkeiten zwischen Stefanie und Christian. Diese Situation belastet Anna und die Zwillinge sehr.

Die Lehrerinnen der Kinder und die Betreuerin der offenen Ganztagsschule sprechen Stefanie immer wieder auf die schulischen Probleme der Kinder an. Anna ist oft unkonzentriert und fällt in den letzten Monaten durch schlechte Schulleistungen auf. Die Zwillinge fallen durch aggressives Verhalten in der Schule auf und auch ihre Schulleistungen haben erheblich nachgelassen.

Nach einem erneuten Gespräch mit der Schulleitung ist Stefanie sehr besorgt und wendet sich hilfesuchend an das Jugendamt. Ihr ist klar geworden, dass sie was unternehmen muss. Nach einigen Beratungsgesprächen mit der zuständigen Sozialarbeiterin vom Jugendamt stellt Stefanie einen Antrag auf Gewährung einer Hilfe zur Erziehung. Stefanie hofft, dass der Familie eine Sozialpädagogische Familienhilfe gut tun wird. Auch die Kinder verstehen sich mit der zuständigen Sozialarbeiterin sehr gut und sind froh, dass der Mutter nun geholfen wird.

Nach sechs Monaten hat sich die Situation gebessert. Anna hat sich in ihren Schulleistungen verbessert. Sie nimmt sich wieder Zeit, um gemeinsam mit den Freundinnen etwas zu unternehmen und muss nicht mehr so viel im Haushalt mithelfen. Finn und Leon werden durch den Sozialdienst der Schule individueller betreut und erhalten einen speziellen Förderunterricht. Durch diese Betreuung hat Stefanie auch wieder mehr Zeit, gemeinsam mit den Kindern etwas zu unternehmen. Sie muss sich nun nicht mehr so intensiv um die Hausaufgabenbetreuung kümmern, ist viel ausgeglichener und strahlt auch wieder mehr Lebensfreude aus.

In Absprache mit dem Jugendamt und dem beteiligten freien Träger haben sich alle Beteiligten im Rahmen der Hilfeplanung darauf verständigt, die Sozialpädagogische Familienhilfe zu verlängern, um die Situation weiter zu stabilisieren. In Zukunft soll auf Wunsch von Stefanie und den Kindern der Versuch unternommen werden, auch den Kontakt zum leiblichen Vater zu intensivieren. Ein erstes Gespräch zwischen der Sozialarbeiterin und Christian verlief sehr positiv.

P ***Sie kommen als sozialpädagogische Familienhelferin in die Familie. Welche Maßnahmen ergreifen Sie? Warum haben Sie gerade diese Maßnahmen ausgewählt? Begründen Sie bitte Ihre Entscheidung.***

Der Fall von Stefanie und Christian ist frei erfunden, aber die beschriebenen Lebensumstände und Problemlagen sind durchaus repräsentativ.

Das Bundesministerium für Familie, Senioren, Frauen und Jugend (BMFSFJ) erstellt regelmäßig einen Bericht über die Lebenssituation junger Menschen und die Leistungen der Kinder- und Jugendhilfe in Deutschland. Der aktuelle Bericht kommt zu dem Ergebnis, dass die Mehrheit der Kinder und Jugendlichen in einem guten sozialen Umfeld aufwachsen und eine überwiegend sorglose Kindheit und Jugend verbringen. Gleichzeitig gilt es aber auch festzuhalten, dass Kinder und Jugendliche die am stärksten von Armut betroffene Bevölkerungsgruppe sind. In besonderer Weise sind Kinder von Alleinerziehenden und Mehrkindfamilien tangiert. Armut führt weiterhin bei Kindern und Jugendlichen nicht nur zu materiellen Einschränkungen, sondern beeinträchtigt zudem die kulturelle, soziale und gesundheitliche Versorgung und das allgemeine Wohlbefinden. Fast jeder dritte junge Mensch kommt aus einem Elternhaus, das entweder von Armut bedroht ist, in dem die Eltern keiner Erwerbstätigkeit nachgehen oder aber selbst keine ausreichenden Schulabschlüsse vorweisen können. Bestimmte soziale Gruppen, hierzu gehören auch Migrantenfamilien, sind weiterhin häufiger armutsgefährdet und weisen einen der oben genannten Risikofaktoren auf, die Armutslagen begünstigen.

Die Ergebnisse zeigen auch, dass Bildung weiterhin eine zentrale Schlüsselressource bleibt, um vor dem Hintergrund bestehender sozialer Ungleichheit soziale Benachteiligungen abbauen oder vermindern zu können. Umso bedeutsamer ist die Frühförderung von Kindern zur Begünstigung von Chancengerechtigkeit.

Der Stellenwert der öffentlichen Jugendhilfe nimmt vor dem Hintergrund dieser Entwicklung weiter zu. Die Förderung der Entwicklung von Kindern und Jugendlichen ist nicht mehr vorrangig eine familiäre, sondern zunehmend auch zu einer gesellschaftlichen Gestaltungsaufgabe geworden. Die frühkindliche Förderung, Bildung, Betreuung und Erziehung wird neben der Familie verstärkt auch öffentlichen Institutionen übertragen. Kinder und Heranwachsende werden vermehrt von pädagogischen Fachkräften in öffentlichen Institutionen wie Kindertagesstätten, Kindergärten, Vorschulen und Schulen zum Teil ganztägig betreut und begleitet. Der Prozess des Aufwachsens findet – neben der Familie – verstärkt auch außerhalb der Familie statt. Hierbei verliert die Familie allerdings nicht an Bedeutung, sondern das Heranwachsen wird durch öffentliche Einrichtungen wie Kindertageseinrichtungen, Ganztagsschulen und eine Vielzahl von Leistungen der öffentlichen Jugendhilfe und -arbeit ergänzt. Diese ersetzen aber die Familie nicht. Es kommt stattdessen zu einer neuartigen Verschränkung und einem sich gegenseitig ergänzenden Mischungsverhältnis von öffentlicher und privater Verantwortung.

Diese neue Form der Kooperation ist nicht kostenneutral zu haben. Der Bericht des Bundesministeriums kommt zu dem Schluss, dass die Jugendämter nicht nur eine verstärkte

Verantwortung wahrnehmen, sondern damit hat in Zukunft auch eine verbesserte finanzielle Ausstattung der Kommunen durch die Politik zu erfolgen.

Vor dem Hintergrund der beschriebenen gesellschaftlichen Veränderungen wird verständlich, dass das allgemeine Angebot öffentlicher Unterstützung im Bereich der Kinder- und Jugendhilfe inzwischen zu einer selbstverständlichen und sozial akzeptierten Form der Förderung geworden ist. Wie im Fallbeispiel von Stefanie und Christian beschrieben, gibt es für Eltern oder Alleinerziehende die Möglichkeit, nach SGB VIII verschiedene Hilfeformen in Anspruch zu nehmen. Inzwischen ist es zu einer Selbstverständlichkeit geworden, dass man sich beim zuständigen Jugendamt Rat einholt und bei Bedarf auch Hilfe bekommt. Das Jugendamt ist im Selbstverständnis der Bevölkerung zu einem kooperativen Partner geworden, der gemeinsam mit den beteiligten Familienmitgliedern Ziele und Hilfeformen abstimmt. Diese Entwicklung wird allgemein als sehr positiv bewertet, hat aber auch zur Folge, dass in den vergangenen 20 Jahren sowohl das Leistungsspektrum als auch die Fallzahlen und Kosten der Kinder- und Jugendhilfe erheblich zugenommen haben.

Ausgaben der Träger der öffentlichen Kinder- und Jugendhilfe 2013 nach Bundesländern und ausgewählten Leistungsbereichen

Land	Ausgaben insgesamt	Veränderung zum Vorjahr	Darunter			
			Ausgaben für Kindertages-betreuung	Veränderung zum Vorjahr	Hilfe zur Erziehung[1]	Veränderung Zum Vorjahr
	Millionen Euro	%	Millionen Euro	%	Millionen Euro	%
Baden-Württemberg	4 438	17,3	3 064	22,2	943	10,2
Bayern	5 029	13,1	3 570	16,5	966	5,3
Berlin	1 929	6,4	1 269	7,7	449	4,7
Brandenburg	1 184	6,6	824	8,0	261	4,8
Bremen	374	8,7	181	5,8	162	11,0
Hamburg	926	3,7	570	1,6	269	10,2
Hessen	3 095	12,1	1 976	16,1	763	5,7
Mecklenburg-Vorpommern	624	9,1	401	10,8	169	9,0
Niedersachsen	3 041	10,7	1 835	14,3	888	6,7
Nordrhein-Westfalen	7 650	7,4	4 540	9,8	2 319	3,9
Rheinland-Pfalz	1 818	7,8	1 206	10,3	452	3,7
Saarland	480	8,6	269	10,2	154	5,5
Sachsen	1 834	9,6	1 397	10,3	298	15,1
Sachsen-Anhalt	909	8,1	644	9,9	190	6,7
Schleswig-Holstein	1050	12,2	645	17,9	286	4,8
Thüringen	836	7,0	612	8,7	134	5,5
Deutschland[2,3]	35 527	10,2	23 013	13,0	8 707	6,1

[1] Hilfe zur Erziehung, Eingliederungshilfe für seelisch behinderte Kinder und Jugendliche, Hilfe für junge Volljährige und vorläufige Schutzmaßnahmen.
[2] Einschließlich der Ausgaben vom Bundesministerium für Familie, Senioren, Frauen und Jugend.
[3] Abweichungen in den Summen durch Runden der Zahlen.

(Quelle: Statistisches Bundesamt, Wiesbaden)

Während der letzten zwei Jahrzehnte sind die jährlichen Ausgaben der Kinder- und Jugendhilfe von 15 Mrd. Euro auf über 30 Mrd. Euro gestiegen. Selbst wenn man die Inflationsrate mit berücksichtigt, so ist seit Einführung des SGB VIII ein Kostenanstieg um über 40 % nachweisbar. Die finanziellen Aufwendungen der Hilfen zur Erziehung betragen knapp 8,7 Mrd. Euro (Stand 2013) und haben sich in den letzten Jahren (von 2000 bis 2013) um mehr als 3 Mrd. Euro erhöht.

Es wäre allerdings zu einseitig, wenn man aus diesen Kostensteigerungen den Schluss ziehen würde, dass die Steigerung der Ausgaben das Ergebnis einer erheblichen Zunahme der sozialen Problemlagen bei Familien und ihren Kindern ist. Für die allgemeinen Ausgabensteigerungen sind vorrangig die oben beschriebenen Veränderungen im politischen und fachlichen Selbstverständnis des Wohlfahrtsstaates zur Jugendhilfe verantwortlich. Die verstärkte öffentliche Verantwortungsübernahme hat in den letzten zwanzig Jahren zu einer Ausweitung der Leistungsfelder in der Kinder- und Jugendhilfe geführt. So trägt zum Beispiel die Bereitstellung von zusätzlichen Plätzen im Bereich der Kindertagesbetreuung als Ergebnis eines bestehenden gesetzlichen Anspruchs zu einer erheblichen Kostensteigerung bei. Hinzu kommen die politisch gewollte und fachlich umgesetzte deutliche Ausweitung und Differenzierung der erzieherischen Unterstützung von Familien im Bereich der Hilfen zur Erziehung, u. a. durch mehr Beratungs- und Bildungsangebote sowie der von Bund, Ländern und Gemeinden initiierte Ausbau der Betreuungsangebote für die unter dreijährigen Kinder (siehe hierzu BMFSFJ, 2013, S. 266).

Obwohl die Ausgabensteigerungen überwiegend auf eine rechtliche Ausweitung des Leistungsspektrums und eine politisch geforderte Ausdifferenzierung der Hilfen zurückzuführen sind, ist unstrittig, dass die Lebenslagen für junge Menschen in den letzten Jahrzehnten prekärer geworden sind und zugleich die politische und gesellschaftliche Sensibilität und Wahrnehmung von Problemlagen zugenommen hat. Dies wird insbesondere im Bereich der Hilfen zur Erziehung deutlich.

2.2.3 Was sind Hilfen zur Erziehung?

Die Hilfen zur Erziehung gehören zu den Leistungen der Kinder- und Jugendhilfe und verkörpern einen Sammelbegriff für verschiedene, im SGB VIII verankerte, Hilfeformen. Sie können immer dann beantragt werden, wenn Personensorgeberechtigte aus irgendeinem Grund in der Erziehung ihres Kindes bzw. ihrer Kinder Unterstützung benötigen. Gemäß § 27 SGB VIII haben Eltern einen Anspruch auf Hilfe zur Erziehung, wenn eine dem Wohl des Kindes oder Jugendlichen entsprechende Erziehung nicht gewährleistet ist, die Hilfe aber für seine Entwicklung geeignet und notwendig ist.

Beispiel

So war es auch in dem Fallbeispiel von Stefanie und Christian: Stefanie hat nach einer ersten Beratung bei der zuständigen Sozialarbeiterin einen Antrag auf Gewährung einer Hilfe zur Erziehung gestellt und diese auch bewilligt bekommen. Im konkreten Fall war es eine Sozialpädagogische Familienhilfe.

Bei dieser Form der Hilfe handelt es sich um ein frühzeitiges, niedrigschwelliges Angebot, das vorrangig familienunterstützende Funktion hat. Bei der Mehrzahl der Fälle in den Hilfen zur Erziehung reichen eher aufsuchende Hilfen mit dem Ziel der Begleitung, Stärkung und Förderung aus. Das Familiensystem verbleibt in seinem Sozialraum und erfährt Unterstützung im Rahmen der Bewältigung des Alltags.

Die Hilfen zur Erziehung umfassen pädagogische und damit verbunden auch therapeutische Leistungen. Maßgeblich für die Art und den Umfang der Hilfe ist der erzieherische Bedarf im jeweils konkreten Einzelfall. Dabei kommt es für die einzelnen Maßnahmen entscheidend auf die Lebenssituation des Kindes oder Jugendlichen und seiner Familie an. Die Leistungen können sowohl ambulant, teilstationär oder stationär erbracht werden.

Zu den typischen Formen der Hilfen zur Erziehung zählen die

- familienunterstützenden Hilfen (Erziehungsberatung, Sozialpädagogische Familienhilfe, soziale Gruppenarbeit, Erziehungsbeistände),
- familienergänzende Hilfen (Tagesgruppe) und
- familienersetzende/-ergänzende Hilfen (Vollzeitpflege, Heimerziehung oder sonstige Wohnformen, intensive sozialpädagogische Einzelbetreuung).

Bei den familienunterstützenden Hilfen handelt es sich, wie der Name schon sagt, um eine Form der aufsuchenden ambulanten Hilfe zur Erziehung. Durch konkrete Unterstützung in familiären Belastungssituationen vor Ort werden den Familien grundlegende Kenntnisse und Fähigkeiten zur Bewältigung konkreter Problemlagen des Alltages vermittelt. Im Vordergrund stehen die Verbesserung der Lebensbedingungen junger Menschen in ihren Familien, die Unterstützung von Eltern und Sorgeberechtigten in Problemlagen und Erziehungsaufgaben sowie die Entlastung in besonderen Lebenssituationen.

Familienergänzende Hilfen gehören zu den teilstationären Hilfen. Sie unterstützen Familien immer dann, wenn bereits schwerwiegendere Beziehungs- und Kommunikationsprobleme vorliegen und sich diese verfestigt haben. Durch Wohnangebote für Kinder und Jugendliche, die akute und intensive Hilfe benötigen, sollen emotionale, psychosoziale, kognitive und/oder körperliche Einschränkungen aufgearbeitet werden.

Familienersetzende Hilfen werden außerhalb der eigenen Familie erbracht. Sie werden immer dann bewilligt, wenn die Personensorgeberechtigten die Erziehungsaufgaben aus unterschiedlichen Gründen dauerhaft oder befristet nicht mehr selbst wahrnehmen können.

Welche Form der Hilfe zur Erziehung für die weitere Entwicklung des Kindes und der sonstigen Familienmitglieder jeweils die geeignete und notwendige ist wird erst entschieden, nachdem Fachkräfte des Jugendamtes intensive Beratungen mit den Hilfesuchenden durchgeführt haben. Wie im Fallbeispiel von Stefanie und Christian beschrieben, verschaffen sich die zuständigen Fachkräfte erst einmal einen umfassenden Überblick über das soziale Umfeld der Familie und der Kinder und beziehen alle betroffenen Familienmitglieder altersgerecht und unter Berücksichtigung ihrer eigenen Ziele und Wünsche ein.

Je genauer mit den Beteiligten im Vorfeld die gesamten Zusammenhänge der Probleme und die infrage kommenden Hilfen besprochen und dabei Chancen und Möglichkeiten der Unterstützung und der Einbindung weiterer Institutionen und Fachkräfte mit in den Blick genommen werden, desto passgenauer kann eine Hilfe und Unterstützung ausgestaltet werden. Obwohl bei Stefanie und Christian schon seit mehreren Jahren diverse Probleme in der Partnerschaft, bei der Erziehung, den schulischen Leistungen und in Christians Alkoholkonsum vorlagen, konnten durch diese sorgfältige Vorbereitung und Abstimmung bereits sechs Monate nach Beginn der Hilfe erste Erfolge erzielt werden. Dies kann nur gelingen, wenn alle Betroffenen aktiv eingebunden werden und entsprechend ihrer vorher geäußerten Ziele und Wünsche die konkreten Formen der Hilfen mitgestalten können. Bei der Auswahl der Hilfeform haben die Personensorgeberechtigten ein sogenanntes Wunsch- und Wahlrecht.

2.2.4 Entwicklungstrends in den Hilfen zur Erziehung

Die Hilfen zur Erziehung haben an Bedeutung gewonnen und sich als anerkannte Form der Unterstützung im Rahmen des Leistungsspektrums der öffentlichen Jugendhilfe etabliert. Insgesamt erhalten pro Jahr über eine Million Menschen Hilfen zur Erziehung. Den größten Anteil unter allen gewährten erzieherischen Hilfen hat mit über 40 % erwartungsgemäß die Erziehungsberatung. Es folgt die Sozialpädagogische Familienhilfe (SPFH) als weiteres ambulantes Angebot. Ähnlich wie Stefanie und ihre Familie erhalten pro Jahr etwa 45 000 Familien (Neuhilfen) diese praktische Lebenshilfe zur Bewältigung familiärer Belastungssituationen.

Die Sozialpädagogische Familienhilfe bietet eine spezifische Form der Hilfe zur Selbsthilfe, die die Familie bei der Erziehung, der Bewältigung des Familienalltags und bei Schwierigkeiten mit Außenstehenden, Ämtern und anderen Institutionen unterstützen soll.

Wie bei Stefanie sind es vermehrt Familien von Alleinerziehenden sowie kinderreiche Familien, die diese Leistung in Anspruch nehmen. Die Kinder sind zum Zeitpunkt der Hilfegewährung mehrheitlich zwischen sechs und neun Jahre alt. Sie bilden die größte Altersgruppe bei Neuhilfen der SPFH. Eine SPFH wird meist dann in Anspruch genommen, wenn es zu Verhaltensauffälligkeiten und Schulschwierigkeiten bei den Kindern kommt. Darüber hinaus spielen Trennungs- und Scheidungsprobleme, Formen der Vernachlässigung sowie fehlende Erziehungskompetenzen der Eltern eine bedeutende Rolle. Die durchschnittliche Dauer der Hilfen liegt bei etwa 16 Monaten und in der Regel sind bei über 60 % der Fälle die Hilfen erfolgreich. Nimmt man nur die Erziehungsberatung in den Blick, so werden jährlich annähernd 450 000 Menschen beraten (Neufälle und laufende Fälle). Im Bereich der ambulanten Hilfen sind es etwa 370 000 und bei den Fremdunterbringungen etwa 180 000 Fälle. (Vgl. AKJ, 2014, S. 12)

Aufgrund der Vielzahl der Leistungen im Bereich der Hilfen zur Erziehung wird an dieser Stelle auf eine detaillierte Beschreibung der statistischen Befunde für einzelne Leistungstypen verzichtet. Diese können den Angaben des Statistischen Bundesamtes und dem aktuellen Monitor „Hilfen zur Erziehung 2014" entnommen werden. Es lassen sich aber durchaus einige allgemeine Trends identifizieren, die wichtige Aufschlüsse über gewisse Entwicklungsdynamiken in den Hilfen zur Erziehung geben:

- Die starke Zunahme der sozialpädagogischen Hilfen seit 2005 knüpft an die schon beschriebenen generellen Entwicklungen der Kinder- und Jugendhilfe an und machen deutlich, dass es generell zu einer verstärkten Verantwortungsübernahme sowohl seitens der Erziehungsberechtigten als auch zu einer achtsameren Haltung der Fachkräfte und Jugendbehörden gekommen ist.
- Zugleich sind allerdings auch die Familienkonstellationen fragiler, die Lebenslagen prekärer und die Problemlagen der Eltern komplexer geworden. Es kommt verstärkt zu sich gegenseitig verstärkenden Effekten. Die Trennung der Eltern geht einher mit Einkommensverlusten, die wiederum durch den alleinerziehenden Elternteil durch Mehrarbeit ausgeglichen wird. Dies führt oftmals dazu, dass weniger Zeitressourcen zur Betreuung der Kinder zur Verfügung stehen und es in der Folge zu schulischen Problemen und Verhaltensauffälligkeiten kommt.
- Seit 1995 ist eine deutlich stärkere Inanspruchnahme ambulanter Hilfen zur Erziehung sowohl im Bereich der SPFH, der sozialen Gruppenarbeit, der erzieherischen Hilfen in Form der Tagesgruppe sowie der Erziehungsbeistandschaften bzw. Betreuungshilfen zu beobachten.
- Das Leistungsspektrum der Hilfen hat sich zunehmend ausdifferenziert mit der Folge, dass Leistungen bedarfsgerechter angeboten und zugeschnitten werden können.

2.2.5 Arbeitsfelder und Personalsituation in den Hilfen zur Erziehung

Aus der Vielfalt der Leistungsspektren in den Hilfen zur Erziehung leitet sich auch eine Vielfalt der Arbeitsfelder ab. Es werden Fachkräfte sowohl für den Bereich der einzelfallorientierten, der familienorientierten sowie der gruppenorientierten Hilfen benötigt. Diese wiederum finden ihre Beschäftigung sowohl im ambulanten, teilstationären und stationären Bereich. Das Arbeitsfeld erstreckt sich von der Beratungsarbeit über die aufsuchende familienunterstützende und -ergänzende Hilfe bis zur außerfamiliären Unterbringung in Pflegefamilien und stationären Einrichtungen.

Zu den sozialpädagogischen Berufsgruppen im Bereich der Hilfen zur Erziehung, der Kindertagesbetreuung und der Jugendarbeit/Jugendsozialarbeit gehören überwiegend staatlich anerkannte Erzieher und Erzieherinnen, (staatlich anerkannte) Sozialarbeiterinnen, Sozialpädagoginnen mit Bachelor- und/oder Masterabschluss, Absolventinnen einschlägiger Hochschulstudiengänge im Bereich Erziehung sowie Bildung und Betreuung in der Kindheit mit Bachelor- oder Masterabschluss, Diplom-Psychologinnen, Bachelor/ Master of Arts Psychologie, Heilpädagoginnen mit Diplom (FH), Bachelor of Arts Heilpädagogik oder Fachschulabschluss sowie Jugend- und Heimerzieherinnen.

Insgesamt sind in der Kinder- und Jugendhilfe über 730 000 Menschen beschäftigt, dies sind etwa so viele wie in den Arbeitsmarktsektoren der Automobilindustrie und der Schule. Das Aufgabengebiet der Hilfen zur Erziehung nimmt nach der Kindertagesbetreuung den größten Teilbereich der Kinder- und Jugendhilfe ein. 2012 waren über 80 000 Frauen und Männer in den Aufgabenbereichen der erzieherischen Hilfen tätig. Im Vergleich zu 2006 handelt es sich um einen Anstieg um knapp 30 %. Innerhalb der Hilfen zur Erziehung sind die stationären Hilfen, also die Heimerziehung sowie die Formen des betreuten Wohnens, bundesweit das mit Abstand größte Beschäftigungsfeld.

Im Vergleich zu den Vorjahren haben die Beschäftigungszahlen ständig zugenommen. Man kann ohne Übertreibung von einer Wachstumsbranche hinsichtlich der Beschäftigungsquote in der Kinder- und Jugendhilfe sprechen und das bei gleichzeitiger Abnahme der Geburtenrate. Der wachsende Bedarf im Bereich der sozialen Berufe in der Kinder- und Jugendhilfe führt auch zu einem beträchtlichen Anstieg der Studierendenzahlen. Diese Dynamik ist auch im Bereich der Ausbildung der Erzieherinnen erkennbar.

Zusammenfassend lassen sich in den letzten Jahren folgende Entwicklungen aufzeigen:

- Aufgrund der beträchtlichen personellen Wachstumsdynamiken in der Kinder- und Jugendhilfe im Allgemeinen sowie der Hilfen zur Erziehung im Besonderen ergibt sich auch in den nächsten Jahren ein erhöhter Bedarf an jungen Fachkräften. Für ausgebildete Fachkräfte liegen weiterhin gute Beschäftigungsmöglichkeiten vor.
- Die zunehmende Akademisierung sowie die Ausdifferenzierung der Leistungsspektren in den Hilfen zur Erziehung haben zu einer Verbesserung des Qualifikationsniveaus sowie zu einem Ausbau der Fort- und Weiterbildungsmöglichkeiten der Fachkräfte geführt.
- Aufgrund des wachsenden Bedarfs hat sich die Beschäftigtenstruktur in den letzten Jahren deutlich verjüngt. Der größte Anteil der Neueinstellungen verteilt sich auf die 20- bis unter-25-Jährigen. Das Personal in den Hilfen zur Erziehung wird deutlich jünger und ist besser ausgebildet.
- Für das Aufgabengebiet der Kinder- und Jugendhilfe gilt im Allgemeinen, dass trotz der guten Beschäftigungssituation seit Ende der 1990er-Jahre eine deutliche Zunahme der Teilzeitbeschäftigten zu beobachten ist. Auch der Anteil der befristeten Beschäftigungsverhältnisse ist gestiegen. Diese Entwicklung trifft nicht auf den Bereich der Hilfen zur Erziehung zu. Seit 2006 ist es zu einem beträchtlichen Zuwachs von Vollzeitstellen in diesem Arbeitsfeld gekommen.
- Die Nachfrage bzw. der Bedarf an familienunterstützenden, familienergänzenden und familienersetzenden Leistungen der Hilfen zur Erziehung wird trotz des demografischen Wandels auch in Zukunft nicht abnehmen. Die Nachfrage wird weniger von der Demografie als vielmehr von einem veränderten privaten und öffentlichen Verantwortungsbewusstsein für Heranwachsende bestimmt.

Aufgaben

V 1. *Was versteht man unter einer institutionellen Garantie von Ehe und Familie?*

R 2. *Welchen Beitrag leistet die Familie für die Gesellschaft?*

V 3. *Was versteht man im Bereich der Jugendhilfe unter der Wächterfunktion des Staates?*

R 4. *Was versteht man unter dem Strukturwandel der Familie? Erläutern Sie dies an einem praktischen Beispiel.*

A 5. *Benennen Sie aktuelle Probleme in der Erziehung, mit denen moderne Familien es heute häufig zu tun haben. Erläutern Sie diese an einem praktischen Beispiel.*

A 6. *Benennen Sie einige aktuelle Entwicklungstrends in den Hilfen zur Erziehung. Erläutern Sie diese an einem praktischen Beispiel. Wenn möglich, wählen Sie eine Erfahrung oder ein Erlebnis aus Ihrem persönlichen Alltag.*

Zusammenfassung

Familie: *Das Wort Familie stammt vom lateinischen „familia" (= die Hausgemeinschaft) ab. Unter einer modernen Familie wird mehrheitlich ein Zusammenschluss von Erziehungsberechtigten und den dazugehörigen Kindern verstanden. Es handelt sich um eine auf Dauer angelegte soziale Gruppierung von zwei oder mehreren aufeinander bezogenen Generationen, die in einer besonders engen persönlichen und emotionalen Bindung zueinander stehen. Neben der klassischen Familie, bestehend aus Vater, Mutter und Kind oder Kindern gibt es auch noch andere Familienmodelle, wie z. B. die Patchwork- oder Pflegefamilie.*

Hilfen zur Erziehung: *Die Hilfen zur Erziehung gehören zu den Leistungen der Kinder- und Jugendhilfe und verkörpern einen Sammelbegriff für verschiedene im SGB VIII verankerte Hilfeformen. Sie können immer dann beantragt werden, wenn Personensorgeberechtigte aus irgendeinem Grund in der Erziehung ihres Kindes bzw. ihrer Kinder Unterstützung benötigen.*

Web

Formen der Hilfen zur Erziehung: *Zu den typischen Formen der Hilfen zur Erziehung zählen die familienunterstützenden Hilfen (Erziehungsberatung, Sozialpädagogische Familienhilfe, soziale Gruppenarbeit, Erziehungsbeistände), die familienergänzenden Hilfen (Tagesgruppe) und die familienersetzenden sowie familienergänzenden Hilfen (Vollzeitpflege, Heimerziehung oder sonstige Wohnformen, intensive sozialpädagogische Einzelbetreuung).*

2.3 Rechtliche Grundlagen: Das SGB VIII – Kinder- und Jugendhilfe

Die rechtliche Grundlage für die Hilfen zur Erziehung stellt das Achte Buch des Sozialgesetzbuchs (SGB VIII) dar, das 1991 in Kraft getreten ist. Es ist – in Abgrenzung zu dem bis dahin gültigen und eher kontroll- und eingriffsorientierten Jugendwohlfahrtsgesetz (JWG) – an Angeboten und Leistungen für junge Menschen und deren Familie orientiert. Dieser Paradigmenwechsel strahlt bis heute auch auf andere europäische Länder und ihre Jugendhilfegesetzgebung aus.

Im umgangssprachlich auch Kinder- und Jugendhilfegesetz (KJHG) genannten SGB VIII sind nicht nur die Hilfen zur Erziehung, sondern auch noch weitere Bereiche der Kinder- und Jugendhilfe geregelt, so z. B. Kindertageseinrichtungen und Tagespflege sowie Jugendsozialarbeit.

Gliederung des SGB VIII

Das SGB VIII ist in zehn Kapitel mit insgesamt 105 Einzelparagrafen gegliedert: Im ersten Kapitel befinden sich die grundlegenden „Allgemeinen Vorschriften". Das zweite Kapitel „Leistungen der Jugendhilfe" stellt den umfangreichsten Teil und Kern des Gesetzbuchs dar. Hier wird die Angebots- und Leistungsorientierung zum Wohle der jungen Menschen und ihrer Familien in besonderem Maße sichtbar. Es ist in insgesamt vier Leistungsbereiche untergliedert. Der vierte Leistungsbereich ist in vier Unterabschnitte unterteilt, wobei im ersten Unterabschnitt die Hilfen zur Erziehung geregelt sind.

Erster Abschnitt: Jugendarbeit, Jugendsozialarbeit, erzieherischer Kinder- und Jugendschutz
§ 11 Jugendarbeit
§ 12 Förderung der Jugendverbände
§ 13 Jugendsozialarbeit
§ 14 Erzieherischer Kinder- und Jugendschutz
§ 15 Landesrechtsvorbehalt

Zweiter Abschnitt: Förderung der Erziehung in der Familie

Dritter Abschnitt: Förderung von Kindern in Tageseinrichtungen und in Kindertagespflege

Vierter Abschnitt: Hilfe zur Erziehung, Eingliederungshilfe für seelisch behinderte Kinder und Jugendliche, Hilfe für junge Volljährige

§ 27 Hilfe zur Erziehung
§ 28 Erziehungsberatung
§ 29 Soziale Gruppenarbeit
§ 30 Erziehungsbeistand, Betreuungshelfer
§ 31 Sozialpädagogische Familienhilfe
§ 32 Erziehung in einer Tagesgruppe

§ 33 Vollzeitpflege
§ 34 Heimerziehung, sonstige betreute Wohnform
§ 35 Intensive sozialpädagogische Einzelbetreuung

§ 35a Eingliederungshilfe für seelisch behinderte Kinder und Jugendliche

§ 36 Mitwirkung, Hilfeplan
§ 36a Steuerungsverantwortung, Selbstbeschaffung
§ 37 Zusammenarbeit bei Hilfen außerhalb der eigenen Familie
§ 38 Vermittlung bei der Ausübung der Personensorge
§ 39 Leistungen zum Unterhalt des Kindes oder des Jugendlichen
§ 40 Krankenhilfe

§ 41 Hilfe für junge Volljährige, Nachbetreuung

Im dritten Kapitel werden die „Anderen Aufgaben der Jugendhilfe" geregelt. Damit sind beispielsweise Maßnahmen zum Schutz von jungen Menschen sowie Pflegschaft und Vormundschaft gemeint. Es ist in insgesamt fünf Abschnitte untergliedert: 1. Vorläufige Maßnahmen zum Schutz von Kindern und Jugendlichen, 2. Schutz von Kindern und Jugendlichen in Familienpflege und in Einrichtungen, 3. Mitwirkung in gerichtlichen Verfahren, 4. Beistandschaft, Pflegschaft und Vormundschaft für Kinder und Jugendliche, Auskunft über Nichtabgabe von Sorgeerklärungen und 5. Beurkundung, vollstreckbare Urkunden.

Das vierte Kapitel regelt den „Schutz von Sozialdaten". Das fünfte Kapitel ist in vier Abschnitte gegliedert: der erste bezieht sich auf den Träger der öffentlichen Jugendhilfe, der zweite auf die Zusammenarbeit mit der freien Jugendhilfe und die ehrenamtliche Tätigkeit, der dritte auf die Vereinbarungen über Leistungsangebote, Entgelte und Qualitätsentwicklung und der vierte auf die Gesamtverantwortung und Jugendhilfeplanung.

Im sechsten Kapitel sind die zentralen Aufgaben der Länder, des Bundes und des Bundesjugendkuratoriums und der Jugendbericht geregelt. Das dreifach untergliederte siebte Kapitel befasst sich mit der Zuständigkeit und Kostenerstattung.

Im achten Kapitel ist die Kostenbeteiligung geregelt.

Das neunte Kapitel befasst sich mit der Kinder- und Jugendhilfestatistik. Das zehnte (und letzte) Kapitel behandelt Straf- und Bußgeldvorschriften.

Aufwendungen für Kinder- und Jugendhilfe

Die Erfüllung aller dieser Aufgaben verursacht Kosten. 2011 waren dies insgesamt 30,5 Mrd. Euro – eine gewaltige Summe, aber doch nur ca. 4 % des gesamten Sozialbudgets der Bundesrepublik Deutschland. Mit 62 % fließen fast zwei Drittel der Gesamtaufwendungen für Kinder- und Jugendhilfe in die Tagesbetreuung von Kindern und 26 % in den Bereich der Hilfen zur Erziehung, Hilfen für junge Volljährige und Inobhutnahmen (siehe Diagramm).

Sozialbudget der Bundesrepublik Deutschland

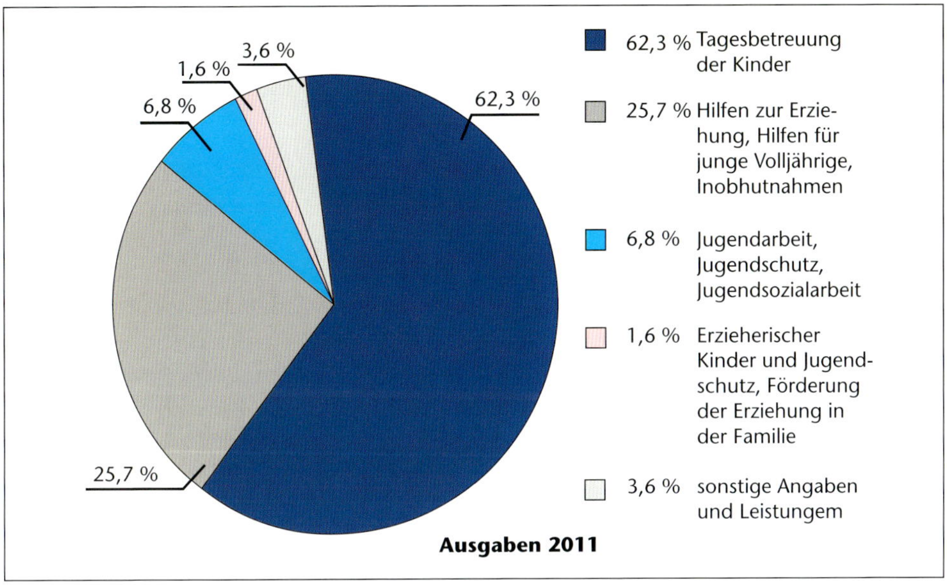

Quelle: Statistisches Bundesamt, Wiesbaden (eigene Berechnungen)

Aufgaben

R 1. *Welche Orientierung unterscheidet das SGB VIII vom bis dahin gültigen Jugendwohlfahrtsgesetz (JWG)?*

V 2. *Auf welche beiden Leistungsbereiche des SGB VIII entfallen mehr als 85 % des Gesamtbudgets der Kinder- und Jugendhilfe? Welche weiteren Bereiche der Kinder- und Jugendhilfe gibt es noch?*

V 3. *In welche Kapitel ist das SGB VIII gegliedert?*

2.4 Leistungsspektrum der Hilfen zur Erziehung §§ 28 bis 35a SGB VIII

Die Hilfe zur Erziehung ist im § 27 SGB VIII geregelt:

§ (1) Ein Personensorgeberechtigter hat bei der Erziehung eines Kindes oder eines Jugendlichen Anspruch auf Hilfe (Hilfe zur Erziehung), wenn eine dem Wohl des Kindes oder des Jugendlichen entsprechende Erziehung nicht gewährleistet ist und die Hilfe für seine Entwicklung geeignet und notwendig ist.

(2) Hilfe zur Erziehung wird insbesondere nach Maßgabe der §§ 28 bis 35 gewährt. Art und Umfang der Hilfe richten sich nach dem erzieherischen Bedarf im Einzelfall; dabei soll das engere soziale Umfeld des Kindes oder des Jugendlichen einbezogen werden. Die Hilfe ist in der Regel im Inland zu erbringen; sie darf nur dann im Ausland erbracht werden, wenn dies nach Maßgabe der Hilfeplanung zur Erreichung des Hilfezieles im Einzelfall erforderlich ist.

(2a) Ist eine Erziehung des Kindes oder Jugendlichen außerhalb des Elternhauses erforderlich, so entfällt der Anspruch auf Hilfe zur Erziehung nicht dadurch, dass eine andere unterhaltspflichtige Person bereit ist, diese Aufgabe zu übernehmen; die Gewährung von Hilfe zur Erziehung setzt in diesem Fall voraus, dass diese Person bereit und geeignet ist, den Hilfebedarf in Zusammenarbeit mit dem Träger der öffentlichen Jugendhilfe nach Maßgabe der §§ 36 und 37 zu decken.

(3) Hilfe zur Erziehung umfasst insbesondere die Gewährung pädagogischer und damit verbundener therapeutischer Leistungen. Sie soll bei Bedarf Ausbildungs- und Beschäftigungsmaßnahmen im Sinne des § 13 Absatz 2 einschließen.

(4) Wird ein Kind oder eine Jugendliche während ihres Aufenthaltes in einer Einrichtung oder einer Pflegefamilie selbst Mutter eines Kindes, so umfasst die Hilfe zur Erziehung auch die Unterstützung bei der Pflege und Erziehung dieses Kindes.

§ 27 SGB VIII

Pro Jahr nehmen gut eine Million junger Menschen Hilfe zur Erziehung in Anspruch. Die Hilfen decken eine große Spannbreite ab: Von niedrigschwelliger Erziehungsberatung über ambulante Hilfen und teilstationären Hilfen bis hin zu hochschwelligen stationären Hilfen. Daraus resultieren insgesamt acht Hilfearten, die in den folgenden Unterkapiteln vorgestellt werden.

2.4.1 Erziehungsberatung

Verbreitung

Pro Jahr nehmen ca. 450 000 junge Menschen eine Erziehungsberatung in Anspruch. Fast jede zweite Hilfe zur Erziehung entfällt damit auf eine Erziehungsberatung.

Klientel

Familiäre Konflikte und/oder Entwicklungsauffälligkeiten stellen die zentralen Gründe für eine Erziehungsberatung dar. Sie richtet sich an alle Bevölkerungsgruppen – auch Familien mit Migrationshintergrund. Mit der Beratung wird ihnen eine Hilfe zur Selbsthilfe gegeben.

Die meisten Beratungen werden von Familien mit Kindern im Alter von 6 bis unter 18 Jahren in Anspruch genommen. Insgesamt entfallen etwas mehr Beratungen auf Jungen und ihre Familien. Bei der Altersgruppe ab 14 Jahren sind hingegen Mädchen und ihre Familien in der Überzahl.

Strukturen und Prozesse

Erziehungsberatung kann von unterschiedlichen Diensten und Einrichtungen erbracht werden. In der Regel erfolgen sie aber durch Erziehungsberatungsstellen. In Deutschland gibt es gut 1 000 Beratungsstellen. Davon sind die Mehrzahl in freier Trägerschaft und ein geringerer Teil in öffentlicher Trägerschaft. Diplom-Psychologinnen und Diplom-Sozialpädagoginnen zusammen stellen mit 80 % die wichtigsten Berufsgruppen dar.

Ein durchschnittlicher Beratungsfall dauert fünf Monate und setzt sich aus elf Kontakten zusammen. Dahinter verbirgt sich allerdings eine enorme Streuung: Von vielen Einmalberatungen bis hin zu Beratungen, die über mehrere Jahre andauern.

Die Niedrigschwelligkeit von Erziehungsberatung drückt sich auch darin aus, dass sie für junge Menschen und deren Familien frei zugänglich sind (auch ohne Jugendamt). Sie ist zudem gebührenfrei. Damit kommt der Erziehungsberatung auch eine präventive Funktion zu.

Eine hohe methodische Flexibilität ist in Anbetracht der breiten Zielgruppe von Erziehungsberatung notwendig. Dabei kommt systemischen Ansätzen eine besondere Bedeutung zu.

Das Angebot der Erziehungsberatung setzt sich aus vier Bereichen zusammen:

- Diagnose, z. B. durch Anamnese, Verhaltensbeobachtung und Tests
- Beratung, z. B. durch das Aufzeigen kompetenter Erziehungsmethoden
- Psychotherapie, z. B. durch Verhaltenstherapie, Gesprächspsychotherapie oder Psychoanalyse
- organisatorische Unterstützung, z. B. mit Institutionen und Ämtern

Wirkungen

Eine Reihe von Studien belegt der Erziehungsberatung gute Ergebnisse. Darin zeigt sich,

- „dass ein Großteil der Klienten mit der Beratung subjektiv zufrieden ist,
- dass Klienten in der Beratung Entlastung, Verständnis, persönliche Annahme, Ermutigung finden,
- dass es zu einer Verbesserung ihres Selbstwertgefühls, zu mehr Verständnis unter den Familienmitgliedern und zu besserer Kommunikation in der Partnerschaft kam,
- dass diese Veränderungen auch nach Abschluss der Beratung stabil blieben, sich teils noch verbesserten,
- dass die Veränderung konkreter Probleme (Symptome) von den Klientinnen weniger deutlich erlebt wurde als ihre subjektive Zufriedenheit mit der Beratung und die emotionale Bedeutung, die das Beratungsgespräch für sie hatte,
- dass ein sehr hoher Prozentsatz die Stelle weiterempfehlen würde oder selbst wieder Beratung in Anspruch nehmen würde,

- dass für viele Klienten die vertrauensvolle und nicht moralisch wertende Begegnung mit einer fachlich kompetenten außenstehenden Gesprächspartnerin sehr bedeutsam ist, also
- dass der Beziehungsaspekt von Beratung eine entscheidende Bedeutung für die Ratsuchenden hat".

(Quelle: Lohmeier, 2003, S. 21f)

2014 startete das Forschungsprojekt „Wir.EB". Damit werden im Beratungsalltag bundesweit die Wirkungen und deren zugrundeliegenden Wirkfaktoren der Erziehungsberatung erfasst und zur Qualitätsentwicklung genutzt (siehe Arnold 2014).

Aufgaben

V 1. *In welchem Umfang wird Erziehungsberatung im Vergleich zu anderen Hilfen zur Erziehung in Anspruch genommen?*

V 2. *Warum gilt Erziehungsberatung als „niedrigschwellig"?*

R 3. *Aus welchen vier Bereichen setzt sich Erziehungsberatung zusammen? Überlegen Sie sich für jeden Bereich ein Fallbeispiel.*

Web

Zusammenfassung

Erziehungsberatung nach § 28 SGB VIII: *„Erziehungsberatungsstellen und andere Beratungsdienste und Beratungseinrichtungen sollen Kinder, Jugendliche, Eltern und andere Erziehungsberechtigte bei der Klärung und Bewältigung individueller und familienbezogener Probleme und der zugrunde liegenden Faktoren, bei der Lösung von Erziehungsfragen sowie bei Trennung und Scheidung unterstützen. Dabei sollen Fachkräfte verschiedener Fachrichtungen zusammenwirken, die mit unterschiedlichen methodischen Ansätzen vertraut sind."*

Verbreitung: *äußerst weit verbreitet; mit 45 % der gesamten Hilfen zur Erziehung die mit weitem Abstand am häufigsten in Anspruch genommene Hilfeart.*

Klientel/Ausgangslage: *überwiegend Familien mit Kindern im Alter von 6 Jahren bis unter 18 Jahren; familiäre Konflikte und/oder Entwicklungsauffälligkeiten*

Strukturen und Prozesse: *niedrigschwellig; freier und kostenfreier Zugang; Hilfe zur Selbsthilfe*

Ergebnisse: *hohe Klientenzufriedenheit*

Wirkfaktoren: *Beziehungsaspekt von Beratung hat große Bedeutung*

2.4.2 Ambulante Hilfen

2.4.2.1 Soziale Gruppenarbeit

Klientel

Soziale Gruppenarbeit richtet sich überwiegend an ältere Kinder und Jugendliche mit Verhaltensauffälligkeiten (insbesondere im Sozialverhalten), schulischen/beruflichen Problemen und Entwicklungsstörungen. Fast drei Viertel der Klienten ist männlich. Im Vergleich zur Gesamtbevölkerung überrepräsentiert sind junge Menschen mit Migrationshintergrund und Eltern mit Transfergeldbezug.

Ziele

Typische Ziele der sozialen Gruppenarbeit sind:

- soziales Lernen
- Deeskalation und Konfliktmanagement
- Abbau von Aggressionen
- Entwicklung von Empathie
- Erfahren von Selbstwirksamkeit
- (soziale) Selbstständigkeit
- Verstehen (non-)verbaler Kommunikation(-sebenen) und Förderung der Kommunikationskompetenz
- Förderung der schulischen bzw. beruflichen Entwicklung

Der junge Mensch soll lernen, sich als Teil der Gemeinschaft zu verstehen und sich konstruktiv in diese Gemeinschaft einzubringen.

Strukturen und Prozesse

Zur Umsetzung dieser Ziele werden in der sozialen Gruppenarbeit Gruppenprozesse genutzt, z. B. durch:

- Reflexion des Handelns und der Erfahrungen in der Gruppe
- Rollenspiele
- Feedback der Gruppenmitglieder

Mit den beiden Begriffen „Kursgruppe" und „fortlaufende Gruppe" werden zwei Gruppenformen voneinander unterschieden:

Kursgruppe: Alle Teilnehmerinnen und Teilnehmer beginnen und beenden den Kurs gleichzeitig. Dauer und Frequenz: ca. zwei- bis vierstündig; ein- bis dreimal pro Woche; Dauer bis zu einem Jahr. Vorteil: Der Kurs kann gruppendynamisch gut gestaltet werden. Nachteil: längere Wartezeiten.

Fortlaufende Gruppe: Eine fortlaufende Gruppe ist durch wechselnde Teilnehmer charakterisiert und läuft üblicherweise über einen Zeitraum von ca. zwei Jahren. Vorteil: kurze Wartezeiten; Nachteil: durch hohe Fluktuation gruppendynamisch schwieriger zu handhaben.

Soziale Gruppenarbeit kann handlungs-, erlebnis- und themenorientiert sein. Bei handlungsorientierter Gruppenarbeit stehen handwerklich-praktische Tätigkeiten (z. B. Kochen, Filmprojekte, Spielgerätebau, Fahrradreparatur) im Vordergrund. Erlebnisorientierte Gruppenarbeit kann z. B. durch (Fahrrad-)Wanderungen oder Zeltlager angeboten werden. Themenorientierte Gruppenarbeit wird für Informationen zu alltäglichen Fragen und Problemen genutzt, setzt aber auch in besonderem Maße an dem Interesse der Teilnehmer an.

Verbreitung

Weniger als 2 % der Hilfen zur Erziehung entfallen auf soziale Gruppenarbeit. Trotz dieser geringen Inanspruchnahme wird in 85 % der Jugendamtsbezirke soziale Gruppenarbeit angeboten. Die Durchführung erfolgt zumeist durch freie Träger.

Zusammenfassung

Soziale Gruppenarbeit nach § 29 SGB VIII: *„Die Teilnahme an sozialer Gruppenarbeit soll älteren Kindern und Jugendlichen bei der Überwindung von Entwicklungsschwierigkeiten und Verhaltensproblemen helfen. Soziale Gruppenarbeit soll auf der Grundlage eines gruppenpädagogischen Konzepts die Entwicklung älterer Kinder und Jugendlicher durch soziales Lernen in der Gruppe fördern."*

Verbreitung: *selten; weniger als 2 % der gesamten Hilfen zur Erziehung*

Klientel/Ausgangslage: *ältere Kinder und Jugendliche mit Verhaltensauffälligkeiten (insbesondere im Sozialverhalten), schulischen oder beruflichen Problemen und/oder Entwicklungsstörungen*

Strukturen und Prozesse: *Kursgruppen und fortlaufende Gruppen; handlungsorientiert, erlebnisorientiert oder themenorientiert*

2.4.2.2 Erziehungsbeistandschaft

Klientel und Ausgangslage

Die Erziehungsbeistandschaft richtet sich in der Regel an ältere Kinder, Jugendliche und junge Volljährige mit Entwicklungsproblemen. Das Alterssegment der 14- bis 18-Jährigen ist am stärksten vertreten. Die Hilfen werden mit ca. 65 % überwiegend von männlichen Klienten in Anspruch genommen.

Eine Erziehungsbeistandschaft sollte nur geplant werden, wenn

- „eine vertrauensvolle Beziehung zwischen Minderjährigen und Eltern bzw. zumindest einem Elternteil gegeben ist,
- die innerfamiliäre Lage nicht völlig verfahren ist,
- das Kind nicht gänzlich vom Personensorgeberechtigten abgelehnt wird,
- der Personensorgeberechtigte nicht völlig erziehungsunfähig ist,
- der Personensorgeberechtigte über eine gewisse Einsichtsfähigkeit verfügt und
- der Personensorgeberechtigte erkennen lässt, sein Verhalten zum Kind zu ändern".

(Quelle: Oberloskamp/Adams, 1994, S. 38 f.).

Ziele

Zentrale Ziele sind die Bewältigung von Entwicklungsaufgaben und Verselbstständigung unter der Erhaltung des Lebensbezugs zur Familie.

Strukturen und Prozesse

Der Erziehungsbeistand ist eine sozialpädagogische Fachkraft, die den jungen Menschen berät und/oder unterstützt. Dies geschieht in seiner Lebenswelt: Soziale Bezüge wie auch Orte werden bewusst in die Interaktion mit einbezogen, soweit sie als förderlich eingeschätzt werden.

Neben regelmäßigen Beratungsgesprächen mit dem jungen Menschen und auch den Personensorgeberechtigten kommen in der Regel viele weitere sozialpädagogische Methoden zum Einsatz.

Die Arbeit des Betreuungshelfers kann gleichermaßen charakterisiert werden. Zentraler Unterschied zum Erziehungsbeistand ist das Vorliegen einer vorläufigen jugendgerichtlichen Anordnung über die Erziehung nach § 71 Abs. 1 Jugendgerichtsgesetz. Auf der Basis dieser Rechtsgrundlage kann der Richter bis zur Rechtskraft des Urteils vorläufige Anordnungen über die Erziehung des Jugendlichen treffen oder die Gewährung von Leistungen nach SGB VIII anregen.

Im Mittel beträgt die Hilfedauer ein Jahr. Die meisten Hilfen (80 %) laufen dabei zwischen einem Monat und 18 Monaten. In Ausnahmefällen können sie auch bis zu fünf Jahren dauern. Hilfen für männliche Klienten dauern ca. zwei Monate länger als für weibliche.

Der Fokus der Hilfe ist auf den jungen Menschen gerichtet. Darin unterscheidet sich die Erziehungsbeistandschaft merklich von der Familienzentrierung der Sozialpädagogischen Familienhilfe und der Gruppenorientierung der sozialen Gruppenarbeit.

Wirkungen und Wirkfaktoren

Erziehungsbeistandschaften erreichen gute Effekte. Mit dieser Hilfeart gelingt es, Ressourcen der jungen Menschen zu stärken, aber auch ihre Defizite zu vermindern. Dies gilt gleichermaßen für männliche und weibliche Klientel. Die Wirksamkeit hängt von der Hilfedauer ab. Gute Effekte werden schon im ersten Jahr der Hilfe erreicht. Die höchsten Effekte werden bei einer Hilfedauer von 18 bis 24 Monaten erreicht.

Verbreitung

6 % aller Hilfen zur Erziehung entfallen auf einen Erziehungsbeistand bzw. Betreuungshelfer. Davon sind 4/5 Erziehungsbeistände und nur 1/5 Betreuungshelfer.

Zusammenfassung

Erziehungsbeistand, Betreuungshelfer nach § 30 SGB VIII: *„Der Erziehungsbeistand und der Betreuungshelfer sollen das Kind oder den Jugendlichen bei der Bewältigung von Entwicklungsproblemen möglichst unter Einbeziehung des sozialen Umfelds unterstützen und unter Erhaltung des Lebensbezugs zur Familie seine Verselbstständigung fördern."*

Verbreitung: *mäßig verbreitet; ca. 6 % der gesamten Hilfen zur Erziehung*

Klientel: *65 % männliche Klienten*

Strukturen und Prozesse: *Beratungsgespräche und Unterstützung in der Lebenswelt des jungen Menschen; Fokussierung auf den jungen Menschen; 80 % der Hilfen dauern zwischen einem Monat und 18 Monaten*

Ergebnisse: *gute Effektivität; gute Ressourcensteigerung*

Wirkfaktoren: *Hilfedauer; höchste Effekte nach 18 bis 24 Monaten*

2.4.2.3 Sozialpädagogische Familienhilfe (SPFH)

Lernsituation

Die Familie besteht aus vier Personen: die Mutter (28 Jahre) ist Hausfrau, der Vater (30 Jahre) im Messebau tätig; die Eltern sind verheiratet und haben zwei Kinder: Lia (6 Jahre) ist Grundschülerin und sehr klug; ihre kleine Schwester Sophie (3 Jahre) steht wegen diagnostizierter Entwicklungsverzögerung auf der Warteliste für einen integrativen Kindergartenplatz.

Im Rahmen der Sozialpädagogischen Familienhilfe ist zum Ziel erklärt worden, das Bindungsverhältnis zwischen der Kindesmutter und der 6-jährigen Lia zu stärken. Lia hat in der Familie bereits die Rolle des „Sündenbocks" inne. Die Kindesmutter erklärt selbst, dass sie ihre Tochter nicht mehr in den Arm nehmen könne und mit der Situation zu Hause überfordert sei. Der Kindesvater, dem Lia übrigens wie aus dem Gesicht geschnitten ähnelt, verlässt bereits früh morgens gegen 6 Uhr das Haus und kommt gegen 17 Uhr wieder nach Hause. Wie sich bereits bei der Terminvereinbarung zeigt, fühlt sich der Kindesvater für die Kindererziehung nicht verantwortlich und schreibt eher der Kindesmutter zu, die Termine mit der SPFH wahrzunehmen. Er verdiene das Geld und versorge damit die Familie. Nach der Arbeit sei er müde und wolle etwas Ruhe, die es jedoch im Hause nicht gebe, daher flüchte er sich in seine Computerspiele, was die Kindesmutter sehr beklagt. In diesem Zusammenhang merkt sie an, dass man sich kurz vor der Geburt von Sophie eigentlich habe trennen wollen. Die Kindesmutter hatte einen Seitensprung, seitdem hätten die Eheprobleme nicht abgenommen, aber man wolle es zusammen schaffen.

Die Kindesmutter beklagt, dass das Chaos zu Hause schon bereits morgens beginne. Zwischen Lia und der kleinen Schwester Sophie komme es regelmäßig zu Konflikten, wenn die Dreijährige Aufmerksamkeit für sich einfordere und mit der großen Schwester spielen wolle, diese jedoch meistens damit beschäftigt sei, sich allein fertig zu machen und für sich und die Schwester ein Brot zu machen. „Die schlagen sich die Köppe ein!" Die SPFH erfragt bei einem Gespräch mit der Kindesmutter zirkulär die konkrete Situation am Morgen und paraphrasiert die empfangenen Informationen, um auf die Sachebene einzugehen, die für die Kindesmutter mit Emotionen, insbesondere Wut auf Lia, besetzt ist. Die SPFH erfragt, wie sich jedes Familienmitglied dazu verhält.

Wie mit Blick auf das Familiensystem als Ganzes festgestellt werden konnte, bleibt die Kindesmutter morgens im Bett liegen, weil sie es nicht schaffe aufzustehen, schon gar nicht, wenn sie davon wach werde, weil die Kinder wieder miteinander „zoffen". Die Situation wird am Familienbrett nachgestellt und die Kindesmutter gelangt zu der Einsicht, dass das „Chaos" durch ihre mangelnde Präsenz am Morgen und der Distanz zu den Kindern entsteht, die auf sich gestellt den Morgen nicht eigenständig strukturieren können und mindestens genauso überfordert sind wie die Kindesmutter. Um das Verhältnis zu Lia zu verbessern, gilt es also zunächst, die Präsenz der Kindesmutter im Hinblick auf eine konkrete Situation am Morgen zu erhöhen. Mit der Kindesmutter wird vereinbart, es zunächst zu schaffen, morgens aufzustehen und für die Töchter Frühstück zuzubereiten, damit die Familie bereits entspannter in den Tag starten kann und nicht schon morgens Spannungen entstehen, die vor allem Lia abbekommt.

Mit der Kindesmutter wurde die Situation am Morgen angeleitet und geübt, wiederholt am Familienbrett nachgestellt und optimiert. Letztlich hat die Mutter ihren eigenen Weg gefunden, indem sie zwar nicht für beide Frühstück macht, aber aufsteht, sich um Sophie kümmert und Lia für ihr selbstständiges Fertigmachen lobt. Als Belohnung hat die Kindesmutter Lia einen eigenen Wecker für große Schulkinder versprochen. Lia komme auch so morgens mittlerweile schon rechtzeitig aus dem Haus und pünktlich zur Schule. Die Kindesmutter schafft es jetzt, Lia durch die geringeren Streitigkeiten am Morgen freundlich zu verabschieden und nach der Schule wieder zu empfangen.

Wenn Lia nach Hause kommt, konzentriere sie sich jedoch nicht auf die Hausaufgaben, sondern die Streitigkeiten zwischen Lia und Sophie würden nun hier explodieren. Mit der Kindesmutter werden daher im weiteren Verlauf Methoden zur positiven Verstärkung von Lia bei den Hausaufgaben („Ich schaff´s!") eingeübt. Da die Kindesmutter nun eingesteht, Lia auch häufig ins Zimmer zu schicken und dafür zu hauen, wenn sie sich mit Sophie ärgert, anstatt Hausaufgaben zu machen, werden die Rollen im Hinblick darauf thematisiert, wie die Kindesmutter gewaltfreie Grenzen ziehen kann und mit mehr Präsenz und Nähe und einem ruhigeren Ton im Vorfeld der Eskalation zur Beruhigung der Kinder beitragen kann. Wenn die Situation dennoch zu eskalieren droht, verlässt die Kindesmutter – wenn möglich – den Raum und ruft die SPFH an, oder reagiert sich in ihrem Schlafzimmer an einem Gegenstand ab.

Zudem wird mit beiden Elternteilen ein Genogramm erarbeitet. Mit dieser grafischen Darstellung wird verdeutlicht, wie sich die Familienbeziehungen darstellen und sich durch die jeweilige Biografie der Elternteile entwickelt haben und nicht erst durch die Kinder. Hierbei tritt hervor, dass beide Elternteile in ihrer eigenen Kindheit und Jugend Gewalt erlitten haben. Der Vater wuchs im Heim auf, die Mutter wurde von ihrem Stiefvater misshandelt und von der eigenen Mutter, zu der sie heute keinen Kontakt mehr pflegt, nicht geschützt. Die Eltern erkennen die Parallelen zu ihrem eigenen Erziehungsverhalten und reagieren betroffen, weil sie doch eigentlich alles anders machen wollten. Sie bringen nun eine verbesserte grundlegende Einsicht und hohe Motivation zur Veränderung auf. Mit den Eltern werden verschiedene gewaltfreie Handlungsstrategien entwickelt und erprobt. Das Genogramm zeigte auch, wie deutlich die Kinder aufgrund der mangelnden Präsenz der Eltern und deren Paarkonflikte in Rivalität geraten und der Zuwendung bedürfen, die sich auch die Eltern als Kinder gewünscht hätten.

Die gewaltfreien Erziehungsmethoden werden weiter eingeübt und bei Bedarf durch die Ansprechpartnerin im Rahmen der SPFH angepasst.

Mit den Eltern wird über einen längeren Zeitraum die Paarebene unterstützt, indem Freiräume für jeden Einzelnen und die Eltern als Paar geschaffen werden, die sie im Alltag entlasten können (Einbindung der Kinder in Vereine, Förderung von Freundschaften und Nutzung vorhandener Familienkontakte und sozialer Netzwerke).

Durch weniger Konflikte auf Paar- und Elternebene ist bereits eine positivere Beziehung der Kindesmutter zu Lia entstanden, die durch positive Verstärkungen und zunehmenden Körperkontakt in Form von Bewegungsspielen weiter gefördert wird.

Ein fester Familientag mit einer gemeinsamen Unternehmung zur stärkeren Einbeziehung des Vaters und Verbesserung der Identität als Familie wurde eingeführt und bei Bedarf von der SPFH begleitet.

Regelmäßige Reflexion und die gemeinsame Hilfeplanung mit dem Jugendamt setzen das zielgerichtete Handeln sicher.

Die Hilfe ist jedoch voraussichtlich auch nach nunmehr einem Jahr noch zu verlängern, um die positive Entwicklung aufrecht zu erhalten und nicht dadurch zu gefährden, dass sich jüngst auch mit Sophie Bindungsprobleme mit der Kindesmutter zeigten.

Es wird parallel daran gearbeitet, die Mutter in eine geeignete Therapie zu vermitteln, da diese selbst beschreibt, an ihrer unverarbeiteten Lebensgeschichte zu leiden und sich deshalb oft sehr niedergeschlagen zu fühlen. Die Eltern erhalten parallel dazu Tipps, wie sie sich mit ihren unterschiedlichen Stärken und Schwächen auf Paar- wie nicht zuletzt auf Elternebene unterstützen können, damit die SPFH überflüssig werden kann.

V ***Welche Methoden wurden von der SPFH im vorliegenden Fallbeispiel eingesetzt?***

A ***Wie bewerten Sie das Vorgehen der SPFH? Würden Sie an deren Stelle in der gleichen Weise vorgehen?***

Klientel und Ausgangslagen

Eine SPFH wird häufig in die Wege geleitet, wenn Kinder im Kindergarten oder der Schule auffallen. Nicht selten liegen Krisen- und/oder Gefährdungssituationen vor. Die Familien der Kinder sind zumeist sozial benachteiligt: „Familien, die sozialpädagogische Familienhilfe erhalten, sind arme Familien, die oft als ‚Multi-Problem-Familien' bezeichnet werden. Dieser Begriff umfasst jedoch letztlich nur die Ebene des Familiensystems, er blendet den Bezug zur sozialen Benachteiligung dieser Familien aus, die teilweise über Generationen hinweg vererbt wird und zu vielen Problemen in den Familien führt. Arm sind die Familien nicht nur in materieller Hinsicht, sondern in der Häufung von Unterversorgungslagen: Finanzielle Situation, Bildung, Gesundheit, Wohnung, Arbeit oder in Bezug auf die Verfügbarkeit über soziale und gesundheitliche Dienste. Mangelnde Verfügbarkeit ist hier im objektiven wie auch im subjektiven Sinne gemeint, d. h. als Nicht-Nutzen-Können."
(Quelle: Helming, 2001, S. 545)

Typische familiäre Ausgangslagen sind Erziehungs- und Versorgungsprobleme, Suchtprobleme, Krankheit und Behinderung.

Strukturen und Prozesse

Die Fachkräfte suchen die Familien in ihrem Zuhause auf. Damit erleben sie authentisch die familiäre Situation und Problematik. Gemeinsam mit den Familienmitgliedern werden Strategien erarbeitet, wie diese zur Lösung ihrer Probleme befähigt werden. Neben der Stärkung der Erziehungskompetenz und der Förderung von Außenkontakten stellen häufig auch die Haushaltsorganisation und die Verbesserung der materiellen Lebenssituation eine Aufgabe für die SPFH-Fachkräfte dar. Häufig erleben sich die Familien als hilflos und in der Folge resigniert. Hier ist es für die SPFH eine übergreifende und herausfordernde Aufgabe, diesen Kreislauf zu durchbrechen und die Familien zu ermutigen und zu aktivieren.

Die SPFH richtet ihren Blick aber nicht nur auf die Familie, sondern strebt auch bei Bedarf eine gezielte Förderung der Kinder an. Der mittlere Betreuungsumfang liegt bei sechs Wochenstunden pro Familie. Die durchschnittliche Hilfedauer liegt bei 16 Monaten.

Wirkungen

Die SPFH erreicht gute Effekte. Diese sind abhängig von der Hilfedauer: Erst nach einem Jahr werden merkliche Effekte erreicht, die im zweiten Jahr noch an Stärke zunehmen.

Spezifische Wirkfaktoren

Fröhlich-Gildhoff sieht folgende Faktoren als bedeutsam und wirksam an:

- „Die gelingende ‚Passung' zwischen pädagogischer Fachkraft und Familie: [...] Zur Passung gehören ‚weiche' Faktoren wie gegenseitige Sympathie, zum Teil ein gemeinsamer Erfahrungshintergrund als Eltern, gemeinsame Interessen (z. B. für Fußball) – aber auch die Geschlechterfrage des/der Professionellen muss bei der Planung von Hilfen abgewogen werden, um solche Passung zu erreichen. Zur Passung gehört auch die grundsätzliche Handlungsstrategie des ‚Konzepts' im Rahmen der Hilfe: So kann es für manche Familien hilfreich sein, stark strukturierend vorzugehen, während dies für andere kontraproduktiv ist.
- Entwicklung einer (vertrauensvollen) Beziehung: Hilfen waren dann in der Regel erfolgreicher, wenn sich eine wirklich vertrauensvolle Beziehung zwischen Professionellen und Familien(-mitgliedern) entwickelt hat; dieses Ergebnis steht in Übereinkunft mit vielen anderen Befunden aus dem psychosozialen Bereich [...] Für die Beziehungsgestaltung war es oftmals hilfreich, wenn es insbesondere zu Beginn der Hilfe gelang, ein anstehendes ‚größeres' Problem (wie z. B. einen anstehenden Umzug der Familie) erfolgreich zu bewältigen. Konkretes gemeinsames Handeln führt in der Regel immer zu einer Verfestigung der Beziehungsprozesse.

- Eine wichtige Bedeutung hat die Orientierung an den Ressourcen der Familie, insbesondere zu Beginn der Hilfe. Hier ist es schon bei der Planung wichtig, auch ein Ressourcenprofil zu erheben und entsprechende Ansatzpunkte zu formulieren. In diesem Zusammenhang erweist sich eine auf Ermutigung basierende Begegnung als zentral.
- [...] Partizipation [...]
- Die Kooperation zwischen den beteiligten Fachkräften und der Familie, aber auch weiteren Diensten erwies sich gleichfalls als ein wirksamer Faktor. Insbesondere durch Zuständigkeitswechsel im Allgemeinen Sozialen Dienst (ASD), aber auch durch zum Beispiel lange Wartezeiten bei anderen unterstützenden Diensten (z. B. Psychotherapeuten) wird dieses bedeutsame Element erschwert. [...]
- Für die Kinder war und ist es oftmals wichtig, einen Zugang zu unterstützenden und schützenden Faktoren oder Institutionen außerhalb der Familie zu gewinnen. Viele SPFH-betreute Familien leben in einer relativen sozialen Isolation. Hier ist es nötig, für die Kinder Brücken zu bauen, zum Beispiel zu Vereinen, aber auch zur Hausaufgabenhilfe oder zu MentorInnen; die Bedeutung von Nachbarschaften und stärkenden Erwachsenen ist aus der Resilienzforschung hinlänglich bekannt".

(Quelle: Fröhlich-Gildhoff, 2014, S. 112 ff, gekürzt und verändert)

Verbreitung

Die SPFH ist die Erziehungshilfe, die seit Inkrafttreten des SGB VIII die mit weitem Abstand höchsten Zuwachsraten aufweist. Diese Vervielfachung hat dazu geführt, dass die SPFH mittlerweile (nach der Erziehungsberatung) mit 21 % die am weitesten verbreitete Hilfe zur Erziehung ist.

Aufgaben

V 1. *Benennen Sie mindestens fünf typische Ziele einer sozialen Gruppenarbeit.*

V 2. *Was ist der Unterschied zwischen Kursgruppen und fortlaufenden Gruppen?*

R 3. *Überlegen Sie sich jeweils Beispiele zu handlungs-, erlebnis- und themenorientierter Gruppenarbeit.*

V 4. *Was sind Voraussetzungen und Ziele der Erziehungsbeistandschaft?*

R 5. *Was ist der zentrale Unterschied zwischen Erziehungsbeistand und Betreuungshelfer?*

P 6. *Beschreiben Sie eine typische Ausgangslage einer SPFH, ihre Ziele und ihr Vorgehen.*

V 7. *Welche Wirkfaktoren gelten für eine SPFH als bedeutsam?*

Web

Zusammenfassung

Sozialpädagogische Familienhilfe nach § 34 SGB VIII: *„Sozialpädagogische Familienhilfe soll durch intensive Betreuung und Begleitung Familien in ihren Erziehungsaufgaben, bei der Bewältigung von Alltagsproblemen, der Lösung von Konflikten und Krisen sowie im Kontakt mit Ämtern und Institutionen unterstützen und Hilfe zur Selbsthilfe geben. Sie ist in der Regel auf längere Dauer angelegt und erfordert die Mitarbeit der Familie."*

Verbreitung: *sehr weit verbreitet; 21 % aller Hilfen zur Erziehung; die höchsten Zuwachsraten aller Hilfen zur Erziehung*

Klientel/Ausgangslage: *Sozial benachteiligte Familien; Erziehungs- und Versorgungsprobleme, Suchtprobleme, Krankheit und Behinderung*

Strukturen und Prozesse: *Familien werden zu Hause aufgesucht; mittlerer Betreuungsumfang sechs Wochenstunden pro Familie; durchschnittliche Hilfedauer 16 Monate*

Ergebnisse: *gute Effektivität*

Wirkfaktoren: *Passung zwischen pädagogischer Fachkraft und Familie; Entwicklung einer (vertrauensvollen) Beziehung; Orientierung an den Ressourcen der Familie; Partizipation; Kooperation zwischen den beteiligten Fachkräften und der Familie und weiteren Diensten; externe Vernetzung der Kinder*

2.4.3 Teilstationäre Hilfen: Erziehung in Tagesgruppen

Das Bayerische Landesjugendamt beschreibt Tagesgruppen in seinen fachlichen Empfehlungen wie folgt:

„Tagesgruppen gemäß § 32 SGB VIII sind ein Angebot teilstationärer, institutioneller Erziehung, das Erziehung in der Familie nicht ersetzt, sondern erhält, entlastet, ergänzt und fördert. Die Erziehung in einer Tagesgruppe unterstützt die Entwicklung von Mädchen und Jungen durch soziales Lernen in der Gruppe, Begleitung der schulischen Förderung und Arbeit mit der Familie und sichert dadurch den Verbleib des Kindes oder Jugendlichen in seiner Familie. Die enge Zusammenarbeit der Fachkräfte der Tagesgruppe mit Elternhaus und Schule ist konstitutiv für diese Hilfeart.

Methodisch vereinigt die Hilfe Handlungsstrategien der Gruppenpädagogik mit pädagogisch-therapeutischen Individualleistungen sowie Elementen eines auf den Einzelfall bezogenen sozialräumlichen Handelns. Die Situation der Tagesgruppen stellt sich im ländlichen und

städtischen Bereich unterschiedlich dar. Besonders in den Flächenlandkreisen lassen sich aufgrund des geringeren Bedarfs und der weiten Wege unterschiedliche institutionelle Hilfeformen nach § 32 SGB VIII nur schwer verwirklichen. Deshalb ist es dort nötig, pragmatische und integrative Lösungen zu finden. Im städtischen Bereich ist eine weiter gehende bedarfsbezogene Differenzierung der Angebotsstruktur möglich."

(Quelle: BLJA, 2011, S. 4)

Folgende Anhaltspunkte sprechen für eine Erziehung in Tagesgruppen:

- Der junge Mensch ...
  - benötigt Unterstützung, um sich unter den gegenwärtigen familiären Erziehungsbedingungen positiv entwickeln zu können.
  - benötigt Förderung in seiner sozial-emotionalen Entwicklung, in der Bearbeitung seiner Verhaltensauffälligkeiten; er hat einen erheblichen Lernbedarf im sozialen Bereich, aber die grundsätzliche Fähigkeit zum sozialen Lernen in der Gruppe.
  - bedarf einer begleitenden Unterstützung seiner schulischen Förderung. Eine geeignete Beschulung und die Kooperation aller Beteiligten sind gegeben.
- Die Familie ...
  - sichert die Grundversorgung der Kinder
  - ist ausreichend erziehungskompetent
  - ist kooperationsbereit
- Die Hilfe muss für eine längere Zeit geplant werden und ambulante Angebote werden als nicht ausreichend eingeschätzt.

(Vgl. BLJA, 2011, S. 6 f.)

In der pädagogischen Arbeit mit den jungen Menschen steht das soziale Lernen in der Gruppe im Vordergrund. Ergänzend kann die Arbeit im pädagogisch-therapeutischen Einzelsetting nötig werden. Die sechs und acht jungen Menschen in einer Tagesgruppe werden in der Regel von zwei pädagogischen Fachkräften und einem gruppenübergreifenden Fachdienst begleitet.

Spezifische Wirkfaktoren

Folgende Faktoren werden als förderlich für eine erfolgreiche Erziehung in Tagesgruppen angesehen:

- Wertschätzung, Respekt, reflektiertes Abwägen von Nähe und Distanz zu den jungen Menschen und deren Familien
- Beteiligung der Personensorgeberechtigten und der jungen Menschen
- gelingende Kooperation aller an der Hilfe beteiligten Personen

- geeignete Kommunikation, so z. B. altersgerechte Ausdrucksweise
- Verlässlichkeit, Transparenz und Reflexion
- Individualisierung und Lebensweltorientierung

(Vgl. BLJA, 2011, S. 17 ff.)

Empirische Studien weisen ergänzend auf folgende Wirkfaktoren hin:

- möglichst frühzeitige Inanspruchnahme der Hilfe
- die Qualität der Betreuung, der (heil-)pädagogischen Beziehung und der Interventionen
- ressourcenorientierte Pädagogik, heilpädagogische Konzeption und eine hilfebegleitende Psychotherapie; besonders effektiv erweist sich die Verhaltenstherapie, die in ca. jeder zehnten Hilfe ergänzend eingesetzt wird
- Hilfedauer: sehr gute Effekte werden im Mittel erst nach 24 Monaten erreicht

Verbreitung

Mit weniger als 3 % aller Hilfen zur Erziehung wird die Erziehung in Tagesgruppen eher selten in Anspruch genommen. Erziehung in Tagesgruppen kommt in erster Linie bei der Altersgruppe der 6–14-Jährigen zum Einsatz. Fast drei Viertel der Klienten sind männlichen Geschlechts.

Aufgaben

V 1. *Welche Anhaltspunkte beim jungen Menschen und der Familie sprechen für eine Erziehung in Tagesgruppen?*

V 2. *Bennen Sie mindestens fünf Faktoren, die den Erfolg der Erziehung in Tagesgruppen begünstigen.*

Web

Zusammenfassung

Erziehung in Tagesgruppe nach § 32 SGB VIII: *„Hilfe zur Erziehung in einer Tagesgruppe soll die Entwicklung des Kindes oder des Jugendlichen durch soziales Lernen in der Gruppe, Begleitung der schulischen Förderung und Elternarbeit unterstützen und dadurch den Verbleib des Kindes oder des Jugendlichen in seiner Familie sichern. Die Hilfe kann auch in geeigneten Formen der Familienpflege geleistet werden."*

Verbreitung: *eher selten; weniger als 3 % aller Hilfen zur Erziehung*

Klientel: *knapp 75 % der Klienten sind männlich; dominierende Altersgruppe: 6 Jahre bis 14 Jahre; hohe Belastung der Eltern; ausgeprägte Symptome beim Kind, insbesondere Konzentrations- und Motivationsprobleme, Lern- und Leistungsprobleme, Entwicklungsverzögerungen*

Strukturen und Prozesse: *teilstationäre, institutionelle Erziehung, die die Erziehung in der Familie nicht ersetzt, sondern erhält, entlastet, ergänzt und fördert; pro Tagesgruppe: sechs bis acht junge Menschen, zwei pädagogische Fachkräfte plus einen gruppenübergreifenden Fachdienst.*

Ergebnisse: *gute Effektivität*

Wirkfaktoren: *gelingende Kooperation aller Beteiligten; Hilfedauer; Prozessqualität; ergänzende Psychotherapie – insbesondere Verhaltenstherapie*

2.4.4 Stationäre Hilfen

Mit Vollzeitpflege, Heimerziehung und intensiver sozialpädagogischer Einzelbetreuung stehen im Rahmen des SGB VIII drei stationäre Hilfearten zur Verfügung.

Sie werden bevorzugt gewählt, wenn …

- in der Herkunftsfamilie ein dauerhafter Ausfall der bisherigen Bezugsperson(en) vorliegt,
- die Erziehungskompetenz der Eltern dauerhaft und erheblich beeinträchtigt ist,
- eine dauerhafte Kindeswohlgefährdung vorliegt
- oder wenn massive Verhaltensauffälligkeiten beim jungen Menschen vorliegen, die durch die Eltern nicht mehr beeinflusst werden können.

2.4.4.1 Vollzeitpflege

Fallbeispiel:

Die siebenjährige Pauline wurde aufgrund einer psychischen Erkrankung ihrer leiblichen Mutter direkt nach der Geburt in einer Bereitschaftspflegefamilie untergebracht. Seit ihrem sechsten Lebensmonat lebt sie dauerhaft in einer Pflegefamilie.

Besuchskontakte mit der Herkunftsfamilie (Mutter, Freund der Mutter und Oma) finden einmal im Monat statt. Pauline freut sich auf diese Termine, da die Mutter ihr – trotz anderer Absprachen mit den Pflegeeltern und dem Pflegekinderdienst – immer viele Geschenke mitbringt. Bei den Treffen selbst beschäftigt sie sich nur wenig mit Pauline direkt und redet auch nur in der dritten Person mit ihr.

Sowohl die Pflegeeltern als auch Pauline sind während der Treffen sehr angespannt. Bei Pauline setzt sich das meist auch in der folgenden Nacht und am Tag fort. Sie schläft nach den Treffen sehr schlecht und unruhig. Am nächsten Tag ist sie meist sehr leicht reizbar, wütend und aggressiv. Aus diesem Grund werden die Termine für die Treffen immer auf einen Freitag gelegt, damit der Schulbesuch am nächsten Tag nicht beeinträchtigt wird.

Vollzeitpflege ermöglicht trotz dauerhafter Fremdunterbringung das Aufwachsen des jungen Menschen in einem Familiensystem. Dies geschieht in der Regel in einer Pflegefamilie in einem privaten Setting oder in einer, an einen freien Träger angebundenen Erziehungsstelle. In Bezug auf die Pflegefamilie werden drei Arten unterschieden: Die Pflegefamilie auf Zeit, die Ergänzungsfamilie und die Ersatzfamilie.

Ziele und Klientel

Zentrale Ziele der Vollzeitpflege sind

- „die Entwicklung positiver, stabiler und kontinuierlicher Beziehungen zwischen Pflegepersonen und Pflegekindern oder
- ein familiäres, auf enge persönliche Beziehungen angelegtes Alltagsleben.
- Entweder eine zeitlich befristete Vollzeitpflege oder eine auf Dauer angelegte Lebensform, um die erforderlichen Entwicklungsbedingungen und speziellen Hilfen zur Aufarbeitung vorhandener Defizite und Störungen zu ermöglichen.
- Die Ich-Stärkung des Kindes und Hilfe bei der Persönlichkeitsentwicklung sowie die
- Integration in die Gesellschaft und Verselbständigung, je nach den individuellen Möglichkeiten des Kindes."

(Quelle: Landschaftsverband Westfalen-Lippe, 1999, S. 3)

In vielen Fällen stellt eine Kindeswohlgefährdung den zentralen Grund für die Vollzeitpflege dar.

Die in § 33 SGB VIII benannten „besonders entwicklungsbeeinträchtigten Kinder und Jugendliche" beziehen sich auf

- „ältere Kinder und Jugendliche, bei denen schon länger Entwicklungsstörungen oder Auffälligkeiten im Sozialverhalten vorliegen, ohne dass die notwendigen Hilfen von der Familie in Anspruch genommen worden wären,
- jüngere Kinder mit besonderen Entwicklungsbeeinträchtigungen,
- seelisch, körperlich, geistig und mehrfach behinderte Kinder und Jugendliche, die einer besonderen Förderung bedürfen."

(Quelle: BLJA, 1999, S. 9)

Im Gegensatz zur Heimerziehung weist die Vollzeitpflege einen sehr hohen Anteil junger Kinder auf. Ungefähr drei Viertel der Kinder kommen im Alter von bis zu sechs Jahren in eine Pflegefamilie. Schon im Grundschulalter sinkt die Wahrscheinlichkeit beträchtlich, dass eine Hilfe nach § 33 SGB VIII gewählt wird. Einen zweiten Unterschied zur Heimerziehung besteht darin, dass bevorzugt junge Menschen mit internalisierenden Auffälligkeiten (wie z. B. soziale Unsicherheit, depressive Verstimmtheit, Ängste) in eine Pflegefamilie platziert werden, während in der Heimerziehung externalisierenden Auffälligkeiten (wie z. B. Aggressivität und Delinquenz) häufiger präsent sind.

Wirkfaktoren

Bislang liegen zwar keine Wirkungsstudien zur Vollzeitpflege vor, die überregionale Aussagen zu deren Effektstärken ermöglichen. Nach einer Studie von Dries u. a. (2009) gelingt es allerdings der Mehrzahl der untersuchten Pflegekinder eine sichere Bindungsbeziehung zu den Pflegeeltern aufzubauen.

Zu den Wirkfaktoren von Vollzeitpflege liegen einige, zumeist internationale empirische Studien und Veröffentlichungen vor. In besonderer Weise relevant sind folgende Faktoren:

- Entwicklung von Bindungsbeziehungen in Pflegefamilien,
- Interventionsmöglichkeiten bei Verhaltens- und Bindungsstörungen bei Pflegekindern,
- prognostische Kriterien für Rückführungsentscheidungen, Umgangskontakte, Auswahl und Vorbereitung von Pflegeeltern (siehe Kindler u. a. 2010).

Nach Scheuerer-Englisch (2008) kommt folgenden Aspekten eine besondere Bedeutung zu:

- Verfügbarkeit der Bindungsperson: In welchem Ausmaß ist die Bindungsperson physisch und psychisch verfügbar bzw. erreichbar?
- Annahme des Kindes: Inwieweit ist eine annehmende Haltung gegenüber dem jungen Menschen und seinen Bedürfnissen gegeben?
- Feinfühligkeit gegenüber Signalen des Kindes: Werden kindliche Signale (auch emotionale) wahrgenommen und erfolgt eine angemessene Reaktion darauf?
- Spielfeinfühligkeit: Wird dem jungen Menschen ein adäquater Raum für seine Explorations- und Spielinteressen gegeben?
- Anleitung und Führung bei dysregulierten Gefühlen des jungen Menschen: Erfolgt (insbes. bei sehr belasteten Kindern) eine adäquate Reaktion auf z. B. Wutausbrüche oder depressive Verstimmung?
- bindungsorientierten Beratungs- und Schulungsansätzen;

Kindler und Meysen (2010) beschreiben darüber hinaus folgende Wirkfaktoren:

- Behandlungsangebote für Pflegekinder mit psychischen Symptomen;
- Zugehörigkeit zu Pflegefamilie und/oder Herkunftsfamilie;
- Förderung positiver Bildungsverläufe;
- das Ausloten von Rückführungsoptionen bei allerdings gleichzeitiger Beachtung des Schutzes langjähriger Pflegebeziehungen.

Zusammenfassung

Vollzeitpflege nach § 33 SGB VIII: *„Hilfe zur Erziehung in Vollzeitpflege soll entsprechend dem Alter und Entwicklungsstand des Kindes oder des Jugendlichen und seinen persönlichen Bindungen sowie den Möglichkeiten der Verbesserung der Erziehungsbedingungen in der Herkunftsfamilie Kindern und Jugendlichen in einer anderen Familie eine zeitlich befristete Erziehungshilfe oder eine auf Dauer angelegte Lebensform bieten. Für besonders entwicklungsbeeinträchtigte Kinder und Jugendliche sind geeignete Formen der Familienpflege zu schaffen und auszubauen."*

Verbreitung: *Circa 60 000 junge Menschen nehmen zurzeit eine Vollzeitpflege in Anspruch.*

Klientel/Ausgangslage: *relativ hoher Anteil junger Kinder; Kindeswohlgefährdung; entwicklungsbeeinträchtigte junge Menschen mit internalisierenden Auffälligkeiten*

Strukturen und Prozesse: *Pflegefamilie versus Erziehungsstelle; Pflegefamilie auf Zeit – Ergänzungsfamilie – Ersatzfamilie*

Ergebnisse: *bislang keine überregionalen Studien zur Wirksamkeit*

Wirkfaktoren: *u. a. Bindungsbeziehungen in Pflegefamilien, Interventionsmöglichkeiten bei Verhaltens- und Bindungsstörungen von Pflegekindern*

2.4.4.2 Heimerziehung und sonstige Wohnformen

Fallbeispiel:

„Der Rapper Bushido hat den Salesianern Don Boscos für ihre Arbeit gedankt. Berliner Mitglieder der katholischen Ordensgemeinschaft seien ihm vor einigen Jahren ‚eine große Stütze gewesen', erklärte Bushido in einer Broschüre des Don-Bosco-Zentrums für benachteiligte Jugendliche in Berlin-Marzahn. Den motivierenden Stil der Ordensmänner beschrieb Bushido mit den Worten, sie hätten ihm ‚oft in den Hintern getreten'. Das neue Don-Bosco-Zentrum in Berlin-Marzahn wurde am Mittwoch (4. Juni 2008) eingeweiht. Träger sind die Salesianer und die Heiligenstädter Schulschwestern. Im damaligen Jugendhilfeheim der Salesianer in Berlin-Wannsee hatte Bushido als Jugendlicher mit dem bürgerlichem Namen Anis Mohamed Youssef Ferchichi eine Ausbildung zum Lackierer absolviert. Zuvor hatte der Deutsch-Tunesier die Schule abgebrochen und ‚bis dato nur rumgehangen und eigentlich nur Quatsch gemacht'. Seine Erfahrungen in dem Heim seien ‚eine super Sache' gewesen, betonte der Musiker, deswegen fühle er sich den Salesianern weiter verbunden."

(Quelle: BAG KJS, 2008)

Klientel

2012 wurden ca. 36 000 Heimerziehungen begonnen. Die davon betroffenen jungen Menschen konnten, wollten oder durften nicht mehr in ihrer Herkunftsfamilie leben. Ein Großteil stammt aus einem unterprivilegierten Elternhaus mit einem geringen sozioökonomischen Status (z. B. geringer Ausbildungsgrad, staatliche Transferleistungen).

Das Statistische Bundesamt listet folgende Hauptgründe für Heimerziehung auf:

1. Einschränkung der Erziehungskompetenz	17 %
2. Gefährdung des Kindeswohls	15 %
3. Auffälligkeiten im sozialen Verhalten	13 %
4. Unversorgtheit des jungen Menschen	13 %
5. Unzureichende Förderung	11 %
6. Belastung durch familiäre Konflikte	8 %
7. Belastung durch Probleme der Eltern	7 %
8. Entwicklungsauffälligkeiten	7 %
9. Schulische Probleme	4 %

(Vgl. Statistisches Bundesamt, 2014, S. 24)

Im Vergleich zur Vollzeitpflege sind die jungen Menschen zu Beginn der Heimerziehung mit 13,5 Jahren wesentlich älter und weisen häufiger externalisierende Auffälligkeiten (z. B. aggressives und delinquentes Verhalten) auf.

Strukturen und Prozesse

Eine typische Heimgruppe setzt sich aus acht jungen Menschen und vier bis fünf pädagogischen Fachkräften zusammen. Die Anzahl der Gruppen pro Einrichtung kann enorm variieren: Von Kleinsteinrichtungen mit einer Gruppe bis hin zu großen Einrichtungen mit z. T. deutlich über 20 Gruppen. Jenseits der Heimgruppen fällt unter den § 34 SGB VIII noch das betreute Wohnen, das oft auf eine Heimgruppe folgt und einen weiteren Schritt zu einer zunehmend selbstständigeren Lebensform des jungen Menschen darstellt.

Im Rahmen von Heimerziehung wird mit sehr unterschiedlichen Gruppenformen gearbeitet: von Regelgruppen, über Außenwohngruppen, Familiengruppen, Kinderdorfgruppen, bis hin zu unterschiedlichsten Formen von Intensivgruppen.

Die systematische Gestaltung von Erziehungsprozessen stellt die zentrale Aufgabe in der Heimerziehung dar. Hier kommt eine Vielzahl von pädagogischen und therapeutischen Methoden zum Einsatz, so z. B. Alltagspädagogik, Traumapädagogik, synergetische Systemtheorie, Partizipation und Inklusion. Eine besondere Bedeutung haben in den letzten zwanzig Jahren ressourcenorientierte pädagogische Methoden gewonnen: So werden beispielsweise Erlebnispädagogik, Psychomotorik, Musikpädagogik, Kunstpädagogik und -therapie, tiergestützte Pädagogik, Zirkuspädagogik und religionssensible Pädagogik eingesetzt (siehe Macsenaere u. a. 2014).

Elternarbeit ist ein wichtiger Bestandteil von Heimerziehung. Sie wird durch das SGB VIII vorgeschrieben. Darüber hinaus zeigt sich Elternarbeit auch als bedeutsamer Wirkfaktor: Mit einer systematischen Elternarbeit werden höhere Effektstärken während der Heimerziehung erreicht als ohne eine systematische Elternarbeit.

Wirkungen und Wirkfaktoren

Ein Großteil der vorliegenden empirischen Wirkungsstudien bezieht sich auf (unterschiedliche Formen der) Heimerziehung. Je nach Studie und Ausgestaltung der Heimerziehung sind Erfolgsquoten zwischen ca. 60 % und 80 % dokumentiert.

Macsenaere und Esser haben in einer Metaanalyse folgende spezifischen Wirkfaktoren für Heimerziehung herausgearbeitet (siehe Macsenaere/Esser 2012):

- ressourcenorientierte Hilfeplanung
- Persönlichkeit und Qualifikation der Fachkräfte
- Berücksichtigung bisheriger Lebenserfahrungen
- Beziehungsqualität
- Aufbau einer Bindung: Voraussetzung ist eine kontinuierliche und dauerhafte Beziehung
- Partizipation
- aktive Kooperation der jungen Menschen und Eltern/Familie
- Elternarbeit
- wirkungsorientierte Verlaufssteuerung der einzelnen Hilfen
- Hilfedauer: nennenswerte Effekte werden erst nach zwei Jahren, das Maximum erst nach 3,5 Jahren erreicht
- gute Struktur- und Prozessqualität der Einrichtung, z. B.
  - die kontinuierliche fachliche Weiterentwicklung der Mitarbeiterinnen im Rahmen von Fort- und Weiterbildung
  - Supervision
  - Reflexion der eigenen Tätigkeit durch begleitende Praxisforschung
  - Kooperation mit Fachschulen und Hochschulen
- ressourcenorientierte Angebote
- Bildungs- und Berufsorientierung
- Nachsorge

Zusammenfassung

Heimerziehung und Wohnformen, sonstige nach § 34 SGB VIII: *„Hilfe zur Erziehung in einer Einrichtung über Tag und Nacht (Heimerziehung) oder in einer sonstigen betreuten Wohnform soll Kinder und Jugendliche durch eine Verbindung von Alltagserleben mit pädagogischen und therapeutischen Angeboten in ihrer Entwicklung fördern. Sie soll entsprechend dem Alter und Entwicklungsstand des Kindes oder des Jugendlichen sowie den Möglichkeiten der Verbesserung der Erziehungsbedingungen in der Herkunftsfamilie*

1. *eine Rückkehr in die Familie zu erreichen versuchen oder*
2. *die Erziehung in einer anderen Familie vorbereiten oder*
3. *eine auf längere Zeit angelegte Lebensform bieten und auf ein selbstständiges Leben vorbereiten.*

Jugendliche sollen in Fragen der Ausbildung und Beschäftigung sowie der allgemeinen Lebensführung beraten und unterstützt werden."

Verbreitung: *ca. 36 000 begonnene Hilfen im Jahr 2012*

Klientel/Ausgangslage: *Junge Menschen, die nicht mehr in ihrer Herkunftsfamilie leben können, wollen oder dürfen. Die wichtigsten Gründe: Einschränkung der Erziehungskompetenz, Gefährdung des Kindeswohls, Auffälligkeiten im sozialen Verhalten, Unversorgtheit des jungen Menschen, unzureichende Förderung; Aufnahmealter: im Mittel 13,5 Jahre*

Ergebnisse: *Erfolgsquoten zwischen ca. 60 % und 80 %*

Wirkfaktoren: *z. B. ressourcenorientierte Hilfeplanung, Persönlichkeit und Qualifikation der Fachkräfte, Beziehungsqualität, Aufbau einer Bindung, Partizipation, aktive Kooperation der jungen Menschen und Eltern/Familie, Elternarbeit, wirkungsorientierte Verlaufssteuerung der einzelnen Hilfen, Hilfedauer mind. 2 Jahre, gute Struktur- und Prozessqualität, ressourcenorientierte Angebote, Bildungs- und Berufsorientierung, Nachsorge.*

2.4.4.3 Intensive sozialpädagogische Einzelbetreuung (ISE)

Lernsituation:

Jutta Henrichs ist ASD-Mitarbeiterin. Gerade hat sie vom Gruppenleiter eines Jugendhilfezentrums telefonisch mitgeteilt bekommen, dass es mit Dennis, der dort in einer stationären Gruppe untergebracht ist, wiederholt zu erheblichen Problemen gekommen ist. Dennis, so der Gruppenleiter, sei nicht gruppenfähig und richte seine Aggressionen nicht nur gegen die Gleichaltrigen, sondern zunehmend auch gegen die pädagogischen Fachkräfte. Die Sinnhaftigkeit einer weiteren Betreuung sei sehr fraglich. Jutta Henrichs ist von dieser Nachricht sehr betroffen, da Dennis schon eine Reihe von erzieherischen Hilfen durchlaufen hat. Mit der Heimunterbringung hatte sie die Hoffnung verbunden, dass diese intensive (und auch teure) Hilfe nun endlich die notwendigen Fortschritte bringen würde. Dies scheint sich nun nicht zu erfüllen. Was könnte nun, da schon viele Hilfen gescheitert waren, noch sinnvoll sein? Jutta Henrichs ist ratlos.

R ***Welches weitere Vorgehen würden Sie für Dennis als sinnvoll erachten?***

Verbreitung und Kosten

Das Beispiel stellt eine typische Ausgangskonstellation für eine Intensive sozialpädagogische Einzelbetreuung (ISE) dar. Bundesweit wird diese Hilfeart relativ selten gewährt: Zum Stichtag 31.12.2010 nahmen lediglich ca. 3 500 junge Menschen diese Hilfeart in Anspruch – das ist weniger als ein Prozent der gesamten Hilfen zur Erziehung. Intensive sozialpädagogische Einzelbetreuung wird zumeist für ältere Jugendliche und junge Erwachsene gewährt: Der Löwenanteil (78 %) entfällt auf die Altersgruppe der 15- bis 21-Jährigen. Der Anteil männlicher Klienten liegt bei „erziehungshilfetypischen" 59 %.

Die Ausgaben für ISE nach § 35 SGB VIII betrugen im Jahr 2010 insgesamt 94 Mio. Euro (das entspricht 1,6 % der HzE-Gesamtausgaben). An die Hilfe gekoppelt sind Leistungen zum Unterhalt des Jugendlichen nach § 39 SGB VIII. Dies betrifft Kosten für den Sachaufwand (Ernährung, Wohnen, Mobilität) sowie für die Pflege und Erziehung des Jugendlichen.

Klientel

Intensive sozialpädagogische Einzelbetreuung nach § 35 SGB VIII richtet sich an sozial auffällige Jugendliche, die von anderen Hilfen zur Erziehung nicht bzw. nicht mehr erreicht werden können. Dies können beispielsweise Prostituierte, Straßenkinder, Mehrfachstraftäter und gesellschaftliche Außenseiter unterschiedlichster Art sein. Sie haben in der Regel lange und intensive „Jugendhilfekarrieren" hinter sich und verfügen über Vorerfahrungen mit (bis zu 25) gescheiterten Erziehungshilfen und z. T. auch Psychiatrieaufenthalten. Zumeist wird daher eine ISE als Ultima Ratio (lateinisch = letzte Chance) angesehen.

Bei den Jugendlichen in Auslandsmaßnahmen handelt es sich um eine sehr spezifische Klientel: Im Vergleich zu Inlandshilfen weisen sie bei Hilfebeginn nur sehr geringe Ressourcen auf. Umgekehrt fallen sowohl die Anzahl vorliegender psychischer bzw. psychosozialer Problemlagen als auch die Schwere der Defizitgesamtbelastung erheblich höher aus. Neben dissozialen bzw. aggressiven Verhaltensweisen sowie Aufmerksamkeitsdefiziten (in Einheit mit Impulsivität bzw. motorischer Unruhe) liegen dabei auch eher internalisierende Problemlagen, wie z. B. soziale Unsicherheit oder depressive Verstimmungen in großer Häufigkeit vor. Bei durchschnittlich mehr als neun unterschiedlichen Symptomen und einem extrem hohen Anteil an straffälligen bzw. drogenkonsumierenden Jugendlichen weist die Auslandsstichprobe somit zu Hilfebeginn eine sehr komplexe und heterogene

Defizitlage auf, die besondere Anforderungen an die pädagogische Arbeit der Betreuungspersonen und ihrer unterstützenden Helfersysteme stellt (siehe Klein u. a. 2011).

Die Anregung der Hilfe erfolgt breit gestreut durch soziale Dienste und andere Institutionen (z. B. das Jugendamt) mit 36 %, Eltern bzw. Personensorgeberechtigte mit 27 % und dem jungen Menschen selbst mit immerhin 26 %. Als Hauptgründe für die Hilfe werden Weglaufen, Aggressivität, Isolation, Drogen-/Alkoholkonsum, Delinquenz/Straftat, Gehemmtheit und Geschwisterrivalität genannt. Primäres Ziel der Hilfe ist es, mit dem jungen Menschen Perspektiven für das weitere Leben zu erarbeiten.

Strukturen und Prozesse

Die intensive sozialpädagogische Einzelbetreuung ist in der Regel durch ein Eins-zu-eins-Setting charakterisiert, d. h. die Fachkraft arbeitet in einer Situation mit nur einem Jugendlichen zusammen.

Die konkrete Ausformung der Hilfen unterliegt dabei einer großen Variationsbreite:

- Die Hilfe kann aufsuchend wie auch ganz außerhalb des Lebensumfeldes der Jugendlichen gestaltet werden.
- Intensive sozialpädagogische Einzelbetreuung kann im Inland wie auch im Ausland durchgeführt werden. Die Auslandshilfen stellen in Bezug auf die Inanspruchnahme nur eine Randposition dar. Zum 31.12.2010 wurden nur 169 Hilfen registriert, das entspricht weniger als 5 % aller Hilfen nach § 35 SGB VIII. Dies steht im Widerspruch zu der beachtlichen medialen Aufmerksamkeit, die diesen Hilfen gilt. Obwohl die Inlandshilfen wesentlich öfters in Anspruch genommen werden, liegen hierzu kaum wirkungsorientierte empirische Studien vor.
- Auch die Durchführung eines Reiseprojektes (im In- oder Ausland) ist möglich.
- Die sozialpädagogische Einzelbetreuung kann innerhalb oder außerhalb einer Einrichtung erfolgen. Mit 2 560 Fällen zum 31.12.2010 fanden die meisten individualpädagogischen Inlandshilfen außerhalb einer Einrichtung statt (73 %). In einer Einrichtung dagegen wurden 612 Hilfen registriert (18 %).

In Anbetracht der problematischen Ausgangslage hat die Hilfe mit einem hohen Betreuungsumfang zu erfolgen. Trotz der damit verbundenen Kosten sollten zwölf Wochenstunden nicht unterschritten werden. In der Praxis werden allerdings in der Mehrzahl der Hilfen nur bis zu zehn Leistungsstunden vereinbart. Die geforderte Intensität ist anhand dieses Vorgehens infrage zu stellen.

Fachliche Standards

Hilfen nach § 35 SGB VIII stehen infolge einzelner, schwerwiegender Unglücksfälle und Misserfolge in der öffentlichen Kritik. Dies gilt in besonderem Maße für die Auslandshilfen. In Verbindung mit der oben beschriebenen Vielfalt der Hilfeausformung führte dies zur Formulierung von fachlichen Standards (z. B. BAGLJAE 2004; BE 2003; AGJ 2007) für Auslandshilfen, die in der Mehrzahl ihre Berechtigung allerdings auch für Inlandshilfen und Reiseprojekte haben:

Fachlicher Standard	Praxisumsetzung
Durchführung der Auslandsmaßnahme durch einen Träger, der im Inland eine erlaubnispflichtige Einrichtung betreibt bzw. über eine Betriebserlaubnis verfügt.	sehr gut
Eindeutige Feststellung der Eignung des Jugendlichen vor Hilfebeginn (u. a. durch multiprofessionelle Begutachtung durch Kinder- und Jugendarzt, -psychotherapeut und/oder andere Berufsgruppen, die in § 35a Abs. 1 SGB VIII genannt werden).	sehr gut
Treffen zwischen dem Jugendlichen und dem Betreuer vor Beginn der Hilfe.	weitgehend, aber nicht vollständig
Fachkräftegebot: die hilfedurchführende Fachkraft muss eine formale berufliche Qualifikation im Sinne des § 72 Abs. 1 SGB VIII aufweisen.	weitgehend, aber nicht vollständig
Fachkräfte sollten über sehr gute Kenntnisse in Sprache, Kultur, Verwaltungs- und Gesetzesvorgaben des Gastlandes verfügen.	sehr unterschiedlich
Im Vorfeld klar festgelegte Verhaltensregeln und Abläufe in Krisensituationen.	gut
Planung der (sozialen) Reintegration vor Beginn der Hilfe.	mäßig
Zusammenarbeit des Trägers und Leistungserbringers (vor und während der Hilfe) mit Behörden sowie deutschen Vertretungen im Gastland.	gering
Steuerung und Qualitätssicherung der Maßnahmen durch engen Kontakt zwischen Einrichtung/Träger und Jugendamt mit der Betreuungsperson vor Ort (u. a. durch persönliche Besuche vor Ort).	gut
Zeitliche Begrenzung des Auslandsaufenthalts.	mäßig

Wirkungen

Trotz der schwierigen Ausgangslage – inklusive der zumeist vorliegenden Jugendhilfekarriere – erreichen im Inland durchgeführte Hilfen nach § 35 SGB VIII hohe und im Ausland durchgeführte Hilfen sogar sehr hohe Effektstärken. Das bedeutet, dass im Hilfeverlauf Ressourcen, Kompetenzen und Schutzfaktoren der Jugendlichen erheblich gefördert und ihre Defizite merklich reduziert werden.

Spezifische Wirkfaktoren

Was übt einen Einfluss auf den Erfolg der Hilfen aus? Auch in dieser Hilfeart steigen die Effektstärken mit zunehmender Hilfedauer bis in das dritte Jahr der Hilfe an. Im Gegensatz zu anderen Hilfen zur Erziehung erreichen die individualpädagogischen Hilfen aber schon nach 7 bis 12 Monaten merkliche Erfolge.

Von den oben beschriebenen Standards konnten einige empirisch als Wirkfaktor bestätigt werden (siehe Klein u. a. 2011):

- Die Durchführung der Betreuung durch eine Fachkraft mit formal qualifizierendem Berufsabschluss beeinflusst nachweisbar die Art der Hilfebeendigung: Wird die Betreuung von einer formal als Fachkraft einzustufenden Person durchgeführt, z. B. (Sozial-)Pädagoge, Sozialarbeiter o. Ä.), werden die Hilfen signifikant seltener abgebrochen.
- Weist die Betreuungsperson gute Kenntnisse des Gastlandes auf, werden Problemlagen des Jugendlichen besser reduziert und Ressourcen besser aufgebaut.
- Erfolgt vor Beginn der Hilfe eine umfassende Vorabplanung der Reintegration des Jugendlichen nach Beendigung des Auslandsaufenthalts, so begünstigt dies den Abbau individueller Probleme sowie auch die Erreichung der Hilfeplanziele.
- Eine fachlich begründete, zeitliche Begrenzung der Hilfedauer vor Beginn des Auslandsaufenthalts führt zu einer höheren individuellen Zielerreichung.

Aufgaben

V 1. *Welche Kriterien sprechen für die Wahl einer stationären Hilfe?*

V 2. *An wen richtet sich Vollzeitpflege im Gegensatz zur Heimerziehung?*

V 3. *Welche Faktoren haben sich im Rahmen der Vollzeitpflege als erfolgsfördernd erwiesen?*

V 4. *Was ist eine internalisierende Auffälligkeit? Und was sind externalisierende Auffälligkeiten? Nennen Sie für beide Begrifflichkeiten einige Beispiele.*

V 5. *Benennen Sie die häufigsten Hauptgründe für Heimerziehung.*

V 6. *Welche Wirkfaktoren begünstigen den Erfolg von Heimerziehung?*

V 7. *Was ist unter einer „Jugendhilfekarriere" zu verstehen?*

V 8. *Welche fachlichen Standards zur Durchführung von individualpädagogischen Auslandshilfen werden in der Praxis gut und welche weniger gut erfüllt?*

V 9. *Welche spezifischen Wirkfaktoren individualpädagogischer Hilfen sind bislang empirisch nachgewiesen worden?*

A 10. *Erarbeiten Sie in Ihrer Kleingruppe mögliche Gründe, warum intensive sozialpädagogische Einzelfallbetreuung trotz ihrer Wirksamkeit relativ selten gewährt wird.*

Web

Zusammenfassung

Intensive sozialpädagogische Einzelbetreuung nach § 35 SGB VIII: *„Intensive sozialpädagogische Einzelbetreuung soll Jugendlichen gewährt werden, die einer intensiven Unterstützung zur sozialen Integration und zu einer eigenverantwortlichen Lebensführung bedürfen. Die Hilfe ist in der Regel auf längere Zeit angelegt und soll den individuellen Bedürfnissen des Jugendlichen Rechnung tragen."*

Verbreitung: *sehr gering, weniger als ein Prozent der gesamten Hilfen zur Erziehung*

Klientel/Ausgangslage: *Jugendliche und junge Erwachsene mit ausgeprägten Defiziten (insbesondere dissozialem Verhalten) und langer Erziehungshilfe-Vorerfahrung, die von anderen Hilfen nicht mehr erreicht werden*

Strukturen und Prozesse: *Eins-zu-eins-Setting; im Inland wie auch im Ausland möglich; in der Mehrzahl außerhalb einer Einrichtung; mittlere Hilfedauer: 13 Monate*

Ergebnisse: *hohe Effektstärken (bei Auslandshilfen besonders ausgeprägt); ausgeprägte Erfolge werden schon im ersten Jahr der Hilfe erreicht*

Spezifische Wirkfaktoren: *Hilfedauer; Fachkraft; gute Kenntnisse des Gastlandes; Reintegrationsplanung vor Beginn der Hilfe; zeitliche Begrenzung der Hilfe vor Beginn der Hilfe*

2.5 Trägerstrukturen und Akteure in den Hilfen zur Erziehung

Das Leistungsspektrum in den Hilfen zur Erziehung ist vielfältig. Die grundlegenden Hilfeformen sind gesetzlich geregelt, aber nicht abschließend im Detail ausgestaltet. Maßgeblich für die Hilfegewährung und die einzelnen Hilfemaßnahmen bleibt der erzieherische Bedarf im Einzelfall, der jeweils durch die Jugendämter als öffentliche Träger der Jugendhilfe gemäß § 36 SGB VIII zu ermitteln ist. Ein breites Spektrum freier und privat-gewerblicher Träger unterstützen die Jugendämter bei der Durchführung der Hilfen.

Aufgabe

Beantworten Sie nachfolgende Fragen im Plenum und diskutieren Sie, falls erforderlich:

R
- *Sind Sie schon einmal zu einer öffentlichen Verwaltung oder Behörde gegangen? Was wollten Sie dort und nach welchen Regeln wurde Ihnen geholfen?*

R
- *Welche Erfahrungen haben Sie hier gesammelt? Beschreiben Sie dies an einigen Beispielen.*

A
- *Wie haben Sie die Verwaltung wahrgenommen? Was ist Ihnen besonders aufgefallen?*

2.5.1 Öffentliche Träger: Jugendamt und Landesjugendamt

2.5.1.1 Das Jugendamt

Illustrationen: © istockphoto.com / dondesigns, A-Digit, 4x6

„Wie ist das Jugendamt aufgebaut?

Das Jugendamt steht Bürgerinnen und Bürgern in jedem (Land-)Kreis und in vielen Städten zur Seite. In manchen Orten hat es andere Namen, z. B. ‚Fachbereich Jugend' oder ‚Fachbereich Familie'. Der Aufbau und die Aufgaben dieser Kreis- oder Stadtjugendämter sind bundesweit im Kinder- und Jugendhilfegesetz geregelt. Das Jugendamt besteht aus zwei Teilen, dem Jugendhilfeausschuss und der Verwaltung.

Der Jugendhilfeausschuss

Der Jugendhilfeausschuss hat die Aufgabe, auf die Probleme von jungen Menschen und Familien zu reagieren, Anregungen und Vorschläge zur Weiterentwicklung aufzunehmen sowie die örtlichen Jugendhilfeangebote zu fördern und zu planen. Ihm gehören Mitglieder des Kreistages bzw. Stadtrats, in der Jugendhilfe erfahrene Bürgerinnen und Bürger an sowie Personen, die von den anerkannten Trägern der freien Jugendhilfe und den Jugendverbänden vorgeschlagen werden.

Die Verwaltung des Jugendamts

Die Jugendamtverwaltung setzt die Beschlüsse des Jugendhilfeausschusses um [...]. Sie bietet Hilfen nach dem Kinder- und Jugendhilfegesetz [...] an oder vermittelt diese. Hier arbeiten in erster Linie Sozialpädagoginnen und Sozialpädagogen, Sozialarbeiterinnen und Sozialarbeiter sowie Verwaltungskräfte. Leiterinnen und Leiter der Jugendämter sind ausgewiesene Fachleute mit meist langjähriger Berufserfahrung."

(BAG Landesjugendämter, 2015, gekürzt und verändert)

2.5.1.2 Das Jugendamt – gesetzliche Grundlagen, Aufgabengebiete und Leitlinien

Die Trägerstruktur der Kinder- und Jugendhilfe ist in Deutschland gesetzlich geregelt. Gemäß § 69 SGB VIII ist für die Wahrnehmung der Aufgaben der Jugendhilfe die Kommune zuständig (kommunale Selbstverwaltung). Diese hat als örtlicher Träger ein Jugendamt einzurichten. Zu den örtlichen kommunalen Trägern der öffentlichen Jugendhilfe zählen insbesondere die Landkreise, Stadtkreise und die kreisangehörigen Gemeinden.

Inzwischen gibt es in Deutschland annähernd 600 Jugendämter, die Leistungen der Hilfen zur Erziehung gewähren und damit den gesetzlichen Auftrag der Kinder- und Jugendhilfe nach den Vorschriften des Sozialgesetzbuches flächendeckend erfüllen. Dieser gesetzliche Auftrag wird in § 1 Abs. 2 SGB VIII präzisiert. Der staatlichen Gemeinschaft kommt die Aufgabe zu, darüber zu wachen, dass die Eltern bzw. Sorgeberechtigten der Pflege und Erziehung der Kinder nachkommen und ihre Aufgaben und Pflichten erfüllen. Mit der Wahrnehmung dieser „Wächterfunktion" sind die örtlichen Jugendämter betraut.

Die regionale Verortung der Zuständigkeit der Jugendämter in den Städten und Gemeinden soll darüber hinaus sicherstellen, dass die Leistungen der Hilfen zur Erziehung wohnortnah, sachgerecht und lebensweltorientiert erbracht werden. Weiterhin soll gewährleistet werden, dass sowohl die Personensorgeberechtigten, als auch das Kind oder der Jugendliche vor der Entscheidung über die Inanspruchnahme einer Hilfe sowie im Rahmen der Erstellung und Veränderung des Hilfeplans gleichberechtigt beteiligt werden.

Die Aufgaben des Jugendamtes sind vielfältig und für den Laien kaum zu überblicken. Gemäß den Vorschriften des Sozialgesetzbuches ist das Jugendamt für die Leistungsvergabe aller Ansprüche zuständig, die nach den Vorschriften des SGB VIII im Bereich der

Kinder- und Jugendhilfe vorgesehen sind. Hierbei handelt es sich zum Beispiel um Aufgaben der Eingriffsverwaltung zum Schutz junger Menschen und des Kindeswohls. Hinzu kommen Koordinationsaufgaben gemäß § 2 SGB VIII, wie die Steuerung der sozialen Dienste des Kinderschutzes oder die Koordination der Angebote in der Jugendarbeit. Zudem erhalten Eltern bzw. die Sorgeberechtigten durch das Jugendamt bei Erziehungsangelegenheiten Hilfestellungen, um für die Familien positive Lebensbedingungen zu schaffen.

In Notsituationen oder bei Problemen können sich Kinder und Jugendliche auch direkt an das Jugendamt wenden. Aus der traditionellen, eher kontrollierenden Wächterfunktion der Jugendämter der 50er- und 60er-Jahre des letzten Jahrhunderts hat sich in der modernen Jugendhilfe ein Selbstverständnis der Jugendämter und auch des Gesetzgebers entwickelt, das eher die Service- und personenbezogene Dienstleistungsfunktion in den Mittelpunkt stellt.

Zu den wichtigsten Aufgabengebieten des Jugendamtes gehören gemäß § 2 SGB VIII:

- §§ 11, 12, 13 SGB VIII: Förderung der Jugendarbeit und der Jugendsozialarbeit,
- § 14 SGB VIII: Kinder- und Jugendschutz, soweit es die Erziehung betrifft,
- § 16 SGB VIII: Förderung der allgemeinen, familiären Erziehung,
- §§ 17, 18 SGB VIII: Angebote für Eltern, die in besonderen Lebenssituationen einer Beratung und Unterstützung bedürfen,
- §§ 22 bis 25 SGB VIII: Förderung von Kindern in Tageseinrichtungen und in der Tagespflege,
- § 27 ff. SGB VIII: erzieherische Hilfen (z. B. Erziehungsberatung, Vollzeithilfe, Heimerziehung) und ergänzende Leistungen,
- § 35a ff. SGB VIII: Hilfe und ergänzende Leistungen für Kinder und Jugendliche mit seelischen Behinderungen,
- § 41 SGB VIII: Hilfe für junge Volljährige und deren Nachbetreuung,
- § 42 SGB VIII: Inobhutnahme von Kinder und Jugendlichen,
- §§ 43 bis 48a SGB VIII: Schutz von Kindern und Jugendliche in der Familienpflege,
- §§ 50 bis 52 SGB VIII: Mitwirkung in Gerichtsverfahren,
- §§ 52a bis 58 SGB VIII: Beistandschaft, Pfleg- und Vormundschaft.

„Jugendämter [...] haben die Gesamtverantwortung für die allgemeine

- Förderung und individuellen Hilfen im Rahmen der Kinder und Jugendhilfe (SGB VIII).
- Die ‚Einheit der Jugendhilfe' wird repräsentiert durch den Gestaltungsauftrag aller Akteure und

- die Sicherung einer sozialen Infrastruktur,
- die Ganzheitlichkeit der Angebote und Hilfen,
- den Lebenswelt- und Sozialraumbezug sowie
- die Funktionen von Interessensvertretung und Teilhabe.

Diesen Handlungsmaximen entsprechen die organisatorische Verfasstheit des Jugendamtes und die Partnerschaft öffentlicher und freier Träger ebenso wie die Anforderungen an eine Verwaltungsmodernisierung."
(Quelle: Marquard, 2002, S. 545, gekürzt).

Das breite und für Außenstehende eher unübersichtliche Leistungsspektrum der Jugendämter hängt mit der Art der zu erbringenden Leistungen zusammen. Jugendämter stellen keine Personalausweise aus, gewähren keine Baugenehmigungen und Erteilen auch keine Kraftfahrzeugzulassungen. Bei diesen Dienstleistungsprodukten handelt es sich um zum Teil einfache, aber auf jeden Fall klar definierte Leistungen, die mit den konkreten biografischen Lebensumständen, den aktuellen Lebenssituationen der Akteure und den familiären Bedingungen des Aufwachsens und Zusammenlebens des Einzelnen wenig zu tun haben.

Jugendämter sind für personenbezogene Sach- und Dienstleistungen im Bereich der sozialen Hilfe zuständig und diese personenbezogenen Hilfebedarfe können sehr vielschichtig und unterschiedlich sein. Kein Fall gleicht dem anderen, mit der Folge, dass die Aufgabengebiete, Leistungsangebote und Hilfeformen ausgesprochen heterogen sind. In der Literatur wird oftmals von einem „Gemischtwarenladen" des Jugendamtes gesprochen.

Seit Neugründung der Jugendämter in der Bundesrepublik Deutschland der 1950er-Jahre hat sich an dieser Heterogenität der Aufgabenwahrnehmung, der Vielfalt der organisatorischen Strukturen und der unterschiedlichen Personalzusammensetzung diverser Fachkräfte aus unterschiedlichen Berufsgruppen nicht viel verändert. Stattdessen ist eher zu beobachten, dass sich diese Ausdifferenzierung vor dem Hintergrund des Ausbaus des Sozialstaates, der neuen wissenschaftlichen Erkenntnisse in der Jugendhilfe, des Wandels des Selbstverständnisses von Jugendhilfe und einer zunehmenden einzelfallorientierten Förderung und Bedarfsorientierung nochmals erweitert hat.

Im Bereich der Hilfen zur Erziehung kommt ergänzend hinzu, dass das Jugendamt nicht nur die Selbsthilfe, Sozialraumorientierung und Partizipation der beteiligten Akteure zu fördern hat, sondern der Förderung der Familie sowie des engeren sozialen und persönlichen Umfeldes eine ganz besondere Bedeutung zukommt.

Gemäß § 8 SGB VIII sind die konkreten Rechte der Kinder und Jugendlichen zu wahren und auszubauen. Kinder und Jugendliche sind entsprechend ihres Entwicklungsstandes an allen sie betreffenden Entscheidungen der öffentlichen Jugendhilfe zu beteiligen und aufzuklären. Sie haben das Recht, sich in allen Angelegenheiten der Erziehung und Entwicklung an das Jugendamt zu wenden. Sie haben zudem Anspruch auf Beratung ohne

Kenntnis des Personensorgeberechtigten, wenn die Beratung aufgrund einer Not- und Konfliktlage erforderlich ist und solange durch die Mitteilung an den Personensorgeberechtigten der Beratungszweck vereitelt wird.

Außerdem hat die Jugendhilfe gemäß der §§ 1 und 9 SGB VIII junge Menschen in ihrer individuellen und sozialen Entwicklung zu fördern und dazu beizutragen, Benachteiligungen zu vermeiden oder abzubauen. Im Vordergrund steht die Erhaltung und Schaffung positiver Lebensbedingungen für junge Menschen und ihre Familien. Fähigkeiten und Bedürfnisse zum selbstständigen, verantwortungsbewussten Handeln sind zu fördern. Hierbei sind auch die besonderen sozialen und kulturellen Bedürfnisse und Eigenarten junger Menschen und deren Familien zu berücksichtigen.

Im 14. Kinder- und Jugendbericht der Bundesregierung werden diese gesetzlichen Aufträge nochmals in neuen Leitlinien der Kinder- und Jugendhilfe konkretisiert. Diese Leitlinien wurden ausdrücklich für eine Neugestaltung des Aufwachsens für Kinder und Jugendliche in der modernen Jugendhilfe entwickelt und sollen den Maßstab für die Aufgabenerfüllung der Jugendämter im Rahmen ihrer Aufgabenerfüllung sein.

Konkret wird hierzu ausgeführt:

„Um die der Kinder- und Jugendhilfe zugrunde liegenden politischen Ziele und fachlichen Leistungsstandards erreichen zu können, hält die Kommission die Beachtung folgender Leitlinien, die sowohl die fachlich inhaltliche als auch die strukturelle Weiterentwicklung betreffen, für wichtig:

1. In Anbetracht der Herausforderungen gegenwärtiger Gesellschaften ist das Aufwachsen von jungen Menschen verstärkt zu einer Gestaltungsaufgabe geworden.
2. Diese Gestaltungsaufgabe muss in einer Verschränkung von öffentlicher und privater Verantwortung wahrgenommen werden.
3. Die Familie bleibt dabei weiterhin in zentraler Verantwortung für das Aufwachsen.
4. Der Abbau von sozialer Ungleichheit bleibt eine zentrale Aufgabe der Institutionen der Bildung, Betreuung und Erziehung. Diese dürfen dabei ihren Anteil an institutionell erzeugter Ungleichheit nicht unterschätzen.
5. Bezugspunkt der Gestaltung des Aufwachsens ist Bildung im Sinne einer umfassenden, stetigen Verbesserung der Handlungsfähigkeit mit dem Ziel einer selbstbestimmten Lebensführung.
6. Die Bildungs-, Betreuungs- und Erziehungsangebote für das erste Lebensjahrzehnt müssen bedarfsgerecht weiter ausgebaut werden.
7. Dieser Ausbau muss in seiner Qualität so gestaltet werden, dass die Bildungspotenziale aktiviert, Benachteiligungen abgebaut, Gefährdungen begrenzt, die Selbstständigkeit gefördert und die Start- und Teilhabechancen von Kindern und Jugendlichen verbessert werden.
8. Aufbauend auf den inzwischen erreichten Fortschritten in den Leistungen für Kinder müssen die öffentlichen Gestaltungspotenziale mit Blick auf die besonderen Belange von Jugendlichen und jungen Erwachsenen besser genutzt werden. Dazu bedarf es einer entsprechenden Profilierung der Jugendpolitik.

9. Die Kommunen als zentraler Ort der Kinder- und Jugendhilfe und als lokaler Bildungsort müssen in ihrer Verantwortungswahrnehmung gestärkt und entsprechend finanziell auskömmlich ausgestattet werden. Hierfür müssen die Jugendämter zu strategischen Zentren für die Gestaltung des Aufwachsens weiterentwickelt werden.
10. Die Kinder- und Jugendhilfe muss in Anbetracht ihrer neuen Verantwortung – wie alle anderen am Prozess des Aufwachsens beteiligten Akteure auch – sich ihrer eigenen Wirkungen vergewissern und darüber Rechenschaft ablegen."

(Quelle: BMFSFJ, 2013, S. 418)

2.5.1.3 Die Zweigliedrigkeit des Jugendamtes – Organisationsstruktur

Gemäß § 70 SGB VIII werden die Aufgaben des Jugendamts durch den Jugendhilfeausschuss und durch die Verwaltung des Jugendamts wahrgenommen. Geschäfte der laufenden Verwaltung, also die Ausführung von Leistungen der Jugendhilfe sowie die Verwaltung der einzelnen Fälle werden von den jeweiligen Fachabteilungen, Fachkräften und der Jugendamtsleitung im Bereich der öffentlichen Jugendhilfe verantwortet.

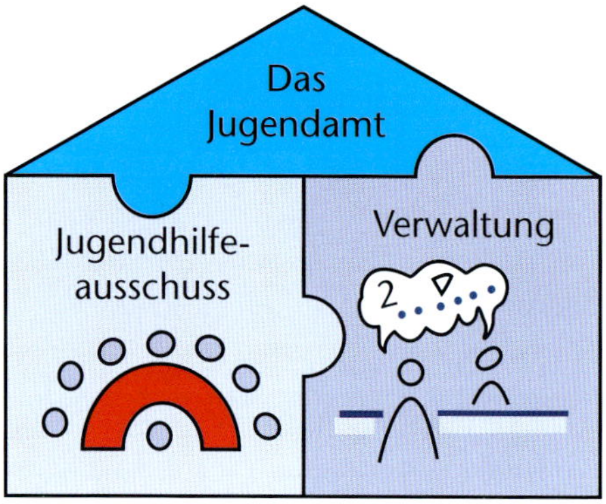

Der Jugendhilfeausschuss befasst sich gemäß § 71 SGB VIII mit Angelegenheiten der Problemlagen junger Menschen und ihrer Familien und bestimmt die Leitlinien der Jugendpolitik, z. B. in den Bereichen der Jugendhilfeplanung und der Förderung der freien Jugendhilfe.

Der Jugendhilfeausschuss ist seit 1953 neben der Verwaltung ein Teil des Jugendamtes und verfügt über ein eigenständiges Beschlussrecht in allen grundsätzlichen Angelegenheiten der Jugendhilfe. Diese Aufgabenverteilung ist in der öffentlichen Verwaltungsstruktur in Deutschland einzigartig. Auf diese Weise wird eine strukturelle Verankerung der Möglichkeit einer verantwortlichen Beteiligung von engagierten Bürgerinnen und Bürgern sowie Fachkräften der Jugendhilfe und anderer Institutionen gewährleistet. Entscheidungen des Jugendhilfeausschusses sind für das Handeln der Jugendamtsverwaltung bindend. Damit ist gemeint, dass die Verwaltung des Jugendamtes kein Weisungsrecht gegenüber dem Jugendhilfeausschuss hat. Verwaltung und Jugendhilfeausschuss sind gemeinsamer Bestandteil der öffentlichen Jugendhilfe.

Dem Jugendhilfeausschuss gehören Mitglieder des Kreistages bzw. Stadtrates an, sachverständige Bürgerinnen und Bürger, Vertreterinnen und Vertreter der anerkannten freien Träger der Jugendhilfe (z. B. der Wohlfahrtsverbände) und der Jugendverbände sowie beratende Mitglieder aus verschiedenen Bereichen, z. B. aus der Agentur für Arbeit, aus der Lehrerschaft, dem Gesundheitsamt, der Vertretung junger ausländischer Menschen, der Frauenbeauftragten, Vertreter der Kirchen, Beauftragter für Jugendsachen der Polizei usw.

Die Möglichkeit der direkten gesellschaftlichen Beteiligung an der Ausgestaltung der öffentlichen Jugendhilfe hat mit den Erfahrungen der NS-Zeit von 1933 bis 1945 zu tun. Durch die politische Ausschaltung der freien Jugendhilfe und Gleichschaltung der Erziehung und Bildung im Nationalsozialismus kam es zu einer Verstaatlichung mit gravierenden negativen Folgen für die Entwicklung der Kinder und Jugendlichen sowie der Gesellschaft insgesamt. Ein Zugriffsrecht wie im NS-Staat sollte es in Zukunft nicht mehr geben. Aus diesem Grund wurde die verbandliche und gesellschaftliche Mitwirkung und Mitverantwortung für die Ausgestaltung der Jugendhilfe ausdrücklich in der Bundesrepublik Deutschland neu gesetzlich geregelt und strukturell verankert.

In der damaligen Gesetzesbegründung heißt es hierzu: „Die Verantwortung für die Erziehung der Jugend müssen alle im Jugendamt vertretenen Bürger der Gemeinden im Rahmen der bestehenden Gesetze, der Satzung des Jugendamtes bzw. des Landesjugendamtes und der Beschlüsse der politischen Vertretungskörperschaften tragen. Es geht darum, gerade im Jugendamt eine echte Demokratie zu verwirklichen, und den Bürgern, die durch freie Mitarbeit am Gemeinwohl Gemeinsinn bewiesen haben, Mitverantwortung zu übertragen. Dadurch wird am besten vermieden, daß sich eine nur repräsentative Demokratie entwickelt."
(Quelle: Bundestagsdrucksache, 1952, S. 5).

Der Gesetzgeber hebt in diesem Zusammenhang die besondere Bedeutung der direkten Demokratie für die partnerschaftliche Ausgestaltung und Weiterentwicklung der öffentlichen und freien Jugendhilfe hervor. Durch eine enge Beteiligung der freien Träger, der Nutzung fachlicher Expertise von Experten und Fachkräften sowie der Einbindung ehrenamtlichen Engagements wird den Belangen von Kindern, Jugendlichen und Familien in besonderer Weise Rechnung getragen. Hervorgehoben wird hiermit auch die zurückhaltende Haltung des Staates in der Kinder- und Jugendhilfe, die ihren besonderen Ausdruck im Subsidiaritätsprinzip des § 3 Abs. 1 SGB VIII erfährt.

2.5.1.4 Das Landesjugendamt

Das Landesjugendamt als überörtlicher Träger hat die Aufgabe, die Jugendämter und die Fachkräfte von anderen Einrichtungen und Diensten der Jugendhilfe bei ihrer Arbeit zu unterstützen. Den Landesjugendämtern kommen vorrangig unterstützende und beratende Aufgaben für die örtliche Jugendhilfe zu. Der Fokus liegt auf den Themenkomplexen der Beratung, Unterstützung, Planung und Entwicklung, Fortbildung und Qualifizierung sowie in geringerem Umfang im Bereich der behördlichen Aufsichts- und Kontrollfunktion.

Zu den Kernaufgaben gehören nach § 85 Absatz 2 SGB VIII die

1. Beratung der Jugendämter,
2. Förderung der Zusammenarbeit zwischen Jugendämtern und den anerkannten Trägern der freien Jugendhilfe,
3. Anregung und Förderung von Einrichtungen, Diensten und Veranstaltungen insbesondere in den Bereichen der Schul- oder Berufsausbildung sowie der Jugendbildungsstätten,

4. Planung, Anregung, Förderung und Durchführung von Modellvorhaben zur Weiterentwicklung der Jugendhilfe,
5. Wahrnehmung der Aufgaben zum Schutz von Kindern und Jugendlichen in Einrichtungen,
6. Beratung der Träger von Einrichtungen während der Planung und Betriebsführung,
7. Fortbildung von Mitarbeitern in der Jugendhilfe,
8. Gewährung von Leistungen an Deutsche im Ausland sowie die
9. Erteilung der Erlaubnis zur Übernahme von Pflegschaften oder Vormundschaften.

2.5.2 Freie und privat-gewerbliche Träger: Wohlfahrtsverbände und andere Organisationen

2.5.2.1 Dualität, Subsidiarität, Pluralität

In § 3 SGB VIII wird die Vielfalt von Trägern unterschiedlicher Wertorientierungen sowie die Vielfalt von Inhalten, Methoden und Arbeitsformen ausdrücklich hervorgehoben. Träger- und Methodenvielfalt sind zwei entscheidende Strukturmerkmale der Jugendhilfe.

Zu den freien Trägern zählen allgemein Organisationen der sozialen Hilfe, die die Rechtsform des Vereins, einer (gemeinnützigen) Gesellschaft mit beschränkter Haftung oder einer Stiftung bürgerlichen Rechts angenommen haben.

Weiterhin sind privat-gemeinnützige und privat-gewerbliche Träger zu unterscheiden:

Privat-gewerbliche Anbieter zeichnen sich dadurch aus, dass diese in ihrer Gewinnerzielungsabsicht nicht dem Gemeinnützigkeitsrecht unterliegen. Vereinfacht könnte man auch sagen, dass diese Anbieter mit Wirtschaftsunternehmen zu vergleichen sind. Sie üben soziale Aufgaben mit Profitinteresse nach marktwirtschaftlichen Kriterien aus und haben das Ziel, damit Gewinn zu erwirtschaften.

Zu den gemeinnützigen, freien Trägern gehören:

- Selbsthilfe- und Initiativgruppen
- Jugendverbände
- Wohlfahrtsverbände
- Kirchen und Religionsgemeinschaften des öffentlichen Rechts
- selbstorganisierte Gruppen und Selbsthilfegruppen

Zu den privat-gewerblichen Anbietern gehören eine Vielzahl von

- freiberuflich tätigen Personen sowie

- kleineren und größeren Unternehmen in den unterschiedlichen Aufgabengebieten der Hilfen zur Erziehung. Hierzu gehören zum Beispiel Unternehmen für Familienwohngruppen, flexible Mutter-Vater-Kind-Einrichtungen, Anbieter für therapeutisch-intensive Wohngruppen, Unternehmen für junges und betreutes Wohnen, Kinder- und Jugendhäuser, Heime zur stationären Unterbringung, Beratungs- und Betreuungspraxen, heilpädagogische Wohngruppen, Erziehungsstellen.

Eine Vielzahl dieser privat-gewerblichen Anbieter sind Mitglieder des Bundesverbandes privater Träger der freien Kinder,- Jugend- und Sozialhilfe e. V. (VPK), die sich als Interessenvertretungsorgan der privaten Träger definiert.
(Vgl. Kreft, 2013, S. 978)

Gesetzliche Pflichtleistungen der Hilfen zur Erziehung richten sich unmittelbar an die Träger der öffentlichen Jugendhilfe. Andere Aufgaben der Jugendhilfe werden grundsätzlich von Trägern der öffentlichen Jugendhilfe wahrgenommen. Soweit dies ausdrücklich bestimmt ist, so der Wortlaut des Gesetzes, können Träger der freien Jugendhilfe diese Aufgaben wahrnehmen oder mit ihrer Ausführung betraut werden.

Die Grundlage der Zusammenarbeit von öffentlichen und freien bzw. privat-gewerblichen Trägern ist in Deutschland traditionell das sogenannte Subsidiaritätsprinzip, das einerseits aus der katholischen Soziallehre (Sozialenzyklika „Quadragesimo anno" von 1931, Enzyklika „Centesimus annus" von 1991) stammt und sich andererseits auf liberale Staats- und Gesellschaftstheorien des 18. und 19. Jahrhunderts stützt.

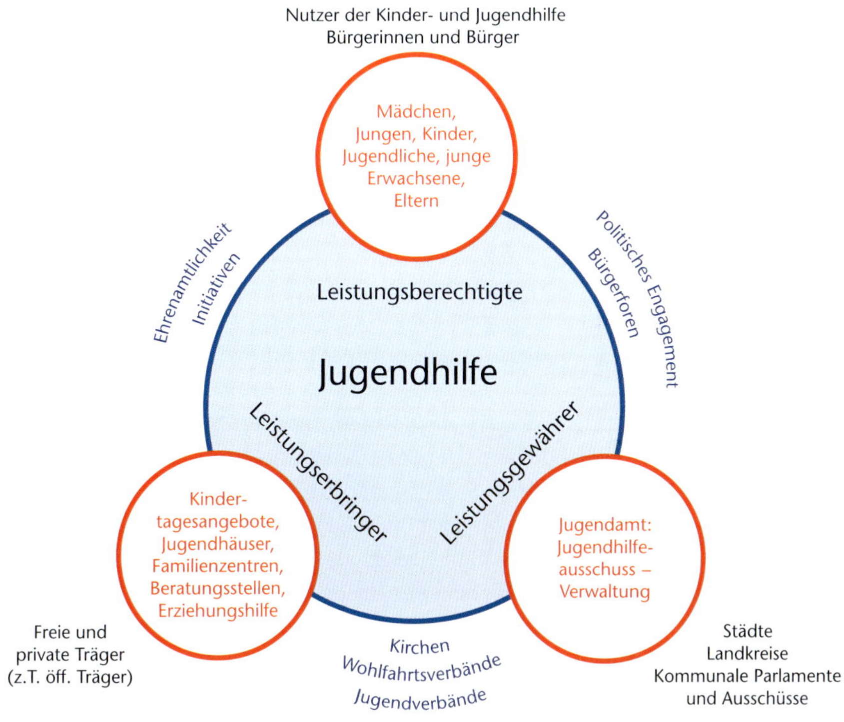

In § 4 SGB VIII wird die enge Zusammenarbeit der öffentlichen mit der freien Jugendhilfe ausdrücklich hervorgehoben. Zum Wohl junger Menschen und ihrer Familien soll die öffentliche Jugendhilfe mit der freien partnerschaftlich zusammenarbeiten. Sie hat dabei die Selbstständigkeit der freien Jugendhilfe in Zielsetzung und Durchführung ihrer Aufgaben sowie in der Gestaltung ihrer Organisationsstruktur zu achten. Sofern die anerkannten Träger der freien Jugendhilfe in der Lage sind, geeignete Einrichtungen, Dienste und Veranstaltungen zu betreiben oder zu schaffen, soll die öffentliche Jugendhilfe von eigenen Maßnahmen absehen. In der Literatur spricht man auch vom bedingten Vorrang der freien Träger.

Damit soll zum Ausdruck gebracht werden, dass diejenigen Aufgaben, die von der Familie, den Verbänden oder den Gemeinden, Ländern und Kirchen aus eigener Kraft bewältigt werden können, nicht von einer übergeordneten Instanz (Staat) durch Macht entzogen werden sollen. Der Staat betont in der Kinder- und Jugendhilfe ausdrücklich seine Zurückhaltung obrigkeitsstaatlichen Handelns. Dahinter verbirgt sich die Annahme, dass diese Gruppen und kleinen Institutionen, bedingt durch ihre sozialräumliche Verortung, über mehr Kompetenzen und einen personenbezogeneren Zugang zur Lebenswelt der Akteure verfügen. Zugleich wird aber auch die besondere Verantwortung dieser Instanzen zur Bewältigung von Krisen und Notlagen betont.

Die Kinder- und Jugendhilfe basiert auf Strukturmerkmalen des deutschen Wohlfahrtsstaates, die ein entscheidendes Merkmal des Systems der sozialen Sicherung in der Bundesrepublik Deutschland verkörpern:

- Dualität – Existenz freier und öffentlicher Träger,
- Subsidiarität – bedingter Handlungsvorrang freier Träger,
- Pluralität der Trägerstrukturen – Vielschichtigkeit und Unterschiedlichkeit der Organisationen sozialer Hilfe und Vielfalt der Überzeugungen und Gestaltungsansätze.

2.5.2.2 Wohlfahrtsverbände als privat-gemeinnützige Träger

Die Freie Wohlfahrtspflege – Von Menschen für Menschen

Wir sind für Menschen da – unabhängig von ihrer Herkunft, Religion und Weltanschauung

„Die Bundesarbeitsgemeinschaft der Freien Wohlfahrtspflege (BAGFW) ist die gemeinsame Stimme der sechs Spitzenverbände der Freien Wohlfahrtspflege in Deutschland. Die Arbeiterwohlfahrt, der Deutsche Caritasverband, das Deutsche Rote Kreuz, der Deutsche Paritätische Wohlfahrtsverband, Diakonie Deutschland – Evangelischer Bundesverband und die Zentralwohlfahrtsstelle der Juden in Deutschland wurzeln in unterschiedlichen Religionen und Weltanschauungen. Die in der Bundesarbeitsgemeinschaft der Freien Wohlfahrtspflege zusammenarbeitenden sechs Spitzenverbände verleihen dem Anliegen Gehör, das sie eint: der Sorge für alle Menschen, die Hilfe benötigen."

(Quelle: BAGFW, 2014, S. 3)

Die einzelnen Verbände der Freien Wohlfahrtspflege sind geprägt durch unterschiedliche weltanschauliche oder religiöse Motive und Ziele. Gemeinsam ist jedoch allen, dass sie unmittelbar an die Hilfsbereitschaft und an die Solidarität der Bevölkerung anknüpfen und diese mobilisieren.

Selbstverständnis und Aufgaben der Freien Wohlfahrtspflege in Deutschland

„Die Wohlfahrtsverbände haben mit ihrer z. T. weit in die Geschichte hineinreichenden Tradition ein Fundament für den Sozialstaat der Bundesrepublik Deutschland gesetzt. [...] Bei aller Unterschiedlichkeit ihrer weltanschaulichen Grundhaltungen verbindet die [...] kooperierenden Verbände ein Wohlfahrtsverständnis, das nicht nur die Sozialpflicht des Staates sieht. Vielmehr heben die Wohlfahrtsverbände sozialverantwortliches Handeln für sich selbst und für den Mitmenschen als ein Wesenselement des Sozialstaats hervor. [...] In eigener Verantwortung bietet die Freie Wohlfahrtspflege Menschen qualifizierte soziale Dienstleistungen an. Die Wertgebundenheit der Verbände schlägt sich zugleich in der Vielfalt ihrer Einrichtungen und Dienste sowie in der Pluralität der Ansätze und Methoden ihrer sozialen Arbeit nieder. [...]

Eine ihrer stärksten Wurzeln hat die Freie Wohlfahrtspflege in der jüdischen und christlichen Tradition, was sich in der Zentralwohlfahrtsstelle der Juden, im Deutschen Caritasverband und im Diakonischen Werk der Evangelischen Kirche in Deutschland manifestiert.

Die **Arbeiterwohlfahrt** ist als Selbsthilfe der Arbeiterschaft entstanden mit dem Ziel, die diskriminierende Armenpflege des Kaiserreichs durch Selbsthilfe und Solidarität abzulösen. Heute ist die Arbeiterwohlfahrt eine Helferorganisation für alle sozial bedrängten und bedürftigen Menschen unabhängig von Herkunft und Konfession. [...] Der **Deutsche Caritasverband** ist der Wohlfahrtsverband der katholischen Kirche. Er erbringt aus christlicher Verantwortung soziale Dienste mit und für Menschen. [...]

Der **Deutsche Paritätische Wohlfahrtsverband** ist der jüngste der sechs Spitzenverbände [...]. In ihm haben sich Organisationen und Verbände zusammengeschlossen, die insbesondere ihre Eigenständigkeit gefördert wissen wollen. Besonders geprägt ist der PARITÄTISCHE durch Selbsthilfeorganisationen aller Fachbereiche, insbesondere aus dem Gesundheitsbereich.

Das **Deutsche Rote Kreuz** ist die nationale Rotkreuzgesellschaft der Bundesrepublik Deutschland. [...] Das **Diakonische Werk** der EKD ist Wohlfahrtsverband der Evangelischen Kirche in Deutschland. Diakonisches Handeln ist eine Antwort auf die Versöhnung durch Jesus Christus. In dieser Verantwortung werden Menschen in allen Lebenslagen begleitet und beraten, gepflegt und gestärkt, getröstet und gefördert. [...]

Die **Zentralwohlfahrtsstelle der Juden in Deutschland e. V.** (ZWST) ist der Dachverband der jüdischen Gemeinden in Deutschland, zentralisiert und systematisiert deren Zusammenarbeit und ist deren gemeinsame Interessenvertretung auf dem Gebiet der Sozialarbeit. [...]

Die Spitzenverbände der Freien Wohlfahrtspflege vertreten [...] 105 295 Einrichtungen und soziale Dienste mit 1,6 Mio. Beschäftigten [Daten von den Autoren aktualisiert, Stand: 2014]. Wenn sich die einzelnen Spitzenverbände in ihren Wertorientierungen auch unterscheiden, so vereint sie bei der Vermittlung und Erbringung ihrer Hilfen eine auf dem Gemeinnützigkeitsprinzip beruhende Ausrichtung ihrer sozialen Arbeit und ein gemeinsames Grundverständnis ihres ökonomischen Handelns. [...]"

(Quelle: BAGFW, 2015, verändert und gekürzt)

Das Engagement der Wohlfahrtsverbände in den Bereichen der Kinder- und Jugendhilfe ist vielschichtig. So wurden im Jahr 2014 nach eigenen Angaben 1,9 Mio. Kinder täglich in über 30 000 Tageseinrichtungen für Kinder und Jugendliche betreut. Im Bereich der Familienhilfe wurden bundesweit in über 4 500 Einrichtungen Angebote und Dienste von über 30 000 Mitarbeiterinnen und Mitarbeitern bereitgestellt. In über 38 000 Einrichtungen und Diensten der Jugendhilfe wurden über zwei Mio. Betten und Plätze zur Verfügung gestellt (siehe BAGFW 2014).

Neben konkreten Aufgaben im Bereich der Hilfen zur Erziehung auf der Basis der gesetzlichen Grundlagen des SGB VIII übernehmen die Wohlfahrtsverbände wichtige Koordinations-, Kooperations- und Lobbyfunktionen. Diese findet statt in Zusammenarbeit mit den Dachverbänden der Kinder- und Jugendhilfe zur Qualitätssicherung, zur Weiterentwicklung von Konzepten und Leistungsangeboten, zur Umsetzung politischer Programme und Gesetze in den Erziehungshilfen, zur Initiierung und Mitwirkung von Modellprojekten sowie zur Vertretung der politischen Interessen von Kindern und Jugendlichen auf den unterschiedlichen Ebenen des Landes, Bundes und der Europäischen Union. So kooperieren die Wohlfahrtsverbände insbesondere mit der Arbeitsgemeinschaft für Kinder- und Jugendhilfe (AGJ), dem Deutschen Verein sowie der Bundesarbeitsgemeinschaft der Freien Wohlfahrtspflege und dem Deutschen Jugendinstitut sowie dem Institut für Soziale Arbeit (Vgl. Fehrenbacher 2014, S. 249; siehe Struck 2014). Grundsätzlich unterscheiden sich die Aufgaben der Spitzenverbände in den Hilfen zur Erziehung nicht von denjenigen Aufgaben, die die Wohlfahrtsverbände in anderen Handlungsfeldern der Sozialen Arbeit übernehmen.

2.5.2.3 Andere Organisationen als privat-gewerbliche Anbieter

Gemäß § 75 SGB VIII gehören die freien Träger nicht zu den anerkannten Trägern der freien Jugendhilfe. Anerkannte Träger sind die Kirchen und Religionsgemeinschaften, die Wohlfahrtsverbände und die Jugendverbände. Um als Träger der freien Jugendhilfe anerkannt zu werden, müssen bestimmte Voraussetzungen erfüllt werden.

Anerkannt werden können nur

- juristische Personen und Personenvereinigungen,
- die auf dem Gebiet der Jugendhilfe im Sinne des § 1 SGB VIII tätig sind,
- gemeinnützige Ziele verfolgen,
- aufgrund der fachlichen und personellen Voraussetzungen erwarten lassen, dass sie imstande sind, einen wesentlichen Beitrag zur Erfüllung der Aufgaben der Jugendhilfe zu leisten und
- die Gewähr für eine den Zielen des Grundgesetzes förderliche Arbeit bieten.

Privat-gewerbliche Träger sind in den Hilfen zur Erziehung nicht neu. Diese gibt es schon seit vielen Jahrzehnten, aber ihre Anzahl hat in den letzten zwanzig Jahren erheblich zugenommen. Hierzu hat insbesondere die vom Gesetzgeber im Jahr 1990 vollzogene Gleichstellung der Akteursgruppen im Rahmen des neuen Kinder- und Jugendhilferechts beigetragen.

„Der Gesetzgeber machte [...] deutlich, dass es unerheblich ist, in welcher Rechtsform notwendige Leistungen erbracht werden, ebenso auch, aus welcher Motivlage heraus. Entscheidend ist, dass definierte Werte, Richtlinien und Qualitäten eingehalten werden. Er machte sein grundsätzliches Interesse daran deutlich, dass soziale Leistungen in privater Trägerschaft ebenso wie in gemeinnütziger Trägerschaft oder auch öffentlicher Trägerschaft erbracht werden. Der 11. Kinder- und Jugendbericht untermauerte diese Überzeugung und wies auf die Notwendigkeit der Orientierung an betriebswirtschaftlichen Konzepten und Entscheidungsbegründungen hin und forderte den Nachweis von Effektivität und Effizienz der Leistungen und Angebote (Wirkungsorientierung) ein."
(Quelle: Schipmann, 2014, S. 280, gekürzt).

Durch die zunehmende Liberalisierung der Rahmenbedingungen in Richtung eines wettbewerblichen Ordnungsrahmens im Bereich der Kinder- und Jugendhilfe kam es zu einer weiteren Entmonopolisierung, Ausdifferenzierung und Ausweitung der Leistungserbringer. Die zunehmende Konkurrenz unter den Anbietern soll dazu beitragen, dass die Leistungen in den Hilfen zur Erziehung marktgerecht, effektiv und effizient, fachlich transparent und qualifiziert erbracht werden. Gleichzeitig nehmen allerdings auch die Anforderungen der öffentlichen Jugendhilfe im Bereich der Kontrolle und Steuerung der sozialen Dienstleistungen zu. Die Vielzahl der Anbieter erschwert eine Markttransparenz und es steigt der Aufwand in der sachgerechten Ermittlung und Vergabe von sozialen Dienstleistungen sowie der Kontrolle der Qualität im Bereich der Leistungserbringung.

Aufgaben

V 1. *Was versteht man unter der Zweigliedrigkeit des Jugendamtes?*

V 2. *Erklären Sie den Unterschied zwischen der freien und der öffentlichen Jugendhilfe. Benennen Sie Aufgabenfelder in den Hilfen zur Erziehung, die von der freien und der öffentlichen Jugendhilfe wahrgenommen werden.*

R 3. *Wählen Sie aus den sechs Wohlfahrtsverbänden in Deutschland einen aus und stellen Sie das Leitbild dieses Wohlfahrtsverbandes in der Gruppe vor. Sie finden diese Angaben auf der Internetpräsenz des jeweiligen Verbandes.*

A 4. *Was versteht man unter den Strukturmerkmalen Dualität, Subsidiarität und Pluralität in der Kinder- und Jugendhilfe? Erarbeiten Sie in der Arbeitsgruppe Vor- und Nachteile dieses Strukturprinzips der sozialen Sicherung und stellen Sie diese vor.*

Web

Zusammenfassung

Trägerstruktur: *Die Trägerstruktur der Kinder- und Jugendhilfe ist in Deutschland gesetzlich geregelt. Gemäß § 69 SGB VIII ist die Kommune für die Wahrnehmung der Aufgaben der Jugendhilfe zuständig (kommunale Selbstverwaltung). Diese hat als örtlicher Träger ein Jugendamt einzurichten. Zu den örtlichen kommunalen Trägern der öffentlichen Jugendhilfe zählen insbesondere die Landkreise, Stadtkreise und die kreisangehörigen Gemeinden.*

Jugendamt: *Das Jugendamt ist eine Organisationseinheit der kommunalen Selbstverwaltung. Es besteht aus einer Verwaltungsorganisation und einem Jugendhilfeausschuss. Die Verwaltung des Jugendamtes sichert die Bereitstellung und konkrete Ausführung von Leistungen der Jugendhilfe. Dazu richtet das Jugendamt eigene Fachdienste ein. Weiterhin stellt das Jugendamt sicher, dass die öffentlichen Finanzmittel sachgerecht verwendet werden.*

Jugendhilfeausschuss: *Der Jugendhilfeausschuss befasst sich gemäß § 71 SGB VIII mit Angelegenheiten der Problemlagen junger Menschen und deren Familien und bestimmt die Leitlinien der Jugendpolitik, z. B. in den Bereichen der Jugendhilfeplanung und der Förderung der freien Jugendhilfe.*

Freie Träger: *Freie Träger sind nicht staatliche Organisationen, die in der Regel in den Rechtsformen des Vereins, einer Gesellschaft mit beschränkter Haftung oder als Stiftung des bürgerlichen Rechts in vielen Bereichen der sozialen Sicherung tätig sind. Bei den freien Trägern wird zwischen frei-gemeinnützigen, privat-gemeinnützigen und privat-gewerblichen Organisationen unterschieden.*

3 LERNFELD 2: Pädagogisches Handeln in den Hilfen zur Erziehung

3.1 Grundlagen und Problematik des Aufgabenfeldes

„Alles ist gut, wenn es aus den Händen des Schöpfers hervorgeht; alles entartet unter den Händen des Menschen".
J.-J. Rousseau: Émile, Buch 1

Jean-Jacques Rousseau (1712–1778), Pädagoge und Philosoph

Platon (428–348 v. Chr.), Philosoph in Athen

Eine der großen Menschheitsfragen ist, ob menschliche Entwicklung biologisch angelegt ist oder ob sich Verhalten durch die Einflüsse der Umwelt herausbildet. Nativisten wie Platon (428–348 v. Chr.) und Kant (1724–1804) waren von der Bedeutung des biologischen Erbes überzeugt. Danach kann Entwicklung gesehen werden als Reifung und Entfaltung vorhandener Anlagen.

Empiristen wie Thomas Hobbes und John Locke führten die Entwicklung des Menschen auf die Einflüsse der Umwelt zurück. Entwicklung kann danach interpretiert werden als alleiniges Produkt von Erziehung, von Verhaltensmodifikation.

John Watson, moderner Wegbereiter des Behaviorismus, wollte die Psychologie als Naturwissenschaft begründen. Er lehnte die „Introspektion" ab und beschränkte sich bei seinen Untersuchungen ausschließlich auf das beobachtbare Verhalten, also auf Reiz und Reaktion des Menschen, auf die Beziehung zwischen Organismus und Umwelt. Was sich im Organismus abspielt sei unwichtig. Es zähle nur noch die Auswirkung der Umwelt auf das Verhalten des Menschen.

Unterstützt wurden diese Aussagen durch die Berichte von René Arpad Spitz (1887–1974), der bei seinen Beobachtungen in Waisenhäusern einen verheerenden Einfluss ungünstiger Umweltbedingungen für die Entwicklung von Kindern feststellte. Seine Untersuchungen zeigten, wie bedeutsam für die kindliche Entwicklung die frühzeitige Förderung ist. Vernachlässigung führt nicht nur zu emotionaler Deprivation, wie sie Spitz

Thomas Hobbes (1588–1679)

John Locke (1632–1704)

John B. Watson (1878–1958)

beschrieb, sondern auch zu massiven Defiziten in der motorischen und intellektuellen Entwicklung.

Heute ist das Zeitalter der Gene angebrochen. Molekularbiologen bestimmen mit ständig wachsender Genauigkeit, welcher Abschnitt von welchem Chromosom für eine bestimmte Krankheit oder ein bestimmtes Verhalten verantwortlich ist. Danach ist das Schicksal eines Menschen in erster Linie durch seine Erbanlagen bestimmt.

Dem stehen die Ergebnisse der Neurowissenschaften gegenüber. Hier wird Entwicklung als Prozess bezeichnet, der beeinflusst wird aus dem Zusammenspiel der Faktoren Anlage, Umwelt, Reifung und Lernen. Danach programmieren Gene zwar den Ablauf der Entwicklung (Entwicklungsrichtungen), die Qualität der Entwicklung wird jedoch durch die Erfahrungen geprägt, welche der heranwachsende Mensch mit und in seiner Umwelt macht.

Entwicklung *kann demnach als Prozess von Veränderungen der psychischen und physischen Dispositionen bezeichnet werden, der durch endogene und/oder exogene Einflüsse hervorgerufen wird. Dabei ist diese Entwicklung zu verstehen als aktive, eigene, selbstgesteuerte Leistung des Individuums, als Prozess, der sich in Wechselwirkung mit der Umwelt vollzieht.*

Für den pädagogischen Prozess heißt dies, dass es nicht die Erwachsenen sind, welche die Kinder erziehen. Die Kinder entwickeln sich selbst, in Abhängigkeit ihrer biogenetischen Prädisposition (Anlage) und den sozialökologischen Einflussfaktoren (Umwelt). Diese Erkenntnis macht Kinder und Jugendliche zu Subjekten ihrer Entwicklung, sie entlässt die Erwachsenen jedoch nicht aus ihrer Verantwortung. Deren Aufgabe ist es, für optimale Entwicklungsbedingungen zu sorgen.

Zusammenfassung

Was muss ich wissen, was muss ich können, um dieses oder jenes im Rahmen der Kinder- und Jugendhilfe leisten zu können? Wo sind Kinder und Jugendliche zu betreuen, deren Startchancen in ihrem Leben nicht optimal vorhanden waren?

1. *Ich muss mir Gedanken darüber machen, wie ich meinem Gegenüber begegnen will. Welches Bild mache ich mir von diesem Menschen?*
2. *Daraus abzuleiten wäre dann die Art und Weise, wie ich mit ihm in Interaktion trete, welchen Erziehungsstil ich also pflegen will.*
3. *Wenn ich ihn als Subjekt seiner eigenen Entwicklung betrachte, dann muss ich gemeinsam mit ihm Ziele für seine zukünftige Entwicklung formulieren.*
4. *Schließlich muss ich die notwendigen Kompetenzen entwickeln, die dafür erforderlichen Maßnahmen ergreifen zu können, d. h. wie begegne ich diesem Menschen im direkten Kontakt und in seiner Gruppe und wie gestalte ich schließlich einen Alltag, der diesem Menschen optimale Entwicklungsbedingungen bietet, für eine selbstständige Entwicklung ohne die erforderliche Hilfestellung zu vernachlässigen?*

3.1.1 Menschenbild und pädagogische Werteorientierung

Vorstellungen vom Wesen des Menschen hat es zu jeder Zeit gegeben. Sie ändern sich mit dem Wandel der Gesellschaft, in der dieser Mensch lebt, sie werden zu jeder Zeit neu gemacht. Das Nachdenken darüber scheint zu den zentralen Fragen der Menschheit zu gehören.

In seinen Vorlesungen über die Logik äußerte sich Kant folgendermaßen:

„Das Feld der Philosophie in dieser weltbürgerlichen Bedeutung lässt sich auf folgende Fragen bringen:

1. Was kann ich wissen?
2. Was soll ich tun?
3. Was darf ich hoffen?
4. Was ist der Mensch?

Die erste Frage beantwortet die Metaphysik, die zweite die Moral, die dritte die Religion und die vierte die Anthropologie. Im Grunde könnte man aber alles dieses zur Anthropologie rechnen, weil sich die drei ersten Fragen auf die letzte beziehen."

(Quelle: Kant, 1968, S. 25)

Immanuel Kant (1724–1804)

Die zentrale Frage, die sich der Mensch stellt, ist also die nach ihm selbst. „Erkenne dich selbst!" steht schon als Auftrag über dem Apollon-Tempel in Delphi und der Versuch, diese Aufgabe zu erfüllen, durchzieht wie ein roter Faden die europäische Philosophiegeschichte und sicher auch die anderer Kulturkreise. Dabei geht es hier nicht so sehr um theoretisches Wissen über das „Wesen des Menschen". Dieses „Erkenne dich selbst" zielt nicht ab auf eine Definition der Natur des Menschen. Es geht um die Praxis, um Verhaltensregeln, deren Beachtung uns in Einklang mit uns, unseren Mitmenschen und der Natur leben lassen.

Das was am Menschen den Menschen ausmacht, ist ihm nicht von Natur aus gegeben, ist also auch nicht als zeitlose Konstante zu ergründen. Humanität ist „dem Menschen zugleich gegeben und aufgegeben" (Habermas, 1958, S. 31). Der Mensch bringt sich ständig neu hervor. Das Bild vom Menschen ist deshalb auch nichts Statisches. Jeder Mensch, jede Generation muss dieses Bild neu zeichnen und auch immer wieder versuchen, dem Menschen eine neue Bestimmung zu geben. Für jede Zeit und auch für jede konkrete Lebenswelt müssen neue Bilder entworfen werden, in denen sich der Zeitgeist, die Spuren der Kultur und Religion, der politischen und gesellschaftlichen Erfahrungen wiederfinden lassen.

Dennoch oder gerade deshalb ist es wichtig, sich immer wieder dieser Frage zuzuwenden. Sich selbst zu erkennen, also ein Bild vom Menschen zu entwerfen, gibt dem Handeln Orientierung und Ziel. Der Mensch plant und handelt stets auf der Grundlage eines Menschen- und Weltbildes, sei es bewusst oder unbewusst.

Dies gilt auch und vor allem im pädagogischen und therapeutischen Kontext, also für einen verantwortungsvollen Dialog mit anderen Menschen. Bollnows Überzeugung, „das Menschenbild sei der ‚Schlüssel' zu jedem pädagogischen System" (Meinberg, 1988, S. 7) lässt sich am ehesten festmachen an den Zielen und an den Maßnahmen der pädagogischen Praxis. Ob wir intuitiv oder professionell handeln, ob wir loben, strafen, gebieten, verbieten, ob wir Vorbild sind oder Vorbilder darstellen, ob wir Wissen und Erfahrungen anbieten und vermitteln oder neue Entwicklungsmöglichkeiten schaffen wollen, unserem Handeln liegt immer ein Idealbild vom Menschen zugrunde, an dem sich unser Tun orientiert.

Halten wir den Menschen für ein passives Wesen, das wie eine Maschine durch externe Reize formbar, kontrollierbar und reparierbar ist oder betrachten wir ihn als aktives und autonomes Wesen, das selbst für die Gestaltung seiner Entwicklung verantwortlich ist?

Folgen wir einem **humanistischen Menschenbild**, so gehen wir von folgenden Grundannahmen aus:

- Der Mensch ist zu Beginn seines Lebens stark abhängig, strebt nach Unabhängigkeit von äußerer Kontrolle und Hilfe. Er entwickelt dabei ein aktives Selbst, das zunehmend in die eigene Entwicklung eingreift und Verantwortung übernimmt. Dies heißt, nicht nur autonom, sondern auch sozial verantwortlich zu handeln. Autonomie ist also immer zu sehen in der sozialen Interdependenz, in der Eingebundenheit in soziale Systeme (z. B. der Familie oder sozialen Gruppe).
- Der Mensch wird als aktives, unternehmungslustiges Wesen betrachtet. Er hat das Bedürfnis, seine Umwelt zu erforschen, nach Wissen zu streben und seine schöpferische Fähigkeit zu entfalten – im ständigen Austausch mit der sozialen Umwelt.
- Der Mensch strebt nicht nur nach Selbsterhaltung und Bedürfnisbefriedigung, sondern auch nach einem sinnvollen und erfüllten Dasein – wenn elementare Bedürfnisse (Sicherheit, Liebe) befriedigt sind.
- Der Mensch wird als Ganzheit gesehen, in der psychische, kognitive, emotionale, soziale und somatische Prozesse aufeinander bezogen sind.

(Vgl. Zimmer, 2012, S. 25)

Lernsituation

In einer stationären Wohngruppe leben sechs Mädchen und zwei Jungen im Alter von 4 bis 17 Jahren. Da das Team dieser Wohngruppe seit längerer Zeit stabil ist, haben sich klare Strukturen verfestigt, die sowohl den Erwachsenen als auch den Kindern und Jugendlichen die Bewältigung ihres Alltags erleichtern. Damit wird eine gute Grundlage für den Zusammenhalt der Gruppe gelegt.

Besonders bei Essenssituationen wird dies deutlich, wenn alle an einem Tisch sitzen und beim Essen miteinander ins Gespräch kommen. Gemeinsames „Kochen für die

Gruppe" ist deshalb ein passendes Thema und vier von ihnen werden für die Durchführung ausgewählt. Alles muss gut vorbereitet werden, damit das Essen wirklich auch den anderen Kindern und Jugendlichen der Gruppe schmeckt.

A ***Analysieren Sie diese pädagogische Situation und formulieren Sie Ziele und Maßnahmen aus der Sicht folgender Menschenbilder.***

Verschiedene Menschenbilder

Homo ludens – der spielende Mensch

Natürlich spielen auch Tiere, aber keine Gattung hat eine so große Spielevielfalt entwickelt wie der Mensch. Der deutsche Dichter und Dramatiker Friedrich Schiller (1759–1805) stellte dazu fest: „Der Mensch spielt nur, wo er in voller Bedeutung des Wortes Mensch ist, und er ist nur da ganz Mensch, wo er spielt."

(Schiller: Über die ästhetische Erziehung des Menschen)

Dem Spielen wird vielerlei Bedeutung zugewiesen. Biologen betonen in erster Linie das Spiel als Lern- und Übungsfeld für die Entwicklung und Festigung von Fähigkeiten, „die dann im Ernstfall zur Verfügung stehen: körperliche Fähigkeiten, Reaktionsvermögen, Konzentration, Zusammenarbeit, Aufgaben teilen, Gewinne und Verluste teilen, planen, Strategien entwerfen, kurzfristige gegenüber langfristigen Vorteilen zurückstellen, Überlegungen anderer einbeziehen, Regeln beachten, Vor- und Nachteile gemeinsam befolgter Regeln einschätzen lernen, usw."

(Quelle: Schiefenhövel, 1992, S. 16)

Der rationale Mensch

Sogenannte „Kritische Rationalisten" beklagen die Irrationalität des Menschen, der sich bei seinen Entscheidungen zu sehr von seinen Gefühlen leiten lässt und daran gehindert wird, „vernünftig" zu denken und zu handeln. Gewünscht wird der Verstandesmensch, der sich mit naturwissenschaftlichen Denkgewohnheiten verbündet und kritisch die Dinge prüft, die aus diesem Denken entstehen. Der Mensch muss sich dabei ständiger Kontrolle, Selbstkritik und Selbstüberprüfung unterwerfen. Gefordert sind deshalb ein gutes Stück Willenskraft und Disziplinbereitschaft. Der rationale Mensch „ist ein Pflichtenmensch mit einem hohen Moralanspruch, der in seinem sozialen Handeln wirksam werden soll" (Meinberg, 1988, S. 33). Seine Lebensorientierung ist in hohem Maße pragmatisch, mit einem ausgeprägten Sinn für die optimale Ausnutzung von Sachverhalten. Er denkt in Kausalzusammenhängen und handelt technologisch. Sein Ziel ist die Eroberung der Welt, wobei ihm die auf wissenschaftlicher Grundlage erarbeiteten Prognosen wichtig sind, deren Ergebnisse ihm helfen die Unwägbarkeiten und Ungewissheiten zu verkleinern und sich so der Zukunft zu bemächtigen.

Das behavioristische Menschenbild

John Watson, der Begründer der behavioristischen Psychologie, sieht den Menschen als eine „komplizierte, funktionstüchtige, organische Maschine", die aus unterschiedlichen Teilen zusammengesetzt ist. Die Natur und das Leben des Menschen werden analog zur Mechanik verstanden, die Annahme einer vom Körper wesensverschiedenen geistigen Substanz für ein „Hirngespinst" abgelehnt.

Diese Grundgedanken griff Watson auf für seine Konzeption einer mechanistischen Persönlichkeitslehre. Er betrachtet den Menschen als Maschine, die beliebig zerlegt und wieder zusammengesetzt werden kann – von ihm. „Gebt mir ein Dutzend gesunder, wohlgebildeter Kinder und meine Umwelt, in der ich sie erziehe, und ich garantiere, dass ich jedes nach dem Zufall auswähle, und es zu einem Spezialisten in irgendeinem Beruf erziehe [...] ohne Rücksicht auf seine Begabungen, Neigungen, Fähigkeiten, Anlagen und die Herkunft seiner Vorfahren". (Watson, 1928/1968, S. 123, gekürzt)

Burrhus Frederic Skinner, ein Schüler von Watson, entwickelte dessen Ideen weiter und reduzierte mit seiner Theorie nicht nur den Körper des Menschen auf das Dasein einer organischen Maschine, er beraubt den Menschen auch seiner Freiheit und Würde. Er schaffte den autonomen Menschen ab. Der Mensch wird nur noch als passives Wesen betrachtet, das durch externe Reize kontrollierbar und manipulierbar ist.

Homo agens

Aus seiner Kritik an Watson entwickelte George Herbert Mead (1863–1931) ein Menschenbild, nach dem der Mensch ein Ganzes, eine Einheit ist und keine zerlegbare Maschine. Der Mensch ist auch nicht Produkt geschickter Umweltmanipulation oder Erbanlagen. Er entwickelt sich in seinem Handeln, aus sich selbst heraus – im Dreiklang mit Natur und Gesellschaft. Der menschliche Organismus ist verwoben mit der Umwelt, sein Leben kommt durch die Interaktion mit dieser Umwelt zustande und entwickelt sich dadurch. Der Mensch ist also „ein umweltbedingendes und umweltbedingtes Wesen" (Mead). Nur kraft seiner Eigenaktivität kann sich der Mensch mit seinem eigenen Innern entwickeln, allerdings nicht ausschließlich aus sich selbst heraus, sondern nur weil er mit den anderen in Beziehung ist. Die Entwicklung des Menschen kann nur aus dem Wechselbezug zum anderen erklärt werden. Nur an diesem anderen kann es sich entfalten, durch die Einfühlung in den anderen, durch die Fähigkeit, sich in die Rolle des anderen zu versetzen, entsteht letztlich das Bewusstsein einer eigenen Identität, die nie als fertiges Produkt zu verstehen ist, sondern als Prozess, der nie abgeschlossen ist. Der Mensch ist ein geschichtliches Wesen, eingebunden in den Wandel der Gesellschaft, eingefangen in einer Welt, die voller Bedeutungen ist, die sich nicht reduzieren lässt auf die Rationalität naturwissenschaftlicher Erkenntnisse.

Der Krisenmensch

Die Entwicklungstheorie von Erik H. Erikson, angelegt in acht Phasen, zeigt auf, dass der Mensch niemals wirklich im Gleichgewicht lebt, dass seine Entwicklung nicht glatt verläuft, dass diese Krisen, mit denen der Mensch immer wieder konfrontiert wird, für ihn nicht nur gefahrvoll sind. Erikson betrachtete sie als Chance, da er der Freiheit und den Selbstentwicklungskräften des Menschen einen hohen Stellenwert beimaß. Seine in acht Phasen angelegte Entwicklungstheorie zeigt, dass er den Menschen als ein auf Entwicklung angelegtes Geschöpf bestimmte, einer Entwicklung, die auf der Wechselwirkung zwischen Individuum und Gesellschaft beruht.

Er betrachtete den Menschen als bildsames Wesen, dem die Identitätsentwicklung aufgegeben ist – mit dem Ziel zu einer „gesunden Persönlichkeit" zu werden. Dieser „Wachstumsprozess" ist gekennzeichnet durch das Durchlaufen von Krisen, die für jede Entwicklungsphase spezifisch sind. Hierbei steht der Mensch im Konflikt mit seinen Trieben, die mitverantwortlich für die Entstehung der Krisen sind und die Entwicklung des Individuums letztlich ständig bedrohen. Immerwährende Lebensaufgabe ist es deshalb, diese Triebe beherrschen zu lernen.

Der Systemmensch

Der Systemmensch lebt in einer komplexen Welt, in der Mensch als Subjekt entthronisiert wird. Nicht der Erzieher erzieht hier, sondern das Interaktionssystem Gruppe. Der Mensch muss dabei nicht auf seine Individualität verzichten, er ist jedoch eingebettet in soziale Systeme, welche das psychische System des Menschen formen. Er ist an sich selbst gebunden und kann autonom handeln, aber ein Individuum kann er nur werden, wenn er auf die von der sozialen Umwelt angebotene Komplexität zurückgreift.

Zusammenfassung

Der Mensch plant und handelt stets auf der Grundlage eines Menschen- und Weltbildes, sei es bewusst oder unbewusst. Dies gilt auch und vor allem im pädagogischen und therapeutischen Kontext.

Folgen wir einem humanistischen Menschenbild, so gehen wir davon aus,

- *dass der Mensch ein aktives Wesen ist, das nach Selbstbestimmung und Selbstverantwortung strebt,*
- *dass er als aktives, unternehmungslustiges Wesen seine Umwelt erforschen, nach Wissen streben und seine schöpferische Fähigkeit entfalten will,*
- *dass er nach Selbsterhaltung und Bedürfnisbefriedigung und nach einem sinnvollen und erfüllten Dasein in der sozialen Gemeinschaft verlangt,*
- *dass gute sozialpädagogische Arbeit stets das Gegenüber als ganzen Menschen versteht, bei dem psychische, kognitive, emotionale, soziale und somatische Prozesse aufeinander bezogen sind.*

3.1.2 Erwartungen und Anforderungen an die Berufsrolle

Rollenmodelle vorleben

Männliche Vorbilder gesucht: Die praxisnahe Fachschulausbildung zum Jugend- und Heimerzieher bereitet darauf vor, mit verhaltensauffälligen und gewaltbereiten Jugendlichen zu arbeiten

Florian (Name geändert) ist müde und braucht dringend eine Dusche. Aber er ist glücklich: „Vier Tage war ich im Odenwald zu Fuß mit fünf Jungen aus dem Kinder- und Jugendheim unterwegs", sagt er. „Das war anstrengend, aber insgesamt eine tolle Erfahrung." Florian ist mit den Jungs gewandert und hat mit ihnen in offenen Schutzhütten biwakiert. Aufgezwungen hatte er ihnen diesen Ausflug keinesfalls. Nein, sie mussten sich sogar dafür bewerben. „Nichts für Weicheier", hatte er schon im Vorfeld verlauten lassen, und das hat einige erst recht angespornt.

Der Jugend- und Heimerzieher hat es geschafft, die Gruppe zusammenzuhalten. Er war Vorbild und Tröster, hat Blasen an den Füßen behandelt und den Jungs gezeigt, wie man mit wild wachsenden Kräutern das mitgebrachte Essen verfeinert. Seit drei Jahren arbeitet Florian in Heidelberg in einem kleinen Kinder- und Jugendheim und ist zuständig für eine Gruppe von Jungen zwischen 13 und 15 Jahren, die als schwierig im Verhalten und als gewaltbereit gelten. [...]

Was für die Jugendlichen in seiner Gruppe so locker wirkt, hat Florian allerdings aufwendig vorbereitet. Er plant seine Aktionen nach methodisch-didaktischen Gesichtspunkten und hat im Vorfeld lange über die optimale Umsetzung gegrübelt. Aber die Mühe zahlt sich aus: Die Jungs haben Respekt vor Florian. Er hat eine beeindruckende Kondition beim Klettern, aber er kann auch eine hervorragende Pizza backen und bei den Hausaufgaben helfen.

Aufgrund der positiven emotionalen Bindung sind die Jugendlichen bereit, ihn als Vorbild für das eigene Lernen anzunehmen. Ihr Erzieher ist anders als die meisten Männer, mit denen sie aufgewachsen sind: Er ist ein sportlicher Typ, aber nicht aufbrausend und nicht gewalttätig. Florian versucht, den Kindern zu zeigen, wie man Probleme und Konflikte auf konstruktive Art lösen kann. Er will ihnen ein anderes männliches Rollenmodell vorleben, als sie es aus ihrer Familie gewohnt sind.

(Quelle: Michaelis, 2009, gekürzt)

Florian ist nicht nur Florian. Er ist in diesen Tagen in verschiedene Rollen geschlüpft, aus seiner Sicht immer mit dem Ziel, den Jugendlichen ein anderes männliches Rollenmodell vorzuleben als sie es aus ihren Familien kennen. Spielt er diese Rolle oder ist er wirklich die Person, die in dieser Rolle aufgeht? Was überhaupt ist eine Rolle?

„Eine Rolle ist ein sozial definiertes Verhaltensmuster, das von einer Person, die eine bestimmte Funktion in einer Gruppe hat, erwartet wird. Rollen sind großenteils von dem bestimmten Individuum, das sie innehat, unabhängig. Die erwarteten Verhaltensweisen sind die gleichen, gleichgültig über welche persönlichen Merkmale der Rolleninhaber verfügt."
(Quelle: Zimbardo, 1998, S. 723).

- Welche Rollen hat Florian in diesen Tagen eingenommen?
- Welche Verhaltensmuster hat er als Träger dieser Rollen gezeigt?
- Waren sie wirklich unabhängig von seiner Person, so wie es die Definition beschreibt?

Fachlich definiert wird die „Rolle der Erzieherin“ in der Regel als die Gesamtheit der Erwartungen, die an eine Erzieherin von der Gesellschaft oder von einzelnen Menschen gerichtet werden.

Was heißt das? Betrachten wir einen Hilfeprozess im Rahmen der Kinder- und Jugendhilfe, so lässt sich ein ganzes Bündel von Erwartungen entfalten. Wer erwartet was von wem? Die Erwartungen der **Gesellschaft** können klar aufgezeigt werden. Sie sind niedergeschrieben in den §§ 27 bis 35 SGB VIII. Ein konkretes Beispiel dafür ist § 34 SGB VIII, der sich auf die stationäre Unterbringung bezieht.

§

§ 34 Heimerziehung, sonstige betreute Wohnform
Hilfe zur Erziehung in einer Einrichtung über Tag und Nacht (Heimerziehung) oder in einer sonstigen betreuten Wohnform soll Kinder und Jugendliche durch eine Verbindung von Alltagserleben mit pädagogischen und therapeutischen Angeboten in ihrer Entwicklung fördern. Sie soll entsprechend dem Alter und Entwicklungsstand des Kindes oder des Jugendlichen sowie den Möglichkeiten der Verbesserung der Erziehungsbedingungen in der Herkunftsfamilie

1. eine Rückkehr in die Familie zu erreichen versuchen oder
2. die Erziehung in einer anderen Familie vorbereiten oder
3. eine auf längere Zeit angelegte Lebensform bieten und auf ein selbstständiges Leben vorbereiten.

Jugendliche sollen in Fragen der Ausbildung und Beschäftigung sowie der allgemeinen Lebensführung beraten und unterstützt werden.

§ 34 SGB VIII

Welche Erwartungen können aus diesem Text herausgelesen werden?

- Das **Jugendamt** als Kostenträger der Maßnahme verlangt von der Erzieherin, dass sie den geplanten Hilfeprozess möglichst bald zu einem guten Ende führt.
- Der **Einrichtungsträger** zeigt seine wirtschaftlichen Interessen und erwartet einen erfolgreichen Verlauf der Maßnahme, der auch für die Außendarstellung gut dokumentiert werden soll.
- Die **Heimleiterin** sorgt sich um ein reibungsloses Betriebsklima und erwartet, dass alle Aufgaben von der Erzieherin ohne Klagen erledigt werden.
- Die **Bereichsleiterin** ist verantwortlich für den Entwicklungsprozess des Kindes und erwartet eine gut fundierte Vorbereitung, wenn in der Teamsitzung die Erziehungsplanung für das Bezugskind ansteht. Gute Beobachtung und Dokumentation werden also vorausgesetzt.
- Die **Teamkolleginnen** erwarten eine kollegiale, hilfsbereite und unterstützende Zusammenarbeit, die sich im Alltag des erzieherischen Handelns beweisen muss.

- Die **Lehrkraft** des betreuten Kindes verlangt das regelmäßige und pünktliche Erledigen der Hausaufgaben, für dessen Einhaltung die Erzieherin verantwortlich ist.
- Die **Eltern** sehen in der Erzieherin eine Fachkraft, die ihnen bei der Erziehung ihres Kindes helfen soll.
- Was erwartet das **Kind**? Will es Unterstützung, Hilfe, Liebe, Bindung ...?
- Welche Erwartungen stellt man zu guter Letzt an sich selbst?
- Welche Rollenkonflikte können entstehen, wenn man in einer Person und manchmal zur gleichen Zeit Muttterersatz, Bindungsperson, Vertrauensperson, Pädagogin, Therapeutin, Entwicklungsbegleiterin oder -förderin sein soll?

Lernsituation

Der neun Jahre alte Peter lebt seit fünf Monaten allein zusammen mit seiner Mutter. Sein Vater hat den Haushalt verlassen und lebt bei einer neuen Frau, die eine dreijährige Tochter hat. Peter hat diese Trennung nur schwer ertragen. Seine Leistungen lassen in der Schule erheblich nach, zu Hause lässt er sich kaum noch was sagen, oft geht er nach dem Frühstück aus dem Haus, kommt aber in der Schule nicht an, und wenn, dann ist er gegenüber seiner Lehrerin sehr aufsässig und stachelt Mitschüler zu allem möglichen Unsinn an. Die Mutter ist mit seiner Erziehung sichtlich überfordert und wendet sich nach einigen Versuchen, mithilfe des Vaters „die Sache in den Griff" zu bekommen, schließlich an das Jugendamt.

R ***Verteilen Sie in Ihrer Kleingruppe die oben beschriebenen Rollen und formulieren Sie aus dieser Sicht die Erwartungen, welche Sie in diesem Erziehungshilfeprozess haben.***

Zusammenfassung

Die „Rolle der Erzieherin" wird definiert als die Gesamtheit der Erwartungen, die an eine Erzieherin von der Gesellschaft oder von einzelnen Menschen gerichtet wird. Es gibt die Erwartungen der Gesellschaft, des Jugendamtes, des Einrichtungsträgers, der Heimleiterin, der Bereichsleiterin, der Teamkolleginnen, der Lehrkräfte, der Eltern, des Kindes und eigene Erwartungen an sich selbst.

3.1.3 Erziehungsstile

Seit Menschengedenken haben sich Pädagoginnen Gedanken über die Art und Weise, wie Kinder und Jugendliche zu erziehen sind, gemacht. Als Klassiker der Erziehungsstilforschung gelten die Untersuchungen von Lewin, Lippitt und White, die in den 1930er-Jahren Feldexperimente über die Wirksamkeit unterschiedlicher Führungsstile auf das

Leistungsverhalten von Jugendlichen machten. Sie unterschieden dabei zwischen einem autoritären, einem demokratischen und einem Laissez-faire-Stil.

Der **autoritäre Führungsstil** zeichnet sich dadurch aus, dass stets der Erwachsene Entscheidungen trifft, ohne die Kinder und Jugendlichen bei seinen Überlegungen mit einzubeziehen. Er behält dadurch eine große Distanz zu seinen „Zöglingen". Dieser Erziehungsstil wurde im Laufe der 1960er- und 1970er-Jahre stark kritisiert im Rückgriff auf die Erfahrungen aus der Zeit des Nationalsozialismus.

Den **Laissez-faire-Stil** könnte man als das krasse Gegenteil bezeichnen. Hier wird alles von den Kindern und Jugendlichen entschieden. Der Erwachsene hält sich völlig raus, nimmt an keinen Entscheidungen teil und lässt den Kindern und Jugendlichen alle Freiheiten. In den 1960er-Jahren gab es Versuche in der „Kinderladenbewegung" diesen gewährenden Erziehungsstil zu realisieren. Die Versuche endeten aber bei konsequenter Anwendung stets im Chaos, da die Kinder in ihrer Situation völlig überfordert waren.

Beim **partnerschaftlich-demokratischen Erziehungsstil** werden die Kinder und Jugendlichen bei allen wichtigen Entscheidungen mit einbezogen. Entscheidungen werden ausdiskutiert und dann gemeinsam getroffen. Die Kinder und Jugendlichen erhalten vom Erwachsenen viel Lob und sachbezogene, konstruktive Kritik. Getadelt wird nicht die Person, sondern das gezeigte Fehlverhalten.

Nach den Erfahrungen der vergangenen Jahrzehnte, in denen das Pendel immer von einem Extrem zum anderen ausschlug, wird heute der **„autoritative Erziehungsstil"** favorisiert. Der Ausdruck „autoritativ", ursprünglich von Max Horkheimer (1895–1973) geprägt, beschreibt die Beziehung zwischen Erwachsenen und Kind, in der das Kind die Autorität des Erwachsenen einfordert. Die Entwicklungspsychologin Diana Baumrind hat in den 1960er- und 1970er-Jahren den Begriff der „autoritativen Erziehung" formuliert – als ausgewogenes Mittelmaß zwischen autoritärer und Laissez-faire-Erziehung. Hier würdigen die Erwachsenen die Autonomie des Kindes und berücksichtigen seine Wünsche und Bedürfnisse. Letztlich sollten aber die Erwachsenen die Entscheidungen treffen, an die sich die Kinder und Jugendlichen auch halten müssen, nachdem sie ausgiebig diskutiert wurden.

Lernsituation

In der Wohngruppe einer großen Kinder- und Jugendhilfeeinrichtung werden neun Jungen im Alter von 11 bis 18 Jahren betreut. Die Gründe der Unterbringung reichen von Störung des Sozialverhaltens, Angststörungen, depressiven Symptomen bis hin zu tiefgreifenden Entwicklungsstörungen. Ein hoch strukturierter Alltag und individuell abgestimmte verhaltenstherapeutische Verstärkerprogramme helfen den Jugendlichen innerhalb der Gruppe, den Alltag gut zu bewältigen.

An einem pädagogischen Angebot nehmen drei Jungen im Alter von 12 bis 14 Jahren teil:

- *Der 12-jährige Danny spielt sehr gerne Fußball und ist Spezialist im Umgang mit Lego. Hierbei kann er Städte bauen und hat immer wieder gute Ideen, um neue Häuser zu bauen.*

- *Lenny wirkt mit seinen 14 Jahren sehr selbstständig. Er spielt gerne Fußball, auf dem Heimgelände und auch im Verein. Er ist in seiner Gruppe der Gruppensprecher und vertritt diese im Jugendrat der Einrichtung.*
- *Jonas ist ebenfalls 14 Jahre alt und lebt seit letztem Sommer in der Gruppe. Er diskutiert gerne, hat aber auch gute Ideen für den Gruppenalltag. Dabei zeigt sich vor allem sein Interesse an Technik. Im Bereich PC und Spielekonsolen kennt er sich gut aus. Er bringt dabei kreative Ideen ein, z. B. wie Videos erstellt werden und teilt sein Hintergrundwissen gern mit den anderen.*

Dieses Angebot knüpft an ein beliebtes Interessengebiet der Jungen an: der PC, wobei diese drei nicht nur spielen wollen, sondern ein wirkliches Interesse an diesem Medium vorweisen. Die Idee des Erziehers ist es, ein Stop-Motion-Video über einen Banküberfall zu machen.

A ***Analysieren Sie diese Situation und bestimmen Sie die Sichtweise, Ziele und die Maßnahmen, welche Sie als autoritäre, sozial-integrative oder autoritative Erzieherin ergreifen würden. Lässt sich das Verhalten in bestimmten Situationen immer eindeutig zuordnen?***

Zusammenfassung

*Beim **autoritären Führungsstil** trifft der Erwachsene die Entscheidungen, ohne die Kinder und Jugendlichen mit einzubeziehen.*

*Beim **Laissez-faire-Stil** wird alles von den Kindern und Jugendlichen selbst entschieden.*

*Beim **partnerschaftlich-demokratischen Erziehungsstil** werden Entscheidungen ausdiskutiert und dann gemeinsam getroffen.*

*Beim **autoritativen Erziehungsstil** würdigen die Erwachsenen die Autonomie des Kindes, treffen aber letztlich die Entscheidungen.*

3.1.4 Gruppenpädagogische Grundlagen für das Arbeitsfeld der Erziehungshilfen

Unter einer Gruppe verstehen wir ein System von zwei und mehr Individuen, zwischen denen Rollenbeziehungen bestehen und die sich auf ein Normensystem verständigt haben, welches das Verhalten der Gruppenmitglieder so regelt, dass sie eine gemeinsame Aufgabe oder ein Ziel verfolgen können.

Als wesentliche Merkmale gelten, dass die Mitglieder einer Gruppe

- sich als zusammengehörig erleben und definieren,
- gemeinsame Ziele verfolgen, Normen und Verhaltensvorschriften für einen bestimmten Verhaltensbereich teilen,
- Ansätze von Aufgabenteilung entwickeln (Rollen),
- mehr Kontakt untereinander als nach außen haben, was sich durch räumliche und/ oder zeitliche Abgrenzung verdeutlicht,
- sich mit einer Person, einer Aufgabe oder einem gemeinsamen Sachverhalt identifizieren.

In der Fachliteratur werden folgende **Gruppentypen** unterschieden:

Primärgruppen	Sekundärgruppen
• häufiger intensiver und emotionaler Kontakt • vorwiegend direkter Kontakt • kleine, überschaubare Mitgliederzahl • relativ dauerhaft • umfassende Ziele • gegenseitige Abhängigkeit • große, gegenseitige Unterstützung	• geringer, in der Regel sachlicher Kontakt • häufiger indirekter Kontakt • vorübergehender, kurzfristiger Kontakt • Unabhängigkeit der einzelnen Mitglieder • begrenzte, meist aufgabenorientierte Ziele

Aufgabe

A *Welche Gruppen kennen Sie? Welche davon würden Sie als Primärgruppe, welche als Sekundärgruppe bezeichnen? Gibt es Übergänge?*

3.1.4.1 Entwicklungsphasen von Gruppen

Bleibt eine Gruppe länger zusammen, ist es nützlich, deren Entwicklung vor dem Hintergrund von Entwicklungsmodellen zu beobachten, da damit die Prozesse in der Gruppe eher verständlich werden. Die unterschiedlichen Modelle verweisen in ihrem Kern alle auf einen Entwicklungsverlauf des Sich-Kennenlernens (warming), des Sich-Zusammenraufens (storming) und der Festlegung von Normen für die Gruppe (norming).

Erst nach diesen Prozessen ist die Gruppe in der Lage, ihre Energie auf die Erledigung ihrer Aufgabe zu richten (performing). Eine Gruppe ist erst arbeitsfähig, wenn genügend Vertrauen und Sicherheit für jedes einzelne Mitglied geschaffen ist. Werden die vorangehenden Phasen vernachlässigt, können die Gruppenziele nur unter erschwerten Bedingungen (Störungen) verfolgt werden. Daraus resultiert sicher eines der Probleme von stationären oder teilstationären Wohngruppen der Kinder- und Jugendhilfe, da durch die Fluktuation der Teammitarbeiterinnen und Mitarbeiter oder der Mitglieder der Gruppe bei jeder Neueinstellung oder Neuaufnahme der Prozess von neuem beginnt. Die Rollen werden wieder neu verteilt, der Status der Gruppenmitglieder muss wieder neu ausgehandelt werden.

Orientierungsphase

Beobachtete Interaktionen	Interventionsmöglichkeiten
• Distanziertheit, Unsicherheit und Zurückgezogenheit bei einzelnen Gruppenmitgliedern • keine festen Beziehungen • gegenseitiges „Abtasten" • Suche nach den geltenden Normen in der Gruppe • Testen des Leiters • Zeigen von gewohnten Verhaltensmustern • geringe Übernahme von Verantwortung	• Abbau von Angst und Unsicherheit • Ermöglichung positiver Erfahrungen • Positionierung des Leiters durch: – Kennenlernspiele – Kontaktspiele – gute Programmplanung – einfach und klar strukturierte Aufgaben

Machtkampfphase

Beobachtete Interaktionen	Interventionsmöglichkeiten
• mehr Gefühle werden gezeigt • Verhalten wird authentischer • Kampf um die Führungspositionen innerhalb der Gruppe wird ausgetragen • eigenes Territorium wird abgesteckt • Gefahr, dass einzelne ausgegrenzt werden (Sündenbock) • Gruppenleiter wird kritisiert, es bilden sich Koalitionen gegen den Leiter	• Möglichkeiten bieten, um Machtkämpfe auszutragen • zunehmend Programme im Hinblick auf „Kooperation" anbieten durch: – Geschicklichkeitsspiele – Wettkampfspiele

Vertrautheitsphase/Intimitätsphase

Beobachtete Interaktionen	Interventionsmöglichkeiten
• Zusammenarbeit wird intensiviert, übertriebenes Konkurrenzverhalten nimmt zusehend ab • Lösungen für Probleme werden durch Diskussionen gefunden • besondere Bedürfnisse werden abgeklärt und akzeptiert • zwischenmenschliche Beziehungen entwickeln sich, es entstehen Freundschaften • in der Gruppe entsteht allmählich ein „Wir-Gefühl", Fremde werden ausgegrenzt • Schwächen der einzelnen Gruppenmitglieder werden eher toleriert	• Übertragung von Verantwortung • zunehmender Verzicht auf Vorgaben seitens der Gruppenleitung • der Gruppe freie Entfaltungsmöglichkeiten geben durch: – Anfertigung einer Wandzeitung – Collagen – Rollenspiele – gemeinsame Unternehmungen

Differenzierungsphase

Beobachtete Interaktionen	Interventionsmöglichkeiten
• die Kommunikation in der Gruppe wird zusehend besser • die Gruppenmitglieder identifizieren sich in einem hohen Maß mit der Gruppe • die Gruppe entwickelt eine Identität, das „Wir-Gefühl" ist deutlich sichtbar • Machtkämpfe sind kaum noch zu beobachten • die Gruppe lenkt sich überwiegend selbst • Kontaktaufnahme mit anderen Gruppen ist jetzt leichter möglich	• Kontakte zu anderen Gruppen ermöglichen und initiieren • Umgang der Teilnehmer mit den eigenen Stärken und Schwächen fördern, um diese bewusst in der Gruppe zu erleben • den Gruppenmitgliedern und vor allem der Gruppe Feedbacks über ihr Verhalten geben durch: – Interaktionsspiele – Gruppengespräche – Gemeinsame Projekte

Ablösungsphase

Beobachtete Interaktionen	Interventionsmöglichkeiten
• es kommt zunehmend Unruhe auf • einige Mitglieder der Gruppe versuchen dem Ablösungsprozess auszuweichen, manche freuen sich darauf • teilweise ist ein Rückfall in früheste Gruppenphasen zu sehen • die Suche der einzelnen Gruppenmitglieder nach neuen Gruppen, Freunden oder Betätigungsfeldern beginnt	• die Ablösung der Einzelnen zulassen • Auswertung der erfolgten Gruppenarbeit • mögliche Wiederbegegnungen ansprechen durch: – Reflexion über positive Gruppenerfahrungen – Aufzeigen der positiven Veränderungen der einzelnen Gruppenmitglieder und der Gruppe

Aufgabe

A *Diskutieren Sie in Ihrer Kleingruppe die Situation in Ihrer Klasse:*

- *die Entwicklungsphasen*
- *insbesondere den aktuellen Stand*
- *mit Blick in die Zukunft*
- *mögliche und notwendige Interventionen*

3.1.4.2 Gruppenstrukturen

Über die **Binnenstruktur einer Gruppe** gibt es die ersten fundierten wissenschaftlichen Aussagen von Schjelderup-Ebbe (1922), der die Hackordnung auf dem Hühnerhof als ein kontinuierlich-hierarchisches Ranggefälle beschrieben hat. Er nannte das stärkste Huhn „Alpha", das Schwächste, das von allen gehackt wird, „Omega".

Fallbeispiel

Bei Untersuchungen aus den 1950er-Jahren in einem Ferienlager konnten Muzafer Sherif (1906–1988) und seine Mitarbeiter ähnliche Beziehungsmuster innerhalb der Gruppe feststellen. Auch hier tat sich ziemlich schnell ein Junge besonders hervor, der die Alpha-Position einnahm. Er konnte die Gruppe auf die gestellten Aufgaben hin organisieren, gab der Gruppe Sicherheit und nahm den Mitgliedern ihre Ängste. Er war es auch, der sich am stärksten mit den Gruppenzielen identifizierte, er koordinierte die Einzelleistungen und vertrat die Gruppe auch nach außen.

Der Gruppenführer fand in der Gruppe eine treue Gefolgschaft, die dem Führer folgten und sich mit ihm und seinen Zielen widerspruchslos identifizierten: die „Gammas". Es war eine Beziehung auf Gegenseitigkeit, da sie über ihren Führer Schutz und Ansehen gewannen, ihm selbst aber das Gefühl von Bedeutung und Macht verliehen.

Während des Ferienlagers entwickelten sich neben der Führungsrolle Spezialistenrollen, die wegen ihres besonderen Geschicks in bestimmten Aufgaben bald auch von allen anerkannt waren: die „Betas". Sie folgten zwar dem allgemeinen Trend, aber nicht blind. Sie bewahrten ein gewisses Maß an Eigenständigkeit gegenüber dem Führer, die dieser auch anerkennen musste.

Kritisch wird es bei dieser Konstellation erst, wenn ein Beta die Alpha-Position anstrebt und wenn es ihm gelingt, dafür einige Gammas um sich zu scharen.

Aufgabe

A *Analysieren Sie die Struktur Ihrer Schulklasse vor dem Hintergrund dieser „Rollenbeschreibungen" und stellen Sie fest,*

- *welche Ressourcen für die Gruppe daraus zu entwickeln sind,*
- *welche Veränderungen im Laufe der Zeit zu beobachten sind,*
- *welche Probleme durch eine verfestigte Struktur entstehen könnten und*
- *mit welchen Interventionen der Prozess zu beeinflussen ist.*

3.1.4.3 Gruppenführung

Es ist nicht möglich, den besten Führungsstil zu beschreiben. Der Führungsstil sollte sich jeweils der Gesamtsituation anpassen. Generell lässt sich eine Differenzierung in Aufgaben- und Mitarbeiterorientierung beobachten. Es kann sich ergeben, dass die Zufriedenheit der Mitglieder zwar sehr hoch, die Leistung der Gruppe aber schwach ist und umgekehrt.

Im pädagogischen Alltag einer Wohngruppe werden stets beide Anforderungen an den Gruppenführer gestellt werden. Er muss auf die persönliche Situation der Kinder und

Jugendlichen eingehen, empathisch sein. Es gilt aber auch den Alltag zu bewältigen, also Aufgaben zu erledigen, die eine klare Struktur und Ordnung verlangen.

Flosdorf (1988) differenziert hier zwischen dem „Führer" und „Leiter" einer Gruppe (siehe Tabelle), wobei der Führer stärker aufgaben-, norm- und zielorientiert sein soll, um vor der Gruppe zu bestehen. Der Leiter sollte sich – als Primus inter Pares – eher an den Bedürfnissen des Einzelnen in der Gruppe im Hier und Jetzt orientieren und mehr in der Gruppe stehen. „Seine Ziele sind, die Mitglieder seiner Gruppe zu dem ihnen möglichen Maß von Autonomie und Verantwortlichkeit zu führen, das sich im Lernfeld dieser Gruppe und ihren Beziehungen aufbaut. In dem Maße, wie dies gelingt, kann er sich überflüssig machen und die Gruppe eigenverantwortlich arbeiten lassen".

(Quelle: Flosdorf, 1988, S. 139)

Leitungsfunktion	Führungsfunktion
• partnerschaftlich-demokratisch • wachstums- und prozessorientiert • mehr unterstützend und mitmachend • mehr aufdeckend und interpretierend • mehr zulassend • mehr Raum und Zeit für „Versuch und Irrtum": eigene Erfahrungen	• autoritativ-patriarchalisch • aufgaben- und normorientiert • mehr fordernd und vormachend • mehr bestimmend und festlegend • mehr eingrenzend • mehr Erwartung zur Übernahme bewährter und als richtig erkannter Wege
Grundhaltung: beweglich, flexibel, mit „beobachtender aber unverbindlicher Toleranz"	**Grundhaltung:** eindeutig, standfest, mit „repressiv-erzwingender Diktatur"

Lernsituation

Sie betreuen als Erzieher die Wohngruppe, die bereits aus dem Fallbeispiel von S. 96 f. bekannt ist. Das Projektthema „Kochen für die Gruppe" ist noch immer aktuell, nun sind die anderen vier Kinder aus der Gruppe für die Durchführung zuständig. Sie bereiten alles gut vor, machen Speisepläne, kaufen ein und teilen jedem Kind ein bestimmtes Gericht zu, das es für die Mahlzeit fertigstellen soll.

Jetzt stehen alle in der Küche und sollen loslegen. Lukas (12 Jahre) und Aline (9 Jahre) sollen den Nachtisch machen, möchten sich aber lieber mit der Lyoner beschäftigen. Christoph (10 Jahre) will nicht Zwiebeln schneiden, weil er davon so sehr weinen muss. Nur Anna (17 Jahre) ist zufrieden mit ihrer Aufgabe. Jetzt stellen Sie fest, dass Ihnen auch noch das Mehl für die Brownies fehlt.

A ***Analysieren Sie die vorliegende pädagogische Situation und formulieren Sie Verhaltensweisen, die von Ihnen als Verantwortlicher der Gruppe gezeigt werden sollten.***

3.1.4.4 Zusammenhalt von Gruppen

Carl Rogers (1902–1987)

Muzafer Sherif und seine Mitarbeiter untersuchten in den oben bereits erwähnten Ferienfreizeiten auch den Zusammenhalt von Gruppen. Diese waren zwar künstlich zusammengestellt worden, aber kamen schon nach ein paar Tagen zu einem sehr intensiven Zusammenschluss. Die Gruppen entwickelten – jede für sich – ein echtes „Wir-Gefühl" und grenzten ihre „Wir-Gruppe" von der „Die-Gruppe" ab. Das Selbstbild der eigenen Gruppe wurde durchweg mit positiven Eigenschaften beschrieben, das der anderen Gruppe durchweg negativ. Als es in der letzten Phase des Experiments darum ging, beide Gruppen zu einer Großgruppe zusammenzuführen erwiesen sich folgende Faktoren als sehr wirksam: ein gemeinsamer Gegner, die gemeinsame Not, ein gemeinsamer Vorteil, die gemeinsame Freude.

Ergebnisse aus aktuellen Studien zum Zusammenhalt von Gruppen zeigen, dass unser Handeln und Verhalten in hohem Maße von der Kohärenz innerhalb dieser Gruppen geprägt wird:

- Der Gruppenzusammenhalt steigt zumeist mit der als Gruppe vollbrachten Leistung.
- Der Wettstreit innerhalb der Gruppe schadet der Gruppenkohärenz.
- Bei hoher Kohärenz kommen Selbstständigkeit und Eigenverantwortlichkeit zu kurz, da Nähe und Geborgenheit vielfach auch das Aufgeben von eigener Identität bedeutet.
- Nicht immer ist ein Maximum an Offenheit das Beste. Ruth Cohn forderte „selektive Authentizität", Carl Rogers dagegen Echtheit, nicht immer Offenheit.

Lernsituation

Sie sind Praktikantin in einer Wohngruppe, in der acht Kinder und Jugendliche stationär betreut werden. In der Gruppe legen Sie großen Wert auf einen strukturierten Alltag, der in Tages-, Wochen-, Monats- und Jahresrhythmen unterteilt ist. Mit Ihrem Team haben Sie sich geeinigt, ein Projekt mit vier etwa gleichaltrigen Kindern (im Alter von neun bis elf Jahren) durchzuführen. In vorbereitenden Gesprächen grenzen Sie das Thema ein: es geht um Musik, um Basteln, um das Sich-Präsentieren …

Heute haben Sie alles vorbereitet, um mit den Kindern eine Trommel zu basteln. Die Materialien liegen bereit. Sie haben den Kindern ein Modell mitgebracht, das Sie schon zu Hause angefertigt haben. Die Kinder legen los. Bald aber zeigt sich, dass sich Niels als einziger Junge in der Gruppe, unwohl fühlt und unzufrieden ist mit dem, was er gerade macht. Er wird zunehmend motziger und provokanter, was von den anderen Kindern mit Hänseleien beantwortet wird, weil er sichtlich übergewichtig ist. Niels ist kurz davor aus dem Projekt auszusteigen und Petra, ein weiteres Kind, mitzunehmen.

P ***Formulieren Sie Interventionsmöglichkeiten, um die Gruppe wieder zusammenzuführen und wieder arbeitsfähig zu machen.***

3.1.4.5 Gruppenprozesse

Prozesse in Gruppen werden beeinflusst durch ihre unmittelbare Umgebung, die Charakteristika ihrer Mitglieder und ihrer Gruppenzusammensetzung, der Struktur der Gruppe und ihrer Aufgabe. Daraus entsteht innerhalb der Gruppe die Komplexität der Prozesse, die darüber hinaus dynamisch und vernetzt sind.

Gesetzmäßigkeiten, welche die Gruppenprozesse beeinflussen:

- Bei der Neustrukturierung einer Gruppe nimmt jeder andere Reize auf und interpretiert sie für sich. Dadurch gestaltet jeder für sich sein eigenes Bild von der Gruppe, welches sein Verhalten und damit den Prozess der Gesamtgruppe beeinflusst (Tendenz zur „guten Gestalt“).
- In den meisten Gruppen kommt es rasch zur Bildung von Kleinstgruppen, v. a. Dyaden und Triaden. Daraus entwickeln sich Spannungsverhältnisse; es kann zur (Selbst-) Ausgrenzung Einzelner kommen.
- Jedes Mitglied einer Gruppe verfolgt seine eigenen Interessen. Für einen fruchtbaren gemeinsamen Gruppenprozess ist es deshalb notwendig, von Zeit zu Zeit die Aufmerksamkeit zu zentrieren (Blitzlicht).
- Ein Figur-Grund-Wechsel kann oft Blockaden beseitigen. Im Gruppenprozess werden die Beziehungen zwischen Personen statt der Personen selbst thematisiert oder die Störungen werden zum Thema gemacht (umdeuten).
- Gruppenprozesse finden immer innerhalb eines größeren Gesamtzusammenhangs statt (Feldabhängigkeit von Verhalten, Vernetzung).
- Das Denken in Ursache-Wirkungs-Zusammenhängen, um in unserem Denken Ordnung herzustellen ist für Gruppenprozesse unzulässig.
- Gruppenprozesse werden beeinflusst von Übertragungsprozessen, vor allem dem Gruppenleiter gegenüber. Diese sind umso stärker, je undurchsichtiger der Leiter bleibt, wenn er nicht klar Stellung bezieht und seine Befindlichkeit nicht deutlich macht. Sie werden umgekehrt reduziert, wenn er sichtbar, klar und deutlich ist, eigene Gefühle und Betroffenheit artikuliert.

Für eine Gruppenprozessanalyse ist es wichtig, folgende Aspekte zu beachten:

- Tragfähigkeit und Zusammenhalt, „Wir-Gefühl“
- Dauer des Bestehens und der Zusammensetzung
- Kommunikationsfähigkeit der Gruppenmitglieder
- Entwicklungs- und Lebensthemen der Gruppenmitglieder und der Gruppe
- Werte und Normen
- Rollenverteilung (Art und Stabilität)

- Beziehungsqualität zwischen den Gruppenmitgliedern und zum Leiter
- Stärken und Schwächen der Einzelnen und der Gruppe
- Auftrag und Ziele der Gruppe

Aufgabe

A *Analysieren Sie den Gruppenprozess Ihrer Schulklasse und beachten Sie dabei insbesondere den zeitlichen Verlauf (Gruppenphasen), die Rollenverteilungen und die Beziehungsstrukturen innerhalb der Gruppe.*

Web

Zusammenfassung

*Bleibt eine Gruppe länger zusammen, sind verschiedene **Phasen** zu beobachten, deren Entwicklungsverlauf sich beschreiben lässt als Prozess des Sich-Kennenlernens (warming), des Sich-Zusammenraufens (storming), der Festlegung von Normen für die Gruppe (norming) und schließlich der Phase in der die Strukturen geklärt sind und alle Energie auf die Erledigung ihrer Aufgabe gerichtet werden können (performing). Die Trennungsphase beendet die Zusammenarbeit in der Gruppe (mourning).*

*Die **Binnenstruktur einer Gruppe** lässt sich gut vergleichen mit der Hackordnung auf dem Hühnerhof, als ein kontinuierlich-hierarchisches Ranggefälle: das stärkste Huhn und damit der Führer als „Alpha", das „Beta" als kompetentes Mitstreiterhuhn, „Gamma" als Mitläufer und „Omega" das Schwächste, das von allen gehackt wird.*

*Für die **Gruppenführung** bieten sich zwei verschiedene Rollenmuster an: der „Führer" oder „Leiter" einer Gruppe, wobei sich der Führer stärker aufgaben-, norm- und zielorientiert, der Leiter eher an den Bedürfnissen des Einzelnen in der Gruppe im Hier und Jetzt orientieren soll.*

*Für den **Gruppenzusammenhalt** ist zu bemerken, dass er zumeist mit der als Gruppe vollbrachten Leistung steigt, dass Wettstreit innerhalb der Gruppe der Gruppenkohärenz schadet, dass aber bei zu hoher Kohärenz Selbstständigkeit und Eigenverantwortlichkeit zu kurz kommen. Für das Miteinander in der Gruppe wird ein relatives Maximum an Offenheit, „selektiver Authentizität" und Echtheit empfohlen.*

*Die **Gruppenprozesse** werden beeinflusst durch ihre unmittelbare Umgebung, die Charakteristika ihrer Mitglieder, ihrer Gruppenzusammensetzung, der Struktur der Gruppe und ihrer Aufgabe.*

3.2 Gestaltung des pädagogischen Alltags

Die Persönlichkeitsentwicklung von Kinder und Jugendlichen zu fördern heißt Bedingungen zu schaffen, innerhalb derer sich Kinder und Jugendliche entfalten können. Diese Einstellung stellt sich gegen ein Laissez-faire, relativiert aber auch den „Allmachtswahn" der Erzieherin, bei gutem Willen und hohem Engagement alles selbst regeln und ordnen zu können. Kinder und Jugendliche sind Akteure ihrer eigenen Entwicklung, sind dafür auch selbst verantwortlich. Den Erwachsenen bleibt die Aufgabe, für optimale Entwicklungsbedingungen zu sorgen – keine leichte Aufgabe.

Es geht darum, Situationen zu gestalten,

- die für das Kind oder den Jugendlichen eine Herausforderung darstellen, ohne Angst und Unsicherheit oder Langeweile entstehen zu lassen,
- in denen sich Wünsche, Bedürfnisse und Interessen des Kindes, aber auch des Erwachsenen realisieren lassen,
- die Kreativität und Fantasie zulassen, ohne den Kontakt zur Realität zu verlieren.

Das übergeordnete Leitmotiv ist:
So viel Offenheit wie möglich, so viel Struktur wie nötig!

3.2.1 Das Therapeutische Milieu

Die pädagogische Gestaltung des Alltags in der Kinder- und Jugendhilfe ist eine wirkliche Herausforderung in der Arbeit einer Erzieherin. In der Fachliteratur wird diese Aufgabe in der Regel als Installierung eines „Therapeutischen Milieus" bezeichnet. Dieser von August Aichhorn (1878–1949), Bruno Bettelheim (1903–1990) und Fritz Redl (1902–1988) geprägte und inhaltlich gefüllte Begriff hat weitgehend Anerkennung gefunden. Es wird damit dokumentiert, dass es heute in den Einrichtungen der Kinder- und Jugendhilfe nicht mehr nur um Pflege und Verwahrung geht, sondern in erster Linie geht es darum, den Kindern bei ihrer Persönlichkeitsentwicklung zu helfen.

August Aichhorn (1878–1949)

Bruno Bettelheim (1903–1990)

Fritz Redl (1902–1988)

Ein Therapeutisches Milieu zu schaffen heißt, Kindern, denen in ihrer Entwicklung die elementaren emotionalen Bedürfnisse verwehrt wurden, einen Schutzraum zu gewähren, in dem sie die Chance eines Neubeginns haben, um all das nachzuholen, was ihnen bislang nicht gewährt wurde.

Als besonders wirksam zeigt sich das Therapeutische Milieu in den Fällen, wo eine therapeutische Maßnahme schon allein deshalb an ihre Grenzen stößt, weil das Kind wegen seiner Ich-Schwäche nicht in der Lage ist, sich für den therapeutischen Prozess in eine intensive Zweierbeziehung einzulassen. Es kann eine Erleichterung sein, sich innerhalb einer Wohngruppe zeitweise auf lockere Bekanntschaften einzulassen. Erst später, nachdem die Erfahrungen das Kind soweit gebracht haben, eine solche Beziehung zu wollen, kann es auf andere Menschen zugehen und intensiveren Kontakt mit ihnen pflegen. Wegen der als traumatisch erlebten Beziehungsgeschichten innerhalb der eigenen Familie ist es v. a. die Tatsache, dass sich die Lebensbedingungen in der Wohngruppe von den erlebten familiären Strukturen unterscheiden. Die Wohngruppe sollte einen Schonraum bieten, ein „Therapeutisches Milieu", in dem grundsätzlich alle schädlichen Einflüsse für das Kind ausgeschaltet sind und ihm nur das angeboten wird, was ihm auch guttut. So kann der Fernsehkonsum für ein Kind mit traumatischen Erfahrungen völlig eingestellt werden, da dieses Kind durch die Beobachtung von scheinbar harmlosen Szenen immer wieder in seine traumatischen „Urszenen" zurückversetzt wird und es darauf mit exzessiven emotionalen Ausbrüchen reagiert. Streitgespräche in Diskussionen oder Spielfilmen reichen, um das Kind an erlittenes Leid zu erinnern und exzessive Angstreaktionen zu provozieren.

Aber nicht nur das Fernhalten von schädlichen Elementen ist erforderlich, um den notwendigen Schonraum einzurichten. Darüber hinaus ist die bedingungslose Erfüllung der grundlegenden Bedürfnisse eine der Grundvoraussetzungen, da davon auszugehen ist, dass die Nichterfüllung dieser Bedürfnisse der beabsichtigten Therapie entgegenwirkt. Entwicklungsorientiertes Handeln und die Anpassung der Maßnahmen an den soziokulturellen Hintergrund des Kindes setzen voraus, dass im Therapeutischen Milieu ein hohes Maß an Flexibilität möglich ist, ohne jedoch die Gesamtstruktur der Wohngruppe infrage zu stellen. Die Bereitschaft, den Kindern Ausnahmen zuzugestehen, ist notwendige Bedingung für eine individuelle Entwicklungsförderung, kann jedoch in Gruppen, deren inneres Gefüge noch nicht klar strukturiert ist, schnell zum Chaos führen.

Solche „verwöhnenden" Ausnahmesituationen zuzulassen ist nur möglich, wenn die anderen Kinder und die Erzieherinnen diese dem Kind ohne Neid und Vorbehalte „gönnen". Nur dann können im Einzelfall Räume zur Regression angeboten werden, deren positive Verarbeitung Grundlage für weitere Entwicklungsschritte bilden. Erst dann kann der Blick nach vorne gerichtet und dem Kind die Kompetenzen vermittelt werden, die es braucht, um auch später in der Außenwelt bestehen zu können. Das Therapeutische Milieu muss sich also an der Realität messen lassen und kann seinen Anspruch, therapeutisch zu wirken, letztlich nur dann erfüllen, wenn es sich selbst überflüssig macht.

Trotz dieser Orientierung an der Außenwelt, deren Anforderungen letztlich immer der Prüfstein für die Entwicklungsschritte der Kinder sein müssen, sollte davon ausgegangen werden, dass die Kinder deshalb in eine Einrichtung verwiesen wurden, weil sie an eben diesen Bedingungen der Außenwelt gescheitert sind. Ihnen fehlten die nötigen Grundlagen und die angemessenen Hilfen. Die Unterbringung in einem Therapeutischen Milieu bedeutet deshalb nicht nur eine Veränderung des Lebenskontextes, sondern sie will eine tiefgehende Nachsozialisation erreichen, die eine gut durchdachte und geplante Organisation des Umfeldes verlangt.

Diese bedingungslose Annahme und die Gewährung des elementaren Bedürfnisses nach Wärme und Schutz in einem Therapeutischen Milieu werden nicht nur von den pädagogischen oder therapeutischen, sondern von allen Mitarbeitern einer Institution verlangt, womit ein sehr hoher Anspruch an die Einrichtungen der Kinder- und Jugendhilfe erhoben wird. Es stellt sich die Frage, ob diese Bedingungen in einer stationären Wohngruppe einer Kinder- und Jugendhilfeeinrichtung auch erfüllt werden können.

Texte zum Therapeutischen Milieu und seinen Vertretern

Bruno Bettelheim

Bruno Bettelheim wuchs in einem sehr wohlbehütenden Elternhaus auf, war aber in seiner frühesten Jugend den autoritären Verhaltensweisen seiner Lehrer ausgesetzt. Er setzte sich kritisch mit dem bestehenden Erziehungssystem auseinander und kam zur Überzeugung, dass es für die Jugend bessere Erziehungsmethoden geben müsse. Er schloss sich dem Jung-Wandervogel, einer linksgerichteten Jugendbewegung in Wien an, wo er mit dem Gedankengut der „Freien Schulgemeinde“ und auch mit der Psychoanalyse Sigmund Freuds bekannt wurde. Er schöpfte daraus die Grundlagen seiner späteren Praxis als Erzieher und Therapeut. Erste Erfahrungen konnte er bereits früher sammeln, als er die Aufgabe übernahm, ein junges, autistisches Mädchen bei sich zu Hause aufzunehmen, das als unheilbar eingestuft wurde. Bettelheim entwickelte bereits hier einen seiner zentralen Gedanken, die prägend waren für sein gesamtes späteres Werk. Er ging davon aus, dass es nicht das Ziel der Behandlung sein konnte, einen psychisch kranken Menschen durch Therapien so an die Umwelt anzupassen, dass er nicht mehr verhaltensauffällig war, sondern dass es darum ging, für den Betroffenen einen Lebensraum zu schaffen, in dem dieser zu sich selbst finden und Autonomie erwerben könne.

1938 wurde er für elf Monate in den Konzentrationslagern Dachau und Buchenwald interniert, weil er Jude war. Die schlimmen Erfahrungen im Konzentrationslager, die er nur durch seine früheren intensiven Auseinandersetzungen mit der Psychoanalyse gesund überstehen konnte, nutzte er für seine spätere Arbeit. „Er lernte im Konzentrationslager die Verletzlichkeit des Individuums in einer Welt von Angst, Terror und Gewalt kennen und musste beobachten, wie Menschen in dieser Extremsituation systematisch zerstört, ihrer Selbstachtung und letzten Hoffnung beraubt wurden“ (Hammer, 1995, S. 118). Bettelheim schloss daraus: Wenn eine Umwelt diese ungeheure Macht haben kann, Veränderungen in den tiefsten Persönlichkeitsstrukturen zum Bösen hin zu bewirken, dann musste es möglich sein, eine Umgebung aufzubauen, die einen ebenso machtvollen Einfluss zum Guten hin haben würde.

Bettelheim gebrauchte dafür den Begriff des „Therapeutischen Milieus“, da er versuchte, im pädagogischen Kontext möglichst die Bedingungen zu schaffen, wie sie in der therapeutischen Situation herrschen. Allerdings sollte dies in einer Form gestaltet werden, die noch mehr für die Entwicklungsförderung geeignet schien, da sie sich nicht auf eine Stunde pro Woche beschränkte, sondern die Totalität des Lebens umfasste. Die Bearbeitung der Probleme fand nicht im Spielzimmer statt, sondern an dem Ort, wo sie entstanden. Alles, was die Kinder und Jugendlichen umgibt, sollte unter therapeutischen Gesichtspunkten betrachtet werden.

Fritz Redl

Fritz Redl begann 1926 als Gymnasiallehrer zu arbeiten, war aber mehr an erzieherischen und therapeutischen als an schulischen Fragen interessiert. Schon frühzeitig widmete er sich deshalb der Psychoanalyse, die zu dieser Zeit um Sigmund Freud in Wien zahlreiche Anhänger fand. Redl wurde tätig in einem Landerziehungsheim und leitete in Zusammenarbeit mit August Aichhorn die Erziehungsberatungsstellen des Wiener Volksbildungsreferats.

Nach dem Anschluss Österreichs an Deutschland im Jahre 1936 musste Redl Wien verlassen, da er als Jude um sein Leben fürchten musste. Er emigrierte in die USA, wo er als Universitätsprofessor auch sozialpädagogisch und therapeutisch tätig wurde. Er entwickelte ein gruppentherapeutisches Konzept für die Arbeit mit sozial auffälligen, „Ich-schwachen" Kindern und Jugendlichen, das er ab 1946 im Pioneer House, einem Erziehungsheim, erproben konnte. 1953 wurde er beauftragt, eine Krankenstation für psychiatrisch auffällige Kinder aufzubauen, wo er das Konzept des „Therapeutischen Milieus" entwickelte.

Redl knüpfte dabei am Ansatz der Ich-Psychologie von **Anna Freud** an, den er aufgrund seiner Erfahrungen weiterentwickelte und ausdifferenzierte. Er stellte fest, dass diese „Kinder, die hassen", die er in seinem gleichnamigen Buch beschreibt (1993), nicht unbedingt Ich-schwach sind, sondern manchmal sogar eine besondere Ich-Stärke zeigen, diese aber mit gesellschaftlich nicht akzeptierten Werten und Moralvorstellungen verknüpfen. Sie haben ein „delinquentes Über-Ich", wie Redl es nennt.

Anna Freud (1895–1982)

Redl (1978) benennt zur Darstellung seines Konzepts folgende Aspekte für die Begriffe „therapeutisch" und „Milieu":

Therapeutisch:

(1) Alle schädlichen Einflüsse für das Kind oder dem Jugendlichen müssen eliminiert werden („don't put poison in their soup") und es muss alles getan werden, was dem Patienten „guttut".

(2) Die grundlegenden Grundbedürfnisse müssen erfüllt werden, wobei ganz besonders auf die Individualität des Einzelnen geachtet werden muss („you still have to feed them").

(3) Die erzieherisch-therapeutische Haltung muss den Entwicklungsstand und den soziokulturellen Hintergrund berücksichtigen.

(4) Das Milieu muss sich den individuellen Erfordernissen anpassen können, ohne dass dabei die Grundstrukturen verloren gehen. Ausnahmen müssen möglich sein („clinically elastic").

(5) Neben dem Hauptproblem der Kinder und Jugendlichen müssen auch „sekundäre Behandlungsziele" verfolgt werden, für die auch andere Mitarbeiter als der Therapeut zuständig sein können. Dies verlangt einen ganzheitlichen Zugang zum Kind und zum Jugendlichen.

(6) Die dynamischen Kräfte der Gruppe müssen mit berücksichtigt werden.

(7) Das „Behandlungsziel" ist die Vorbereitung auf das Leben, d. h. das „Therapeutische Milieu" muss sich zunehmend überflüssig machen (Redl 1978, S. 76–80).

Milieu:

(1) Die soziale Situation sollte sich an familiären Strukturen orientieren, ohne jedoch ein Äquivalent zum Familienleben vorzutäuschen. Dabei müssen die Rollen und die Kommunikationsstrukturen transparent gemacht und für die „Behandlung" nutzbar gemacht werden.

(2) Es ist davon auszugehen, dass Kinder und Jugendliche nicht nur auf die ausdrücklich formulierten Werte reagieren, sondern auch sensibel sind auf implizite Werte, Werthaltungen, welche nonverbal und modellhaft vermittelt werden.

(3) Gewohnheiten, Rituale und Verhaltensregeln müssen auf ihre Bedeutsamkeit für den pädagogisch-therapeutischen Prozess überprüft werden.

(4) Der gruppendynamische Prozess muss beobachtet, analysiert und reflektiert werden, um ihn für die Entwicklung der Kinder und Jugendlichen nutzen zu können.

(5) Die Zusammenstellung der Gruppe muss den individuellen Besonderheiten („Störungsbildern") Rechnung tragen.

(6) Einstellungen und Gefühle des Personals sind nicht immer „Übertragungsphänomene" (Redl 1978, S. 90), sondern gelebter Ausdruck ihrer Emotionen.

(7) Das Verhalten der „anderen", der Mitbewohner und auch des Personals erzeugt Wirkungen. Deshalb ist auf die Form zu achten, mit der z. B. Grenzen gesetzt oder Anerkennung und Liebe ausgedrückt werden.

(8) Die Struktur und die konstituierenden Elemente einer Tätigkeit erzeugen bei der „Behandlung" ihre Wirksamkeit, weshalb z. B. die Auswahl von Spielen nicht willkürlich sein darf: manche haben ein starres Regelgerüst, manche verlangen die Aufteilung in zwei Mannschaften, manche verpflichten zur Einhaltung spezifischer Rollen.

(9) Raum, Zeit, Ausrüstung und andere „Requisiten" erzeugen Wirkungen, weshalb die Gestaltung der Räume, die Strukturierung von Zeit und der Einsatz von Materialien bewusst und reflektiert erfolgen müssen.

(10) Das Eindringen von einem „Stückchen Außenwelt" kann nicht gänzlich verhindert werden. Die Quantität und die Qualität von Bestandteilen der Außenwelt muss

hereingelassen, sogar absichtlich als Milieufaktor mit einbezogen werden, da sie einen wichtigen Teil des Lebens der Kinder und Jugendlichen darstellen.

(11) Das System der „Schiedsrichterdienste und Verkehrsregelung" zwischen Kind und Umgebung gewährleistet in Krisensituationen einen „Erste-Hilfe-Dienst" und sorgt im Interaktionsgeschehen einer Wohngruppe für einen möglichst reibungslosen Ablauf.

(12) Die Therapeutische Elastizität gewährleistet die Anpassung des Milieus an die veränderten Bedürfnisse der Kinder und Jugendlichen im Verlauf des „Behandlungsprozesses", schränkt Spontanität und Selbstbestimmung des Einzelnen ein, fördert aber Autonomie und Risikofreudigkeit, wenn die Genesung fortgeschritten ist.

(Quelle: Redl 1978, S. 94–95)

Aufgabe

V *Die Realisierung eines „Therapeutischen Milieus" ist für die Gestaltung des Heimalltags eine große Herausforderung. Für die Überprüfung dieses Anspruchs sind folgende Fragen zu erörtern:*

- *Welche Basistheorien liegen dem „Therapeutischen Milieu" zugrunde?*
- *In welchem historischen Kontext ist die „Idee" dazu entstanden?*
- *Von wem wurde diese Theorie formuliert und wie sind die Autoren einzuordnen (historisch und fachlich)?*
- *Wie werden die Kinder und Jugendlichen beschrieben, für die ein „Therapeutisches Milieu" heilsam sein soll?*
- *Welche Kompetenzen, welche professionelle Haltung braucht die Erzieherin, um in einem „Therapeutischen Milieu" tätig sein zu können?*
- *Welche wesentlichen Elemente sind Bestandteil eines „Therapeutischen Milieus"?*
- *Welche Rahmenbedingungen müssen in einer Kinder- und Jugendhilfeeinrichtung vorhanden sein, um die Gestaltung eines „Therapeutischen Milieus" zu ermöglichen?*
- *Nehmen Sie kritisch Stellung zu diesem Konzept und greifen Sie dabei auch auf Ihre eigenen Erfahrungen zurück.*
- *Wie könnte eine mögliche Konkretisierung heute aussehen?*

3.2.2 Das Heilpädagogische Milieu

Es wird nicht viele Einrichtungen der Kinder- und Jugendhilfe geben, die dem hohen Anspruch eines „Therapeutischen Milieus" gerecht werden können. Dennoch muss die Lebenswelt der Kinder und Jugendlichen „heilsam" sein. Eine Orientierungshilfe für die

Gestaltung eines „heilpädagogischen Alltags" in der Kinder- und Jugendhilfe bietet dabei der Blick auf die Elemente, die eine pädagogische Situation konstituieren: Beziehung, Raum, Zeit, Materialien und Themen der Kinder und Jugendlichen.

3.2.2.1 Beziehung

Die Gestaltung von Beziehungen ist ein zentrales Element (manche sagen das zentrale Element) des Erziehungsprozesses in der Kinder- und Jugendhilfe. In der Beziehung zum Erwachsenen finden die Kinder und Jugendlichen Halt, der ihnen Unterstützung für ihr noch schwach entwickeltes „Ich" bietet. Physisches Halten äußert sich vor allem innerhalb nonverbaler Kommunikationsformen. Ebenso wie psychisches Halten, das sich eher im Gespräch niederschlägt, darf es nicht als „Fest-halten" missverstanden werden. Persönliche Nähe sollte immer nur so weit angeboten werden, wie es das Kind oder der Jugendliche auch annehmen kann und will. Die Gewährung von Distanz, bei einem spürbaren Angebot an Nähe, hilft dem Kind und dem Jugendlichen, sich aus der Abhängigkeit vom Erwachsenen zu lösen, ohne gleich mit seinen Problemen allein gelassen zu werden. Dabei bleiben aber auch Freiräume, diese Probleme aus eigener Kraft zu lösen und daraus die Kraft zu schöpfen, einen eigenen Entwicklungsweg zu gehen und erwachsen zu werden.

7% der Kommunikation ist verbal

Worte, Grammatik, Sprache

93% der Kommunikation findet nonverbal statt

Körperhaltung, Gesichtsausdruck, Mimik, Gestik, Sprachmelodie, Augenkontakt, Blick, Kleidung, Schuhe, Geruch, Bewegungsgeschwindigkeit, usw.

Meist wird die Beziehungsgestaltung durch das persönliche Gespräch durchgeführt, was aber im Kontakt vor allem zu Kindern nicht immer der geeignete Weg ist. Die Unmittelbarkeit persönlicher Beziehungen wird hier in erster Linie erreicht über die Körpersprache, d. h.

- über eine Körperhaltung, die Zuwendung signalisiert,
- über Berührungen, die den persönlichen Kontakt herstellen,
- über den zugewandten Blick
- und der ausbalancierten Nähe.

So werden soziale Beziehungen in einem hohen Maß durch die **Körperhaltung** strukturiert. Partnerschaftliche Beziehungen, die von gegenseitiger Achtung getragen werden, drücken sich aus in der Hinwendung und dem Vorbeugen des Körpers. Dies wird zusammen mit der Aufnahme des Blickkontakts als Zeichen für persönliches Interesse gedeutet, während Personen die negative Einstellung durch körperliches Abwenden gezeigt wird. Letzteres lässt sich noch verstärken durch ein Verschränken der Arme, wodurch Abwehr und Passivität ausgedrückt wird. Die Kontaktaufnahme wird dadurch erheblich erschwert.

Körperkontakte als Element der Beziehungsgestaltung spielen für Kinder eine viel größere Rolle als für Erwachsene. Das Spiel der Kinder ist bewegungsorientiert und körperbezogen, aber auch deren Streitigkeiten werden v. a. körperlich ausgetragen. Auch die Beziehung der Erwachsenen zu den Kindern kann sehr körperbetont sein – wenn es der Erwachsene zulassen kann, ohne jedoch den engen Kontakt zum Kind für sich selbst zu missbrauchen.

Aufgabe

V *Recherchieren Sie im Internet zu dem Stichwort „Missbrauch an der Odenwaldschule" und diskutieren Sie die Bedeutung für die Beziehungsgestaltung in einer Wohngruppe. Differenzieren Sie dabei nach Alter und Geschlecht.*

Auch über das **Blickverhalten** kann die Intensität einer Beziehung gesteuert werden. Zum einen signalisiert es die Bereitschaft, sich auf einen Kontakt mit dem anderen einzulassen, andererseits erzeugt es beim anderen auch erhöhte Aufmerksamkeit und reguliert somit durch ein abwechselndes Hin- und Weggucken ein angenehmes Maß an psychischer Nähe im Kommunikationsprozess. Zu direkter Blickkontakt wirkt jedoch bei ängstlichen Kindern einschüchternd und kann dazu führen, dass sich anbahnende Kontakte wieder abgebrochen werden.

Respekt und Achtung gegenüber dem anderen kann auch dadurch geäußert werden, dass sein **persönlicher Raum** geachtet wird. Die Achtung des persönlichen Raumes drückt Respekt und Wertschätzung aus. Das Eindringen in den persönlichen Raum wird als Bedrohung der eigenen Persönlichkeit gewertet und wirkt sich massiv auf das Selbstbewusstsein aus.

„In ihrem Buch machten Fritz Redl und sein Mitarbeiter David Wineman mit praktischen Hinweisen zur ‚Steuerung des aggressiven Verhaltens beim Kind' (1990) deutlich, dass diese Kinder weniger über das Reden als im Handeln zu erreichen sind und dass eine sanfte Berührung oder die körperliche Nähe oft mehr bewirken kann als große Worte es tun könnten. Bei den entfalteten Techniken handelt es sich um solche, die vermutlich von jedem, der mit Kindern zu tun hat, schon irgendwann einmal angewandt worden sind" (Hammer, 2001, S. 86). Die Techniken wurden jedoch von den beiden Autoren unter dem Blickwinkel der „Verhaltenshygiene" systematisiert und näher beleuchtet. Es wird deutlich, dass der Erwachsene in erster Linie sein nonverbales Repertoire anwendet, um das Kind durch spezifische Situationsgestaltung oder durch seinen Einsatz als „Hilfs-Ich" bei der Problembewältigung zu unterstützen.

Steuerung des aggressiven Verhaltens beim Kind (siehe Redl/Wineman 1990)

nonverbal	nonverbal/verbal	verbal
• bewusstes Ignorieren • Eingriff durch Signale • Kontrolle durch körperliche Nähe und Berührung • affektive Zuwendung • Umgruppierung • Umstrukturierung • Einschränkung der räumlichen Bewegungsfreiheit und der Verfügbarkeit von Gegenständen • physisches Eingreifen	• Engagement in einer „Interessengemeinschaft" • Spannungsentschärfung durch Humor • Hilfestellung zur Überwindung von Hindernissen • antiseptischer Hinauswurf • Erlaubnis und „autoritatives Verbot" • Bestrafungen und Drohungen	• Deutung als Eingriff • direkter Appell • Versprechen und Belohnungen

(Vgl. Hammer, 2001, S. 87)

Aufgaben

V 1. *Stellen Sie im Rollenspiel eine Konfliktszene aus dem pädagogischen Alltag dar (z. B. Hausaufgabensituation, Mittagessen) und machen Sie davon eine Videoaufnahme.*

A 2. *Analysieren Sie diese Aufnahme ohne Ton und beziehen Sie dabei insbesondere die Elemente aus der „Steuerung des aggressiven Verhaltens beim Kind" mit ein.*

3.2.2.2 Raum

Räume bieten Kindern und Jugendlichen die erforderlichen strukturellen Rahmenbedingungen für ihre Persönlichkeitsentwicklung. Es sind Schonräume, welche die Entwicklung nach außen absichern und schützen. Sie bieten Sicherheit, d. h. Rückzugsmöglichkeiten in einer lebendig gestalteten Umwelt. Es sind dort aber auch Ecken und Kanten und eine Vielfalt an Gestaltungsmöglichkeiten zu finden. Damit wird hier die Kreativität der Kinder und Jugendlichen ebenso aufgeschlossen, wie in der Außenwelt ihr Forscher- und Eroberungsdrang. Nach innen jedoch sind sie so strukturiert, dass sie für optimale Lebensbedingungen sorgen, nicht krank machen, sondern Entwicklung fördern. Sie lassen einerseits Aktivitäten zu, die allein und innerhalb der Gruppe durchgeführt werden können, andererseits bieten sie jedoch jedem Einzelnen die Möglichkeit, sich in die Intimsphäre des eigenen Zimmers zurückzuziehen.

Auch an die spezifischen Probleme der Kinder muss bei der Raumgestaltung gedacht werden: Viele leiden unter einem starken Bewegungsdrang, der sich gegen andere Personen oder Sachen entladen kann, wenn er kein geeignetes Betätigungsfeld findet. Die Wohnung muss ausreichend Bewegungsraum bieten, aber zum Ruhen einladen und Aktivitäten ermöglichen, die viel Konzentration verlangen, v. a. für Kinder, die leicht ablenkbar und impulsiv sind.

Außenräume sind für Kinder in erster Linie Bewegungsräume. Die Bedeutung des Raumes als Schutz- und Schonraum nimmt mit steigendem Alter ab. Er wird zunehmend genutzt um Bewegungsbedürfnisse auszuleben und auch auf Distanz zum betreuenden Erwachsenen zu gehen. In den Außenräumen von Kinder- und Jugendhilfeeinrichtungen genießen die Kinder und Jugendlichen in der Regel noch den Schutz des Zauns und damit auch der sozialen Gemeinschaft, die ihnen vertraut ist und wenig Angst macht. Und dies ist wichtig, gilt es doch aus einer sicheren Basis heraus die Umwelt zu erobern.

Dies kann gut gelingen, wenn die Bewegungsangebote …

- den nötigen Sicherheitserfordernissen genügen, ohne dadurch an Reiz zu verlieren. Kinder und Jugendliche müssen also noch einen Hauch von Risiko und Wagnis verspüren, um den nötigen Anreiz zu haben, auch dauerhaft die Gelegenheiten zu nutzen,
- einfach zu bewältigen sind, da die Ausdauer der Kinder und Jugendlichen beim Lernen von neuen Bewegungsfertigkeiten nicht sehr groß ist und zu komplexe Anforderungen schnell zu Resignation und Rückzug führen,
- inhaltlich vielfältig sind, um für verschiedene Altersbereiche und unterschiedliche Interessen und Neigungen genügend Attraktivität zu besitzen und jedem nach seinem Können die entsprechenden Herausforderungen zu bieten,
- für Einzel- oder Gruppenaktivitäten nutzbar sind.

Bei all dem gilt es, eine ausgewogene Balance zwischen offenen und strukturierten Angeboten einzuhalten. Die Bewegungsgelegenheiten dürfen nicht überbestimmt sein, da hierdurch Fremdbestimmung und das beinahe wahllose Konsumieren von Dargebotenem unterstützt würde. Es muss aber auch der Strukturlosigkeit der Kinder Rechnung getragen werden, die es anscheinend nie gelernt haben, fantasievoll und kreativ zu spielen und deshalb immer wieder strukturgebende Impulse brauchen, um zu einem konstruktiven Spiel und zu einer sinnvollen Nutzung der Bewegungsgelegenheiten zu gelangen.

Flosdorf (1988) hat gemeinsam mit Mahlke und Schwarte (1985, 1989) eine spezifische Raumgestaltung für „Problemkinder“ entwickelt und dabei für besondere Problemlagen entsprechende Antworten für die Gestaltung von Wohnräumen angeboten.

Besondere Problemlagen	Gestaltung von Wohnräumen
Bei den Kindern dominieren Auffälligkeiten „enthemmter Umtriebigkeit" mit „Aggressivität und Konzentrationsstörungen".	Die Kinder brauchen deshalb ausreichenden Bewegungsraum, zugleich aber eine Raumgestaltung, die nicht zusätzlich stimuliert.
Beziehungsstörungen als Grundlage von Verhaltensauffälligkeiten zeigen sich in Ängstlichkeit und Gehemmtheit einerseits, Wut und Aggressivität andererseits.	Für den Aufbau harmonischer Beziehungen braucht es Räume, „in denen eine geschützte und ungestörte Einzelbeziehung möglich wird": offene Räume für umfassende Kommunikation in Gruppen, Nischen und Ecken für individualisierenden Rückzug.
Die Kinder sind sehr leicht ablenkbar und konzentrationsgestört.	Es müssen Räume und Rückzugsbereiche geboten werden, die ein ungestörtes Arbeiten und Lernen ermöglichen.
Die Kinder sind kontaktgestört.	Es müssen Räume geboten werden, die Sammlung, Bindung und Geborgenheit unterstützen: Ausgestaltung der Räume mit Naturmaterialien, Stoffen, warmen Farben, einer unterschiedlich starken und konzentrierenden Ausleuchtung.
Die Kinder sind impulsiv und neigen zu unkontrollierten Affektausbrüchen.	Es müssen Räume mit Mobiliar geboten werden, das stabil und nicht zu leicht zu beschädigen, aber auch nicht zu leicht, also nicht beweglich, ist.
Die Kinder sind laut.	Es müssen lautdämmende und schallschluckende Räume geboten werden.
Die Kinder neigen häufig zu Inaktivität und Passivität.	Es müssen Räume geboten werden, die ohne viel Vorbereitung kreative Beschäftigungen ermöglichen.

(Vgl. Flosdorf, 1988, S. 9 ff.)

Aufgaben

V 1. *Räume wirken, Räume erziehen, Räume haben einen Einfluss auf unsere Gestimmtheit, sie können uns anregen, aber auch abstumpfen, sie können uns verwirren aber auch Struktur geben. Stellen Sie dar, welche Wirkungen Wohnräume auf die Persönlichkeitsentwicklung von Kindern und Jugendlichen haben können.*

2. *Entwickeln Sie einen Plan für eine stationäre Wohngruppe und berücksichtigen Sie dabei insbesondere, dass Kinder und Jugendliche Räume brauchen, ...*
   a) in denen sie sich zurückziehen können.
   b) in denen sie die Möglichkeit haben mit anderen zu kommunizieren.
   c) in denen sie zur Ruhe kommen können.
   d) in denen sie aktiv werden können.
   e) in denen sie klare Strukturen finden.
   P *f) in denen eine diffuse Struktur Spielräume offen lässt („Zwischenräume").*

3. *Kinder und Jugendliche brauchen auch Außenräume, freie, offene Räume, die sie sich erobern können. Sie gehen dabei von ihrem Ruhepunkt, ihrer Wohngruppe aus und erobern von dort aus ihre Umwelt. Stellen Sie dar, welche Bedeutung die Eroberung von Räumen für die Entwicklung von Kindern und Jugendlichen hat und berücksichtigen Sie dabei insbesondere die Bedeutung von:*
   g) Nahräumen
   h) Streifräumen
   i) Fernräumen
   j) „offenen" Räumen
   k) strukturierten Räumen

3.2.2.3 Zeit

Geplantes Erziehen in der Kinder- und Jugendhilfe verlangt auch einen bewussten Umgang mit Zeit. Kinder und Jugendliche sind oft überfordert, wenn sie ein Zuviel an freier Zeit haben. Sie sollten aber auch lernen, mit freier Zeit aktiv und konstruktiv umzugehen.

Schule prägt den Tagesablauf eines Kindes

Die Zeit kann durch ihren Sekundentakt ein hohes Maß an Struktur geben. Die Entwicklung der Persönlichkeit braucht aber auch viel freie, ungestaltete Zeit, in der sich die Kinder und Jugendlichen ihren natürlichen Zeitrhythmen hingeben können, ohne permanent vom Zeiger der Uhr überwacht und reglementiert zu werden. Dieser bietet jedoch eine notwendige Hilfe dafür, sich nicht in der Zeitlosigkeit des Alltags zu verlieren und sich ausschließlich dem „Herumhängen, Blödeln, Action machen" (siehe Kannicht 1983) hinzugeben. Zeitstrukturen geben Halt und helfen Kindern und Erzieherinnen, den Tag zu gestalten. Sie lassen jedoch Frei-Räume nur zu, wenn sie genügend Frei-Zeiten bieten für individuelle Gestaltung, die innerhalb des Gruppenlebens möglich sein muss.

Hilfreich für die zeitliche Strukturierung des pädagogischen Alltags könnten zwei Aspekte sein: das „System der Perspektiven" (Makarenko, 1974, S. 217) und die Rhythmisierung des Tages, der Woche und des Jahres.

3.2.2.4 System der Perspektiven

Anton Semjonowitsch Makarenko betreute in der nachrevolutionären Sowjetunion verwahrloste Jugendliche und entdeckte dabei die große Bedeutung der Zukunft für die

Orientierung der Jugendlichen nach vorne. Er sah im „System der Perspektiven" eine große aktivierende Kraft, da es das Streben des Menschen weckt, ein bestimmtes Ziel, sei es ein persönliches oder gesellschaftliches, zu erreichen.

Pädagogische Aufgabe ist es also, im jungen Menschen die Perspektive eines Lebensweges zu gestalten, in dem die Freude des morgigen Tages liegt. Dabei gilt es, zunächst diese Freude selbst zu organisieren, sie ins Leben zu rufen, sie dann aber auch real werden zu lassen. Makarenko formulierte dabei eine Entwicklungslinie vom „Pfefferkuchen bis zum höchsten Pflichtgefühl" die er als Herausbildung der nahen, mittleren und weiten Perspektive benennt.

Anton Semjonowitsch Makarenko (1888–1939)

Bei der **nahen Perspektive** geht es zunächst um die Befriedigung primärer Bedürfnisse wie angenehmes Wohnen, Essen und einem Mindestmaß an Sicherheit und Schutz innerhalb der Gemeinschaft. Verbunden mit einem freundlichen und schlichten Umgangston wird dem Jugendlichen hiermit das notwendige Minimum geboten, ohne das eine richtige Erziehungsarbeit nur sehr schwer realisierbar ist. Die Kinder und Jugendlichen brauchen aber auch Herausforderungen. Ihnen müssen Möglichkeiten geboten werden, die einen gewissen Aufwand erfordern: Reinigung des eigenen Zimmers, Mitarbeit beim Kochen, Erledigung der Hausaufgaben und vieles andere mehr, was für sie aktuell von Bedeutung ist.

Die **mittlere Perspektive** besteht in der Planung und Durchführung von Ereignissen, die für die Gemeinschaft von Bedeutung sind und nicht heute oder morgen, sondern etwas später stattfinden. Dazu gehören Jahrestage, besondere Feste und Feiern, Beginn und Abschluss eines Schuljahres, die Entlassung von Zöglingen, die Einweihung neuer Räume oder Werkstätten u. Ä.

Am schwierigsten dürfte es sicher sein, bei Kindern und Jugendlichen eine **weite Perspektive** zu entwickeln, da es hierbei nicht nur um die Fähigkeit geht, einen immer längeren Bedürfnisaufschub zu ertragen, sondern darüber hinaus um den Verzicht auf die augenblicklichen persönlichen Interessen zugunsten des Gemeinschaftsinteresses.

3.2.2.5 Rhythmisierung des pädagogischen Alltags

Beim Blick nach vorne darf die Gegenwart nicht aus den Augen verloren werden. Das „Recht des Kindes auf den heutigen Tag" (Korczak, 2005, S. 40) muss immer der Maßstab pädagogischer Bemühungen bleiben.

Deshalb gilt es zu überlegen, wie die einzelnen Aktivitäten des Alltags in eine sinnvolle Struktur integriert werden können, die den Kindern hilft, ein Gefühl für die „Kontinuität des fortdauernden Seins" zu entwickeln.

Janusz Korczak (1878–1942)

Das Bemühen bei der **Rhythmisierung des Tages** geht dahin, die zeitliche Gliederung durch einen harmonischen Wechsel von Ruhe und Bewegung (äußere Struktur) sowie auch in einem Wechsel von Anspannung und Entspannung (innere Dynamik) zu gewährleisten. Dazu gehört auch ein Wechsel von fremd- und selbstbestimmter Zeit, die gemeinsam oder individuell gefüllt werden kann. Auch die regelmäßige Wiederkehr von Gruppenaktivitäten, an denen gruppendynamische Themen bewegungs- und handlungsorientiert ausagiert werden können, gehört zu den Kennzeichen eines rhythmisierten Alltags. Ein Schwerpunkt liegt dabei im Aufbau einer funktionierenden Alltagsstruktur, die gekennzeichnet ist von festgelegten Aktivitäten (z. B. Aufstehen, Frühstücken, Schule, Mittagessen, freie Zeit, Hausaufgabenzeit, freie Zeit, Abendessen, Abendprogramm, Schlafengehen) sowie den oft schwierigen Übergängen (z. B. der Weg in die Schule, der Weg in die Wohngruppe, das Aufsuchen von Freizeitangeboten).

Neben einer harmonischen Gestaltung des Tages gilt es auch für die Woche einen zeitlichen Rahmen zu finden, der den Interessen und Bedürfnissen der Kinder und Jugendlichen entgegenkommt. Dabei bestimmen die Familienheimfahrten in einem hohen Maß die **Rhythmisierung der Woche**, da dadurch der Sonntagabend oder Montagmorgen durch das Ankommen und der Freitag vom Wegfahren bestimmt wird. Dies wirkt sich auch auf die Kinder und Jugendlichen aus, die am Wochenende in der Wohngruppe bleiben müssen. Die Wochenmitte bleibt als Raum, um sich auf das Gruppenleben zu konzentrieren. Dazu gehören die schulischen Anforderungen, Haushaltspflichten (z. B. Einkaufen, Kochen) sowie die Gestaltung der Freizeit, die in Abstimmung mit den gruppenergänzenden Angeboten der Einrichtung organisiert werden muss.

Die **Rhythmisierung des Jahres** wird durch die Schulferien, die spezifischen Feste und nicht zuletzt durch die Jahreszeiten geprägt. Eine Übersicht zeigt, wie die einzelnen Phasen eines Jahres inhaltlich gefüllt werden und welche Bedeutung sie für die Kinder und die Gruppe erhalten. Hier offenbart sich der idealtypische Ablauf eines Jahres, in dem weder die schulischen Schwerpunkte noch die immer wieder auftretenden persönlichen Krisen der einzelnen Kinder und auch der Erwachsenen Berücksichtigung finden. Dennoch kann dadurch ein Rahmen gefunden werden, in dem das Erzieherteam gemeinsam mit den Kindern und Jugendlichen planen und handeln kann.

Jahresrhythmus

Jahreszeit	Bedeutung	Inhalte
vom Schuljahresbeginn zu den Herbstferien	Ankommen – Vertrauen finden	1. Eingewöhnung in neue Strukturen 2. Gestaltung der Gruppe mit Materialien aus den Gruppenprojekten und Sommerferien 3. individuumszentrierte, vertrauensfördernde Spiele 4. kurze und einfach strukturierte Angebote 5. kleinere Projekte
von den Herbstferien zu den Weihnachtsferien	zur Ruhe kommen – zu sich selbst finden	6. Spannung zwischen Gruppe und Familie ausbalancieren 7. Gemeinsamkeiten erfahren lassen 8. Feste vorbereiten 9. mit den Kindern gemeinsam feiern 10. das ablaufende Jahr darstellen und verabschieden 11. ruhige und besinnliche Aktivitäten anbieten
von den Weihnachtsferien zu den Osterferien	Initiative entwickeln – zur Gemeinschaft finden	12. Fantasie über gemeinsame Interessen ermöglichen 13. gemeinsame Ziele entwickeln und festlegen 14. Gruppenprojekt planen und vorbereiten 15. gemeinschaftsfördernde Spiele
von den Osterferien zu den Sommerferien	ein gemeinsames Werk schaffen – Identität finden	16. Gruppenprojekt durchführen und vollenden 17. herausgehen, im Freien arbeiten, in der Natur leben 18. sich darstellen
zu den Sommerferien	Abschied nehmen	19. zurückblicken 20. Projekt auswerten und darstellen

(Quelle: Hammer, 2001, S. 166)

Aufgaben

A 1. *Erörtern Sie, wie die Zeitstrukturen eines Alltags in der Kinder- und Jugendhilfe gestaltet werden können und berücksichtigen Sie dabei insbesondere:*

a) die Bedeutung der Zeitperspektiven in Abhängigkeit vom Alter: nahe, mittlere, weite Perspektive (nach Makarenko),

b) den Wechsel von strukturierten und offenen Zeitphasen,

c) *die Rhythmisierung der Zeitstruktur eines Tages, einer Woche und eines Jahres, wobei stets der Wechsel von Spannung und Entspannung, von Ruhe und Bewegung beachtet werden sollte,*

d) *die Bedeutung von „Zwischenzeiten".*

R 2. *Zeichnen Sie eine Kurve entlang der Zeitachse eines Tages ein, welche das Ausmaß der psychischen Belastung (Stress) widerspiegelt und entwickeln Sie Maßnahmen, die die Belastung mindert. Bestimmen Sie dafür Alter und Geschlecht des Kindes oder Jugendlichen. Eine Vorlage dafür ist in den BuchPlusWeb-Materialien.*

3.2.2.6 Materialien

Haben die Kinder und Jugendlichen Zugang zu Werkmaterialien oder wird generell der aktive und kreative Umgang mit Gegenständen gefördert, so gilt, was Piaget (1896–1980) schon für die Entwicklung von Kleinkindern formuliert hat: Kinder und Jugendliche lernen in der Auseinandersetzung mit Materialien ihre Umwelt handelnd zu begreifen. Aus der Meisterung des Gegenstandes schöpfen sie Kraft für ein zunehmendes Selbstbewusstsein, das ihnen hilft, immer komplexer werdende Gegenstände und Aufgaben zu bewältigen. Die sich daraus ergebende Identifikation mit dem hergestellten Objekt oder der umgestalteten Wohnung trägt darüber hinaus dazu bei, der oberflächlichen Konsumorientierung eine „Liebe zum Objekt" entgegenzusetzen. Diese entsteht, wenn die Kinder und Jugendlichen bei dessen Entstehungsprozess mit beteiligt waren.

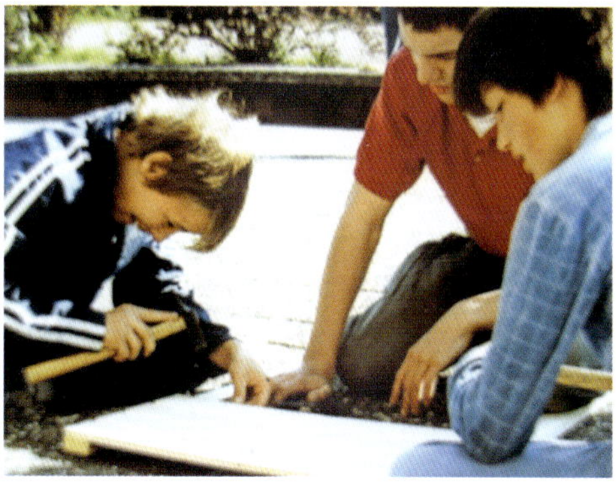

Projektarbeit: Entwicklungsförderung durch „Kopf, Herz und Hand"

Unter dem Gesichtspunkt des Lernens mit „Kopf, Herz und Hand" stellt die Projektarbeit eine besondere Herausforderung dar.

Dabei sind folgende Aspekte zu beachten:

Projektfindungsphase

Nachdem – in Absprache mit der Leitung – im Team die Rahmenbedingungen (Zeit, Geld, Ort, ...) definiert worden sind, kann für die Kinder und Jugendlichen die Phase der

Ideenbildung eröffnet werden. Hier muss der Kreativität und Fantasie der Weg geöffnet werden – ohne Einschränkungen.

Entscheidungsphase
Unter Abwägung der Rahmenbedingungen und der Interessen aller Kinder und Jugendlichen sollte ein Ergebnis gefunden werden, mit dem sich alle Beteiligten einverstanden erklären können. Die Ergebnisse müssen schriftlich fixiert werden.

Planungsphase
Für die Erzieherinnen kommt nun die Kernphase, die sozialpädagogische Planung. Es gilt für die Gruppe sowie für die einzelnen Kinder und Jugendlichen Ziele auf der Grundlage einer fundierten sozialpädagogischen Analyse zu formulieren, welche für die Entwicklung förderlich bzw. „heilsam" sind. Nicht das Einrichten eines Fitnessraums darf das Ziel sein, sondern z. B. die Förderung der motorischen Fertigkeiten oder der sozialen Kompetenzen bei der Zusammenarbeit. Nun muss noch überlegt werden, wie diese Maßnahme gestaltet werden kann, um die gesteckten Ziele erreichen zu können.

Durchführungsphase
Dann endlich kann die eigentliche Projektarbeit starten. Es geht jetzt um die konkrete Planung, wer, wann, was, wo, mit wem macht. Die Finanzierung muss abgesichert, die Verantwortlichkeit geklärt werden. Nachdem die Materialien angeschafft worden sind, kann mit der Durchführung der einzelnen Einheiten begonnen werden.

Abschlussphase
Die Beendigung des Projektes sollte einen würdigen Abschluss finden, bei dem zum einen jeder Beteiligte auf das Geleistete blicken kann, bei dem zum anderen aber auch eine kritische Reflexion über den Ablauf der Maßnahme und über das Erreichen der sozialpädagogischen Ziele durchgeführt werden muss.

Aufgaben

A 1. *Erörtern Sie die Bedeutung der Materialien für die kindliche Entwicklung und für die Gestaltung des pädagogischen Alltags in der Kinder- und Jugendhilfe. Berücksichtigen Sie dabei insbesondere*

   a) *die strukturierende und anregende Funktion von Materialien,*

   b) *die Möglichkeit der Entwicklung von motorischen Fertigkeiten und Handlungskompetenzen beim Umgang mit Materialien (Projekte) und*

   c) *die Bedeutung von Materialien für die Raumgestaltung.*

P 2. *Planen Sie ein Projekt für Kinder im Grundschulalter/für Jugendliche und berücksichtigen Sie dabei insbesondere den Einsatz von geeigneten Materialien.*

3.2.2.7 Themen

*Wolfgang Klafki (*1927) fotografiert von Hellmuth Grassmann, Pressestelle Philipps-Universität Marburg*

Geplantes Erziehen in der Kinder- und Jugendhilfe verlangt ein genaues Beobachten darüber, welche Bedeutung bestimmte Themen für die Kinder und Jugendlichen zu bestimmten Zeitphasen haben. Dies sind Lebensthemen, die im Mittelpunkt ihrer biografischen Entwicklung stehen. Das Erkennen und Verstehen dieser Themen ist deshalb nicht einfach, weil sich diese hinter den Inhalten, die im Spiel oder in den Aktivitäten der Kinder und Jugendlichen offensichtlich sind, verbergen.

Um den Unterschied zwischen den willkürlich ausgewählten Beschäftigungen mit bewusst initiierten Aktivitäten zu verdeutlichen, werden hier zwei Begriffe aufgegriffen, die **Klafki** in seinen „Neuen Studien zur Bildungstheorie und Didaktik" (1985) herausgearbeitet hat. Er versteht unter „Inhalte" Sachverhalte, die noch nicht im Sinne pädagogischer Zielvorstellungen ausgewählt und präzisiert worden sind, deren pädagogische Bedeutung also noch unklar ist. Werden sie unter einer bestimmten Fragestellung zu den Kindern und Jugendlichen in Beziehung gesetzt, also unter einer relevanten pädagogischen Fragestellung für die Gestaltung pädagogischer Prozesse ausgewählt, so werden sie zum „Thema", in dem nicht nur der Gegenstand der pädagogischen Bemühungen, sondern auch seine Absicht verankert ist. Deshalb sind Themen auch nicht beliebig und austauschbar. Sie müssen mit sozialpädagogischen Zielsetzungen für das Kind oder den Jugendlichen verbunden sein.

Dabei gibt es **Entwicklungsthemen**, die zur Herausbildung der Persönlichkeit beitragen und **Beziehungsthemen**, die für die Gestaltung pädagogischer Situationen bedeutungsvoll sind. Geht es auf der einen Seite um Themen wie Vertrauen, Autonomie, die Entwicklung von Initiative und Identität, so stehen auf der anderen Seite Themen wie z. B. das harmonische Wechselspiel von Nähe und Distanz oder die Herausbildung von gegenseitigem Vertrauen im Mittelpunkt. Neuerdings wird im Kontext der Kinder- und Jugendhilfe auch über Bildungsthemen diskutiert (siehe Hast u. a. 2009). Hier werden nicht die Persönlichkeit des Einzelnen und auch nicht die Gestaltung zwischenmenschlicher Beziehungen betont, sondern die konkrete Auseinandersetzung mit unserer Umwelt. Damit kann den Kindern und Jugendlichen, die ihre Umwelt vermehrt eher konsumieren als sich mit ihr auseinandersetzen, wieder Vertrauen in eine Welt gegeben werden, die doch ihre Lebenswelt ist und sein wird.

Aufgabe

A *Erörtern Sie, welche Bedeutung die Lebensthemen für die Entwicklung von Kindern und Jugendlichen haben und stellen Sie dabei mögliche Inhalte dar, hinter denen sich folgende Themen verbergen könnten:*

- *Nähe und Distanz*
- *Macht und Ohnmacht*
- *Groß und Klein*
- *Gut und Böse*
- *Auseinandersetzung mit der elterlichen Autorität, ihren Geboten und Verboten*
- *Angst vor Verlassen werden*
- *Angst vor Liebesverlust*
- *Geschwisterrivalität*
- *Geschlechtsunterschiede*

Betrachten wir die oben dargestellten Ergebnisse, so heißt dies für die Gestaltung des pädagogischen Alltags:

1. Hilfestellung bei der Entwicklung und Stabilisierung der kindlichen Persönlichkeit zu geben.
   Da wir davon ausgehen, dass der Körper die Grundlage menschlicher Existenz darstellt, wird dies gewährleistet durch die Vermittlung von Körpererfahrung und Körperwissen (Massage, Elemente aus der sensory awareness) oder durch das Aufgreifen des Themas Sexualität und Gestaltung von Beziehungen, wobei die Bedeutung des körperlichen Dialogs bewusst gemacht wird.

2. Hilfestellung zu geben, beim Aufbau der Stabilisierung von Beziehungen.
   Hierfür eignet sich im Besonderen die Heimwohngruppe, da sie innerhalb eines überschaubaren Rahmens bewusst gestaltet wird und für die Kinder und Jugendlichen als Welt sozialen Lernens dienen kann.

3. Hilfestellung zu geben, bei der Aneignung der Lebenswelt, die, wenn sie zu einer persönlichen und nicht zu einer entfremdeten werden soll, mit dem Begriff Heimat beschrieben werden kann.

Web

Zusammenfassung

*In der **Beziehung** zum Erwachsenen finden die Kinder und Jugendlichen Halt, der ihnen Unterstützung für ihr noch schwach entwickeltes „Ich" bietet. Physisches Halten äußert sich vor allem innerhalb nonverbaler Kommunikationsformen, während sich psychisches Halten eher im Gespräch niederschlägt. Die Gewährung von Distanz, bei einem spürbaren Angebot an Nähe hilft, sich aus der Abhängigkeit vom Erwachsenen zu lösen, ohne gleich mit seinen Problemen allein gelassen zu werden. Dabei bleiben aber auch Freiräume, diese Probleme aus eigener Kraft zu* *lösen und daraus die Kraft zu schöpfen, einen eigenen Entwicklungsweg zu gehen und erwachsen zu werden.*

Auch in den strukturellen Grundlagen des pädagogischen Alltags sollte sich ein Wechselspiel zwischen Halt und Herausforderung wiederfinden. ***Räume*** *bieten Sicherheit, d. h. Rückzugsmöglichkeiten in einer lebendig gestalteten Umwelt. Es sind dort aber auch Ecken und Kanten und eine Vielfalt an Gestaltungsmöglichkeiten zu finden, um die Kreativität, den Forscher- und Eroberungsdrang der Kinder und Jugendlichen zu fördern.*

Gleiches gilt für die ***Zeit****, die durch ihren Takt Struktur und damit Halt und Orientierung geben kann. Kinder und Jugendliche brauchen jedoch auch viel freie, ungestaltete Zeit, in der sie sich ihren natürlichen Zeitrhythmen hingeben können, ohne permanent vom Zeiger der Uhr überwacht und reglementiert zu werden.*

Haben die Kinder und Jugendlichen in dieser freien Zeit Zugang zu Werkmaterialien oder wird generell der aktive und kreative Umgang mit Gegenständen gefördert, so lernen sie in der **Auseinandersetzung mit Materialien** *ihre Umwelt handelnd begreifen und schöpfen Kraft für ein zunehmendes Selbstbewusstsein.*

Diese strukturellen Bedingungen, die immer wieder den Rahmen bilden für die Gestaltung des pädagogischen Alltags, werden durchzogen von **Themen***, die sich für die Kinder und Jugendlichen als Lebensthemen darstellen und in allen ihren Aktivitäten zum Tragen kommen.*

Im pädagogischen Alltag stehen die Fragen im Vordergrund:

- *„Wer bin ich?"*
- *„Wo ist mein Platz?"*
- *„Woher komme ich?"*
- *„Wohin werde ich gehen?"*

4 LERNFELD 3: Lebenswelten wahrnehmen und Inklusion fördern

4.1 Sozialisationsbedingungen junger Menschen

Wenn wir geboren werden, sind wir mit einem leeren Buch zu vergleichen. Als Neugeborene sind wir völlig hilflos und können in den ersten Jahren nur dann überleben, wenn unsere elementaren Grundbedürfnisse wie Essen, Trinken, Schlafen, Hygiene und Schmerzfreiheit sichergestellt werden. Diese Aufgabe nehmen in der Regel die sorgeberechtigten Eltern wahr. Ihnen kommt von Beginn an eine besondere Bedeutung zu. Sie sind es auch, die uns in den Folgejahren auf das Zusammenleben in der Gesellschaft vorbereiten. Von ihnen erfahren wir Liebe und Zuneigung und lernen wichtige Verhaltensregeln, um uns später in Gruppen und sozialen Beziehungen zurechtfinden zu können. Mit ihrer Unterstützung verinnerlichen wir Werte und Normen und erlernen eine Vielzahl von Verhaltensregeln. Der Erwerb dieser Kompetenzen bildet ein wichtiges Fundament, damit wir uns zu eigenständigen Persönlichkeiten entwickeln.

Gleichzeitig bestimmen die Rahmenbedingungen, unter denen wir aufwachsen, welche Entwicklungsmöglichkeiten uns zur Verfügung stehen und auf welche wir zugreifen können. Die Zugehörigkeit zu einer bestimmten sozialen Schicht und die sozioökonomischen Bedingungen haben einen erheblichen Einfluss auf Zugangschancen zu Bildung, Ausbildung, Beruf, Gesundheit und sozialer Teilhabe an der Gesellschaft.

Aufgabe

Beantworten Sie die folgenden Fragen:

V • *An welche Ereignisse Ihrer Kindheit können Sie sich besonders gut erinnern?*

R • *Welche Bedeutung hatten diese Erlebnisse für Sie?*

R • *Welche Erfahrungen aus der Kindheit prägen Ihr Handeln bis heute?*

R • *Welche Wünsche konnten Ihnen Ihre Eltern nicht erfüllen und wie haben Sie dies empfunden?*

4.1.1 Was ist Sozialisation und wo findet sie statt?

Der Begriff Sozialisation kommt vom lateinischen „sociare“ (= verbinden). Wie bei höheren Tierarten auch ist es uns Menschen angeboren, dass wir bei Wahrnehmung kindlicher Proportionen (großer Kopf, große, runde Augen, kleine Nase, kleines Kinn, rundliche Wangen) ein Fürsorgeverhalten entwickeln. Verhaltensbiologen sprechen von Schlüsselreizen, denen wir uns nur schwer entziehen können („Kindchenschema“). Wir empfinden geradezu eine innere Verpflichtung, die Verhaltensweisen des Umsorgens und Kümmerns auslöst. Die durch die Schlüsselreize aktivierten Reaktionen dienen vorrangig dazu, dass wir das Überleben des Neugeborenen sicherstellen und damit die Grundbedürfnisse der Nahrungsaufnahme und der allgemeinen Versorgung gewährleisten. Ein besonderes Merkmal dieser Schlüsselreize besteht darin, dass diese bei jedem Neugeborenen und sogar bei Kleintieren bei uns den gewünschten Effekt des Fühlens und

Handelns auslösen. Wir machen diese Erfahrung im Alltag zum Beispiel immer dann, wenn uns Freunde oder Bekannte die neuen jungen Haustiere wie Hund oder Katze präsentieren und wir vor lauter Entzückung gleich überlegen, ob wir uns nicht selbst auch ein Haustier zulegen sollten.

Mit dem Begriff der Sozialisation wird allerdings ein anderer Prozess beschrieben, der weit über dieses instinktive Reiz-Reaktionsschema hinausgeht. Auf dem Weg zum Erwachsenwerden benötigt der Mensch ganz besondere Rahmenbedingungen, um als Mängelwesen nicht nur überlebensfähig, sondern auch handlungsfähig zu werden. Zu den wichtigsten Rahmenbedingungen gehört ein soziales Umfeld, aus dem heraus die Fähigkeiten erlernt und erprobt werden können.

Unter Sozialisation versteht man ganz allgemein den Prozess der Entstehung und Entwicklung der Persönlichkeit in wechselseitiger Abhängigkeit von der gesellschaftlich vermittelten sozialen und materiellen Umwelt. Im Vordergrund steht die Entwicklung des Menschen zu einem gesellschaftlich handlungsfähigen Subjekt.
(Vgl. Geulen/Hurrelmann, 1980, S. 51)

Sozialisation beruht also im Kern auf Interaktionserfahrungen mit Individuen und der Umwelt. So lernen wir z. B. sehr früh von den Eltern, dass wir bei der Begrüßung die Hand zu geben haben und dass wir uns bedanken sollen, wenn wir etwas geschenkt bekommen. Im Umgang mit der Umwelt lernen wir, dass es zur Pflicht gehört zur Schule zu gehen und das man sich im Umgang mit öffentlichen Einrichtungen in die Warteschlange zu stellen hat und für bestimmte Dinge Formulare benötigt. Wir lernen aber auch, was Liebe und Zuneigung bedeutet, wie wir soziale Beziehungen eingehen und wie wir diese Beziehungen, seien es nun Freundschaften oder Partnerschaften, gestalten und pflegen müssen.

Sozialisation beschreibt also einen sehr komplexen Prozess zur Entwicklung der Identitätsbildung und Vergemeinschaftung. Dieser Prozess wird im Laufe der Jahre von vielen Personen und Instanzen der Gesellschaft durch absichtsvolle und planvolle Maßnahmen angeleitet. Im Vordergrund stehen zu Beginn des Lebens in der Regel die sorgeberechtigten Eltern, die gezielt und bewusst Einfluss auf unser Verhalten und Handeln nehmen. Von ihnen lernen wir nicht nur, wie man miteinander umzugehen hat, sondern sie vermitteln uns auch ein gewisses Grundverständnis von Einstellungen, Werten und Normen. Sie legen die Basis dafür, dass wir unser Leben als sinnvoll wahrnehmen und Kriterien zur Unterscheidung von Gut und Böse entwickeln.

Fachleute sprechen in diesem Zusammenhang von der Primärsozialisation, also von Maßnahmen zur Ausbildung von sozialen Basiskompetenzen, die ganz entscheidend sind für die Ausweitung der sozialen Beziehungen über den familiären Kontext hinaus. Diese Basiskompetenzen bilden ein wichtiges Fundament, worauf alle anderen Formen der späteren Sozialisation aufbauen. Ohne diese Grundausstattung kann sich eine gesunde Persönlichkeitsentwicklung nicht angemessen vollziehen.

Ergänzt wird diese Primärsozialisation durch weitere Institutionen. Es beginnt in der Regel in der Kindestageseinrichtung oder dem Kindergarten und setzt sich dann über Schulen, Ausbildungsstätten, Fachschulen, Universitäten, Vereine und andere Einrichtungen fort. Wir lernen, bestimmte Rollen zu übernehmen und uns entsprechend der geltenden Werte und Normen in der Gesellschaft zu verhalten und zu urteilen. Diese Form der sekundären und tertiären Sozialisation durch soziale Gruppen, Institutionen, aber auch durch den Kontakt zu anderen gesellschaftlichen Kulturen endet nicht mit dem Erwachsensein, sondern ist ein lebenslanger Prozess. Durch den Einfluss von Personen, Gruppen und Institutionen lernen wir ein Leben lang ständig hinzu, setzen uns mit neuen Erwartungen auseinander und entwickeln so unsere Persönlichkeit weiter. Wir unterziehen unser erworbenes Wissen einer ständigen Reflexion in der Interaktion mit Dritten und werden permanent zu neuen Anpassungsleistungen im Denken, Verhalten und Handeln aufgefordert.

Phasen der Sozialisation

1. Primäre Sozialisation
In dieser Phase der Persönlichkeitsentwicklung werden basale Sprach- und Handlungsfähigkeiten ausgebildet. Diese Kompetenzen erwerben wir im Kleinkindalter. Sie werden uns durch die unmittelbaren Bezugspersonen wie Vater, Mutter und Großeltern vermittelt.

2. Sekundäre Sozialisation
Hier erwerben wir spezifische Kompetenzen (Normen, Werte, Rollen) im Umgang mit der Umwelt, die entscheidend sind für eine Interaktion mit Dritten außerhalb des engsten räumlichen und persönlichen Umfeldes der Familie. Hierzu gehören der Freundes- und Bekanntenkreis, aber auch der Kinderhort, die Krippe, der Kindergarten, die Schule und Vereine.

3. Tertiäre Sozialisation
Der Fokus der tertiären Sozialisation liegt im Erwerb einer spezifischen Berufsrolle. Durch höhere Schulen, Ausbildungsstätten, Universitäten und andere Institutionen werden wir auf unsere spätere Erwerbstätigkeit vorbereitet.

4. Quartäre Sozialisation
Im Vordergrund steht die Anpassung und Weiterentwicklung der erworbenen bzw. bestehenden Kompetenzen während des Erwachsenenalters. Dieser Prozess bezieht sich auf die gesamte Lebenswelt des Menschen und wird beeinflusst durch eine Vielzahl von Akteursnetzwerken und Institutionen in allen Lebensbereichen (Familie, Ehe und Partnerschaft, Erwerbstätigkeit, Freizeit, Gesundheit).

primäre Phase: Grundlagen sozialen Verhaltens (Regeln, Normen, Sprache) in früher Kindheit	**primäre Instanzen:** Familie, Verwandte, Freunde
sekundäre Phase: Verhaltenserwartungen, nicht tolerierbares Verhalten, Rollen, Interaktion mit Sprache	**sekundäre Instanzen:** Schule, Medien, Kita, VHS, Uni, Pflegeeinrichtungen
tertiäre Phase: Berufsleben, Ausbildung, Studium, lebenslanges Lernen	**tertiäre Instanz:** Theater, Museum, Behörden, Vereine, Medien, Kirchen, Freizeiteinrichtungen, Polizei

Im Laufe des Lebens ändern sich aber nicht nur die persönlichen Lebensumstände, auf die wir lernend reagieren, sondern es verändert sich auch die Gesellschaft selbst. Dies wird uns immer dann besonders deutlich, wenn wir alte Filme sehen oder uns die Eltern von ihrer Kindheit berichten. Früher war vielleicht nicht immer alles besser, aber auf jeden Fall anders.

Es wäre also falsch zu glauben, dass man durch Sozialisation primär nur ein gesellschaftlich anerkanntes Repertoire von Verhaltensweisen und Orientierungen erwirbt. Sozialisation ist kein passiver Prozess der Übernahme von gesellschaftlichen Standards. Stattdessen handelt es sich um einen aktiven Prozess der Auseinandersetzung mit inneren und äußeren Anforderungen von Körper, Psyche und Umwelt.

Nach Hurrelmann bezeichnet Sozialisation in modernen Gesellschaften „den Prozess, in dessen Verlauf sich der mit einer biologischen Ausstattung versehene menschliche Organismus zu einer sozial handlungsfähigen Persönlichkeit bildet, die sich über den Lebenslauf hinweg in Auseinandersetzung mit den Lebensbedingungen weiterentwickelt. Sozialisation ist die lebenslange Aneignung von und

*Klaus Hurrelmann (*1944)*

Auseinandersetzung mit den natürlichen Anlagen, insbesondere den körperlichen und psychischen Grundmerkmalen, die für den Menschen die ‚innere' Realität bilden, und der sozialen und physikalischen Umwelt, die für den Menschen die ‚äußere Realität' bilden" (Hurrelmann, 2002, S. 15). Erziehung verkörpert in diesem Zusammenhang einen Teil des Sozialisationsprozesses, der stärker von einer bewussten, gezielten (Verhaltens-)Beeinflussung des Heranwachsenden geprägt ist. Hier werden bestimmte Fähigkeiten erworben, auf denen weitere Schritte zur Sozialisation aufbauen.

4.1.2 Familiäre Sozialisation: Familie und Primärsozialisation

Bei der Familie handelt es sich um eine ganz besondere Form der Lebensgemeinschaft, der sowohl für die Persönlichkeitsentwicklung als auch zur Erhaltung und Stabilität der Gesellschaft eine besondere Funktion zukommt. Aus diesem Grund wird die Familie nicht nur durch den Staat in besonderer Weise geschützt, sondern der Status des Erwerbs von Familie wird durch besondere Rituale zelebriert (Heirat) und durch gesetzlich vorgeschriebene Verfahren legitimiert (Standesamt).

Die Familie bietet dem Nachwuchs einen geschützten sozialen Raum für Wachstum, Entwicklung und Geborgenheit. In diesem eng begrenzten, aber im Kleinkindalter auch gut überschaubaren Sozialisationsfeld erlernen Kleinkinder Basiskompetenzen zum Umgang mit und zur Bewältigung von gesellschaftlicher Komplexität. Dieser soziale Raum wird vom Staat auch in besonderer Weise geschützt. Intimität und Privatheit werden als schützenswerte Güter betrachtet, die dem Zugriff von Dritten in der Regel entzogen sind. Im Alltag wird dies besonders daran deutlich, dass Kinder oftmals über ein eigenes Zimmer verfügen, dieses eigenständig gestalten können und auch die Privaträume in der Wohnung für Externe als nicht öffentlich zugänglich markiert werden. Wohnungen verfügen über Eingangstüren, an denen man vor Eintritt zu klingeln hat und es wird erwartet, dass man als Besucher erst eintritt, wenn man dazu aufgefordert wird. Wohnungsbesichtigungen werden nur einem ausgewählten Kreis von Gästen gestattet und hierzu bedarf es einer ausdrücklichen Einladung durch den Gastgeber.

Der Gesetzgeber hat durch viele gesetzliche Regelungen ebenfalls den Zutritt in den privaten Raum streng reglementiert. Das Jugendamt darf sich nur bei Vorliegen bestimmter gesetzlicher Tatbestände zwangsweise Zugang zur Wohnung verschaffen und auch der Zugriff durch die Polizei unterliegt strengen Vorschriften.

Hinsichtlich der sozialen Beziehungen schafft die Familie ein Lebensumfeld, in dem wir als reine Privatperson auftreten und handeln. Im Unterschied zu formalen Organisationen sind die Beziehungen nicht durch soziale Rollen wie Schülerin und Lehrerin geprägt. Stattdessen sind die Beziehungen der Familienmitglieder zueinander in der Regel durch verwandtschaftliche Zugehörigkeit und persönlicher Verbundenheit („Blut ist dicker als Wasser") geprägt. In der Familie besteht ein enges Band der Kooperation und Solidarität, welches sich schon allein aus dem Familienstatus herleitet und nicht etwa über Sympathie oder formale Zugehörigkeit.

Damit ist allerdings nicht gesagt, dass Beziehungen in der Familie konfliktfrei verlaufen. Oftmals ist das Gegenteil der Fall. Familien scheitern in der Regel an sich selbst. Es sind die internen Streitigkeiten, Konkurrenzen und Partnerkonflikte, die eine Krise herbeiführen. Außerhalb der Familie liegende Krisen, wie eine ungünstige Wirtschaftsentwicklung des Landes oder die globale Banken- und Finanzkrise

spielen keine bedeutende Rolle. Die Stabilität und Verbundenheit der Familien wird ausschließlich zwischen den Personen reguliert und nicht etwa durch Konkurrenzbeziehungen von Familien untereinander oder durch den Markt.

Die Familie ist stark binnenorientiert, d. h. sie schottet sich in gewisser Weise von der Umwelt ab. Hierin unterscheidet sich die Familie sehr deutlich von öffentlichen Institutionen wie zum Beispiel das Jugendamt einer Stadtverwaltung, welches auf Umweltkontakte angewiesen ist und sich auch umweltoffen ausrichtet (Sprechzeiten, Öffentlichkeitsarbeit, Marketing, Internetpräsenz). Es gibt bei der Familie auch keine Mitgliedschaftsbeziehungen, die über einen Arbeitsvertrag oder durch Beitritt formalisiert werden. Stattdessen erfolgt die Rekrutierung in der Regel durch Geburt oder Adoption.

Die Qualität des Familienlebens wird allgemein als befriedigend bewertet, wenn die Innenbeziehungen, also die sozialen Alltagsinteraktionen, als persönlich wertschätzend und zuneigend empfunden werden. Gehaltszahlungen als Maßstab für Zufriedenheit spielen zum Beispiel keine Rolle und auch die Höhe des Taschengeldes ist weniger bedeutsam.

Funktionen der Familie:

- emotionale Stabilisierung (Liebe, Geborgenheit, Zuwendung)
- Reproduktion für die Gesellschaft
- Regulierung der Sexualität
- Schutz und Fürsorge (Heranwachsende)
- Sozialisation (Sprache, Erfüllung von Erwartungen und Kompetenzen)
- Wirtschaftsfunktion (Konsum, Hausarbeit, Pflege, Heimarbeit)
- soziale Platzierung eines Individuums (prägender Status der Herkunftsfamilie)

Nimmt man den historischen Wandel der Familie in den Blick, so wird deutlich, dass sich oftmals unsere Idealvorstellungen nicht mit den realen historischen Verhältnissen decken. Die traditionelle Kleinfamilie ist in unserer heutigen Gesellschaft positiv besetzt und wird als Verkörperung einer Idealform des Lebens angesehen. Die Familie, so die Vorstellung, schützt uns vor den Wirrungen und Irrungen einer versachlichten, anonymisierten und emotionslosen Konsumgesellschaft. In vielen Filmen und Daily Soaps wird dieses Idealbild immer wieder verkörpert, obwohl wir aus Statistiken wissen sollten, dass dieses Ideal oftmals nur von kurzer Dauer ist. Inzwischen wird in Deutschland jede dritte Ehe geschieden und auch in unseren europäischen Nachbarländern sieht es nicht viel besser aus.

Aber auch schon im historischen Rückblick zeigt sich, dass dieses Ideal nichts mit den realen Verhältnissen zu tun hat. Die traditionale Ehe des 18. und 19. Jahrhunderts war eher ein Zweckverband. Geheiratet wurde nicht aus Liebe, sondern hier spielten materieller Besitz und der Erhalt bzw. die Erweiterung dieses Besitzes eine entscheidende Rolle.

Familienstrukturen waren stark hierarchisch, patriarchalisch aufgebaut. Die Familie war dem Vater unterstellt und dieser traf die Entscheidung für die Familienangehörigen. Es gab auch damals bereits große Spannungen zwischen den Generationen und auch eine sehr enge soziale Kontrolle durch Dorf- und Stadtgemeinschaften. Die Idee einer eigenen Phase der Kindheit war noch nicht vorhanden. Kinder verkörperten eher einen wirtschaftlichen Faktor. Sie waren eine notwendige Arbeitskraft und hatten eine wichtige Funktion im Bereich der Altersversorgung.

Auch das Ideal einer Großfamilie, in der alle füreinander sorgen, war eher die Ausnahme. Emile Durkheim (1858–1917), ein bekannter französischer Soziologe, hat dies bereits zu Beginn des 20. Jahrhunderts näher untersucht. Zwischen dem 15. und 19. Jahrhundert lebten durchschnittlich 4,75 Personen in einem Haushalt. Also bereits schon zu dieser Zeit war die Kernfamilie führend, alte Menschen lebten sehr oft allein. Die meisten von ihnen erlebten das Altsein in unserem heutigen Verständnis nicht, da die durchschnittliche Lebenserwartung bei nur etwa 55 Jahren lag.

Richtig ist allerdings, dass die moderne Familie viele Funktionen, die sie im historischen Rückblick übernehmen musste, inzwischen an die Gesellschaft und ihre öffentlichen Institutionen abtreten konnte. Hierzu gehören insbesondere die Erwerbsarbeit (vom Bauer zum Facharbeiter), die soziale Absicherung (Sozialgesetzgebung), die Sozialisationsfunktion bis zum Erwachsensein (Kindergärten, Schulen) sowie die Gestaltung von Freizeitaktivitäten (Vereine).

Die moderne Kernfamilie kann sich aktuell auf Formen der emotionalen Zuwendung und Betreuung, der Gestaltung der Persönlichkeitsentwicklung und der zwischenmenschlichen Solidarität konzentrieren. Familiensoziologisch betrachtet ist daher auch nicht korrekt, wenn man im historischen Vergleich von einem Funktionsverlust der Familie spricht. Stattdessen ist es eher zu einem Strukturwandel der Familie gekommen. Die Aufgaben der Familie haben sich in hohem Maße gegenüber der Gesellschaft ausdifferenziert und spezifiziert. Gleichzeitig haben sich die Familien- und Lebensformen (Ein-Personen-Haushalte, Patchworkfamilien, nicht eheliche Lebensgemeinschaften) pluralisiert und individualisiert. „Jeder soll nach seiner eigenen Fasson selig werden", so die mehrheitliche Auffassung.

Diese moderne Form der Aufgabenverteilung zwischen der Familie und dem Rest der Gesellschaft hat viele Vor- und Nachteile, die sich auch auf die Entwicklung der Hilfen zur Erziehung auswirken. Die Konzentration auf die ganze Person und nicht etwa des Rollenträgers (Ernährer, Hausfrau, Kind) führt auf der einen Seite zu mehr individuellen Freiheiten und Entfaltungsmöglichkeiten in der Persönlichkeitsentwicklung. Auf der anderen Seite steigen die Koordinations- und Abstimmungsprobleme, da jeder seine Wünsche und Erwartungen einbringen kann. Das Konfliktpotenzial nimmt zu bei gleichzeitiger Möglichkeit, diese Form der sozialen Lebensgemeinschaft jederzeit aufzukündigen. Es gibt weder besondere ökonomische, gesetzliche noch soziale Hemmnisse und Sanktionen, die eine solche Entscheidung grundsätzlich infrage stellen. Aus der Notgemeinschaft Familie wurde in der modernen Gesellschaft eine Wahlgemeinschaft.

Wichtige Merkmale heutiger Familien in Deutschland:

- Gleichberechtigung der Familienmitglieder untereinander (Enthierarchisierung)
- Pluralität der Wertauffassungen in den Interaktionskontexten (Aushandlung statt Anweisung)
- Demokratisierung der Aufgabenverteilung (Wandel des Rollenverständnisses)
- Zunahme weiblicher Erwerbsarbeit bei gleichzeitiger Neuverteilung unter den Sorgeberechtigten
- relative ökonomische Unabhängigkeit und hohe Mobilitätsbereitschaft
- Abnahme der Heiratsbereitschaft und Zunahme des Heiratsalters
- geringere Kinderzahl und Zunahme der Scheidungsraten
- Pluralisierung der Familienformen
- Verlagerung von Sozialisations- und Erziehungsaufgaben auf öffentliche Einrichtungen

4.1.3 Vorschulische Sozialisation: Kindertageseinrichtungen und Kindergärten

Kindergärten und Kindertageseinrichtungen sind in der Regel die ersten Institutionen, die neben der Familie Sozialisationsaufgaben im Auftrag des Staates ausüben. Als öffentliche Einrichtung nehmen sie einen Erziehungs-, Bildungs- und Betreuungsauftrag im Rahmen der frühkindlichen Förderung wahr. Dieser Auftrag bezieht sich auf die soziale, emotionale, körperliche und geistige Entwicklung des Kindes (§ 22 SGB VIII).

Im Vordergrund stehen hierbei die …

- Förderung der Entwicklung des Kindes zu einer eigenverantwortlichen und gemeinschaftsfähigen Persönlichkeit,
- Vermittlung von Werten und Regeln der Gesellschaft,
- Förderung der sprachlichen und sonstigen Fähigkeiten,
- Unterstützung und Ergänzung der Familie in Erziehung und Bildung,
- Hilfe der Eltern, um Erwerbstätigkeit und Kindererziehung besser miteinander vereinbaren zu können sowie die
- Unterstützung der Entwicklung des individuellen Bedarfs und der jeweiligen Interessenlagen des Kindes zur Entwicklungsförderung (siehe § 22 ff. SGB VIII).

Eltern haben inzwischen in Deutschland auch einen gesetzlichen Anspruch auf eine Kindertagesbetreuung bzw. auf eine Förderung in einer Kindertageseinrichtung.

Staat und Familie teilen sich also schon sehr frühzeitig bestimmte Sozialisationsaufgaben mit dem Ziel, den jungen Menschen mit Fähigkeiten und Kompetenzen auszustatten. Auf diese Weise soll die Integration in das gesellschaftliche Zusammenleben ermöglicht werden.

Historisch betrachtet sind Kindergärten das Ergebnis einer Verarmung der Landbevölkerung im Prozess der zunehmenden Industrialisierung und Abwanderung der Menschen aus den ländlichen Regionen in die industriellen Ballungsgebiete. Nur wenn die Kinder in diesen Einrichtungen aufgenommen wurden, konnten die Eltern in den Fabriken einer Erwerbstätigkeit nachgehen und den notwendigen Lebensunterhalt verdienen. Die langen Arbeitszeiten von durchschnittlich sechzig Stunden in der Woche sowie die beengten städtischen Wohnbedingungen hätten ansonsten ein gesundes Aufwachsen der Kinder gefährdet. Mitte des 19. Jahrhunderts wurden daher die ersten Kindergärten gegründet. Diese „Gärten" sollten dazu beitragen, dass ein gedeihliches Aufwachsen möglich wurde und die Kinder während der Abwesenheit der Eltern sinnvoll beschäftigt und betreut wurden.

In den 70er-Jahren des 20. Jahrhunderts rückte die Frühförderung des Kindes immer mehr in den Mittelpunkt. Kinder sollten nicht nur untergebracht und beaufsichtigt, sondern bereits zu dieser Zeit auch auf Schule, Ausbildung und die Erwerbstätigkeit vorbereitet werden. Kindergärten wurden somit Teil des Bildungssystems. Unter Einbindung moderner pädagogischer Erkenntnisse wurden eigenständige Lern- und Betreuungskonzepte konzipiert und eingeführt. Das Kind als Individuum in seinen jeweils spezifischen Lebenslagen fand zunehmend Beachtung. Weiterhin wurde die besondere Bedeutung von Peergroups im Rahmen der Persönlichkeitsbildung erkannt und auch die engere Kooperation mit den Eltern sowie die Integration von Kindern mit Migrationshintergrund und Kindern mit Behinderungen kamen in den Blick.

In den 80er- und 90er-Jahren des 20. Jahrhunderts rückten in Deutschland verstärkt sozial- und familienpolitische Aspekte in den Vordergrund der Kindergartenarbeit. Der deutliche Rückgang der Kinderzahl machte einen am Bedarf der Eltern ausgerichteten Wandel der Institution Kindergarten erforderlich. Neue Angebots- und Trägerstrukturen, Organisationsformen, Öffnungszeiten, flexible Betreuungsformen und pädagogische Konzepte wurden entwickelt. Ergänzt wurde dieser Prozess durch den Wandel des Rollenverständnisses der Frauen in Familie, Beruf und Gesellschaft. Mit zunehmender Erwerbstätigkeit und einem Anstieg des Bildungsniveaus stiegen nicht nur die von den Eltern eingeforderten fachlichen Anforderungsprofile an die Erzieherinnen und pädagogischen Fachkräfte, sondern auch die Bedarfe an die Institution Kindergarten.

Anfang des neuen Jahrtausends kam es u. a. vor dem Hintergrund der Erfahrungen im Zusammenhang mit der Wiedervereinigung und einer sich daraus ergebenden fachlichen Auseinandersetzung mit den beiden unterschiedlichen Systemen der Früherziehung und Verknüpfung von Volksbildung und Erwerbstätigkeit der Eltern zu einer neuen Qualifizierungsdebatte. Impulsgeber waren insbesondere auch die schlechten Ergebnisse der ersten PISA-Studie (Programme for International Student Assessment), die zu einer weiteren Anbindung der Kindergärten an das Bildungssystem führten (siehe KMK-Beschluss vom 03./04.06.2004). Die Befunde der Studie zeigten, dass in den untersuchten Kompetenzbereichen Lesen, Mathematik und Naturwissenschaften die Ergebnisse für die 15-Jährigen deutlich unter dem OECD-Durchschnitt lagen. Im Bereich der Lesekompetenz erreichte Deutschland nur den fünftletzten Platz. Darüber hinaus wurde deutlich, dass es einen engen Zusammenhang zwischen sozialer Herkunft und Kompetenzerwerb gibt. Insbesondere Familien mit Migrationshintergrund, in denen beide Elternteile zugewandert sind, schnitten im Vergleich mit Familien, in denen beide Elternteile in Deutschland geboren waren, deutlich schlechter ab.

Das Bundesministerium für Familie, Senioren, Frauen und Jugend (BMFSFJ) startete eine Qualitätsinitiative für Tageseinrichtungen für Kinder (NQI), um die Bildungsqualität zu verbessern. „Der Nationale Qualitätskriterienkatalog beschreibt eine [...] Fachpraxis, die das körperliche, emotionale, soziale und intellektuelle Wohlbefinden der Kinder sichert, die Entwicklung von Kindern anregt und fördert und geeignet ist, Familien in ihrer Betreuungs- und Erziehungsaufgabe im Rahmen einer Erziehungspartnerschaft zu unterstützen." (Tietze/Viernickel, 2007, S. 11, gekürzt) Bildung wurde als ein ganzheitlicher Ansatz verstanden, in dessen Fokus verstärkt die institutionelle frühkindliche Bildung zur

Vermittlung von Bildungskompetenzen treten sollte. Weiterhin sollte die Selbstbestimmung und Eigeninitiative des Kindes auf der Basis der individuellen Begabungen und Ressourcen im Vordergrund neuer sozialpädagogischer Konzepte stehen.

Ein Schwerpunkt des Kriterienkatalogs bilden sogenannte Bildungs- und Entwicklungsfelder. Hierzu gehören die Bereiche Körper, Sprache, Denken, Gefühl und Mitgefühl sowie Sinne, Werte und Religion.

Auf der Ebene des einzelnen Kindes wird die Entwicklung im Bereich der Bildung beobachtet und individuell in einem sogenannten Bildungsbuch dokumentiert. Dieses, von einem Team von Pädagogen aus Wissenschaft, Praxis und Fort- und Weiterbildung entwickelte Modellprojekt wird aktuell in Kindertagesstätten erprobt (siehe GEW 2009; 2008).

In der Kindergartenforschung ist strittig, welche sozialisationsspezifischen Wirkungen bestimmte sozialpädagogische Konzepte auf die Entwicklung des Kindes haben. Die Kausalbeziehungen sind vielschichtig und es fällt schwer, bestimmte Aktivitäten und Strategien der Förderung konkreten Wirkungen zuzuordnen. Noch schwieriger wird es, wenn ein Zusammenhang zwischen den eingesetzten Methoden und den langfristigen Verhaltens- und Entwicklungsverläufen der Kinder hergestellt werden soll.

Die in den letzten Jahrzehnten durchgeführten Forschungen kommen zu folgenden Ergebnissen:

- Es ist weiterhin so, dass die Inanspruchnahme von Kindertageseinrichtungen und Kindergärten in Deutschland von der sozialen Herkunft und den sozioökonomischen Rahmenbedingungen geprägt ist. Die Anzahl der Kinder in der Familie, das Familieneinkommen als auch die soziale Herkunft (Migrationshintergrund) führen zu einer geringeren Nutzung der Angebotsstrukturen.
- Eine qualitativ gesicherte Frühförderung in der Elementarstufe hat grundsätzlich positive Effekte auf die Entwicklung von Kindern.
- Die Sozialisationsbedingungen in der Familie prägen im Vorschulalter weiterhin ganz entscheidend die Entwicklung des Kindes. Die Wirkungen von sozialpädagogischen Konzepten der Elementarpädagogik stehen in einem engen Zusammenhang mit der Kooperation und Einbindung der Eltern in den Prozess der institutionellen Frühförderung.
- Die frühe Einbindung in institutionelle Gruppenkontexte führt zwar zu einer Zunahme von Kinderkrankheiten, hat aber keinen negativen Effekt auf die Entwicklung des Kindes. Strittig ist, ob die höhere Erkrankungsrate einen positiven Effekt auf eine spätere Ausbildung allergischer Erkrankungen hat (Training des Immunsystems).

- Es gibt Anhaltspunkte dafür, dass die Arbeit in Kindertageseinrichtungen einen positiven Effekt hinsichtlich der Ausbildung von sozialen Kompetenzen hat. Diese Kinder erlernen ein breiteres Erfahrungsfeld für Spielaktivitäten, entwickeln Kompetenzen im Umgang mit Gleichaltrigen und weisen in den Bereichen Arbeitsverhalten, Kooperation und Gemeinschaftsfähigkeit höhere Werte auf als die Vergleichsgruppe. Insgesamt sind diese Effekte allerdings im Vergleich mit Kontrollgruppen nicht sehr hoch und schon nach zwei Jahren in der Schule nicht mehr messbar.
- Hinreichend belegt scheinen die Befunde im Bereich des abweichenden Verhaltens zu sein. Obwohl auch hier Langzeitstudien fehlen gilt es als gesichert, dass ein „gutes institutionelles Förderprogramm nach der Geburt späteres Fehlverhalten mit Delinquenz vermindert."
  (Quelle: Tietze, 2008, S. 281)
- Im Bereich der sprachlich-kognitiven Kompetenzen gilt als gesichert, dass bei guter Qualität eine institutionelle Frühförderung ab dem zweiten Lebensjahr insbesondere bei benachteiligten Kindern zu andauernd positiven Effekten im kognitiven Bereich führt.
- Im Bereich der Kosten-Nutzen-Relation lassen die bis heute vorliegenden Studien den Schluss zu, dass sich die staatlichen Investitionen in eine frühkindliche Förderung und Bildung auszahlen (siehe im Überblick Tietze 2008).

4.1.4 Schulische Sozialisation: Schule als Institution

Die allgemeine Schulpflicht wurde erstmalig 1919 in der Weimarer Verfassung in Artikel 145 für das damalige Deutsche Reich verbindlich geregelt. Mit Gründung der Bundesrepublik Deutschland im Jahre 1949 wurde in Artikel 7 des Grundgesetzes festgelegt, dass das gesamte Schulwesen unter der Aufsicht des Staates steht. Aufgrund der Kulturhoheit der Bundesländer ist die Schulpflicht in den jeweiligen Landesverfassungen geregelt. Unabhängig von den länderspezifischen Regelungen untergliedert sich die Schulpflicht in Deutschland in eine Vollzeitschulpflicht (allgemeine Schulpflicht) und eine Teilzeitschulpflicht (Berufsschulpflicht).

Mit Vollendung des sechsten Lebensjahres beginnt die allgemeine Schulpflicht. Die Dauer der allgemeinen Schulpflicht beträgt in der Regel neun Vollzeitschuljahre. Nach der Grundschule schließt sich die Sekundarstufe I an, die aus drei Bildungsgängen besteht. Man unterscheidet den Hauptschulbildungsgang, den Realschulbildungsgang und den gymnasialen Bildungsgang. Je nach länderspezifischer Ausgestaltung gibt es unterschiedliche Schularten, die diese Bildungsgänge voneinander trennen (Hauptschule, Realschule, Gymnasium), oder miteinander vereinen.

„Nach Erfüllung der allgemeinen Schulpflicht unterliegen diejenigen Jugendlichen, die im Sekundarbereich II keine allgemeinbildende oder berufliche Schule in Vollzeitform besuchen, der Teilzeitschulpflicht (Berufsschulpflicht). Diese umfasst in der Regel drei Teilzeitschuljahre, wobei sie sich nach der Dauer des Ausbildungsverhältnisses in einem anerkannten Ausbildungsberuf richtet."

(Quelle: Sekretariat der Ständigen Konferenz der Kultusminister, 2015)

Grundstruktur des deutschen Bildungssystems

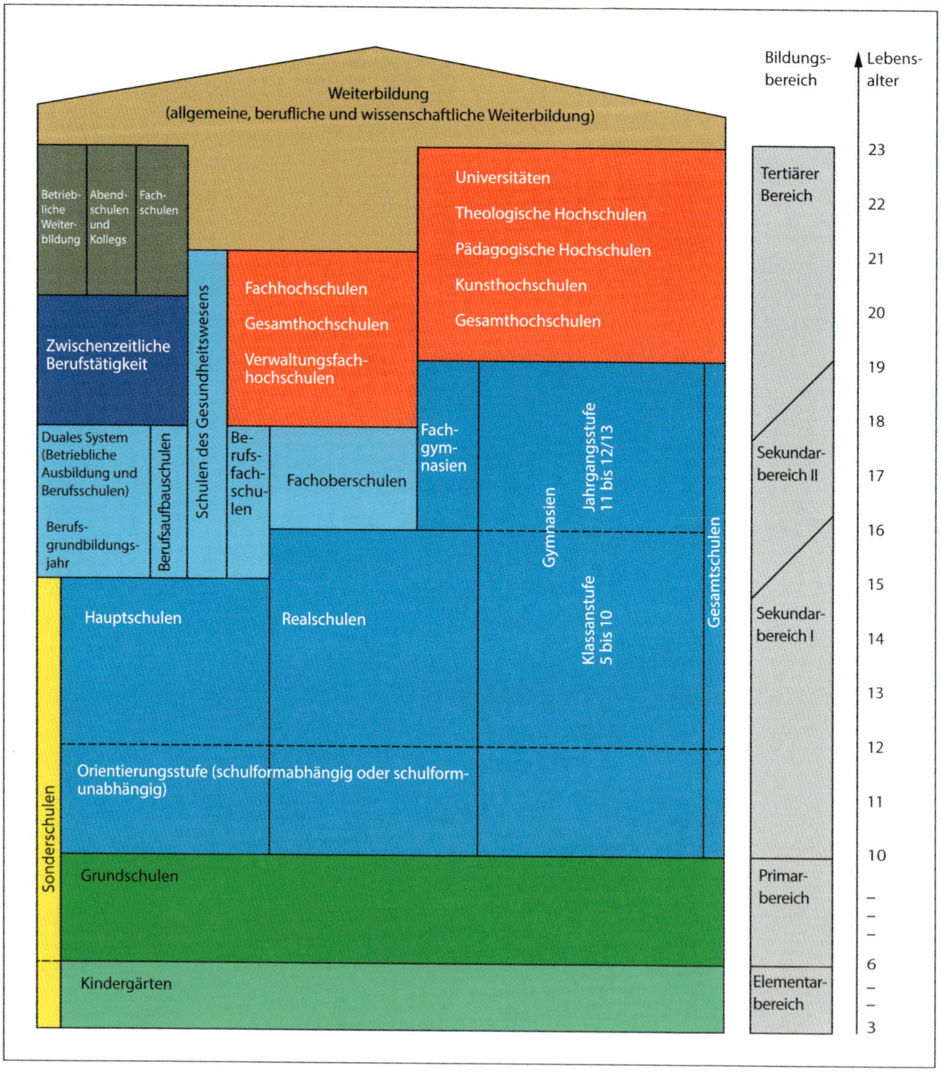

Neben der Familie, den Kindertageseinrichtungen und Kindergärten als entscheidende Instanzen der Sozialisation übernehmen Schulen und Ausbildungseinrichtungen wichtige Funktionen der sekundären und tertiären Sozialisation.

4.1.4.1 Institution Schule

Die Schule hat den gesetzlichen Auftrag, Schülerinnen und Schüler zu mündigen und verantwortungsvollen Persönlichkeiten zu entwickeln. Unter dem allgemeinen Bildungsauftrag wird sowohl die Vermittlung von

- Wissen,
- Fähigkeiten und Fertigkeiten sowie
- Werten auf der Basis des Grundgesetzes

zur Ausbildung einer eigenständigen Persönlichkeitsstruktur verstanden. Auf der Basis von strukturierten und regelmäßigen Unterrichtseinheiten soll nicht nur Faktenwissen vermittelt werden, sondern im Vordergrund steht die Vermittlung von Lernprozessen, die sich an den individuellen Bedürfnissen, Interessen und Kompetenzen der Schülerinnen und Schüler ausrichten sollen.

Zu den klassischen Funktionen der Schule (siehe Fend 1980) zählen:

- Qualifikation, als Vermittlung von Kompetenzen zur Bewältigung von zukünftigen Anforderungen in Beruf, Privatleben und Gesellschaft
- Sozialisation, als Vermittlung gesellschaftlich erwünschten Verhaltens
- Selektion, als Anwendung von Leistungskriterien zur Auswahl und Zuweisung einer sozialen Position in der Gesellschaft
- Legitimation, als Vermittlung und Verinnerlichung von Werten und Normen zur Stabilisierung und Integration

Trotz der vielfältigen Reformen im pädagogischen, institutionellen und fachlichen Kontext von Schule in den letzten Jahrzehnten hat sich an diesen vier Grundfunktionen wenig verändert. Hinterfragt werden nicht die Funktionen selbst, sondern eher die Art und Weise, wie diese Funktionen im Schulalltag bedarfsgerecht auf der Grundlage der neuesten wissenschaftlichen Erkenntnisse und Theorien vermittelt werden. Unstrittig ist auch, dass die Schule den Erziehungsauftrag der Eltern ergänzt, aber nicht ersetzt. Insofern kommt der Einbindung der Eltern im Rahmen der Umsetzung des staatlichen Erziehungsauftrages eine besondere Bedeutung zu.

Nimmt man die Sozialisationsfunktion in den Blick, so wird deutlich, dass die Erfahrungen, die wir in der Schule gesammelt haben, noch gut in unseren Erinnerungen verhaftet sind. Die Zeit der Jugend ist in modernen Gesellschaften zu einem wesentlichen Teil die Schulzeit geworden. Positive als auch negative Erfahrungen bleiben daher meist ein Leben lang präsent und machen deutlich, dass die Schule eine wichtige Etappe unserer Persönlichkeitsbildung ausmacht, in der der Erwerb des fachlichen Wissens nur ein Bestandteil ist.

4.1.4.2 Individuum und Rollenhandeln

Aus einer soziologischen Sicht lassen sich die Sozialisationsfunktionen der Schule wie folgt zusammenfassen: In der Schule lernen wir, dass im gesellschaftlichen Zusammenleben verschiedene Rollen einzunehmen sind, z. B. die des Schülers und die des Lehrers. Rollen sind mit bestimmten Aufgaben verbunden (Lernen, Wissen vermitteln) und Rollen sind auch Ausdruck einer spezifischen Verteilung von Macht, Herrschaft und Statusdifferenz, die gesellschaftlich legitimiert ist. Der Lehrer darf zum Beispiel Belohnen und Bestrafen, er vergibt Hausaufgaben, darf Noten vergeben und bestimmt den Ablauf und die Inhalte des Unterrichts.

Beispiel

Matthias H. ist Lehrer an einer Gesamtschule und unterrichtet die Fächer Mathematik, Sport und Biologie. Wenn die Schüler an heißen Sommertagen in der Mathematikstunde engagiert mitarbeiten, belohnt er sie mit einer Wunschstunde im Sportunterricht oder einer Exkursion in Biologie.

Mit der Zeit lernen wir, diese Rollen zu übernehmen und wir machen die Erfahrung, dass diese Rollenverteilung menschliches Zusammenleben strukturieren kann. Mit Rollen sind bestimmte Erwartungen und bestimmte Pflichten des Verhaltens und Handelns verbunden. Die Schülerschaft lernt in der Schule Leistungserwartungen zu erfüllen und sich den Erwartungen der Lehrerschaft zu fügen. Erlernt werden aber auch Kompetenzen der gegenseitigen Hilfe, Kooperation, Solidarität, der Zusammenarbeit in Lerngruppen sowie der Empathie und Positionierung als Person in Gruppen- und Lehrkontexten.

Beispiel

Die nächste Klassenarbeit steht an und Ihre beste Freundin Jasmin benötigt dringend eine gute Zensur, damit die Versetzung nicht gefährdet ist. In der Pause hat Jasmin Ihnen anvertraut, dass sie große Angst hat, die Klassenarbeit nicht zu schaffen. Mit dem Fach Mathematik habe sie schon immer große Schwierigkeiten gehabt. Sie bieten ihr an, die ausgeteilten Übungsblätter zur Klassenarbeit gemeinsam zu bearbeiten und vereinbaren ein Treffen für die nächsten zwei Nachmittage.

4.1.4.3 Habitus und sozialer Status

Mit dem sozialen Status wird eine hierarchische soziale Wertschätzung eines Individuums im Kontext der Gesellschaft beschrieben. In der Familie wird der soziale Status des Kindes eher durch biologische und emotionale Faktoren ohne engeren gesellschaftlichen Bezug geprägt.

Die Schule bereitet uns darauf vor, dass wir in Orientierung zur Gesellschaft eine Position erwerben, mit der ein bestimmter sozialer Status verbunden ist. Statusdimensionen werden durch bestimmte Kriterien, wie z. B. Besitz, Einkommen, Vermögen, Macht und Berufsprestige geprägt. In der Schule erwerben wir Kompetenzen, die uns mit der Fähigkeit ausstatten, soziale Positionen zu erlangen. Zu diesen Kompetenzen gehören in industrialisierten Gesellschaften eine gewisse Form der versachlichten Kommunikation, der Leistungsorientierung, Leistungsbewertung und Leistungsverortung. Über diese Kompetenzen werden in der Folge bestimmte Handlungsoptionen erschlossen.

4.1.4.4 Individuum und Institution Schule

Die Institution Schule verkörpert ein soziales Gebilde, das über eine gewisse Eigensystematik verfügt. Als formale Organisation hat die Schule einen Bildungsauftrag umzusetzen. Dieser Auftrag prägt den Ablauf und den Alltag in der Schule. Es werden Personen angestellt, Kompetenzen verteilt, Leitungsinstanzen festgelegt, Lehrpläne erstellt, Klassenverbände gebildet, Unterrichtseinheiten durchgeführt, Konferenzen abgehalten, Gremien gegründet, Verwaltungsabläufe organisiert, Nachwuchs rekrutiert, Weiterbildungen organisiert und Auflagen der Kultusministerien umgesetzt. Um die vielfältigen Aufgaben erfüllen zu können, werden Arbeitsabläufe definiert, Aufgaben zugewiesen und Teilaufgaben koordiniert. Diese Prozesse bleiben für die Schülerinnen und Schüler eher intransparent und haben erst einmal keine unmittelbare sozialisatorische Wirkung. Wirksam werden diese in besonderer Weise dann, wenn sie sich auf die Unterrichtseinheiten auswirken, sei es durch die Zuweisung der Lehrkräfte oder die Umsetzung bestimmter pädagogischer Konzepte, die für die Unterrichtsgestaltung als verbindlich festgelegt werden. Maßgeblich sind diese Prozesse natürlich auch dann, wenn es um die Anmeldung bei der Schule, die Wiederholung eines Schuljahres oder sonstige Probleme innerhalb des Schulbetriebes geht. Aus der Forschung wissen wir, dass die Schülerschaft trotz der Intransparenz der Prozesse im Detail sehr schnell ein Gespür dafür entwickelt, wie man sich in der Institution zu verhalten hat, um nicht aufzufallen und dennoch seine eigenen Ziele und Interessen verfolgen zu können. Ein nachhaltiger Zusammenhang zwischen der Organisationsstruktur Schule und der Persönlichkeitsentwicklung konnte bisher nicht nachgewiesen werden. Die Prägung auf die Jugendphase ist im Durchschnitt eher gering, kann aber im Einzelfall erheblich sein (z. B. Schulverweis).

4.1.4.5 Individuum und Peergroup

Bedeutsamer ist in diesem Zusammenhang die Sozialisation durch die Gruppe der Gleichaltrigen. Die Schule hat insofern einen bedeutenden Einfluss, da diese die formalen Voraussetzungen für ein regelmäßiges Zusammentreffen von Bezugsgruppen erst schafft. In der Peergroup werden (lebensweltliche) Handlungszusammenhänge erfahren, es bilden sich eigenständige Kulturen und Subkulturen des sozialen Umgangs. Jenseits des formalen Ablaufs des Schulalltags kann in diesen Gruppen die Individualität und Subjektivität zur Geltung gebracht werden. Es können Interessen artikuliert und gelebt werden, es werden Freundschaften und Verbünde geschlossen, Probleme besprochen und Wissen ausgetauscht. Die Peergroup stärkt die Orientierung an Gruppenstandards und ist geprägt durch eine gewisse Informalität, Gleichrangigkeit und persönliche Verbundenheit der Akteure untereinander. Peergroups leisten einen wichtigen Beitrag zur Loslösung vom Elternhaus und zur Einübung sozialer Verhaltensstandards.

4.1.4.6 Individuum und Schule als sozialer Lebensraum

Der Sozialraum Schule besteht aus vielen Komponenten des sozialen Zusammenlebens, die sich in der Forschung nur schwer erfassen lassen, aber von ganz entscheidender Bedeutung für den Prozess der Persönlichkeitsentwicklung sind. Die Sozialisation in und durch die Schule ist kein einseitiger Prozess der Anpassung und Reproduktion der Gesellschaft, sondern findet in aktiver Aneignung und Auseinandersetzung der Individuen mit den Erfahrungsfeldern Schule statt. Zu diesen Erfahrungsfeldern gehören sowohl die bauliche Ausgestaltung der Gebäude, die Gestaltung der Klassenräume wie auch die vielen formellen und informellen Interaktionen zwischen den Personen, die je nach sozialer Herkunft, familiären Rahmenbedingungen und individuellen Begabungen und Interessen der Schülerinnen und Schüler bestimmte Folgen für die Subjektentwicklung haben. Hierbei sind insbesondere auch die Kontakte der Schüler und Schülerinnen untereinander sowie auch die persönlichen Betreuungskontakte zu einzelnen Lehrenden, Schulsozialarbeitern und sonstigen Bezugspersonen von besonderer Bedeutung. Eigene Interessen, Wünsche und Erwartungen können gerade auf dieser Ebene in vielfältiger Form zur Geltung kommen und somit einen positiven Einfluss auf die Persönlichkeitsentwicklung haben. Weiterhin konnte nachgewiesen werden, dass es den Schülerinnen und Schülern trotz aller formalen Vorgaben und Zwänge gelingt, den Schulverlauf selbstverantwortlich und kreativ bei gleichzeitiger Erfüllung der Erwartungen der institutionellen und personellen Vorgaben zu gestalten (Netzwerke, interne Verteilung von Schulaufgaben, „Schummelstrategien“ u. v. a. m.). Aktuelle Entwicklungen der pädagogischen Ausrichtung im Sinne einer Veränderung des Bildungsauftrages in Richtung Ganzheitlichkeit, erweiterter Lernangebote und Lerngemeinschaften sowie einer Ausrichtung der Schulen auf zentrale Lernfelder für die Selbstfindung unterstützen diesen Prozess einer ganzheitlichen und bedarfsgerechteren Entwicklung.

Zusammenfassend bleibt festzuhalten, dass die Schule die am stärksten weichenstellende Institution des Jugendalters, neben der Familie, den Gleichaltrigen und außerschulischen Kontakten ist und bleibt. Die explizite Ausrichtung der Institution Schule auf die Altersgruppe Jugendliche, die zeitliche Dauer des Aufenthaltes in dieser Institution, die Vielfalt der fachlichen Anforderungen, Lebensinhalte und persönlichen Erfahrungen, mit denen man in dieser Zeit konfrontiert wird sowie die formale Verortung von Schulerfolg und sozialer Anerkennung im gesellschaftlichen Kontext bleiben maßgebliche Indikatoren zur langfristigen Prägung von Biografien.

Aufgabe

R *An welche Ereignisse können Sie sich während Ihrer Schulzeit in der eigenen Peergroup erinnern und welchen Einfluss hatte diese Gruppe auf Ihr Handeln? Erläutern Sie dies an einem Beispiel.*

4.1.5 Vorberufliche Sozialisation: Studium und Berufsausbildung

Im 20. Jahrhundert kam es zu einer stärkeren formellen und inhaltlichen Verknüpfung von Schule und Beschäftigungssystem. Während die Schule vorrangig Basiskompetenzen und Fertigkeiten eines gewissen gesellschaftlichen Bildungsstandards (Lesen, Schreiben, Rechnen, eigenständiges Arbeiten, analytische Fertigkeiten) vermittelt, werden in Ausbildungseinrichtungen spezifische Kenntnisse, Fähigkeiten und Deutungsmuster ausgebildet, die für die spätere Berufstätigkeit erforderlich sind. Die vorberufliche Sozialisation bereitet den Menschen auf die zukünftige Erwerbstätigkeit vor, um den Erwartungen und Herausforderungen des Berufslebens gewachsen zu sein. Abweichend von der traditionellen Schulpflicht können Studium oder Ausbildung frei gewählt werden. Die Berufsorientierung basiert auf persönlichen Entscheidungen und Präferenzen und es gibt eine Vielzahl von Institutionen und Standorten, an denen sich dieser Wunsch verwirklichen lässt. Trotz dieser formal rechtlichen Freiheit ist allerdings zu beachten, dass Berufs- und Studienwahl weiterhin entscheidend vom familiären Hintergrund geprägt sind. Bildungsstand, berufliche Stellung, soziale Herkunft und soziale Lage der Herkunftsfamilie prägen ganz unabhängig von den in der Schule erworbenen Kompetenzen, Abschlüssen und den individuellen Begabungen des Kindes diesen Auswahlprozess entscheidend mit.

In Ergänzung zur Institution Schule lassen sich die Sozialisationsfunktionen von Studium und Ausbildung wie folgt darstellen.

4.1.5.1 Individuum und Rollenhandeln

Bei einem Hochschulstudium wird nicht nur die Hochschule, sondern auch die Fachrichtung selbst gewählt. Darüber hinaus können Seminarangebote, Arbeitsgruppen, Lehr- und Übungseinheiten sowie die Lehrenden zu einem beträchtlichen Teil nach eigenen Prioritäten ausgewählt werden. Im Vordergrund steht die Selbstständigkeit der Studierenden und lediglich bei Bedarf können Serviceleistungen wie Erstsemestereinführungen, Einführungsveranstaltungen oder individuelle Beratungsstellen der Hochschule genutzt werden. Im Vordergrund des Studiums stehen das Erlernen und der kompetente Umgang mit wissenschaftlichem Wissen. In der Regel bleibt es den Studierenden selbst überlassen, wie dieses Wissen erworben wird. Der Besuch von Vorlesungen gehört in der Regel nicht zum Pflichtprogramm eines Studiums. Es gibt zum Beispiel keine Anwesenheitskontrollen und es ist nicht ungewöhnlich, dass sich Studierende ihr Fachwissen überwiegend in Bibliotheken aneignen. Trotz dieser – im Vergleich zur Schule erheblichen – Freiheiten bleiben die Sozialisationswirkungen von Hochschulen beachtlich. Studierende erlernen die eigenverantwortliche Strukturierung des Studienalltags und sind im Verlauf des Studiums gezwungen, Studienschwerpunkte zu wählen, die den späteren beruflichen Werdegang entscheidend bestimmen können. Die in der Schule erworbenen Kompetenzen in fachlicher und sozialer Hinsicht werden ausdifferenziert und erweitert. Erlernt werden der selbstständige Umgang mit wissenschaftlichem Wissen sowie normative Orientierungen und Leistungsstandards. Die jeweilige Ausrichtung des Studienganges mit den jeweils spezifischen Seminarinhalten als auch das fachbereichsspezifische Umfeld der Peergroups bereiten die Studierenden auf die spätere Berufsrolle vor. Auch wenn an Berufs- und Fachschulen sowie in der Ausbildung die Freiheiten der Lernenden gegenüber den Hochschulen deutlich geringer ausgeprägt sind, sind die Sozialisationseffekte durchaus vergleichbar. In allen Institutionen nehmen die Peergroups eine besondere Rolle ein und die spezialisierte Auswahl des zu vermittelnden Wissens prägt das spätere Berufs- und Professionsverständnis als Rollenträger einer Berufsgruppe. In studienbedingten Praktika sowie durch eine enge Verknüpfung von Ausbildung und berufspraktischer Arbeit wird die spätere Berufspraxis schrittweise eingeübt.

4.1.5.2 Habitus und sozialer Status

Während die Wahl der Ausbildung ganz entscheidend von den bisherigen beruflichen Erfahrungen, der familiären Sozialisation und Herkunft sowie den schulischen Fachpräferenzen bestimmt wird, so wird der soziale Habitus vom Milieu und den Mitgliedern der Fachrichtung bzw. der Ausbildungsstätte bestimmt. Je nach gesellschaftlichem Ansehen des Berufs und gesellschaftlicher Verortung der Berufsgruppe werden Rituale, Verhaltensstandards, Lebensstile (Konsum, Freizeit, Mode) und normative Leitorientierungen vermittelt, an denen sich die Mitglieder der Fachrichtung orientieren. Im Laufe der Zeit wird diese Kultur zunehmend internalisiert und zum Bestandteil des persönlichen Selbstverständnisses als Vertreter der Berufsgruppe (z. B. Betriebswirtin oder Soziologe) oder der Profession (z. B. Juristin, Medizinerin oder Theologe). Die habituellen Gewohnheiten prägen sowohl das wissenschaftliche Selbstverständnis als auch die Wahrnehmungs-, Denk-

und Handlungsmuster. Milieuspezifische Studien aus den Fachrichtungen der Sozial- und Geisteswissenschaften (Pädagogik, Soziologie, Erziehungswissenschaften) konnten im Vergleich zu Studiengängen aus den Naturwissenschaften (Biologie, Physik, Mathematik, Medizin) deutliche Unterschiede aufzeigen.

4.1.5.3 Individuum und Ausbildungsinstitution

Wie schon die Schule verkörpern auch die Hochschulen, Berufsschulen und Ausbildungsstätten eigenständige soziale Gebilde, die als Organisationseinheiten über gewisse Eigendynamiken verfügen. Studierende und Auszubildende haben daher auch gerade während des ersten Halbjahres Probleme, sich auf diese neuen Eigendynamiken und Gesetzmäßigkeiten einzustellen. Während die Schule das Verhalten der Schülerinnen und Schüler stark normiert und in einen festen Zeitplan von Unterricht, Pause und Freizeit strukturiert, sind insbesondere an den Hochschulen die Gestaltungsspielräume von Teilnahme und Fernbleiben größer und obliegen in der Nutzung verstärkt den Studierenden oder Lernenden. Die Kontakte zu den Lehrenden sind meist auf Lehr- und Ausbildungseinheiten begrenzt, werden geprägt von fachlicher Kommunikation und einer im Vergleich zur Schule eher unpersönlichen Beziehungsebene. Obwohl auch hier über Reformen einer stärker pädagogischen und personenbezogenen Ausrichtung von Studium und Ausbildung diskutiert wird, bleibt der Schwerpunkt der institutionellen Ausrichtung auf eine Vermittlung von Fachwissen, beruflicher Qualifikation und personenbildender Berufskompetenzen bezogen. Um diese Kombination von Fach- und Persönlichkeitsbildung in einem relativ kurzen Zeitraum vermitteln zu können, sind Ausbildungseinrichtungen darauf angewiesen, dass die Institutionen Familie und Schule bestimmte Sozialisationsaufgaben erbracht haben.

4.1.5.4 Individuum und Peergroup

Die Funktion der Gleichaltrigen für die Sozialisation ist in Studium und beruflicher Ausbildung ähnlich bedeutsam wie in der Schule. Während des Studiums, aber zum Teil auch in der Ausbildung, verlassen viele Jugendliche ihr Elternhaus, um während der Woche an einem anderen Ort ihren Lernverpflichtungen nachkommen zu können. Dieser Wandel der Lebensumstände erfolgt abrupt, die bisherigen sozialen Netzwerke und Peergroups der Kindheit lösen sich zum überwiegenden Teil und in sehr kurzer Zeit auf. Dieser radikale Wechsel der Lebensumstände kann nicht eingeübt werden und am neuen Ort sind erst einmal keine vergleichbaren Anknüpfungspunkte vorhanden. Die Jugendlichen müssen sich nicht nur an eine neue Stadt und Umgebung gewöhnen, sondern sie verantworten ihren Lebens- und Ausbildungsalltag eigenständig, müssen mit begrenzten finanziellen Mitteln wirtschaften, bürokratische Angelegenheiten erledigen und neue soziale Beziehungen aufbauen. Erstmalig werden sie sowohl von den Ausbildungseinrichtungen, aber auch von der Gesellschaft wie mündige Erwachsene behandelt. Zur Unterstützung dieses Überganges bieten viele Ausbildungseinrichtungen eigene Wohnheime, Beratungs- und Freizeiteinrichtungen an. Peergroups leisten in dieser Übergangsphase einen wichtigen

Beitrag, um sowohl mit den neuen persönlichen und vorberuflichen Belastungen, aber auch mit den neu gewonnenen Freiheiten umgehen zu lernen. Sie leisten einen wichtigen Beitrag zur endgültigen Loslösung vom Elternhaus, zur Integration in eine versachlichte und verwissenschaftlichte Ausbildungsstruktur sowie zur beruflichen Orientierung und Übernahme vielfältiger neuer Rollen in der Gesellschaft.

4.1.5.5 Individuum, Betrieb, Berufsschule und Hochschule als sozialer Lebensraum

Ausbildungseinrichtungen sind Lernorte, um Schlüsselkompetenzen und Fachqualifikationen zur späteren Berufsausübung zu vermitteln. Sozialisiert wird die Persönlichkeit allerdings nicht nur durch die Vermittlung von Wissen und Kompetenzen zur Ausübung der Arbeitstätigkeit sowie durch die Betriebs- und Arbeitsorganisation, die jeweilige Fach- und Lernkultur, die sozialen Beziehungen innerhalb der Ausbildungseinrichtung und der Arbeitsmarktsituation, sondern auch durch die allgemeinen Lebens- und Lernbedingungen vor Ort insgesamt. Von besonderer Bedeutung sind insbesondere die sozialen und kulturellen Aspekte des räumlichen Umfeldes im Kontext des jeweiligen persönlichen Erlebens. Hierbei spielt eine Vielzahl von Faktoren eine Rolle, z. B. die städtische Infrastruktur (Freizeit- und Kulturangebote, Verkehrsinfrastruktur, Wohnangebot und -qualität), die demographische Zusammensetzung der Bevölkerung, die Wirtschaftsstruktur der Region, die sozialen Beziehungen und die konkreten Rahmenbedingungen des Wohnquartiers. Da es sich bei den Sozialisationseffekten um sehr individuelle Erfahrungen handelt, sind die konkreten Wirkungen ausgesprochen vielschichtig und lassen sich nur schwer erfassen. Unstrittig ist, dass der neue Lebensraum für die Jugendlichen mehrheitlich zu einem Ort der Selbsterprobung, Ungebundenheit und Selbstständigkeit geworden ist. Die Auszubildenden erschließen sich diesen Ort nicht nur in der Freizeit, sondern auch die Ausbildungsinstitutionen richten verstärkt ihren Blick auf die Persönlichkeitsentwicklung der Jugendlichen. Studierende werden von den Hochschulen als Kunden behandelt und die berufsbildenden Lehranstalten berücksichtigen zunehmend die individuellen Interessenlagen ihrer Auszubildenden und legen Wert darauf, dass die Ausbildungszeit mit hoher Lebensqualität einhergeht. Die zunehmende Akademisierung hat dazu geführt, dass es nicht nur zu einem enormen Wachstum der Studierendenpopulation gekommen ist, sondern auch die Sozialstruktur der Studierenden (soziale und regionale Herkunft, Alter und Geschlecht) ist vielfältig und heterogen. Hochschulen sind ein Spiegelbild der Gesellschaft mit der Folge, dass auch die Sozialräume und Wohnquartiere ein breites Spektrum zur Integration in sehr unterschiedliche Sozialmilieus erlauben.

Zusammenfassend ist festzuhalten, dass die vorberufliche Sozialisation dazu dient, den Jugendlichen und jungen Erwachsenen eine Orientierung und Qualifizierung hinsichtlich Berufswahl und -ausübung zu vermitteln. In Studium, Lehre und Berufsschule werden

Arbeitsanforderungen, Arbeitsbelastungen und Rollenmuster unter den Bedingungen einer modernen industrialisierten Dienstleistungsgesellschaft eingeübt. Die erworbenen Kenntnisse, Fähigkeiten, Orientierungen und Deutungsmuster bilden einen wichtigen Baustein für eine selbstständige Lebensführung. Mit der Ausbildung einer beruflichen Identität werden wichtige Grundlagen für die zukünftige Erwerbsarbeit, die wirtschaftliche Unabhängigkeit, einer gesellschaftlichen Statusverortung und beruflichen Karriere, einer kontinuierlichen Lebensführung sowie der Ausbildung einer psychosozialen Identität gelegt. Diese Lern- und Anpassungsprozesse orientieren sich an den gesellschaftlich vorgegebenen Leistungsstandards, Wertvorstellungen und Statusverortungen. Die Jugendlichen sind aufgefordert, sich aktiv mit den (beruflichen) Anforderungen auseinanderzusetzen, sie zu interpretieren und zu internalisieren. Auf der Grundlage ihrer je eigenen biografischen Erfahrungen und Lebensvorstellungen sind diese Erwartungen und Rollenmuster mit den eigenen Wünschen, Idealen und Vorstellungen einer zukünftigen Lebensführung in Verbindung zu bringen.

Aufgaben

R 1. *Welche Werte und Normen haben Ihnen Ihre Eltern vermittelt und welche sind Ihnen besonders wichtig? Erläutern Sie dies an einem praktischen Beispiel.*

V 2. *Welche unterschiedlichen Phasen der Sozialisation kennen Sie?*

R 3. *Welche Sozialisationsinstanzen sind für junge Menschen wichtig und welche waren für Ihr Leben bedeutend? Schildern Sie Ihre Erfahrungen an einem konkreten Beispiel.*

V 4. *Welche spezifischen Sozialisationsaufgaben nimmt die Schule wahr?*

A 5. *Welchen Zusammenhang könnte es zwischen bestimmten sozialen Problemlagen bei jungen Menschen und Defiziten in der Sozialisationsentwicklung geben? Erläutern Sie diesen Zusammenhang an einem konkreten Beispiel.*

Zusammenfassung

Web

Sozialisation: *Unter Sozialisation versteht man den Prozess der Entstehung und Entwicklung der Persönlichkeit in wechselseitiger Abhängigkeit von der gesellschaftlich vermittelten sozialen und materiellen Umwelt. Im Vordergrund steht die Entwicklung des Menschen zu einem gesellschaftlich handlungsfähigen Subjekt. Sozialisation ist ein lebenslanger Prozess.*

Sozialisationsinstanzen: *Wichtige Sozialisationsinstanzen sind die Familie, der Kindergarten, die Schule, die Gruppe der Gleichaltrigen, die Ausbildungseinrichtungen, der Beruf aber auch die Kirchen, die Medien und Vereine und Verbände.*

***Funktion von Sozialisationsinstanzen:** Sozialisationsinstanzen prägen die Persönlichkeitsentwicklung und tragen dazu bei, dass wir uns in der Gesellschaft zu eigenständigen Persönlichkeiten entwickeln. Sozialisationsinstanzen vermitteln bestimmte Wertorientierungen, verschiedene Normen und Verhaltensweisen. Darüber hinaus werden bestimmte Rollenbilder vermittelt und gelernt, die dazu beitragen, dass bestimmte Rollen in der Gesellschaft übernommen und ausgeübt werden. Die Bedeutung von einzelnen Sozialisationsinstanzen unterliegt dem gesellschaftlichen Wandel. Gleiches gilt für die durch Sozialisationsinstanzen vermittelten Wertmaßstäbe, Normen und Rollenbilder.*

4.2 Riskante Lebenslagen als Bedingung für Hilfen zur Erziehung

Sozialisationsinstanzen und gesellschaftliche Rahmenbedingungen haben einen entscheidenden Einfluss auf die Entstehung und Ausprägung von sozialen Problemen. Junge Menschen verbringen viele Jahre in der Familie, um wichtige Handlungskompetenzen und Grundlagen des gesellschaftlichen Zusammenlebens zu erlernen. Daran schließt sich eine langjährige Phase der Bildung und beruflichen Ausbildung an. Erst durch diese enge Verknüpfung der Sozialisationsinstanzen gelingt im Idealfall die Ausbildung einer eigenständigen Persönlichkeit und darauf basierend einer sich anschließenden eigenständigen und sinnstiftenden Lebensführung.

Während dieser Zeit können eine Vielzahl von Krisen und Herausforderungen auftreten, die die persönliche Entwicklung und die Lebensbedingungen beeinflussen: Trennung, Scheidung und Wiederverheiratung führen zu Veränderungen der Familienstrukturen und der sozialen Beziehungen. Erwerbslosigkeit, Armut, Krankheit und Entwicklungsstörungen beeinträchtigen das soziale Lebensumfeld, die Lebensqualität, die Partizipationsmöglichkeiten und das persönliche Wohlbefinden.

Aufgabe

Beantworten Sie bitte die folgenden Fragen.

- V *An welche Lebenskrisen in der Kindheit können Sie sich erinnern?*
- R *Welche Krisen waren das genau und wie sind diese entstanden?*
- A *Wie sind Sie und Ihre Familienangehörigen mit diesen Krisen umgegangen?*
- A *Welchen Einfluss haben diese Krisen auf Ihr heutiges Leben?*

Die Vielzahl der gesetzlichen Angebote und Leistungsansprüche in den Hilfen zur Erziehung nach dem SGB VIII macht deutlich, dass es eine unüberschaubare große Anzahl an Risikofaktoren gibt, die die persönliche Lebenssituation nachhaltig beeinflussen.

Thomas Rauschenbach und Ivo Züchner unterscheiden drei Risikokategorien:

- „**Herkunftsinduzierte Risiken:** Risiken des primären Lebenszusammenhangs, womit u. a. Probleme im Elternhaus wie etwa Sucht, Arbeitslosigkeit oder Trennung der Eltern angesprochen werden;
- **Entwicklungsbezogene Risiken:** Risiken, die sich aus allgemeinen Aufgaben der Lebensbewältigung ergeben. Damit sind u. a. Identitätsprobleme, Risikoverhalten und Entwicklungsstörungen gemeint;
- **Integrationsbedingte Risiken:** Risiken, die sich im Zusammenhang mit Fragen der sozialen und kulturellen Integration ergeben. Hierfür wären als Beispiele die Folgen der Migration, des Zerfalls der ehemaligen Ostblockstaaten, aber auch Probleme prekärer Statuspassagen zwischen Schule, Ausbildung und Erwerbstätigkeit zu nennen."

(Quelle: Rauschenbach/Züchner, 2001, S. 74)

4.2.1 Herkunftsindizierte Risiken: Familie, Arbeit, Armut, Sucht

Die Pluralisierung der Lebens- und Familienformen, die Entkopplung von traditionellen Wertvorstellungen und Rollenmustern, die zunehmenden Herausforderungen in den Bereichen Bildung und Erwerbsarbeit sowie die wachsenden Anforderungen an eine, die Vielzahl sozialer Problemlagen berücksichtigende Sozialpolitik haben in den letzten zwei Jahrzehnten zu einer erheblichen Steigerung der Nachfrage nach Ehe-, Erziehungs-, Familien- und Lebensberatungen geführt. In Deutschland wird inzwischen jede dritte Ehe geschieden. Mit der Folge, dass auch die Anzahl der Erziehungs- und Paarberatungen deutlich zugenommen hat. Konflikte in Paarbeziehungen, Trennungen und Scheidungen haben einen erheblichen Einfluss auf die körperliche und seelische Entwicklung eines Kindes. Kinder, die als Folge von Trennung oder Scheidung nicht bei beiden Eltern aufwachsen, haben ein deutlich höheres Risiko, in der Folge Leistungen der Hilfen zur Erziehung in Anspruch nehmen zu müssen.

Erschwerend kommen prekäre Lebensverhältnisse hinzu, die entweder unmittelbar als Folge von Trennung und Scheidung auftreten, oder aber durch den Wandel der Erwerbsarbeit, den Verlust des Arbeitsplatzes oder auf sonstige Risiken der Armut, wie zum Beispiel Krankheit zurückzuführen sind. In besonderer Weise betroffen sind die Alleinerziehenden, die vor der Aufgabe stehen, sowohl die erzieherischen Aufgaben als auch die ökonomischen Anforderungen der Sicherung des Lebensunterhaltes gewährleisten zu müssen. Dies führt in vielen Fällen zu einer körperlichen und psychischen Überforderung des alleinerziehenden Elternteils. Darüber hinaus sind Eltern betroffen, die keine Beschäftigung finden oder aber aufgrund des geringen Bildungsstatus nur geringfügig entlohnter oder zeitlich befristeter Erwerbsarbeit nachgehen sowie Mehrkindfamilien.

Diese Faktoren haben zur Folge, dass die Kinder und Jugendlichen unter erschwerten ökonomischen und sozialen Rahmenbedingungen heranwachsen und ihr Alltagsleben von vornherein als benachteiligend, zuwendungsarm und sozial ausschließend empfinden.

Der 14. Kinder- und Jugendhilfebericht kommt in diesem Zusammenhang zu folgendem Schluss:

„Dieses Nebeneinander von einem relativen Zukunftsoptimismus aufgrund einer guten eigenen Ausbildung und einer wirtschaftlichen Sicherheit des Elternhauses im Hintergrund auf der einen Seite und einer schwierigen, kaum Perspektiven verheißenden Bildungsbiografie sowie eines prekären, mit geringem kulturellen Kapital ausgestatteten Elternhauses auf der anderen Seite prägt die heutige ungleiche Lage von Kindern und Jugendlichen im Prozess des Aufwachsens von Anfang an. Während ein Teil der Heranwachsenden auf eine einigermaßen sorgenfreie Zukunft blicken kann, mit Netz und doppeltem Boden über ihre Eltern abgesichert ist, kommt hierzulande immerhin fast jeder dritte junge Mensch aus einem Elternhaus, das entweder von Armut bedroht ist, in dem die Eltern keiner Erwerbstätigkeit nachgehen oder aber selbst keine ausreichenden Schulabschlüsse vorweisen können, während erfreulicherweise nur bei rund drei Prozent alle drei Risikofaktoren zugleich präsent sind. Die in diesem Sinne eher wachsende Kluft charakterisiert die heutige Situation und die ungleichen Lebensverhältnisse des Kindes- und Jugendalters deutlicher als noch vor zwei oder drei Jahrzehnten.“
(Quelle: BMFSJ, 2013, S. 54)

Erschwerend kommt hinzu, dass diese Personenkreise nicht nur verstärkt Leistungen der Kinder- und Jugendhilfe in Anspruch nehmen müssen, sondern auch langfristig auf Leistungsbezug angewiesen sind. Es kommt zu einer Verfestigung der sozialen Probleme und in einigen Fällen auch zu einem generationenübergreifenden Leistungsbezug.

Die Suchtproblematik im Bereich der Kinder- und Jugendhilfe hat sich in den letzten Jahrzehnten nicht grundlegend verändert. In besonderer Weise betroffen sind weiterhin Jugendliche, die in ihren Familien mit der Suchtproblematik der Eltern oder eines alleinerziehenden Elternteils konfrontiert werden. Hier kommt es zu erheblichen Beeinträchtigungen in der Phase des Heranwachsens der Jugendlichen sowie zu prekären Lebensbedingungen, u. a. durch die mit der Sucht in der Regel einhergehende Verschlechterung der materiellen Lebensbedingungen, der körperlichen und psychischen Vernachlässigung der im Haushalt lebenden Kinder sowie den sich mittel- und langfristig ergebenden gesundheitlichen Folgen von Alkohol- und Tabakkonsum.

Neu hinzugekommen sind Gefährdungen des Medienzeitalters, die zunehmend in den Blick des erzieherischen Kinder- und Jugendschutzes kommen. Hierzu gehören insbesondere die Spielsucht, aggressive Computerspiele, Onlinesucht sowie das generelle Nutzungsverhalten im Bereich der Medienkommunikation von Kindern und Jugendlichen und seine Auswirkungen auf die Entwicklung der Persönlichkeitsbildung.

4.2.2 Entwicklungsbezogene Risiken: Identitätsentwicklung und Entwicklungsstörungen

Aus der Ungleichheitsforschung sind eine Vielzahl von Faktoren bekannt, die Einfluss nehmen auf die spätere Ausrichtung und den Verlauf der Lebensbiografie. Hierzu gehören insbesondere Formen des Kapitals, die sich nach Pierre Bourdieu auf ökomische, soziale und kulturelle Dimensionen des individuellen Lebens beziehen. Die Weitergabe von Teilhabechancen und die sich daraus ableitenden Formen sozialer Benachteiligung hängen auf der Ebene **des ökonomischen Kapitals** ganz entscheidend von den Einkommens- und Vermögensverhältnissen ab, unter denen Kinder und Jugendliche aufwachsen. Materieller Besitz erschließt Handlungsoptionen zur Teilhabe und Integration in die Gesellschaft.

Entscheidend ergänzt werden diese durch Formen **kulturellen Kapitals**, zu denen insbesondere die jeweilig erreichten Bildungsabschlüsse sowie der Bildungsstand der Eltern, akademische Titel und die soziale Verortung des Berufsstandes gehören.

Das **soziale Kapital** bezieht sich insbesondere auf Möglichkeiten der Vernetzung und Teilhabe mit sozialen Gruppen sowie der Qualität sozialer Beziehungen und deren gegenseitige Unterstützungsformen. Zu den sozialen Gruppen gehören neben der Familie auch Freundeskreise aus unterschiedlichen sozialen und ökonomischen Milieus, Kontakte zu Vereinen, Clubs, Parteien und anderen sozialen Gruppierungen. Von besonderer Bedeutung sind in diesem Zusammenhang die sozialen Lebensbedingungen und Lebensräume sowie die sozialen Netzwerke, in denen Kinder und Jugendliche aufwachsen. Die sich aus den sozialen Beziehungen ergebenden Ressourcen hängen eng mit der Form und der Art der ausgeübten Erwerbstätigkeit (Teilzeit, befristet, Aushilfsjobs) der Eltern, ihrer sozialen Herkunft und ihrem Bildungsstand zusammen. Ergänzende Strukturfaktoren sind das (soziale) Geschlecht, regionale Herkunftsfaktoren sowie ethnische Zugehörigkeiten.

Die Entwicklungspsychologie als Teilgebiet der Psychologie ergänzt diese ökonomischen, kulturellen und sozialen Faktoren durch eine Fokussierung auf die konkreten individuellen Auswirkungen dieser und anderer Aspekte im Bereich des persönlichen Erlebens und Verhaltens im Kontext der Persönlichkeitsentwicklung. Sie greift hierbei die von der Soziologie und den Sozialwissenschaften identifizierten Strukturkategorien auf und bezieht diese auf konkrete Abläufe, Erfahrungen und Wahrnehmungen im Alltag von Eltern, Kindern und Jugendlichen.

Ein wichtiger Grund für die Einleitung einer Hilfe zur Erziehung (ohne Erziehungsberatung) ist nach Angaben der sozialen Dienste die eingeschränkte Erziehungskompetenz der Eltern. Darüber hinaus werden die unzureichende Versorgung und Förderung der Kinder sowie Schulschwierigkeiten als Anlässe hervorgehoben. Im Bereich der Erziehungsberatung werden allgemeine Belastungssituationen der Kinder und Jugendlichen sowie Entwicklungsauffälligkeiten also Folge familiärer Konflikte benannt.

Die konkreten Anlässe und Auswirkungen familiärer Belastungssituationen auf die Entwicklung des Kindes lassen sich statistisch schwer ermitteln und werden in den Hilfen zur Erziehung nur unzureichend erfasst. Grundsätzlich ist festzuhalten, dass meist eine Vielzahl einzelner Faktoren zusammenkommt, die dann zur Inanspruchnahme von Hilfen zur Erziehung führt.

Neben der Trennung der Eltern und den sich daraus ergebenden psychischen und materiellen Belastungsfaktoren, gehören die körperliche und psychische Vernachlässigung in der Familie mit entsprechenden Folgen in den Bereichen Schule, Sozialkontakte und Sozialverhalten zu den wichtigsten Problembereichen. Von Bedeutung sind ebenfalls vielfältige Formen der Kindeswohlgefährdung, meist konkretisiert in Formen familiärer Gewalt und sexuellen Missbrauchs, Formen von abweichendem und delinquentem Verhalten (z. B. Diebstahl, aggressives Verhalten) oder sonstigen psychischen und motorischen Auffälligkeiten (z. B. ADHS).

4.2.3 Integrationsbedingte Risiken: Behinderung und Migration

Menschen mit Behinderungen

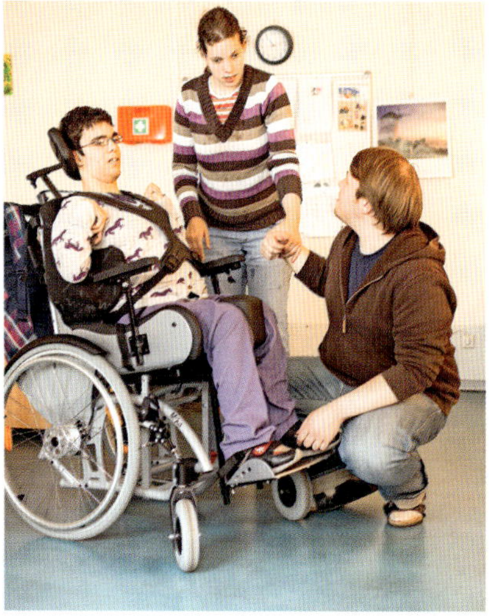

Körperliche und geistige Beeinträchtigungen erschweren es jungen Menschen und Heranwachsenden, gesellschaftliche Angebote in den Bereichen Erziehung, Bildung, Beruf, Freizeit und Soziales in gleichem Maße zu nutzen, hieran zu partizipieren und selbstbestimmt auszuwählen. Hinzu kommen einschränkende Ausgangsbedingungen im Zusammenhang mit der psychischen, persönlichen und gesundheitlichen Entwicklung.

Ob und in welchem Maß körperliche und geistige Beeinträchtigungen als Behinderung angesehen werden, wird gesellschaftlich definiert. Behinderung basiert auf einer sozialen Zuschreibung und stellt somit eine gesellschaftliche Konstruktion dar. Diese normative Festlegung ist es, die entscheidend die soziale Wirklichkeit, das Erleben und die Formen der Ausgrenzung und Diskriminierung von Menschen prägt. Bei sozialen Zuschreibungen handelt es sich um normative Setzungen, die auf der einen Seite zu Stigmatisierungs- und Etikettierungseffekten führen können und damit die soziale Ausgrenzung und Ungleichheit nochmals verstärken. Hiervon sind auch die hier helfenden Organisationen nicht ausgenommen. So wurden Menschen mit Behinderungen, die einer besonderen Förderung und Unterstützung bedürfen, noch bis zum Jahr 2000 von gemeinnützigen Organisationen als Sorgenkinder bezeichnet. (Eine der Organisationen trug bis dahin den Namen „Aktion Sorgenkind", inzwischen hat sie sich in „Aktion Mensch" umbenannt). Auf der anderen Seite bedingen diese normativen Statuszuschreibungen auch eine gesellschaftliche Verortung, aus der sich ganz bestimmte Förder- und Unterstützungsrechte ableiten lassen.

„Auch heute noch ist der Zuschreibungsprozess paradox: Er beinhaltet nicht nur Stigmatisierung und Aussonderung, sondern auch Schutzrechte und Freiheitsräume. Das Konzept der gesellschaftlichen (Wieder-)Eingliederung setzt einerseits auf Integration und Normalisierung, andererseits bindet es Menschen mit Behinderungen in entmündigende Kontrollbeziehungen ein und weist ihnen einen Randgruppenstatus zu."

(Quelle: Waldschmidt, 2012, S. 744, verändert).

Dem zunehmend erkennbaren gesellschaftlichen Wandel nach Normalisierung und Inklusion von Menschen mit Behinderungen haben inzwischen auch die Weltgesundheitsorganisation (WHO), die Vereinten Nationen (in der Kinderrechts- und Behindertenrechtskonvention) und das Neunte Sozialgesetzbuch Rechnung getragen.

Artikel 1 der VN-Behindertenrechtskonvention definiert Menschen mit Behinderung wie folgt:

„Zu den Menschen mit Behinderungen zählen Menschen, die langfristige körperliche, seelische, geistige oder Sinnesbeeinträchtigungen haben, welche sie in Wechselwirkung mit verschiedenen Barrieren an der vollen, wirksamen und gleichberechtigten Teilhabe an der Gesellschaft hindern können."

(Quelle: Bundesgesetzblatt, 2008 II, S. 3).

In den programmatischen Vordergrund der gesellschaftlichen Verortung und Verantwortung von Behinderung steht nun nicht mehr die Orientierung an Defiziten. Stattdessen rückt das Ziel der gesellschaftlichen Teilhabe in allen Lebensbereichen in den Mittelpunkt gesellschaftlichen Handelns. Im Fokus steht nicht die Wiedereingliederung in gesellschaftliche Strukturen, sondern die Veränderung der sozialen Umwelt, um gemeinsame Formen der Nutzung und Teilhabe zu ermöglichen.

§ In Anlehnung an die seitens der WHO vorgegebenen Kriterien gelten Menschen gemäß der Definition des Neunten Sozialgesetzbuchs als behindert, „wenn ihre körperliche Funktion, geistige Fähigkeit oder seelische Gesundheit mit hoher Wahrscheinlichkeit länger als sechs Monate von dem für das Lebensalter typischen Zustand abweichen und daher ihre Teilhabe am Leben in der Gesellschaft beeinträchtigt ist. Sie sind von Behinderung bedroht, wenn die Beeinträchtigung zu erwarten ist."

§ 2 SGB IX

Trotz aller Bemühungen nach Teilhabe, Förderung und Unterstützung bleibt Behinderung eine Form gesellschaftlich definierter Zuschreibung, die mit spezifischen integrationsbedingten Risiken und Ungleichheitseffekten verbunden ist. Behinderungen schränken die Möglichkeiten der Erwerbstätigkeit und der ökonomischen Absicherung ein. Menschen mit Behinderungen sind deutlich überproportional unter den Arbeitslosen und Sozialhilfebeziehern vertreten. Personen mit angeborenen Beeinträchtigungen oder deren Beeinträchtigung bereits im Kindesalter auftritt, sind verstärkt von Armutsrisiken betroffen (vgl. Waldschmidt, 2012, S. 717). Im Bildungssektor erfolgt frühzeitig ein Auswahlprozess, der je nach Grad der Beeinträchtigung Zugänge zu bestimmten Schultypen einschränkt und zugleich mit der Absicht einer spezifischen sozialpädagogischen Förderung und Unterstützung ausgewählte Institutionen zuweist.

Hinzu kommen beträchtliche finanzielle Mehrausgaben und Zusatzbelastungen für Familienangehörige zur Sicherstellung eines möglichst eigenständigen Lebens (Ausstattung der Wohnung, Gesundheitsausgaben, allgemeine Lebenshaltungskosten usw.) sowie zur Teilhabe am gesellschaftlichen Leben (Fahrtkosten, Einschränkung der Erwerbstätigkeit der Angehörigen usw.), die zu einer weiteren Benachteiligung der sozioökonomischen und lebensweltbezogener Bedingungen auch naher Familienangehöriger führen.

Einstellungen und Verhalten gegenüber Menschen mit Behinderung führen darüber hinaus zu Stigmatisierungs- und Etikettierungseffekten, die einen unmittelbaren Einfluss auf deren Lern- und Lebenssituation und die jeweilige Persönlichkeits- und Identitätsbildung haben.

Um die Vielfalt der rechtlichen und fachlichen Zuständigkeiten im Bereich der Behindertenhilfe zu bündeln, wird für Kinder und Jugendliche eine Transformation der Zuständigkeiten auf ein gesamtes System der Behindertenhilfe diskutiert (vgl. BMFSFJ, 2013, S. 254). Aktuell fallen Leistungen der Eingliederungshilfe grundsätzlich in den Zuständigkeitsbereich der Sozialhilfe (SGB XII). Liegt allerdings bei jungen Menschen eine seelische Behinderung vor oder sind diese davon bedroht, ist die Eingliederungshilfe gemäß § 35a SGB VIII eine Leistung der Kinder- und Jugendhilfe. In diesen Fällen sind die Jugendämter zuständig.

Zu den möglichen Leistungen gehören neben den ebenfalls grundsätzlich infrage kommenden Hilfen zur Erziehung bei erzieherischem Bedarf ergänzende ambulante Hilfen, Hilfen in Kindertageseinrichtungen oder in anderen teilstationären Einrichtungen, Leistungen durch geeignete Pflegepersonen und Hilfen in sonstigen Wohnformen und Einrichtungen über Tag und Nacht.

Menschen mit Migrationshintergrund

Eine weitere Personengruppe, die in hohem Maße mit integrationsbedingten Risiken konfrontiert ist, sind Menschen mit Migrationshintergrund.

Zu dieser Gruppe zählen nach der Definition des Statistischen Bundesamtes „alle nach 1949 auf das heutige Gebiet der Bundesrepublik Deutschland Zugewanderten sowie alle in Deutschland geborenen Ausländer und alle in Deutschland als Deutsche Geborenen mit zumindest einem zugewanderten oder als Ausländer in Deutschland geborenen Elternteil."

(Quelle: Statistisches Bundesamt, 2011, S. 6).

Diese Definition macht bereits deutlich, dass es sich bei Menschen mit Migrationshintergrund um eine sehr heterogene Gruppe handelt. Diese Menschen kommen aus sehr unterschiedlichen Regionen der Welt, weisen vielfältige kulturelle Hintergründe auf und verfügen über sehr unterschiedliche politische und lebensweltliche Bezüge und Netzwerke. Sie unterscheiden sich erheblich hinsichtlich ihrer Sozialisation, der Gründe zur Migration, der Altersstufen und dem Geschlecht und weisen sehr unterschiedliche Voraussetzungen in den Bereichen sozialer Herkunft, Religionszugehörigkeit, Erziehung, Bildung und Ausbildung auf. Die in Deutschland anzutreffenden Lebenslagen und Lebenssituationen von Menschen mit Migrationshintergrund sind daher sehr unterschiedlich, sodass verallgemeinerbare (statistische) Aussagen nur begrenzt möglich und sinnvoll sind.

In Deutschland leben über 15 Mio. Menschen mit Migrationshintergrund. Dies entspricht über 19 % der Gesamtbevölkerung. Richtet man den Blick auf die Kinder, so weisen ein Drittel aller Kinder unter 15 Jahren in Deutschland einen Migrationshintergrund auf. Neun von zehn dieser Kinder, so der Kinder-Migrationsreport des Deutschen Jugendinstituts, sind in Deutschland geboren und sieben haben die deutsche Staatsbürgerschaft. Die meisten Familien sind eher dem sogenannten Mittelstand zuzuordnen. Sie verfügen über ein hohes oder mittleres Berufs- und Bildungsniveau und leben nicht in Armut. Gleichzeitig verfügen Kinder mit Migrationshintergrund im Vergleich nur über geringe kulturelle, soziale und ökonomische Ressourcen.

Studien zur Migrationsforschung kommen zu folgenden zentralen Befunden:

- Kinder mit Migrationshintergrund wachsen in der Regel in Familien auf, die über geringere soziale, ökonomische und bildungsbezogene Ressourcen verfügen. Diese Beschränkung der Nutzungsmöglichkeiten von ökonomischem, sozialem und kulturellem Kapital verstärkt sich, wenn beide Elternteile einen Migrationshintergrund aufweisen. In besonderer Weise betroffen sind grundsätzlich Kinder mit türkischem Migrationshintergrund. Gleiches gilt für Kinder, deren Familien neu ins Land eingereist sind.

- Obwohl Menschen mit Migrationshintergrund mehrheitlich nicht in Armut leben, sind sie im Vergleich mit Menschen ohne Migrationshintergrund stärker von Einkommensarmut und Erwerbslosigkeit betroffen. Darüber hinaus wachsen Kinder mit Migrationshintergrund häufiger in Familien auf, die nur über ein niedriges Bildungsniveau verfügen. Auch hier verstärken sich die Effekte, wenn beide Elternteile einen Migrationshintergrund aufweisen oder wenn ein türkischer Migrationshintergrund vorliegt.
- Generell kann eine gutes Familienklima sowie ein enges Beziehungsverhältnis zu Eltern und Geschwistern beobachtet werden. In diesem Zusammenhang unterscheiden sich Familien mit Migrationshintergrund nicht von Familien ohne Migrationshintergrund.
- Gewalterfahrungen sind je nach Herkunftsland unterschiedlich ausgeprägt. Je nach Herkunftsregion können Gewalterfahrungen von Jungen und Mädchen durchaus deutlich über dem Durchschnitt liegen. Aufgrund der methodischen Probleme, die sich im Rahmen solcher Erhebungen ergeben, sind diese Befunde allerdings eher zurückhaltend zu interpretieren. Im Rahmen einzelner Studien gab es durchaus unterschiedliche Befunde.
- Keine Unterschiede lassen sich bei Lernbereitschaft und dem Streben nach guten Bildungsabschlüssen erkennen. Gewisse Unterschiede können hinsichtlich der Sorge aufgezeigt werden, den Schulabschluss nicht oder nicht mit ausreichend guten Noten abzuschließen. Kinder, deren Elternteile beide einen Migrationshintergrund aufweisen, äußern häufiger Befürchtungen den Anforderungen und eigenen Ansprüchen nicht genügen zu können. Unterschiede lassen sich ebenfalls bzgl. des Besuches von Schultypen und des erreichten Schulabschlusses aufzeigen. Der Migrationshintergrund als solcher spielt jedoch nur eine geringe Rolle. Die Gründe für diesen Trend sind in der Forschung allerdings umstritten.

Generell kann man sagen, dass die Chancen von Kindern mit Migrationshintergrund in Schule und Studium im Vergleich geringer sind und auch im Bereich des ehrenamtlichen Engagements und der Verbandsarbeit sind die Zugänge erschwert. Neben den sehr unterschiedlichen Ausprägungen je nach nationaler Herkunft bedürfen die konkreten Kausalzusammenhänge noch einer intensiveren Forschung.

Im Bereich der Hilfen zur Erziehung sind junge Menschen mit Migrationshintergrund im relationalen Vergleich leicht überproportional vertreten. Je nach Hilfearten lassen sich allerdings deutliche Unterschiede aufzeigen. Generell kann man sagen, dass insbesondere Migrantenfamilien betroffen sind, in deren Familienhaushalt wenig bis kein Deutsch gesprochen wird. Darüber hinaus lässt sich zeigen, dass Migrantenfamilien, die Hilfen zur Erziehung in Anspruch nehmen, verstärkt auch auf soziale Transferleistungen angewiesen sind.

(Vgl. BMFSFJ, 2013, S. 83 ff.; AKJ 2012).

Aufgaben

V 1. *Welche Merkmale charakterisieren eine prekäre Lebenslage?*

R 2. *„Multiproblemfamilien" nehmen verstärkt Hilfen zur Erziehung in Anspruch. Was versteht man unter „Multiproblemfamilien" und durch welche Problemlagen zeichnen sich diese Familien aus?*

P 3. *Welche aktuellen Reformen und Maßnahmen zur Förderung, Unterstützung und Integration von Menschen mit Behinderungen und Familien mit Migrationshintergrund werden diskutiert? Bilden Sie mindestens zwei Arbeitsgruppen, die sich jeweils mit einer dieser Personengruppen beschäftigen. Präsentieren und diskutieren Sie im Anschluss die Ergebnisse.*

Zusammenfassung

Web

Lebenslage: *Als Lebenslage „wird die Gesamtheit der äußeren Bedingungen bezeichnet, durch die das Leben von Personen oder Gruppen beeinflusst wird. Die Lebenslage bildet einerseits den Rahmen von Möglichkeiten, innerhalb dessen eine Person sich entwickeln kann, sie markiert deren Handlungsspielraum. Andererseits können Personen in gewissem Maße auch auf ihre Lebenslagen einwirken und diese gestalten. Damit steht der Begriff der Lebenslage für die konkrete Ausformung der sozialen Einbindung einer Person genauer: ihrer sozioökonomischen, soziokulturellen, soziobiologischen Lebensgrundlage."*
(Engels, 2008, S. 643)

Lebensrisiken: *Zu den Lebensrisiken gehören grundsätzlich alle Gefahren, die zu relevanten Nachteilen für Menschen führen können. Bestimmte Risiken werden sozial akzeptiert und es ist Aufgabe der Privatperson, sich gegen diese Risiken auf eigene Kosten zu versichern (z. B. Ausübung riskanter Sportarten, Urlaubsreisen). Andere Risiken bedürfen nach modernem Sozialstaatsverständnis einer sozialen Absicherung, um Folgebelastungen zu vermeiden. Hierunter fallen z. B. die Bereiche Erwerbslosigkeit, Krankheit, Alter und Pflegebedürftigkeit. Für weitere Risiken werden soziale Dienstleistungen angeboten, um Notlagen zu lindern und die weitere gesellschaftliche Teilhabe zu ermöglichen.*

Behinderung: *Eine allgemein anerkannte Definition von Behinderung gibt es nicht. Laut den Empfehlungen der Bildungskommission des Deutschen Bildungsrates gelten nach pädagogischem Verständnis alle Kinder, Jugendliche und Erwachsene als behindert, „die in ihrem Lernen, im sozialen Verhalten, in der sprachlichen Kommunikation oder in den psychomotorischen Fähigkeiten so weit beeinträchtigt sind, dass ihre Teilhabe am Leben der Gesellschaft wesentlich erschwert ist. Deshalb bedürfen sie besonderer pädagogischer Förderung."*
(Deutscher Bildungsrat, 1974, S. 32)

> ***Migration:*** *Als Person mit Migrationshintergrund gilt, wer eine ausländische Staatsbürgerschaft hat, wer im Ausland geboren wurde und selbst nach 1949 zugewandert ist, oder wer ein Elternteil hat, das selbst zugewandert ist oder eine ausländische Staatsangehörigkeit hat.*

4.3 Das Hilfeplanverfahren in den Hilfen zur Erziehung

Hilfen in der Erziehung setzen die Mitwirkung der Eltern, des Kindes und Jugendlichen voraus. Die Hilfesuchenden sind in die Entscheidung und Hilfeplanung aktiv mit einzubeziehen. Dieser Grundsatz gilt auch dann, wenn die Jugendhilfe zum Schutz von Kindern und Jugendlichen in die Erziehung der Familie eingreifen muss und damit die Rechte der Eltern, der Kinder und Jugendlichen zu beschränken ist.

Adressatenorientierung und Betroffenenbeteiligung sind entscheidende Erfolgsfaktoren in den Hilfen zur Erziehung. In der Regel soll keine Entscheidung gegen die Eltern, die Kinder und Jugendlichen getroffen werden. Gleichzeitig hat das Jugendamt aber auch eine staatliche Kontrollfunktion und die Beteiligten eine Mitwirkungspflicht.

Aufgabe

Beantworten Sie bitte die folgenden Fragen.

V • *Was verbinden Sie mit dem Begriff Partizipation?*

V • *Worum geht es bei der Partizipation von Kindern und Jugendlichen?*

R • *Warum sollen sich die Eltern an den Hilfen zur Erziehung beteiligen?*

P • *Welche Beteiligungsformen können Sie sich für Eltern und Kinder vorstellen?*

Lernsituation

Familie Glier ist dem Allgemeinen Sozialdienst (ASD) aufgrund familiärer und wirtschaftlicher Probleme seit mehreren Monaten bekannt. Der 10-jährige Lukas lebt zusammen mit seiner Mutter (30 Jahre alt) in einer völlig überteuerten 2-Zimmer-Wohnung im Münchner Westen. Frau Glier ist als Kassiererin in einem Supermarkt in Teilzeit berufstätig und lebt seit zwei Jahren zudem von Hartz-IV-Aufstockung, da der Vater (40 Jahre alt) keinen Unterhalt leistet. Die zunehmenden Alkoholprobleme von Herrn Glier und die sich daraus ergebenden Gewalttätigkeiten gegen seine Frau haben vor drei Jahren zur Trennung geführt. In der Wohnung werden zwei Katzen gehalten. Die Wohnung macht einen verschmutzten Eindruck. Lukas verweigert in der Schule die Mitarbeit, macht keine Hausaufgaben mehr, weist Anzeichen einer körperlichen Vernachlässigung auf und ist gegenüber seinen Mitschülern sehr aggressiv. Seine Schulleistungen haben sich im letzten Jahr erheblich verschlechtert. Frau Glier gibt gegenüber dem Jugendamt an, dass sie zu wenig Zeit für Lukas habe und insgesamt mit der Situation psychisch völlig überfordert ist. Durch die schlechte finanzielle Situation sei sie gezwungen, häufig Überstunden zu machen und könne sich daher um Lukas und die Wohnung nicht so intensiv kümmern. Alle bisherigen Unterstützungsmaßnahmen des Jugendamtes und der hinzugezogenen Schulsozialarbeiterin sind gescheitert. Es gibt Anhaltspunkte dafür, dass Frau Glier ihre Probleme zunehmend durch vermehrten Alkoholkonsum zu betäuben versucht. Eine akute Kindeswohlgefährdung liegt allerdings noch nicht vor. Das Jugendamt beabsichtigt nun, Lukas für eine bestimmte Zeit in eine Pflegefamilie zu geben.

P ***Wie gehen Sie als Sozialarbeiterin des Jugendamtes nun weiter vor? Schildern Sie Ihre weiteren Schritte und beachten Sie hierbei auch die gesetzlichen Vorgaben.***

Das Hilfeplanverfahren soll die Zusammenarbeit aller Beteiligten im Prozess der Planung, Auswahl und Durchführung der Hilfe sicherstellen. Der Hilfeplan ist ein Steuerungsinstrument, um die Ausgestaltung der Hilfe konkret zu planen, abzustimmen, zu koordinieren, zu dokumentieren, regelmäßig zu prüfen, anzupassen und die Ergebnisse der einzelnen Maßnahmen auszuwerten. Die Steuerungsfunktion im Prozess der Hilfegewährung und Durchführung liegt beim Jugendamt.

4.3.1 Rechtliche Grundlagen und Inhalte des Hilfeplans

Gemäß § 36 SGB VIII ist ein Hilfeplan zu erstellen, wenn ein Kind in einer Pflegefamilie untergebracht wird. In diesem Hilfeplan werden alle Vereinbarungen und Entwicklungen festgehalten, die die Unterbringung des Kindes betreffen.

Die Sorgeberechtigten, also in der Regel die Eltern, und das Kind oder der Jugendliche sind vor der Hilfeentscheidung ausführlich zu beraten. Es muss auch auf die möglichen Folgen einer Hilfe für das Kind oder den Jugendlichen hingewiesen werden. Gleiches gilt, wenn die bisherige Hilfe (aus welchen Gründen auch immer) verändert werden muss. Wichtig ist, dass das Wunsch- und Wahlrecht der Beteiligten nicht nur beachtet wird, sondern den Wünschen der Beteiligten ist in der Regel zu entsprechen. Hiervon darf nur dann abgewichen werden, wenn die sich hieraus ergebenden Mehrkosten unverhältnismäßig sind oder aber, wenn es mit dem infrage kommenden Träger keine Vereinbarung gemäß § 78b SGB VIII (Inhalt der Leistungs- und Entgeltvereinbarung) gibt.

Der Hilfeplan ist gemeinsam mit den Sorgeberechtigten und dem Kind oder Jugendlichen aufzustellen. Aus dem Hilfeplan soll der konkrete Bedarf, die zu gewährende Art der Hilfe sowie die notwendigen Leistungen zu entnehmen sein. Zu beteiligen ist auch der Leistungserbringer, der mit der Durchführung der Hilfe beauftragt wird. Darüber hinaus hat das zuständige Jugendamt die Aufgabe zu prüfen, ob im Prozess der Durchführung die gewählte Hilfeart weiterhin geeignet und notwendig ist.

Folgende Inhalte sollten aus dem Hilfeplan zu entnehmen sein:

- Personenangaben zu den Beteiligten am Hilfeplanverfahren
- Beschreibung der Ausgangssituation und über das Zustandekommen der Hilfe
- Darstellung der Situation des Kindes oder Jugendlichen und der Familie
- rechtlicher Rahmen, konkrete Hilfeart, Hilfeangebot und Hilfedauer
- Ziele der Erziehungshilfe, Maßnahmen und Konsequenzen
- Aufgabenverteilung und infrage kommende Erweiterungen der Hilfe, z. B. ergänzende therapeutische Begleitung
- Regelung zu Besuchskontakten
- Aufgaben und Pflichten jedes Beteiligten
- unterstützende Hilfen für die Beteiligten
- Dokumentation aller getroffenen Vereinbarungen
- nachvollziehbare Erfassung des Verlaufs der Hilfeleistung
- Nachweis der regelmäßigen Überprüfung der Hilfen nach Eignung und Notwendigkeit

Das Hilfeplanverfahren unterliegt strengen datenschutzrechtlichen Vorschriften, die zu beachten sind. Insbesondere bei der Erstellung von Erziehungs- und Entwicklungsberichten sowie der Weitergabe von Informationen an Dritte bedarf es der genauen Prüfung.

4.3.2 Wichtige Grundsätze für ein Hilfeplanverfahren

Lernsituation

Im konkreten Fall S. 161 soll für Lukas eine Pflegefamilie gefunden werden, mit dem Ziel, dass Lukas nach einem Jahr wieder bei seiner Mutter leben kann. Während dieser Zeit soll die Mutter mit Unterstützung des Allgemeinen Sozialen Dienstes ihr Lebensumfeld (Wohnung, finanzielle Ausstattung) stabilisieren, ihre drohende Suchtabhängigkeit mit therapeutischer Unterstützung behandeln sowie in ihrer erzieherischen Kompetenz gestärkt werden. Auf diese Weise soll sie lernen, den Bedürfnissen von Lukas zukünftig gerecht werden zu können. Gleichzeitig sollen die erworbenen Kompetenzen und die therapeutischen Maßnahmen dazu beitragen, dass Frau Glier die Belastungen des Alltags von Schule und Beruf besser bewältigt und keine Suchtmittel mehr benötigt.

P ***Welche Schritte sind nötig, damit Frau Glier in den folgenden Monaten kooperativ mit dem Jugendamt zusammenarbeitet? Wie soll Lukas darauf vorbereitet werden, dass er für längere Zeit in einer anderen Familie leben wird?***

Im Hilfeplan wird mit Zustimmung der Beteiligten und ausführlicher Beratung zusammenfassend folgendes festgehalten:

Fallbeispiel

Im Vorfeld der Hilfe ist mit Frau Glier und Lukas die geeignete Hilfe abzustimmen. Hier kommt es insbesondere darauf an, dass die Sichtweisen und Wünsche von Frau Glier und Lukas miteinbezogen werden. Sie sind unter Berücksichtigung des Alters des Kindes über die örtlich vorhandenen Hilfeangebote, die Wirkungen der jeweiligen Hilfen und die rechtlichen Gegebenheiten aufzuklären. Darüber hinaus sind von der Fachkraft Fragen der Kostenbeteiligung zu klären. Nach Rücksprache mit ihrem Team und in Abstimmung mit Frau Glier und Lukas nimmt die Fachkraft Kontakt zu den infrage kommenden Pflegeeltern und der Schulsozialarbeit auf. Im Anschluss wird die Familie über die stattgefundenen Gespräche informiert und es wird ein gemeinsamer Hilfeplan erstellt. Die Erstellung des Hilfeplans kann mehrere Tage in Anspruch nehmen. Es müssen daher die Termine für die weiteren Treffen abgestimmt werden. Im Rahmen der Erstellung des Hilfeplans wird mit der Familie die Hilfe mit den einzelnen Maßnahmen im Detail entwickelt, vorgestellt und die Rolle des Jugendamtes geklärt. Der Hilfeplan wird dann von der Fachkraft des Jugendamtes und Frau Glier unterschrieben. Nach einigen Wochen trifft sich das Gremium erneut zu einer ersten gemeinsamen Auswertung.

Beispiel

Ziel: *Rückführung des Kindes nach einem Jahr*

Notwendige Maßnahmen: *Wöchentliche Besuchskontakte, um die Mutter-Kind-Bindung aufrecht zu erhalten. Die Pflegeeltern werden aktiv in diesen Prozess eingebunden und müssen die Besuchskontakte zulassen und fördern. Die Mutter, Frau Glier, ist verpflichtet diese Besuche auch wahrzunehmen. Sie muss, mit Unterstützung des Allgemeinen Sozialen Dienstes des Jugendamtes, eine suchttherapeutische Hilfe annehmen und eine neue (sozialbaugeförderte) Wohnung finden. Für Lukas wird mit Unterstützung der Schulsozialarbeit Förderunterricht in der Schule organisiert. Insgesamt soll ein stabiles Lebensumfeld geschaffen werden, um die Rückführung von Lukas vorzubereiten.*

Konsequenzen: *Wenn Frau Glier es nicht schafft, mit Unterstützung des Jugendamtes eine neue Wohnung zu finden, die wöchentlichen Kontakte einzuhalten, suchttherapeutische Hilfe anzunehmen und wenn sie Hilfeangebote zur Förderung ihrer Erziehungskompetenz (trotz grundsätzlicher Freiwilligkeit) nicht annimmt, ist das Ziel der Hilfe zu überdenken. Je nach fachlicher Beurteilung ist das Ziel der Hilfe dann nicht mehr die Rückführung, sondern der längerfristige oder dauerhafte Verbleib des Kindes bei den Pflegeeltern. Das Jugendamt hat dann zu prüfen, ob die Voraussetzungen des § 37 SBG VIII vorliegen. Hier greift dann das Wächteramt des Staates. Ist eine nachhaltige Verbesserung der Erziehungsbedingungen in der Herkunftsfamilie innerhalb eines festgelegten Zeitraumes nicht erreichbar, so soll mit den beteiligten Personen eine andere, dem Wohl des Kindes oder des Jugendlichen förderliche und auf Dauer angelegte Lebensperspektive erarbeitet werden.*

Jedes Hilfeplanverfahren hat folgende Grundsätze zu beachten: Partizipation, Fallverstehen/Diagnose, Ressourcen- und Zielorientierung.

4.3.2.1 Partizipation

Die Familie verkörpert einen besonders zu schützenden Bereich der Privatsphäre, in den nur nach strengen gesetzlichen Vorschriften eingegriffen werden darf. Darüber hinaus können Hilfen nur dann erfolgreich sein, wenn die Beteiligten engagiert und motiviert mitarbeiten. Dies ist nur zu erreichen, wenn die Perspektiven und Wünsche der Beteiligten berücksichtigt werden. Auf diese Weise wird ihren Rechten entsprochen und die Akzeptanz der Hilfeformen verbessert. Zu den Formen der Beteiligung gehören das Hilfeplangespräch und die gemeinsame Verschriftlichung im Hilfeplan. Hierbei ist zu beachten, dass die Interaktion zwischen Fachkraft und den Beteiligten nicht durch ein Machtgefälle gekennzeichnet ist. Alle Beteiligten sind gleichberechtigte Akteure in diesem Prozess.

4.3.2.2 Fallverstehen/Diagnose

In der Hilfeplanung sind der Hilfebedarf und die Hilfeart festzustellen. Hieraus leiten sich die konkreten Leistungen ab, die im Sinne der Alltagsorientierung der Jugendhilfe in ihrer fachlichen und methodischen Ausrichtung die Lebenswelt der Beteiligten zu berücksichtigen hat. Dies setzt voraus, dass sich die Fachkraft intensiv mit dem Fallgeschehen beschäftigt und die Perspektive der Beteiligten und ihre Lebens- und Sozialbezüge erfasst und sozialpädagogisch richtig beurteilt. Dies setzt eine hohe fachliche Professionalität in der Diagnoseerstellung und auch berufliche Erfahrung voraus.

4.3.2.3 Ressourcenorientierung

Neben der aktiven Einbindung der Familienangehörigen sollen auch die mitgebrachten Kompetenzen und Fähigkeiten der Beteiligten genutzt werden. Im Vordergrund der Ressourcenorientierung steht die Unterstützung der Kompetenzen, Fähigkeiten und sozialen Netzwerke zur Bewältigung der Lebenssituation. Eine auf die Defizite der Beteiligten ausgerichtete Analyse der Ausgangslage ist wenig hilfreich und wirkt demotivierend. Sowohl bei der Analyse der Ausgangslage als auch bei den zu entwerfenden Hilfen sind die Stärken und Möglichkeiten der Beteiligten in den Vordergrund zu stellen. Diese gilt es in den einzelnen Hilfemaßnahmen zu aktivieren und auszubauen.

4.3.2.4 Zielorientierung

Unter einem Ziel wird ein Zustand verstanden, den man erreichen will. Um das Ziel zu erreichen, muss man sein Denken und Handeln auf diesen gewünschten Zustand hin ausrichten. Hierbei ist es hilfreich, wenn man Ziele schriftlich, positiv und konkret ausformuliert. Auf diese Weise kann ihre Erreichung nach bestimmten Zeitabständen überprüft und gegebenenfalls neu ausgerichtet werden.

In den Hilfen zur Erziehung werden Zielvereinbarungen sowohl im Hilfeplanverfahren selbst mit den Hilfesuchenden als auch mit den jeweiligen Leistungserbringern geschlossen. Ziele sind nach den SMART-Kriterien (spezifisch, messbar, attraktiv und akzeptabel, realistisch und terminiert) zu formulieren. Damit ist gemeint, dass die Ziele konkret und unmissverständlich formuliert sein müssen. Darüber hinaus sollten sie mess- und überprüfbar sein, um möglichst objektiv erkennen zu können, ob sie erreicht wurden. Ziele sollten akzeptiert und aktivierend formuliert sein. Der gewünschte Endzustand ist positiv zu beschreiben. Realistisch und terminiert heißt, dass die Ziele auch wirklich durch eigenes Verhalten aktiv zu einem konkreten Zeitpunkt erreicht werden können. Nur wenn diese Bedingungen erfüllt sind, können Ziele auch eine Orientierung und Motivation für das Handeln sein.
Um die Grundsätze im Rahmen des Hilfeplanverfahrens in der Praxis auf der Grundlage einheitlicher Standards und methodischer Verfahren umsetzen zu können, werden vielfältige Arbeitshilfen und Instrumente im Internet von Jugendämtern, Leistungserbringern

und wissenschaftlichen Einrichtungen zur Verfügung gestellt. Zu den Instrumenten gehören insbesondere Genogramme, Interviewleitfäden, Frage- und Evaluationsbögen. Unterstützend sind auch diverse Softwareprogramme für die Kinder- und Jugendhilfe, die von Wirtschaftsunternehmen und Non-Profit-Organisationen angeboten werden.

Aufgaben

V 1. *Was versteht man unter einem Hilfeplanverfahren in den Hilfen zur Erziehung?*

P 2. *Entwickeln Sie Ziele und Maßnahmen einer erzieherischen Hilfe auf der Grundlage des § 36 SGB VIII an einem exemplarischen Fall in der Gruppe.*

R 3. *Worauf sollte man in einem Hilfeplangespräch achten?*

R 4. *Welche besondere Bedeutung kommt dem Fallverstehen zu?*

Web

Zusammenfassung

Rechtsgrundlage: *„Der Personensorgeberechtigte und das Kind oder der Jugendliche sind vor der Entscheidung über die Inanspruchnahme einer Hilfe und vor einer notwendigen Änderung von Art und Umfang der Hilfe zu beraten und auf die möglichen Folgen für die Entwicklung des Kindes oder des Jugendlichen hinzuweisen. Vor und während einer langfristig zu leistenden Hilfe außerhalb der eigenen Familie ist zu prüfen, ob die Annahme als Kind in Betracht kommt. Ist Hilfe außerhalb der eigenen Familie erforderlich, so sind die in Satz 1 genannten Personen bei der Auswahl der Einrichtung oder der Pflegestelle zu beteiligen. Der Wahl und den Wünschen ist zu entsprechen, sofern sie nicht mit unverhältnismäßigen Mehrkosten verbunden sind. Wünschen die in Satz 1 genannten Personen die Erbringung einer in § 78a genannten Leistung in einer Einrichtung, mit deren Träger keine Vereinbarungen nach § 78b bestehen, so soll der Wahl nur entsprochen werden, wenn die Erbringung der Leistung in dieser Einrichtung nach Maßgabe des Hilfeplans nach Absatz 2 geboten ist.“ (§ 36 Abs. 1 SGB VIII)*

Hilfeplan: *Bei einem Hilfeplan handelt es sich um ein Instrument zur Steuerung der Jugendhilfe im Einzelfall, das gemäß § 36 SGB VIII gesetzlich geregelt ist. Der Hilfeplan dient der Koordinierung aller an der Hilfe Beteiligten und ist somit als deren Grundlage anzusehen. Der Hilfeplan wird durch das Jugendamt in Zusammenarbeit mit allen Beteiligten erstellt.*

Hilfeplanverfahren: *Das Hilfeplanverfahren dient in der Jugendhilfe dazu, eine geeignete Erziehungshilfe für Kinder, Jugendliche und Familien zu regeln bzw. die Ziele und Rahmenbedingungen der Hilfe festzuschreiben.*

Grundsätze im Hilfeplanverfahren: *Partizipation, Fallverstehen/Diagnose, Ressourcenorientierung, Zielorientierung*

4.4 Diagnose-, Dokumentations- und Evaluationsverfahren

Professionelles Handeln in der Kinder- und Jugendhilfe kann in erheblichem Maß von Diagnostik, systematischer Dokumentation und Evaluation profitieren. Daher wird hier exemplarisch ein sozialpädagogisches Diagnoseverfahren vorgestellt, das ASD-Fachkräften zu einem besseren Fallverstehen verhilft. Im Unterkapitel Evaluation wird ein Evaluationsverfahren einführend dargestellt, mit dem Hilfen wirkungsorientiert gesteuert werden und welches Einrichtungen ermöglicht, ihre Stärken und Schwächen zu erkennen.

4.4.1 Sozialpädagogische Diagnose

Der Begriff Diagnose ist auf das griechische Wort „diágnōsis" zurückzuführen (= unterscheidende Beurteilung, Erkenntnis). Der Begriff ist insbesondere in der Medizin und Psychologie gebräuchlich, hat aber auch in der sozialen Arbeit seit Mary Richmond und Alice Salomon eine lange Tradition.

Dem klassischen Diagnoseverständnis folgen Viola Harnach-Beck und Maja Heiner mit ihrer „Psychosoziale[n] Diagnostik", die in den Grundzügen der Expertendiagnostik der Medizin oder Psychotherapie angelehnt ist.

Mit dem Begriff der „Diagnose" wird von Kritikern ein naturwissenschaftlich medizinischer Ansatz assoziiert, der die Anwender scheinbar befähigt „objektives Expertenwissen" einzusetzen, um Symptome des abweichenden Verhaltens zu diagnostizieren. Kritiker lehnen den Begriff der Diagnose ab, da damit der spezifisch sozialpädagogische, fallbezogene Erkennens- und Verstehensprozess nicht erfasst werden kann. Nach Merchel (2003) ist Diagnostik immer einer gewissen Irrtumswahrscheinlichkeit ausgesetzt. Zudem besteht die Gefahr, dass der Hilfeadressat lediglich als Datenlieferant dient.

Die „Sozialpädagogisch-hermeneutische Diagnose" (u. a. von Uhlendorff) ist ein biografisch-rekonstruktives Verfahren. In einem aufwendigen Verfahren werden subjektive Prozesse und Lebensmuster des jungen Menschen mit ihm gemeinsam rekonstruiert und in einem „Aushandlungsprozess" zwischen sozialpädagogischer Fachkraft und dem jungen Menschen ausgewertet.

Schrapper verwendet den Begriff „Sozialpädagogische Diagnostik und Fallverstehen" für sein „Beziehungsanalytisch-inszenierendes Verfahren", das im Mittelpunkt die Bearbeitung der Fallanalyse im Team hat und die Identifizierung mit den im Fall handelnden Personen.

Vor diesem Hintergrund sollte eine sozialpädagogische Diagnostik im Jugendamt im Bereich der Hilfen zur Erziehung folgenden Anforderungen genügen:

- Aus zahlreichen Untersuchungen wird deutlich, dass die Entscheidung für eine bestimmte Hilfe zur Erziehung aus dem Leistungskanon des Achten Sozialgesetzbuchs in der Regel nicht ausreichend auf einer transparenten, systematischen und unabhängig von individuellen Präferenzen der beteiligten Fachkräfte erstellten Diagnose erfolgt. Daraus ergeben sich Schwierigkeiten, wenn „Intersubjektivität" bei Wechsel der Zuständigkeit und bei Beteiligung mehrerer Fachkräfte herzustellen ist.
- Im Zusammenhang immer wieder auftretender problematischer Fälle, die auch in spektakulärer Weise von den Medien aufgegriffen werden, wird der Jugendhilfe vorgeworfen, dass gravierende Fehlentwicklungen von Kindern und Jugendlichen bei frühzeitiger oder stimmiger Intervention hätten vermieden werden können. Gegen die Jugendhilfe eingeleitete staatsanwaltliche Ermittlungen und Strafverfahren erfordern ein systematisiertes, transparentes und nachvollziehbares Handeln der sozialpädagogischen Fachkräfte. Die Jugendhilfe muss ihrer „Garantenstellung" gerecht werden und somit in der Lage sein, vorhandene Risiken frühzeitig zu erkennen und entsprechende Hilfen einzusetzen.
- Die öffentlichen Träger der Jugendhilfe sehen sich mit überdurchschnittlich gestiegenen Kosten konfrontiert und neigen vor diesem Hintergrund zu vermeintlicher Kostenvermeidung, in dem sie z. B. „teure" Heimunterbringung durch „billigere" Hilfen ersetzen. Die kostengünstigste Hilfe ist aber die, die am besten geeignet ist, Erziehungs- und Entwicklungsauffälligkeiten des jungen Menschen zu beheben und dabei das familiäre und soziale Umfeld miteinbezieht. Deshalb muss ein diagnostisches Instrumentarium sowohl die individuellen als auch die familiären und sozialen Risiken und Ressourcen des jungen Menschen systematisch erfassen und in eine entsprechende Interventionsplanung aufnehmen.
- Das Handlungswissen der sozialpädagogischen Fachkräfte in der Jugendhilfe ist in der Lage, einen Zusammenhang zwischen beobachtbaren erzieherischen Defiziten oder Entwicklungsproblemen und dem Risiko verfestigter dissozialer Entwicklung herzustellen. Außerdem besteht eine hohe Übereinstimmung der Sozialwissenschaften hinsichtlich der Risikofaktoren des Aufwachsens von jungen Menschen. Vor diesem Hintergrund ist die Entwicklung eines sozialpädagogischen Diagnoseverfahrens erst möglich.

Auf dieser Basis veröffentlichte das Bayerische Landesjugendamt im Jahr 2001 „Sozialpädagogische Diagnose-Tabellen". Diese haben zunächst nicht den Anspruch, ein allgemeingültiges diagnostisches Verfahren zu bieten, das in allen Feldern der Sozialpädagogik einsetzbar ist. Sie sollen gezielt zur Feststellung des erzieherischen Bedarfs im Bereich der Hilfen zur Erziehung gemäß § 27 SGB VIII von den Bezirkssozialarbeitern im Jugendamt genutzt werden. Sie können auch im Dialog mit dem jungen Menschen, den Sorgeberechtigten oder dritten Personen erarbeitet werden. Die Kritik, dass der junge Mensch zum „Datenlieferant" degradiert wird, trifft hier nicht zu. Es wird dem „Klienten" nach dem Einsatz der Diagnose-Tabellen auch kein „Behandlungsplan" vorgelegt, den er einzuhalten hat, sondern das Material der Diagnose-Tabellen kann die

Grundlage für den Aushandlungsprozess zwischen dem jungen Menschen und der Fachkraft sein.

Im Verfahren der Hilfeentscheidung im Jugendamt können die Diagnose-Tabellen eine Grundlage für eine kollegiale Fallbesprechung im Team oder für die Hilfekonferenz (Entscheidungsgremium) bieten. Sie eignen sich also auch als Gegenstand für Gruppenberatungen und können zu einem umfassenderen und systematisiertem Fallverstehen in der Jugendamtspraxis beitragen.

Das Bayerische Landesjugendamt zielt mit den Diagnose-Tabellen insbesondere auf die „Handlungssicherheit" der Fachkräfte bei der Gewährung der Hilfen zur Erziehung und will damit einen Baustein zum einheitlichen Verfahren der Jugendämter in diesem Bereich bieten. Die Sozialpädagogischen Diagnose-Tabellen könnten als Standardverfahren für die Eingangsdiagnose den individuellen Hilfebedarf bei Kindern und Jugendlichen effektiv, ausführlich und differenziert feststellen und gleichzeitig das Hilfeplanverfahren für alle Beteiligten transparenter und verständlicher machen.

Der Bezirkssozialarbeit soll ein Instrumentarium für die Eingangsdiagnostik im Vorfeld der Hilfen zur Erziehung nach § 27 ff. SGB VIII zur Verfügung gestellt werden, welches das Hilfeplanverfahren qualifizieren und vor allem auch transparenter und für alle Beteiligten nachvollziehbarer machen kann.

Es geht dabei um ...

- eine möglichst effektive, ausführliche und differenzierte Feststellung des Hilfebedarfs,
- die Schaffung eines allgemein anerkannten fachlichen Standards,
- Transparenz – vor allem auch an den Schnittstellen,
- Legitimation – im Zweifelsfall sogar im Rahmen einer verwaltungsgerichtlichen Überprüfung,
- einen Beitrag zum „intelligenten" Sparen, d. h. um die Wahl einer Hilfe, die am besten für den jungen Menschen geeignet, sachgerecht und damit letztlich kostengünstig ist.

Die Ansprüche an die Diagnostik in der Kinder- und Jugendhilfe sind hoch. Das Ergebnis einer, wie es im Amtsdeutsch heißt, Prüfung der Leistungstatbestandsvoraussetzungen gemäß § 27 SGB VIII entscheidet nicht nur über den Einsatz finanzieller Mittel, sondern über das Schicksal von Kindern und Familien (siehe Hillmeier 2003; Institut für Kinder- und Jugendhilfe 2008).

Die hier beschriebenen Sozialpädagogischen Diagnose-Tabellen wurden in der aufwendigen, fünfjährigen Kontrollgruppenstudie „EST!" überprüft. Dabei zeigte sich, dass ihr Einsatz zu effektiveren und effizienteren Hilfen führte: Die auf dieser Basis gewählten Hilfen waren im Vergleich zur Kontrollgruppe geeigneter, die anschließenden Hilfeverläufe erfolgreicher, die Abbruchquoten reduziert und Anschlusshilfen waren seltener nötig. Diese Befunde belegen die Sinnhaftigkeit einer solchen sozialpädagogischen Diagnostik im ASD (siehe Macsenaere u. a. 2009).

Die aktuelle Fassung der Sozialpädagogischen Diagnose-Tabellen erfasst Risiken und Ressourcen bezüglich vier Dimensionen mit insgesamt zwanzig Merkmalen:

1. **Grundversorgung des jungen Menschen:** medizinische Versorgung, Ernährung, Hygiene, Aufsicht und Obdach

2. **Familiensituation:** wirtschaftliche Situation, Wohnsituation, gesundheitliche Verfassung der Eltern, Erziehungsverhalten der Eltern und Mitarbeit der Eltern

3. **Entwicklungssituation des jungen Menschen:** körperliche Gesundheit, seelisches Wohlbefinden, Sozialverhalten, Leistungsbereich und Selbstständigkeit

4. **Erziehungssituation:** familiäre Beziehungen, erziehungsleitende Vorstellungen, Entwicklungsförderung, Lebensgeschichte und Integration

Web

Aufgaben

A *1. Diskutieren Sie in Ihrer Lerngruppe, welche Chancen und welche Risiken eine sozialpädagogische Diagnostik aufweist.*

V *2. Zu welchen Ergebnissen hat die „EST!-Studie“ geführt?*

V *3. Welche Dimensionen werden in der aktuellen Fassung der Sozialpädagogischen Diagnose-Tabellen erfasst?*

4.4.2 Evaluation

Noch vor zwanzig Jahren war der Begriff „Evaluation“ kaum gebräuchlich – mittlerweile wird er schon fast inflationär gebraucht. Was aber bedeutet Evaluation überhaupt? Auf ein Wort reduziert: Es ist eine Bewertung (Evaluation kommt vom lateinischen „valere“ = wert sein). Bewertungen sind keine Erfindung der Neuzeit, sondern ein dem Menschen innewohnendes und überlebenssicherndes Vorgehen. So bewerten wir tagtäglich unser Essen, unsere Mitmenschen, das Wetter, das Gefährdungspotential von bestimmten Situationen usw.

Analog zu diesem alltäglichen Vorgehen nimmt auch eine Evaluation eine Beschreibung und Bewertung vor – allerdings mit folgenden Spezifika:

- es werden zumeist Programme, Projekte, Interventionen usw. untersucht;
- es werden dazu wissenschaftliche und in der Regel interdisziplinäre Methoden genutzt;
- es wird systematisch, transparent und datengestützt vorgegangen.

4.4.2.1 Nutzen

Aus diesen Punkten wird deutlich, dass eine Evaluation im Vergleich zu einer Bewertung im Alltag mit einem höheren Aufwand verbunden ist. Dieser kann sich nur lohnen, wenn damit auch ein entsprechender Nutzen erreicht wird. Welcher Nutzen kann aber diesen Aufwand rechtfertigen?

Eine Evaluation kann grundsätzlich drei Arten von Nutzen ermöglichen, die alle auch für den Bereich der Sozialen Arbeit und die Hilfen zur Erziehung von Relevanz sind: Qualitätsentwicklung, Legitimation und Entscheidungsfindung.

Qualitätsentwicklung

Eine Evaluation bietet die Chance, den Blick „nach innen" zu schärfen. Ihre Ergebnisse können und sollten genutzt werden, um klientelspezifisch eigene Stärken zu erkennen, aber auch um Hinweise auf Verbesserungspotenzial zu erhalten. Durch diese Rückkopplung leistet Evaluation einen Beitrag zur Qualitätsentwicklung einer Profession und ihrer einzelnen Akteure. Dementsprechend fordern auch Qualitätsmanagement-Modelle wie TQM (Total-Quality-Management) und EFQM (European Foundation for Quality Management) eine praxisbegleitende Evaluation. In der Jugendhilfe zeigen z. B. Evaluationsergebnisse, dass ressourcenorientierte Methoden (z. B. psychomotorische Interventionen) einerseits immer häufiger zum Einsatz kommen. Andererseits geschieht dies aber erst relativ spät im Hilfeverlauf und bevorzugt bei jungen Menschen mit relativ guten Ausgangslagen (siehe Macsenaere/Esser 2012).

Dies spricht für einen doppelten Optimierungsbedarf: Ressourcenorientierte Methoden frühzeitiger im Hilfeverlauf einzusetzen und ihre Chancen auch für benachteiligte junge Menschen zu nutzen.

Legitimation

Jede Profession hat ein Interesse daran, ihre Arbeit nach außen sichtbar zu machen. Dies kann durch ein „Bauchgefühl" oder Erfahrungswerte geschehen (z. B. „Wir leisten doch eine sinnvolle und erfolgreiche Arbeit") – oder aber durch eine Evaluation, die die Qualität und ggf. den damit verbundenen Erfolg systematisch und zuverlässig erfasst. Dadurch wird eine differenzierte und transparente Darstellung (ggf. auch im Vergleich zu Kontrollgruppen) ermöglicht, der von Politik und Gesellschaft mehr Gehör beigemessen wird, als der Schilderung reiner Erfahrungswerte. In diesem Sinne lassen sich z. B. vorliegende Ergebnisse der Evaluation „InHAus" nutzen: Sie belegen, dass mit individualpädagogischen Hilfen im Ausland die Ressourcen von äußerst „schwierigen" Jugendlichen merklich gestärkt und ihre Defizite reduziert werden (siehe Klein u. a. 2011).

Entscheidungsfindung

Eine Evaluation kann durchgeführt werden, um eine bessere Entscheidungsgrundlage zu schaffen. Typischerweise trifft dies auf Modellprojekte zu, deren Evaluation datengestützte Hinweise bzw. Empfehlungen zur (Nicht-)Weiterführung des Projektes/Programmes liefert. Auftraggeber für solche Evaluationen sind oft Ministerien.

Je nach Bewertungs- bzw. Evaluationsgegenstand können dabei völlig unterschiedliche Methoden zum Einsatz kommen. So eignen sich manche Fragestellungen besser für eine von den Praktikern selbst geplante und ausgeführte „Selbstevaluation", andere (zumeist komplexe) Fragestellungen sprechen möglicherweise eher für eine „Fremdevaluation" durch externe Experten. Manche Fragestellungen legen eine „Wirkungsevaluation" nahe, andere hingegen eine prozessorientierte Evaluation usw. In Anbetracht der Vielzahl von Untersuchungsmethoden ist zu beachten, dass es keinen generell richtigen Weg gibt, sondern dass die gewählte Methode mit ihren spezifischen Vor- und Nachteilen möglichst gut zur Fragestellung bzw. dem Untersuchungsgegenstand passt (siehe DeGEval 2008).

4.4.2.2 Evaluation erzieherischer Hilfen – EVAS

Um einen Einblick in eine praxistaugliche Evaluation zu erhalten, wird nachfolgend die Evaluation erzieherischer Hilfen (EVAS) vorgestellt (siehe Macsenaere/Knab 2004). Es ist das am längsten eingesetzte Verfahren in der Erziehungshilfe: seit 1999 zunächst in einer Papierversion, seit 2001 erstmals mit elektronischer Unterstützung und schließlich seit 2004 als Onlineversion, die beständig weiterentwickelt wurde und voraussichtlich in 2015 in einer komplett überarbeiteten Variante zur Verfügung stehen wird. Eine ausführlichere Darstellung von wirkungsorientierter Dokumentation und Evaluation findet sich im Studienskript „Computergestützte Dokumentation, Qualitätssicherung und Evaluation in der Jugendhilfe" (siehe IKJ u. a. 2014).

Die Grundlage für alle Prozesse, die mit EVAS angestoßen werden können, bildet eine hilfebegleitende (prospektive), einzelfallbezogene Dokumentation von Hilfeverläufen. Das Design ist dabei vergleichsweise einfach.

EVAS-Erhebungsdesign

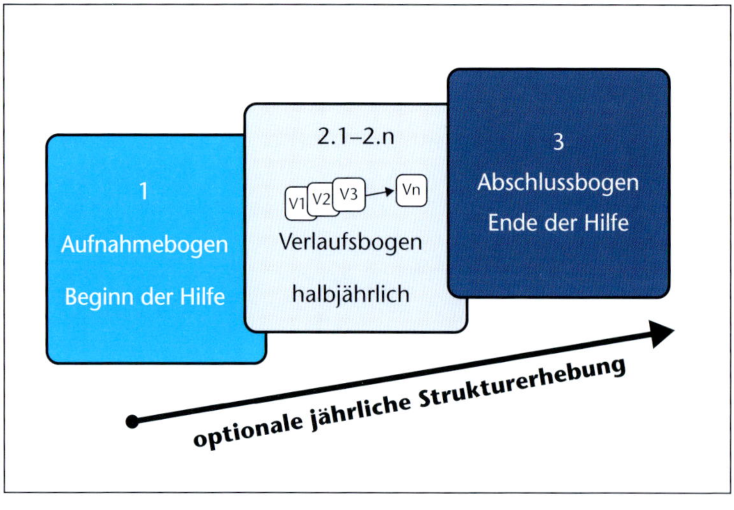

Zu Beginn einer Hilfe werden neben soziodemografischen Informationen Daten zur Lebenssituation des jungen Menschen, zu bisherigen Hilfen und Unterstützungsmaßnahmen, Ressourcen und Problemlagen sowie zu den Hilfe- oder Erziehungsplanzielen erfasst. Im weiteren (halbjährlichen) Verlauf wird erneut die aktuelle Situation mit Ressourcen und Problemlagen in den Fokus genommen. Weiterhin fließen Informationen zu wichtigen Prozessmerkmalen (Interventionen, Kooperation) ein und natürlich einer Angabe zur Zielerreichung sowie den neuen Zielen für den nächsten Hilfeabschnitt. Schließlich werden mit dem Ende der Hilfe zusätzlich Informationen zur Art der Hilfebeendigung und der Situation nach der Hilfe erhoben. Dies geschieht jeweils aus Sicht der beteiligten Fachkräfte.

Optional besteht die Möglichkeit auch die Sichtweisen der jungen Menschen selbst, der Sorgeberechtigten und der ASD-Mitarbeiter zu berücksichtigen. Ergänzt werden diese einzelfallbezogenen Daten durch eine jährliche Erfassung der strukturellen Rahmenbedingungen, unter denen die pädagogische Arbeit stattfindet.

Die so gesammelten Informationen werden für die Teilnehmer auf verschiedenen Ebenen ausgewertet:

Einzelfallauswertung: *Sie ermöglicht, die Entwicklung des jungen Menschen anhand von Tabellen und aussagekräftigen Diagrammen über einen Zeitraum von sechs Erhebungszeitpunkten nachzuvollziehen. Diese Form der Auswertung kann von jedem Mitarbeiter nach Eingabe von neuen Informationen in die Datenbank direkt über einen Download als PDF-Datei selbst abgerufen werden.*

Datenberichte: *Sie werden einmal im Jahr erstellt und erlauben – aggregiert aus der Summe der Einzelfälle – die Situation der gesamten Einrichtung in den Blick zu nehmen. Zusätzlich hat jeder EVAS-Teilnehmer die Chance, die eigenen Ergebnisse mit den entsprechenden Zahlen der bundesdeutschen Gesamtstichprobe zu vergleichen und daraus entweder Rückschlüsse für weitere Optimierung zu ziehen oder Hinweise auf besonders positive Entwicklungen für die Argumentation nach außen zu erhalten.*

Die Akzeptanz eines Dokumentationsverfahrens wie EVAS hängt ganz entscheidend davon ab, wie gut es gelingt, das System in bereits bestehende Arbeitsschritte und -prozesse zu integrieren. Von daher ist es eine unbedingte Voraussetzung, dass EVAS direkt an die Hilfe- und Erziehungsplanung in der Einrichtung gekoppelt wird.

Zusammenhänge Arbeitssysteme/Hilfeplanung/EVAS

System der Hilfeplanung	EVAS-Bezüge
Hilfebeginn …	
Anamnese/Diagnose/IST-Stand	Erhebung im Aufnahmebogen: bisheriger Aufenthalt, bisherige Jugendhilfen, Aufnahmeanlässe usw.; Leistungsbereich, Delinquenz, Ressourcen, Problemlagen
SOLL-Definition	Ziele Kind/Eltern und Prognose
Hilfe-/Erziehungs-/Interventionsplanung	
… sechs Monate später	
Bestandsaufnahme Erziehungs-/Interventionsplanung	durchgeführte Interventionen Kind/Eltern (retrospektiv), Anzahl der Planungsgespräche
IST-Stand/Überprüfung der Zielerreichung/Analyse/Bewertung	Erhebung im ersten Verlaufsbogen: Leistungsbereich, Delinquenz, Ressourcen, Problemlagen, Kooperationsverhalten Kind/Eltern, Zielerreichungsgrad vorangegangener Ziele
SOLL-Definition Hilfe-/Erziehungs-/Interventionsplanung	Ziele Kind/Eltern und Prognose
… sechs Monate später (usw.)	
Bestandsaufnahme Erziehungs-/Interventionsplanung	durchgeführte Interventionen Kind/Eltern (retrospektiv), Anzahl der Planungsgespräche
IST-Stand/Überprüfung der Zielerreichung/Analyse/Bewertung	Erhebung im zweiten (dritten, vierten usw.) Verlaufsbogen: Leistungsbereich, Delinquenz, Ressourcen, Problemlagen, Kooperationsverhalten Kind/Eltern, Zielerreichungsgrad vorangegangener Ziele
SOLL-Definition	Ziele Kind/Eltern und Prognose
Hilfe-/Erziehungs-/Interventionsplanung	
… Hilfeende	
Bestandsaufnahme Erziehungs-/Interventionsplanung	durchgeführte Interventionen Kind/Eltern (retrospektiv), Anzahl der Planungsgespräche
IST-Stand/Überprüfung der Zielerreichung/Analyse/Bewertung	Leistungsbereich, Delinquenz, Ressourcen, Problemlagen, Kooperationsverhalten Kind/Eltern, Zielerreichungsgrad vorangegangener Ziele, Art der Beendigung (und ggf. Gründe für den Abbruch)
Perspektiven	Wohnsituation, schulische/berufliche Situation, allgemeine Perspektive; ggf. Anschlusshilfe und Ziele

Berichtswesen – Gespräche – (Erziehungs-)Leitung – Gespräche Kind/Eltern

Teamsitzung – Eigenreflexion – Helferkonferenz – Gespräch Arzt/Therapeut

Tagesdokumentation – Fallbesprechung – Hilfeplangespräche usw.

Im Einzelnen kann EVAS an folgenden Stellen in der Hilfeplanung seinen Ort finden:

Aufnahmegespräch

Die Qualität der Eingangsdiagnostik ist die Basis jeder einzelfallbezogenen Hilfegestaltung. Da die Leistungserbringer zu diesem Zeitpunkt noch stark auf andere Informationsquellen wie beispielsweise das örtliche Jugendamt, die Eltern und weitere Personen im Umfeld des Kindes angewiesen sind, werden in der Praxis häufig Formulare und Checklisten zur Dokumentation der Informationen herangezogen, wie beispielsweise ein Aktendeckblatt, Stammblatt oder Erstgesprächsbogen.

Je nach Entwicklungsstand dieser Papiere können Items aus dem EVAS-Aufnahmebogen entweder eine nützliche Ergänzung sein oder für eine sinnvolle Komprimierung von Daten sorgen. Weiterhin kann der Aufnahmebogen selbst als (gedanklicher) Leitfaden für das Aufnahmegespräch verwendet werden. Der Vorteil liegt im Wechselbezug, d. h. einerseits strukturiert der Bogen das Gespräch und sorgt dafür, dass alle für die Hilfeplanung wesentlichen Informationen angesprochen werden, andererseits können parallel die für EVAS wichtigen Daten unter Einbeziehung aller Beteiligten gewonnen werden.

Im Zuge der Einbindung von EVAS haben viele Teilnehmer insbesondere die Schnittstelle Jugendamt im Vorfeld der Aufnahme stärker in den Blick genommen. So haben sie einen Bogen für ihr Jugendamt entwickelt, der neben anderen auch EVAS-bezogene Informationen abfragt.

Vor-/Nachbereitung des Hilfeplangesprächs

In Verbindung mit der Hilfeplanung sowie der Vor- und Nachbereitung des Hilfeplangesprächs selbst ist EVAS an vielen Punkten anschlussfähig.

Beispiel Vorgespräch Kind/Jugendlicher: Im Vorfeld des Hilfeplangesprächs ist es in der Praxis üblich, mit dem Kind/Jugendlichen ein vorbereitendes Gespräch vor dem Hintergrund Selbstbild/Fremdbild zu führen. Hier werden Fragen besprochen wie: Wo siehst du deine Stärken, wo hast du Schwächen? Erinnere dich an die im letzten Gespräch aufgestellten Ziele: Wie weit sind wir aus deiner Sicht gekommen? Was hast du dazu beigetragen? Was sind deine Ziele für das nächste halbe Jahr? Was kannst du dazu beitragen?

Praktiker haben einen ganz konkreten Anknüpfungspunkt zu EVAS im Item „Ressourcen/Schutzfaktoren des Kindes/Jugendlichen“ gesehen und hieraus eine Checkliste für die Erstellung eines Selbstbildes entworfen: Die zehn Skalenbereiche des Items werden mithilfe der Hinweise im Glossar heruntergebrochen auf für das Kind nachvollziehbare Aussagen. Diese beurteilt es den Schulnoten angepasst anhand einer Skala von 1–6. Andere füllen den EVAS-Bogen im Vorfeld des Gesprächs (bis auf die Hilfeplanziele) aus und besprechen den Bogen mit dem Jugendlichen.

Berichtswesen

Werden für das Jugendamt Berichte erstellt, können die EVAS-Items zu jedem Zeitpunkt der Hilfe als Orientierungshilfe für die Berichte (z. B. Entwicklungsberichte) oder

Tischvorlagen herangezogen werden. Fehlende qualitative Elemente werden wie gewohnt an entsprechender Stelle ergänzt.

In welcher Reihenfolge die beiden Arbeitsschritte (Bericht erstellen, EVAS-Bogen ausfüllen) auch immer durchgeführt werden: Beides ergänzt sich bzw. das eine kann zur Vorbereitung des anderen genutzt werden. EVAS muss demnach auch hier keinen Mehraufwand darstellen, sondern fügt sich reibungslos in das bisherige Arbeitssystem „Berichtswesen" ein. Zusätzlich können Berichte oder Tischvorlagen mit (ausgewählten) Inhalten aus den EVAS-Einzelfallauswertungen ergänzt werden.

Tagesdokumentation

Die im pädagogischen Alltag gewonnenen Informationen werden in der Praxis üblicherweise in Tagesprotokollen festgehalten. Teilnehmer haben EVAS hier zum Anlass genommen, ihr bisheriges System zu überdenken und zu standardisieren, sodass neben qualitativen Aspekten (wie Gruppenatmosphäre, Stimmung Kind) auch nützliche EVAS-Informationen eingetragen werden können. Dies sind vor allem die standardisierbaren und kurz beschreibbaren Elemente wie beispielsweise durchgeführte Interventionen, Schulnoten, Fehlzeiten. Neben der Verbesserung des internen Informationsmanagements können gleichzeitig die halbjährlichen EVAS-Erhebungsphasen problemlos überbrückt werden. Zudem kann bei der Tagesdokumentation darauf geachtet werden, die EVAS-Begrifflichkeit zu verwenden, um einerseits die Dokumentation zu vereinheitlichen und andererseits einen fachlichen Sprachgebrauch zu trainieren.

Teamgespräch/Fallbesprechung

Sowohl für die Datenqualität als auch für die Fallarbeit lohnt es sich, die zentralen EVAS-Items (Ressourcen/Schutzfaktoren und Globalbeurteilung, Interventionsbedarfe [Störungen/Diagnosen] und Schweregrad) im Teamgespräch zu besprechen, denn dort bündeln sich alle Informationen aus den unterschiedlichen Arbeitssystemen, werden ausgewertet und es wird das fallbezogene weitere Vorgehen geplant.

Die Notwendigkeit, EVAS ins Team einzubinden, ergibt sich auch aus den Gütekriterien, die an ein diagnostisches Verfahren ganz allgemein gestellt werden und folglich auch für eine (Selbst-)Evaluation mit EVAS gelten:

Zunächst geht es um das Bemühen, durch das Einbeziehen verschiedener Beurteilungen zu objektiveren Einschätzungen zu kommen. Die Teamkollegen haben hierbei die wichtige Funktion, korrigierend auf persönliche, emotionale Sichtweisen Einzelner einzuwirken.

Hierbei werden auch Vergleichsmaßstäbe gesetzt, die für eine ausgewogene, über den Einzelfall hinausgehende Beurteilung sorgen. Damit steht das gesamte Team für die Zuverlässigkeit, Genauigkeit und Stabilität der Messergebnisse und gewährleistet so einerseits die Qualität der Datenverwertung für die EVAS-Berichte. Andererseits – und für die konkrete Fallarbeit nicht minder wichtig – unterstützt die Verständigung über die EVAS-Items das aufeinander abgestimmte pädagogische Handeln aller Teammitglieder.

Während des Gesprächs ist das gesamte Team dazu aufgefordert, für ein angemessenes Verhältnis von Durchführungsaufwand und Informationsertrag zu sorgen. Damit in enger Verbindung steht sowohl eine vernünftige Auswahl der zu besprechenden Inhalte als auch eine disziplinierte Gesprächskultur ganz allgemein.

Folgende Aspekte sollten beachtet werden, um das Instrument EVAS möglichst effektiv in der Fallbesprechung nutzen zu können:

- Der Bogen sollte von der Fachkraft, die das konkrete Kind/den speziellen Jugendlichen am besten kennt, vorbereitet werden. Dazu gehört es auch, eine Auswahl der Fragestellungen zu treffen, bei denen das gesamte Team hinzugezogen werden sollte, also dort wo Klärungs- bzw. Diskussionsbedarf besteht.

- Die fünf zentralen Items zur Ressourcen- bzw. Defizitbeschreibung (Ressourcen/Schutzfaktoren des Kindes/Jugendlichen, Globalbeurteilung der psychosozialen Anpassung, Problemlagen/Symptombelastung, Störungen/Diagnosen und Schweregrad der Gesamtauffälligkeit) sollten in jedem Fall diskutiert werden, um ein möglichst umfassendes Bild des jungen Menschen zu erhalten.

- Die Glossare, die Hilfestellung zum Verständnis der EVAS-Items und EVAS–Kategorien enthalten, sollten während des Gesprächs zum Nachschlagen bereitliegen.

- Es sollte ein zeitlicher Standard definiert werden, innerhalb dessen EVAS in der Besprechung bearbeitet wird. Stehen Zeitpunkt und Dauer für die Besprechung von EVAS-Bögen fest, stellt sich leichter eine EVAS-Routine und -Tradition ein.

Die Anwendung von EVAS kann die Planung der Hilfe unterstützen. Die geschieht auf unterschiedlichen Ebenen:

- Die Anwendung des Verfahrens führt zu einer einheitlichen Sprache und Verständnis von gewissen Begrifflichkeiten und erleichtert den Austausch.

- EVAS hilft, Fallbesprechungen zu strukturieren.

- Das Verfahren kann zeitlich an die Hilfeplanung gekoppelt werden und ergänzt Berichte für das Jugendamt durch die grafische Aufbereitung der Entwicklung des jungen Menschen in der Einzelfallauswertung.

- Nicht zuletzt dient das Verfahren der Leitung zum Vergleich mit anderen Jugendhilfeanbietern und kann somit für QE-Prozesse, aber auch zur Argumentation z. B. in Entgeltverhandlungen genutzt werden.

- Voraussetzung ist wie bei allen IT-gestützten Verfahren eine gute Integration in bestehende Arbeitsabläufe.

Aufgaben

V 1. *Nennen Sie ein deutsches Wort für Evaluation.*

V 2. *Welche Spezifika weist eine Evaluation auf?*

R 3. *Welchen drei Nutzendimensionen können grundsätzlich mit einer Evaluation angestrebt werden? Erarbeiten Sie mit Ihrer Lerngruppe für jede Dimension ein Beispiel aus den Hilfen zur Erziehung.*

P 4. *Beschreiben Sie, an welchen Stellen und mit welchem Vorgehen eine dauerhafte Evaluation in die Hilfeplanung integriert werden sollte.*

P 5. *Auf welchen Ebenen kann eine Evaluation einem freien Träger nützen? Entwickeln Sie mit Ihrer Lerngruppe für jede Ebene ein Beispiel.*

Web

Zusammenfassung

Professionelles Handeln in den Hilfen zur Erziehung kann in erheblichem Maß von Diagnostik und systematischer Dokumentation bzw. Evaluation profitieren.

Sozialpädagogische Diagnostik:
Eine sozialpädagogische Diagnostik kann gezielt zur Feststellung des erzieherischen Bedarfs im Bereich der Hilfen zur Erziehung gemäß § 27 SGB VIII genutzt werden. Sie sollte im Dialog mit dem jungen Menschen und den Sorgeberechtigten erarbeitet werden. In diesem Sinne erfassen die Sozialpädagogischen Diagnose-Tabellen des Bayerischen Landesjugendamtes Risiken und Ressourcen bezüglich folgender vier Dimensionen:

1. *Grundversorgung des jungen Menschen: medizinische Versorgung, Ernährung, Hygiene, Aufsicht und Obdach*
2. *Familiensituation: wirtschaftliche Situation, Wohnsituation, gesundheitliche Verfassung der Eltern, Erziehungsverhalten der Eltern und Mitarbeit der Eltern*
3. *Entwicklungssituation des jungen Menschen: körperliche Gesundheit, seelisches Wohlbefinden, Sozialverhalten, Leistungsbereich und Selbstständigkeit*
4. *Erziehungssituation: familiäre Beziehungen, erziehungsleitende Vorstellungen, Entwicklungsförderung, Lebensgeschichte und Integration*

Es geht dabei um …

- *eine möglichst effektive, ausführliche und differenzierte Feststellung des Hilfebedarfs,*
- *die Schaffung eines allgemein anerkannten fachlichen Standards,*

- *Transparenz – vor allem auch an den Schnittstellen,*
- *Legitimation – im Zweifelsfall sogar im Rahmen einer verwaltungsgerichtlichen Überprüfung,*
- *einen Beitrag zum „intelligenten" Sparen, d. h. um die Wahl einer Hilfe, die am besten für den jungen Menschen geeignet, sachgerecht und damit letztlich kostengünstig ist.*

Evaluation:

Evaluieren bedeutet, etwas zu bewerten.

Dabei weist eine Evaluation folgende Spezifika auf:

- *es werden zumeist Programme, Projekte, Interventionen usw. untersucht und bewertet;*
- *es werden dazu wissenschaftliche und in der Regel interdisziplinäre Methoden genutzt;*
- *es wird systematisch, transparent und datengestützt vorgegangen.*

Eine Evaluation kann grundsätzlich drei Arten von Nutzen ermöglichen, die alle auch für den Bereich der Sozialen Arbeit und die Hilfen zur Erziehung von Relevanz sind: Qualitätsentwicklung, Legitimation und Entscheidungsfindung.

Im Bereich der Hilfen zur Erziehung stellt EVAS die am weitesten verbreitete Evaluation dar. Im Rahmen der Hilfeplanung kann sie genutzt werden für das Aufnahmegespräch, die Vor-/Nachbereitung des Hilfeplangesprächs, das Berichtswesen, die Tagesdokumentation und das Teamgespräch bzw. die Fallbesprechung.

5 LERNFELD 4: Sozialpädagogische Ansätze professionell umsetzen

5.1 Sozialraumorientierung und Quartiersmanagement

Ressourcen- und Lebensweltorientierung sind wichtige Leitsätze der modernen Jugendhilfe. Aus der Vielfalt der Lebensstile und sozialen Probleme leitet sich ein breites Spektrum der Handlungsfelder, Hilfeformen und sozialpädagogischen Ansätze in den Hilfen zur Erziehung ab. Je nach Lebenslage steht den Fachkräften eine Vielzahl von Arbeitsformen und methodischen Handlungskonzepten zur Verfügung. Bei der Auswahl der Konzepte nehmen die individuellen Bedürfnislagen, spezifischen Lebenslagen und Sozialbezüge einen besonderen Stellenwert ein. Im Vordergrund steht die Lebenswirklichkeit der Beteiligten mit dem Ziel der Mitwirkung und Stärkung der Handlungsfähigkeit der Leistungsberechtigten. Eine ressourcenorientierte Haltung der Fachkraft ist eine wichtige Grundvoraussetzung professioneller Arbeit im Sozialraum.

Aufgabe

Beantworten Sie bitte die nachfolgenden Fragen.

A
- *Beschreiben Sie anhand eines Schaubildes Ihren sozialen Raum, in dem Sie aufgewachsen sind.*

R
- *Welche Dinge des Sozialraums sind Ihnen besonders wichtig und was verbinden Sie damit?*

R
- *Gibt es Dinge, die Sie in Ihrem sozialen Raum vermissen?*

5.1.1 Sozialraum und Quartiere

Wenn man den Lebensraum, in dem man lebt beschreibt, so fallen spezifische Merkmale auf, aus denen sich dieser Raum zusammensetzt. Je nach geografischer Lage ist dieser Raum geprägt durch Berge und Täler, Flüsse und Seen, durch Küstenzonen und Dünenlandschaften, durch eine spezifische Flora und Fauna. Jeder regionale Raum weist eine spezifische geografische Beschaffenheit mit charakteristischen Landschaftsmerkmalen auf. Darüber hinaus müssen weitere natürliche Rahmenbedingungen vorliegen, die den Menschen eine physische Existenz in diesem Raum ermöglichen. Hierzu gehören z. B. ausreichende Versorgung mit Sauerstoff und Trinkwasser sowie eine möglichst angenehme Außentemperatur. Ergänzt wird dieser physische Raum durch seine bauliche und verkehrstechnische Infrastruktur. Hierzu gehören historische Bauwerke, Wohngebiete mit ihrer spezifischen Bebauung, öffentliche Einrichtungen wie Kindergärten, Schulen, Verwaltungen sowie Geschäfte zur Versorgung der Bevölkerung mit Nahrungsmitteln, Wirtschaftsunternehmen als Arbeitgeber, Krankenhäuser und vieles andere mehr.

Diese Wohn- und Verkehrsinfrastrukturen wurden von Menschen geschaffen, um ein gemeinsames Überleben und Zusammenleben zu gewährleisten. Zu einem sozialen Raum wird dieser aber erst durch die dort lebenden und handelnden Menschen, die den geografischen Raum und die soziale Infrastruktur nutzen, dort regelmäßig leben und ihre sozialen Beziehungen gestalten.

Neben diesen objektiven Rahmenbedingungen spielen aber auch subjektive Faktoren eine entscheidende Rolle. Ob wir uns im sozialen Raum wirklich wohlfühlen, hängt entscheidend davon ab, wie wir diesen Sozialraum subjektiv wahrnehmen und nutzen können. Im Vordergrund stehen hier die persönlichen Erinnerungen, aber auch die alltäglichen Interaktionserfahrungen, die vielen sozialen Kontakte und Netzwerke, die wir pflegen sowie die Interessen- und Problemlagen und die Atmosphäre des Sozialraums. Viele Menschen können sich zum Beispiel nicht vorstellen, ihren Wohnort nach Abschluss der Schule zu verlassen, um vom Norden in den Süden Deutschlands zu ziehen. Der Sozialraum, in dem man aufgewachsen ist und mit dem man viele Kindheitserinnerungen und Freundschaftsbeziehungen verbindet, ist zur Heimat geworden. Diese Bezeichnung macht deutlich, dass zum sozialen Raum eine enge persönliche Verbundenheit und emotionale Bindung besteht.

Persönliche Erlebnisse, subjektive Wahrnehmungen und die Vielfalt der im Raum gepflegten sozialen Beziehungen führen zu einer Verinnerlichung und Identitätsbindung an den Sozialraum, der so zur Lebenswelt von Menschen, zur persönlichen Alltagskultur wird.

An diesen Beispielen wird deutlich, dass es sich bei der Kategorie des sozialen Raums um ein sehr komplexes Gebilde handelt, das sowohl von objektiven als auch subjektiven Faktoren geprägt ist. Diese Subjektivität führt dazu, dass der Sozialraum für jeden Adressaten im Hilfeprozess neu beschrieben und analysiert werden muss.

5.1.2 Sozialraumorientierung und Quartiersmanagement

Das fachliche Konzept einer Sozialraumorientierung hat sich von pädagogischen Handlungskonzepten, die sich ausschließlich auf die Veränderung der Person konzentrieren und vorrangig den Einzelfall in den Blick nehmen, gelöst. Stattdessen wird verstärkt der Fokus auf das Verhältnis von Person, subjektiven Lebensbedingungen, sozialen Beziehungen und Netzwerken sowie den infrastrukturellen und institutionellen Anknüpfungspunkten zur Stärkung der Ressourcen und Berücksichtigung der Wünsche und Bedarfe der Beteiligten gelegt.

Sozialraumorientierung zielt „auf die Verbesserung der Lebensbedingungen von Bewohnern/Bewohnerinnen als Ausgangspunkt eines sozialen Raums. Konzeptionell sollen dabei die Bedürfnisse der Bewohner/Bewohnerinnen als Ausgangspunkt genommen und sich an den Ressourcen des sozialen Raums orientiert werden. Die Sozialraumorientierung verschreibt sich dabei dem Präventionsgedanken, indem sie durch die Aktivierung vorhandener sozialer Ressourcen versucht, Bedingungen herzustellen, durch die bestehende soziale Probleme aufgefangen und die Entstehung von neuen sozialen Problemen verhindert werden."
(Quelle: Schoneville, 2012, S. 288, geändert)

Traditionell knüpft die Sozialraumorientierung in der sozialen Arbeit an Konzepten zur Gemeinwesenarbeit, zur stadtteilbezogenen Arbeit und zum Quartiersmanagement an. Unter einem Quartier wird i.d.R. ein Stadtteil oder Bezirk verstanden. Das Quartiersmanagement oder auch Stadtteilmanagement nimmt verstärkt das räumliche Wohnumfeld in Ballungsgebieten in den Blick. Im Vordergrund steht die Planung und Steuerung von Stadtbezirken zur Vermeidung von Verdrängungseffekten von Gruppen als Folge religiöser, ethnischer oder schichtspezifischer Kriterien (Segregation), fortschreitender Verarmung und Arbeitslosigkeit sowie Desintegration von Gruppen in benachteiligten Stadtteilen.

Quartiersmanagement kann „als komplexe Strategie zur Verbesserung der Lebensbedingungen in benachteiligten Wohnquartieren aufgefasst werden und zeichnet sich methodisch vorrangig durch Aktivierung und Organisation der materiellen und personellen Ressourcen eines Stadtteils aus."
(Quelle: Litges/Lüttringhaus/Stoik, 2005, S. 562)

Das Quartiersmanagement basiert auf stadtplanerischen Überlegungen der Sozialraumgestaltung und setzt sich aus folgenden Prinzipien einer Stadtentwicklungspolitik zusammen:

- Zusammenführung der Akteure aus Kommunalpolitik, Stadtplanung, Verwaltung, Wirtschaftsförderung, Wirtschaft, Bildungs- und Kulturarbeit, Vereinen und engagierten Bürgerinnen und Bürgern

- Mitwirkung der Beteiligten an der Verbesserung der sozialen Infrastruktur sowie den Lebensbedingungen der Akteure
- Förderung der Selbsthilfe und Eigenverantwortung für das Quartier

Die Sozialraumorientierung ist sowohl räumlich als auch hinsichtlich der sozialen Problemlagen umfassender angelegt. Sie bezieht auch soziale Räume und soziale Handlungsfelder in den Bereichen Bildung, Ausbildung, Fortbildung, Erwerbsarbeit, Freizeit sowie die sich hieraus ergebenden sozialen Beziehungen und Netzwerke gleichberechtigt mit in die pädagogischen Handlungskonzepte und Hilfestrategien ein. Im Vergleich zum Quartiersmanagement bleibt der Fokus der Sozialraumorientierung hochgradig personenbezogen und orientiert sich an den sehr unterschiedlichen Wünschen, Bedürfnislagen und Wahrnehmungen der Beteiligten.

Folgende Prinzipien stehen bei der Sozialraumorientierung im Vordergrund (siehe Hinte, 2014, S. 339 ff.):

- Orientierung am Willen und an den Interessen der Menschen
- Unterstützung der Eigeninitiative der Leistungsberechtigten
- Konzentration auf die Ressourcen der Beteiligten und des Sozialraums
- Berücksichtigung des Lebensumfeldes der Betroffenen und ihrer sozialen Netzwerke
- Kooperation und Koordination der jeweiligen Bezugsgruppen sowie der beteiligten Hilfeinstanzen

5.1.3 Sozialraumorientierung in den Hilfen zur Erziehung

Die Forderung einer Sozialraumorientierung ist prinzipiell bereits im § 27 Abs. 2 SGB VIII angelegt. Der Gesetzgeber präzisiert hier, anhand welcher Leitprinzipien sich die Hilfen zur Erziehung auszurichten haben. Dort heißt es, dass Inhalte und Formen der Hilfeangebote sich nicht nur an dem jeweiligen Einzelfall auszurichten haben. Darüber hinaus hat sich der Hilfeplan an den schwierigen Lebenssituationen zu orientieren und die Maßnahmen haben die Förderung und Stärkung der vorhandenen Fähigkeiten und Kenntnisse der hilfesuchenden Menschen in den Blick zu nehmen. Das Ziel besteht darin, dass die Leistungsberechtigten in die Lage versetzt werden sollen, ihre Probleme und Krisen selbst zu bewältigen. Eine konsequente Sozialraumorientierung soll dazu beitragen,

dass Lebensbedingungen besser erfasst, Problemlagen ursachengerecht analysiert und Hilfen individueller und anschlussfähiger zugeschnitten werden. Hilfen sollen passgenauer auf die Lebenswelt der Beteiligten zugeschnitten und Ressourcen effizienter aktiviert werden.

Aus fachlicher Sicht sprechen folgende Aspekte für eine konsequente Sozialraumorientierung in den Hilfen zur Erziehung:

Sozialraum und Sozialisation

Bei den Hilfen zur Erziehung kommt eine spezifische Klientel in den Blick. Es handelt sich meist um junge Menschen und deren Familien. Diese wachsen nicht nur in gesetzlich besonders geschützten sozialen Räumen der Familie auf, sondern entwicklungsbedingt haben diese sozialen Räume für die Persönlichkeitsentwicklung des Menschen eine besondere Bedeutung. Hieraus leitet sich aus fachlichen Gründen die Verpflichtung ab, die jungen Menschen in diesen sozialen Räumen zu belassen und stattdessen sowohl die einzelfallbezogenen als auch umweltbezogenen Faktoren angemessen im Interesse einer Hilfe zur Selbsthilfe in die Hilfeplanung einzubeziehen.

Sozialraum und Lebenswelt

Die Komplexität und Vielfalt der Problemlagen junger Menschen und ihrer Familien können Standardkonzepte nicht gerecht werden. Stattdessen sind diese den unterschiedlichen Anforderungen im Einzelfall anzupassen und alltags- und familiengerecht auszugestalten.

Sozialraum und Hilfebedarfe

Mit der Umsetzung integrierter und flexibler Hilfen in den Hilfen zur Erziehung wird aus fachlicher Sicht zum Ausdruck gebracht, dass unterschiedliche Hilfeformen im Fall aufeinander abgestimmt werden und sich diese gegenseitig auf der Basis der spezifischen Biografien ergänzen sollen. Hilfen und Angebote sind sowohl biografisch, inhaltlich-methodisch (lebensweltorientiert und alltagsnah) und institutionell-organisatorisch (sozialräumlich verankert, gegenseitig vernetzt) auszurichten (siehe Müller/Schmutz 2005).

Sozialraum und Ressourcenorientierung

Die Aktivierung nahräumlicher Ressourcen wie Familienmitglieder, Freunde, Nachbarschaften und soziale Netzwerke hat im Rahmen der Hilfen zur Erziehung grundsätzlich Vorrang vor professionellen Hilfen.

Sozialraum und Hilfeplanung

Hieraus leitet sich eine besondere Herausforderung für die Jugendämter und Leistungserbringer ab. Diese haben sich an der Infrastrukturplanung der Sozialräume zu beteiligen und stehen vor der Aufgabe Aktivitäten und Angebote zu koordinieren, zu vernetzen und in der Fallarbeit aufeinander abzustimmen. Man spricht hier von einer sogenannten sozialraumbezogenen Gestaltungs-, Steuerungs- und Planungsfunktion. Dies bezieht sich nicht nur auf den Bereich der Hilfegewährung und Durchführung, sondern auch auf den gesamten Sozialraum, also auf Nachbarschaften, Einzelhandel, Vereine, Unternehmen, religiöse Gruppen, öffentliche Plätze und Selbsthilfegruppen.

Aufgaben

A 1. *Wählen Sie ein Ihnen bekanntes sozialpädagogisches Konzept aus und prüfen Sie, inwieweit dieses Konzept den Anspruch einer Sozialraumorientierung in den Hilfen zur Erziehung berücksichtigt.*

R 2. *Im Internet finden Sie eine Vielzahl von Praxisbeispielen zur Sozialraumorientierung in den Hilfen zur Erziehung. Suchen Sie ein Praxisbeispiel aus und stellen Sie dies in der Arbeitsgruppe vor.*

A 3. *Benennen Sie Chancen und Risiken einer Sozialraumorientierung in den Hilfen zur Erziehung und diskutieren Sie diese in der Arbeitsgruppe.*

Web

Zusammenfassung

Sozialer Raum: *Unter einem Sozialraum wird aus sozialpädagogischer Sicht die direkte Umgebung, das direkte Lebensumfeld einzelner Personen oder Zielgruppen verstanden. Dieses Lebensumfeld wird geprägt vom konkreten Wohnumfeld, dem Quartier oder Stadtteil, den sozialen Netzwerken und den allgemeinen Rahmenbedingungen zur verkehrstechnischen und öffentlichen Infrastruktur.*

Sozialraumorientierung: *Im Vordergrund der Sozialraumorientierung in den Hilfen zur Erziehung steht der präventive Aufbau und die Stärkung sozialer Ressourcen innerhalb eines sozialen Raumes und zwar sowohl bezogen auf den Fall selbst, aber auch hinsichtlich spezifischer Zielgruppen sowie der Infrastruktur allgemein, als auch der Trägerstrukturen, Leistungsangebote und der Koordination der Hilfen.*

Methodische Grundsätze Sozialraumorientierung in den Hilfen zur Erziehung: *Zu den pädagogischen Leitlinien der Sozialraumorientierung in den Hilfen zur Erziehung gehören die Ausrichtung an den Interessen und dem Willen der Klienten, die ressourcenorientierte, aktivierende Hilfeplanung und Umsetzung, die Beteiligung und Einbindung niedrigschwelliger Unterstützungsnetzwerke (Nachbarschaften, Vereine usw.) sowie die fallübergreifende Steuerung und Vernetzung von Trägerstrukturen und Leistungsangeboten im sozialen Raum.*

5.2 Alltagspädagogik

In der Jugendhilfe kommt es darauf an, dass Kinder und Jugendliche lernen, Tagesabläufe zu strukturieren, Verantwortung zu übernehmen und soziale Beziehungen aufzubauen. Durch individuelle sozialpädagogische Begleitung im Alltag und durch gemeinsame Gruppenerfahrungen können individuelle Ressourcen gefördert und Sozialkompetenzen ausgebildet werden. Alltagspädagogische und erlebnispädagogische Maßnahmen tragen dazu bei, den Alltag zu gestalten und bieten ein Lern- und Übungsfeld zur Gestaltung eines eigenständigen Lebens und einer eigenverantwortlichen Lebensführung.

Aufgabe

R *Beantworten Sie bitte die nachfolgenden Fragen.*

- *Wie sieht bei Ihnen ein normaler Tagesablauf aus?*
- *Wie werden bei Ihnen die Aufgaben des Alltags in der Familie verteilt? Welche Aufgaben übernehmen Sie gern regelmäßig und welche eher weniger gern?*
- *Welche Alltagskonflikte kommen bei Ihnen in der Familie regelmäßig vor und wie werden diese Konflikte gelöst?*

5.2.1 Alltagspädagogik

Mit einer zunehmenden Professionalisierung der erzieherischen Berufe nimmt auch das Wissen in Theorie und Praxis zu. Die Tätigkeitsfelder in den Hilfen zur Erziehung werden vielfältiger und die beruflichen Aufgaben spezifischer. Aus der Vielfalt der neuen Theorien, Methoden und pädagogischen Handlungskonzepte gehen zunehmend neue Fachbegriffe und Konzepte hervor, aus denen sich wiederum spezielle methodische und pädagogische Handlungsweisen ableiten. Die Alltagspädagogik wird damit immer mehr zu einer allgemeinen Kategorie vielfältiger Arbeitsweisen und Tätigkeitsbereiche, aus denen sich keine konkreten Theorien, Konzepte und Methoden herleiten lassen. In der Fachliteratur wird der Begriff Alltagspädagogik daher kaum noch als eigenständiges Handlungsfeld geführt.

In der beruflichen Praxis sieht dies jedoch anders aus. Abstrakte Theorien und generelle Konzepte sind im ambulanten, teilstationären und stationären Alltag zur Reflexion der pädagogischen Arbeit zwar hilfreich, aber ganz konkrete Handlungsschritte und Verfahrensweisen lassen sich hieraus in der Regel nicht ableiten. Der berufliche Alltag ist geprägt durch langjähriges Erfahrungswissen der Fachkräfte, das sich neue Mitarbeiterinnen und Mitarbeiter erst langsam aneignen müssen. Dieses Erfahrungs- und Handlungswissen bildet die Basis für professionelles, praxisorientiertes Handeln in konkreten Situationen zur Bewältigung des Tagesablaufes.

Gespeist wird dieses Erfahrungswissen durch eine Vielzahl von Ereignissen und erprobten Vorgehensweisen im Umgang mit Kindern und Jugendlichen, die sich im Laufe der Zeit in konkreten Alltagssituationen bewährt haben. Hieraus leiten sich wiederum bestimmte verallgemeinerbare Strategien und konkrete Handlungsabläufe ab, die zu wichtigen Erkenntniszusammenhängen und professionellen Handlungskompetenzen führen. Eine Alltagspädagogik orientiert sich zwar an alltäglich auftretenden Herausforderungen im Umgang zwischen der Fachkraft und den Kindern oder Jugendlichen, aber die pädagogischen Handlungen erfolgen keineswegs zufällig oder willkürlich. Nimmt man die alltagspädagogischen Programmatiken von Einrichtungen in den Hilfen der Erziehung in den Blick, so wird unter einer alltagspädagogischen Ausrichtung in der Regel eine Zugangsweise professionellen pädagogischen Handelns verstanden.

Die sich im Alltag ergebenden Situationen und Themen sollen situationsgerecht, wenn möglich familiennah aufgegriffen und für die individuelle pädagogische Begleitung der Kinder und Jugendlichen genutzt werden. Im Vordergrund stehen die individuelle Zuwendung sowie die zielgerichtete und realitätsnahe Gestaltung und Einbindung in Alltagsabläufe eines normalen Lebensumfeldes. Zu den zentralen Elementen einer Alltagspädagogik gehören der Aufbau einer geregelten Tagesstruktur, der Auf- und Ausbau vertrauensvoller sozialer Beziehungen sowie die Vermittlung eines Verantwortungsgefühls im Umgang mit alltäglichen Pflichten und Rechten der Tagesgestaltung. Langfristiges Ziel ist die Bewältigung und die Vorbereitung auf ein selbstständiges und eigenverantwortliches späteres Leben.

5.2.2 Alltagspädagogik in den Hilfen zur Erziehung

Gemäß § 78b Abs. 1 SGB VIII können Leistungen der öffentlichen Jugendhilfe nur dann mit dem Träger der Einrichtung abgerechnet werden, wenn eine konkrete Leistungs-, Entgelt- und Qualitätsentwicklungsvereinbarung geschlossen wurde. Der Stellenwert alltagspädagogischer Arbeit ist insbesondere im Bereich der Heimerziehung von besonderer Bedeutung. Trotz der Unterschiedlichkeit der Leistungen und Angebotsstrukturen der einzelnen Träger und Einrichtungen lohnt sich ein Blick in konkrete Leistungsvereinbarungen zur alltagspädagogischen Arbeit. Im Folgenden hierzu ein Beispiel einer Leistungsbeschreibung zur Alltagspädagogik für eine Intensivgruppe in einer Jugendeinrichtung:

Beispiel

„Zentrales Merkmal der Hilfen in der individuell geschlossenen Intensivgruppe ist die Bewältigung und Gestaltung des Lebensalltags. Dieser zeichnet sich durch Transparenz und überschaubare Regeln und einen klar strukturierten Tages- und Wochenablauf aus. Die Kinder und Jugendlichen erlernen hier die elementaren Voraussetzungen des Zusammenlebens, das Einhalten von Regeln und Absprachen, das Akzeptieren von Pflichten und Grenzen, Übernahme von Verantwortung für sich und andere, Entwicklung eines Gemeinschafts- und Zugehörigkeitsgefühls, Gestaltung ihrer Wohnumwelt, soziale Kompetenz, Ordnung und Sauberkeit sowie eine sinnvolle förderliche Freizeitgestaltung."

(Quelle: Jugendeinrichtung Schloss Stutensee, 2015, S. 6)

Diese Leistungsbeschreibung ist repräsentativ für viele andere Leistungsbeschreibungen zur Alltagspädagogik und bringt zum Ausdruck, welche Aspekte im Kern der beruflichen Praxis die alltagspädagogische Arbeit auszeichnen.

Unter Berücksichtigung allgemein anerkannter pädagogischer Erkenntnisse und auf der Basis gängiger fachlicher Standards haben Köck u. a. folgende zentralen Merkmale alltagspädagogischer Arbeit in den Hilfen zur Erziehung herausgestellt:

Anschlussfähigkeit und Transfer

Der alltägliche Tagesablauf ist ein wichtiges Übungsfeld für junge Menschen, um Verhaltensweisen auszuprobieren und zu reflektieren. In der Auseinandersetzung mit alternativen Handlungsoptionen, neuen Erfahrungen, gruppendynamischen Prozessen und selbst gesteckten Handlungszielen verändern sich Wahrnehmungen und es lassen sich neue persönliche Erfahrungen sammeln. In der Kombination und unter professioneller Begleitung kann dies zu neuen Erkenntnissen, Einstellungen und auch neuen Verhaltensweisen im sozialen Umgang führen. Das eigene Handeln kann reflektiert und die Handlungsziele und deren Mittel zur Erreichung überprüft werden. Der Alltag schafft die Möglichkeit, all dies regelmäßig, unter „realen Bedingungen" immer wieder neu und in immer neuen Interaktionskontexten auszuprobieren und einzuüben.

Bildungsfunktion

Das soziale Lebensfeld ist ein wichtiger Ort des Erlernens von Sozial- und Handlungskompetenzen zur Persönlichkeitsentwicklung. Alltagsroutinen bieten die Möglichkeit, über einen längeren Zeitraum Defizite zu bearbeiten und Ressourcen aufzubauen. Auf diese Weise können Entwicklungsprozesse initiiert und fachlich begleitet werden. Bildung bezieht sich damit nicht nur auf Schul- und Berufsbildung, sondern nimmt die generelle Entwicklung des Menschen in den Blick.

Unterstützungs- und Hilfefunktion

Alltagspädagogisches Handeln basiert auf den im Hilfeplan festgelegten Zielen und Methoden, die gemeinsam miteinander vereinbart worden sind. Die Fachkräfte stehen vor der anspruchsvollen Aufgabe, die festgelegten Ziele auf ganz konkrete Alltagssituationen zu beziehen und hierauf zuzuschneiden. Regeln des Tagesablaufs und individuelle Freiräume müssen auf die Handlungsmöglichkeiten eines jeden Kindes zugeschnitten werden und das Akzeptieren von Pflichten und Grenzen muss auf ganz konkrete Handlungen im Alltag unter Berücksichtigung der Bedarfslagen des Kindes bezogen sein. Gleichzeitig muss es bestimmte Anforderungen und Standards geben, die für alle in der Gruppe gelten und an die sich alle Kinder zu halten haben.

Strukturgebende Funktion

Auch wenn die Alltagspädagogik in der Fachliteratur nicht als eigenständiger Fachterminus behandelt wird, heißt dies nicht, dass sich mit einer alltagspädagogischen Arbeit keine fachlichen Anforderungen ableiten. Zu einer dieser fachlichen Anforderungen gehören die Vermittlung und das Einüben transparenter und strukturierter Tages- und Wochenabläufe. Diese richten sich nach bestimmten externen Vorgaben, wie z. B. Frühstücks- und Mittagszeiten, Hausaufgabenbetreuung, hauswirtschaftliche Aufgaben wie Putzen, Geschirr spülen und Staub wischen, Zeiten freier Gestaltung und vieles andere mehr. Auf diese Weise werden Verhaltensregeln eingeübt, soziale Verantwortung übernommen und normative Standards vermittelt, die auf ein selbstständiges Leben in der Gesellschaft vorbereiten.

Beziehungsgestaltende Funktion

Ein entscheidender Schwerpunkt alltagspädagogischer Arbeit ist der Aufbau und Ausbau sozialer Beziehungen. Gegenseitiges Vertrauen, soziale Wertschätzung und emotionale Zuwendung bilden wichtige Grundlagen für eine gemeinsame pädagogische Zusammenarbeit. Nur auf dieser Grundlage kann eine aktive Mitarbeit und eine hinreichende Motivation zur Bewältigung von Problemlagen und zur Verselbstständigung der Kinder und Jugendlichen geschaffen werden.

Aufgaben

P 1. *Erarbeiten Sie in Ihrer Arbeitsgruppe unterschiedliche Situationen des Alltags, mit denen Sie als Fachkraft im Umgang mit Kindern und Jugendlichen konfrontiert werden könnten. Üben Sie gemeinsam in Rollenspielen, wie Sie im Alltag auf diese Situationen reagieren würden und begründen Sie Ihr Vorgehen im Anschluss vor der Gruppe.*

R 2. *Benennen Sie wichtige Funktionen alltagspädagogischer Arbeit und erläutern Sie diese jeweils an einem praktischen Beispiel.*

Zusammenfassung

Alltag: *Der Alltag ist gekennzeichnet durch routinemäßige Abläufe, die dadurch geprägt sind, dass man regelmäßig bestimmte Aufgaben und Pflichten ausübt. Zu diesen regelmäßigen Aufgaben und Pflichten gehören Schlafen und Körperpflege, Mahlzeiten, Einkäufe, Kindergarten- und Schulbesuche, Erwerbsarbeit, Freizeitbeschäftigungen, Hausarbeiten und vieles andere mehr. Diese Aufgaben werden entweder täglich ausgeübt, oder aber in bestimmten Tages- und Wochenabständen (Arztbesuche, Friseur, Einkäufe usw.).*

Alltagspädagogik: *Im Vordergrund der pädagogischen Fachkräfte stehen die sich im Alltag ergebenden Situationen und Themen von Kindern und Jugendlichen. Diese sollen situationsgerecht, wenn möglich familiennah aufgegriffen und für die individuelle pädagogische Begleitung der Kinder und Jugendlichen genutzt werden. Im Vordergrund stehen die individuelle Zuwendung sowie die zielgerichtete und realitätsnahe Gestaltung und Einbindung in Alltagsabläufe eines normalen Lebensumfeldes.*

Elemente einer Alltagspädagogik: *Zu den zentralen Elementen einer Alltagspädagogik gehören der Aufbau einer geregelten Tagesstruktur, der Auf- und Ausbau vertrauensvoller sozialer Beziehungen sowie die Vermittlung eines Verantwortungsgefühls im Umgang mit alltäglichen Pflichten und Rechten der Tagesgestaltung. Langfristiges Ziel ist die Bewältigung und die Vorbereitung auf ein selbstständiges und eigenverantwortliches späteres Leben.*

Funktionen alltagspädagogischer Arbeit: *Erlernen von Handlungs- und Sozialkompetenzen, Förderung der Bildung, Unterstützung der Persönlichkeitsentwicklung, Hilfe zur Reduzierung von Defiziten und zum Ausbau der Ressourcen, Unterstützung bei der Strukturierung des Alltags, Förderung und Begleitung von sozialen Beziehungen und Stärkung der Sozialkompetenzen.*

5.3 Erlebnispädagogik

Das Zusammenleben in sozialen Gruppen ist eine wichtige Lebenserfahrung, um Schlüsselqualifikationen des sozialen Umganges zu erlernen. Durch die Interaktion mit Gleichaltrigen oder Gleichgesinnten werden Kompetenzen des sozialen Miteinanders, der gegenseitigen Wertschätzung und der Übernahme von Verantwortung eingeübt. In der Erlebnispädagogik werden diese Lernerfahrungen besonders in den Vordergrund des sozialpädagogischen Handelns gestellt. Gemeinsame Erlebnisse, außerhalb des normalen Alltags, zum Beispiel in der Natur oder bei besonderen Freizeitaktivitäten, unterstützen und fördern das Lernen voneinander, den Umgang miteinander sowie die soziale Wertschätzung untereinander.

Aufgabe

R *Beantworten Sie bitte die nachfolgenden Fragen.*

- *An welche Erfahrungen in der Gruppe, die Ihnen besonders wichtig waren, können Sie sich erinnern? Was haben Sie gemeinsam unternommen?*
- *Wie würden Sie die sozialen Gruppen beschreiben?*
- *Welche positiven und negativen Erfahrungen haben Sie in diesen Gruppen gemacht?*
- *Welche Rolle nehmen Sie in sozialen Gruppen ein? Warum ist das so?*

5.3.1 Erlebnispädagogik

Wenn man im Alltag etwas erleben will, plant man etwas Außeralltägliches und Außergewöhnliches. Das Erlebnis soll eine neue Erfahrung vermitteln, die man während der normalen Routinen des Alltags nicht macht. Meist handelt es sich um ein besonderes Ereignis, wie zum Beispiel eine langersehnte Reise, ein Abenteuerurlaub, ein Tagesausflug mit außergewöhnlichen Aktivitäten wie Bergwandern, Fahrradtouren oder Seilgärtenklettern. Dazu gehören aber auch der Besuch einer Sehenswürdigkeit, eines Events, eines Konzerts oder einer aufregenden Party.

Ein Erlebnis ist immer eine nicht alltägliche, individuelle Erfahrung, die man entweder allein, oder aber mit dem Partner, den Freunden oder guten Bekannten genießt. An Erlebnisse erinnert man sich in der Regel gern zurück und erzählt auch zu Hause mit Freude und Begeisterung von den neuen Eindrücken, Geschehnissen und emotionalen Erfahrungen.

Erlebnisse können aber auch negativer Art sein. Hierzu gehören zum Beispiel Verbrechen, schwere Unfälle oder sonstige dramatische Lebensereignisse wie der plötzliche Tod einer guten Freundin oder eines Freundes. In der Regel ist es aber so, dass diese Ereignisse nicht selbst ausgewählt werden, man kann sie nicht planen und man wird völlig überraschend mit diesen neuen Situationen konfrontiert.

Bei Erlebnissen handelt es sich um bewusste, meist sehr emotional erfahrene Eindrücke, die mit positiven und negativen Empfindungen verbunden werden. Diese Empfindungen hängen nicht nur von den bisherigen subjektiven Erfahrungen des Lebens ab, sondern auch von der konkreten Situation und Atmosphäre am Ort des Geschehens.

Erlebnisse sind eher seltene, oft einmalige Erfahrungen, die man zu einer ganz bestimmten Zeit, an einem ganz bestimmten Ort und meist auch mit ganz besonderen Menschen erfährt. Erlebnisse sind sehr individuelle Erfahrungen, die sich nicht so ohne weiteres wiederholen lassen und lange im Gedächtnis bleiben.

In der Erlebnispädagogik ist allerdings eine weitere Komponente von besonderer Bedeutung. Erlebnisse begegnen allen Menschen im Leben. Wir gestalten unsere Freizeit abwechslungsreich und ereignisreich, um uns abzulenken, zu vergnügen und Spaß und Freude zu haben. Mit Pädagogik hat dies alles aber in der Regel nichts zu tun. Erst durch die enge Verknüpfung von professionell ausgewählten Aktivitäten und erzieherisch pädagogischen Zielsetzungen spricht man von Erlebnispädagogik.

„Wir sprechen erst dann von Erlebnispädagogik, wenn nachhaltig versucht wird, die Erlebnisse durch Reflexion und Transfer pädagogisch nutzbar zu machen. Klettern, Schlauchbootfahren oder Segeln sind Natursportarten, die viel Freude und Sinn vermitteln. Sie bleiben aber lediglich eine Freizeitbeschäftigung, wenn sie um ihrer selbst willen durchgeführt werden. […] Erlebnispädagogik ist eine handlungsorientierte Methode und will durch exemplarische Lernprozesse, in denen junge Menschen vor physische, psychische und soziale Herausforderungen gestellt werden, diese jungen Menschen in ihrer Persönlichkeitsentwicklung fördern und sie dazu befähigen, ihre Lebenswelt verantwortlich zu gestalten."
(Quelle: Michl, 2011, S. 10 f., gekürzt)

Für die Erlebnispädagogik ist ganz entscheidend, dass ein Ereignis immer sehr subjektiv erfahren, in den bisherigen Kontext des persönlichen Lebens eingeordnet und bewertet wird. Das gleiche Geschehen kann also von dem einen Jugendlichen sehr positiv wahrgenommen werden und bei einem anderen Jugendlichen Erinnerungen hervorrufen, die mit negativen Erlebnissen verbunden werden. Aus diesem Grund werden erlebnispädagogische Maßnahmen von den Fachkräften sorgfältig, das heißt auf der Grundlage fundierten Wissens, ausgewählt und zielgerichtet für bestimmte Jugendliche, mit spezifischen Problemstellungen, Einstellungen und biografischen Hintergründen ausgewählt. Darüber hinaus bedarf es im Anschluss an eine durchgeführte Maßnahme einer sorgfältigen Reflexion und Nachbereitung auf individueller Ebene.

5.3.2 Erlebnispädagogik in den Hilfen zur Erziehung

In den vielfältigen Handlungsfeldern der Hilfen zur Erziehung hat sich die Erlebnispädagogik als methodisches Konzept in den Leistungsspektren der ambulanten, teilstationären und stationären Hilfen etabliert. Zu den bevorzugten erlebnispädagogischen Aktivitäten zählen Natursportarten wie Klettern, Höhlenbefahrungen, Kanufahren oder Trekking- und Skitouren. Sehr beliebt sind auch Hochseilgärten, Rafting oder besondere Expeditionen in unbekannte Zonen der Natur (Gletscher, Wüsten, Schluchten), oder der Besuch von exotischen Ländern und Kulturen.

Neben diesen stark auf körperliche Herausforderungen ausgerichteten Angebote haben auch Selbsterfahrungsaktivitäten, wie zum Beispiel das Pilgerwandern oder aber der

Besuch von Klöstern und sonstigen, eher der Meditation und Besinnung dienenden Kultstätten an Bedeutung gewonnen.

In der Literatur zur Ergebnispädagogik werden allgemein vier erlebnispädagogische Aktionsfelder unterschieden:

- Natursport und Wildnispädagogik
- Problemlösungsaufgaben und kooperative Abenteuer (Labyrinthe)
- künstliche Anlagen (Hochseilgärten)
- Selbsterfahrung, Besinnung, Vertiefung (Klöster, Tempel)

(Vgl. Michl, 2011, S. 81)

Gemeinsam ist allen Aktivitäten, dass sie nicht willkürlich ausgewählt werden. Ihnen liegt ein pädagogisches Konzept zugrunde, mit spezifischen Zielsetzungen, methodischen Handlungsschritten, prognostizierten Lernerfahrungen sowie individuellen und gruppenbezogenen Auswertungsphasen. Da es sich bei erlebnispädagogischen Maßnahmen, trotz aller konzeptionellen Planung, weiterhin hinsichtlich der Wirkungen um inhaltlich und emotional sehr subjektiv geprägte Erfahrungen handelt, lassen sich die Effekte für den einzelnen Jugendlichen auch nicht konkret vorhersagen. Planbar sind lediglich die Aktivitäten selbst. Die konkreten Wirkungen sind nicht planbar und voraussagbar. Hierüber kann im Vorfeld lediglich spekuliert werden und es kann mit einer gewissen Wahrscheinlichkeit ausgewählt werden, welche Aktivitäten für welchen Jugendlichen geeignet sein könnten. Aus diesem Grunde ist es wichtig, dass im Anschluss oder auch schon während der Maßnahme selbst, die neuen Erlebnisse aufbereitet, individuell reflektiert und schließlich in den jeweiligen Alltag transferiert werden.

Trotz der Vielfalt der anzutreffenden erlebnispädagogischen Aktivitäten und der Heterogenität der Zielsetzungen lassen sich folgende zentralen Merkmale erlebnispädagogischer Arbeit in den Hilfen zur Erziehung herausstellen:

Handlungsorientiert und ganzheitlich

Bei erlebnispädagogischen Aktivitäten handelt es sich um Lernprozesse, die auf die ganze Person mit ihren vielfältigen Eigenschaften und Fähigkeiten zugeschnitten sind. Im Vordergrund stehen die geistigen, körperlichen und seelischen Dimensionen eines Menschen. Diese Dimensionen sollen durch eine bestimmte Aktivität des einzelnen Jugendlichen angeregt und aktiviert werden. Der junge Mensch ist gefordert, sich aktiv mit neuen Aufgaben und Herausforderungen auseinandersetzen und sich auf diese Weise besser kennenzulernen und neu zu erfahren.

Lernorientiert und aufgabenbezogen

Bei erlebnispädagogischen Maßnahmen handelt es sich nicht um Spiele, an denen man sich mehr oder weniger engagiert und motiviert beteiligen kann. So neu, ungewöhnlich und abenteuerlich die Aktivitäten auch sein mögen, es handelt sich um konkrete Aufgaben, die zu bewältigen sind. Der Jugendliche hat diese Aufgaben also mit einer gewissen

Ernsthaftigkeit und mit hohem Verantwortungsbewusstsein umzusetzen. Wer sich zum Beispiel auf eine Klettertour begibt, hat viele sachlich notwendige Aufgaben zu erfüllen, um ein gemeinsames Ziel zu erreichen. Hierzu gehören u. a. die Ausstattung mit einer bestimmten Ausrüstung, die sachlich korrekte Verwendung der Ausrüstungsgegenstände, die Sorge für die eigene Sicherheit und die der anderen sowie die Überwindung und Zurückstellung persönlicher Bedürfnisse und Wünsche.

Erlebnisbezogen und gruppenorientiert

Im Vordergrund der Maßnahmen stehen immer das Außergewöhnliche und das Außeralltägliche. Die Aktivitäten entscheiden sich ganz bewusst von den normalen Anforderungen und Herausforderungen des Alltags unterscheiden. Die Kinder und Jugendlichen werden mit ganz neuen Herausforderungen und Anforderungen konfrontiert. Auf diese Weise soll ein besonders nachhaltiger Effekt erreicht werden. Erlebnisse bleiben lange im Gedächtnis und können ausgesprochen prägend für das weitere Handeln sein.

Die jungen Menschen sollen sich in gewisser Weise neu kennenlernen und im Idealfall Ressourcen und Kompetenzen wahrnehmen und erlernen, die im Alltag eher verborgen bleiben oder einfach auch nicht hinreichend aktiviert werden. Weiterhin soll deutlich werden, dass man in dieser Situation nicht allein gelassen wird. Gruppenpädagogische Angebote tragen dazu bei, deutlich zu machen, dass bei der Bewältigung von neuen Aufgaben der Zusammenhalt in der Gruppe, die gegenseitige Unterstützung und Solidarität sowie die Zusammenarbeit wichtige Ressourcen darstellen, auf die man zurückgreifen muss. Eingeübt wird daher gerade im Rahmen von erlebnispädagogischen Maßnahmen die Kooperations- und Sozialkompetenz.

Pädagogisch ausgerichtet und freiwillig

Die Wirksamkeit sozialpädagogischer Maßnahmen hängt entscheidend von der Motivation und Mitwirkungsbereitschaft der Beteiligten ab. Bei erlebnispädagogischen Maßnahmen steht die Begeisterungsfähigkeit, die Bereitschaft sich auf Neues, Ungewohntes und Unbekanntes, gemeinsam mit anderen einzulassen. Dies setzt die Entscheidung des jungen Menschen voraus, an einer solchen Aktivität mit einer spezifischen inhaltlichen Ausrichtung teilnehmen zu wollen. Je nach individueller Interessenlage kommen für einen jungen Menschen nur bestimmte Aktivitäten infrage. Der Fachkraft kommt die Aufgabe zu, die interessierten Jugendlichen auf das Bevorstehende vorzubereiten und sie für die anstehenden Aufgaben zu motivieren. Sie müssen über die Rahmenbedingungen und die konkreten Herausforderungen aufgeklärt werden und dürfen dann selbstständig entscheiden, ob oder an welcher Maßnahme sie teilnehmen wollen.

Die konkrete Maßnahme selbst muss entsprechend fachlich professionell geplant und umgesetzt werden. Den verantwortlichen Fachkräften kommt die Aufgabe zu, den angestrebten Zielsetzungen die passenden Maßnahmen zuzuordnen und die jungen Menschen entsprechend auszuwählen, vorzubereiten und pädagogisch zu begleiten.

Aufgaben

V 1. *An welche besonderen Erlebnisse können Sie sich erinnern und welche Erfahrungen haben Sie gemacht?*

R 2. *Benennen und erläutern Sie wichtige Funktionen erlebnispädagogischer Arbeit.*

P 3. *Als Fachkraft haben Sie es häufig mit jungen Menschen zu tun, die durch besonders aggressives Verhalten auffallen. Welche erlebnispädagogischen Aktivitäten können hier geeignet sein? Erarbeiten Sie in der Gruppe ein Beispiel einer erlebnispädagogischen Maßnahme und erläutern Sie die konkrete Vorgehensweise zur Planung, Durchführung und Reflexion der Aktivität.*

Web

Zusammenfassung

Erlebnis: *Ein Erlebnis ist ein außergewöhnliches Ereignis im Leben eines Menschen. Es unterscheidet sich von den Ereignissen, die im Alltag erlebt werden. Ein Ereignis ist situationsbezogen und wird nicht nur rational, sondern vorrangig emotional erlebt und bleibt lange im Gedächtnis.*

Erlebnispädagogik: *„Erlebnispädagogik ist ein handlungsorientiertes Erziehungs- und Bildungskonzept. Physisch, psychisch und sozial herausfordernde, nicht alltägliche, erlebnisintensive Aktivitäten dienen als Medium zur Förderung ganzheitlicher Lern- und Entwicklungsprozesse. Ziel ist es, Menschen in ihrer Persönlichkeitsentfaltung zu unterstützen und zur verantwortlichen Mitwirkung in der Gesellschaft zu ermutigen."*
(Paffrath, 2012, S. 21)

Merkmale erlebnispädagogischer Arbeit: *Erlernen von Handlungs- und Sozialkompetenzen, Förderung der Bildung, Unterstützung der Persönlichkeitsentwicklung, Hilfe zur Reduzierung von Defiziten und zum Ausbau der Ressourcen, Unterstützung bei der Strukturierung des Alltags, Förderung und Begleitung von sozialen Beziehungen und Stärkung der Sozialkompetenzen.*

5.4 Sport und Psychomotorik

5.4.1 Sport und Psychomotorik

Bewegung, Spiel und Sport, insbesondere die Psychomotorik gelten als anerkannte pädagogische und therapeutische Medien in den Hilfen zur Erziehung, da sie zum einen den Zugang zur Klientel erleichtern, zum anderen aber auch nachweislich Verhaltensänderungen bewirken können.

Durch die psychomotorische Entwicklungsförderung „konnten sowohl die ausgewiesenen Problemlagen und Defizite in der Anzahl und im Schweregrad der Symptombelastung signifikant reduziert werden als auch die Ressourcenlage im psychomotorischen wie psychosozialen Bereich nachweisbar gestärkt werden. Diese positiven Veränderungen basieren dabei nicht auf Verbesserungen nur einzelner Kompetenzen und Fähigkeiten des Kindes – etwa im rein motorischen Bereich –, sondern auf Zuwächsen in allen Ressourcendimensionen."
(Quelle: Fischer, 2011, S. 13)

Don Bosco (1815–1888)

Dieser Gedanke ist nicht neu, haben doch die bedeutendsten „Klassiker" der Heimerziehung (wie Don Bosco, Flannagan, Makarenko, Bettelheim) dem Körper, der Bewegung, dem Spiel und dem Sport einen hohen Stellenwert zugemessen. Es gibt zunehmend Einrichtungen in den Hilfen zur Erziehung, die sich diesen Zugang zum Kind und zum Jugendlichen zunutze machen und vermehrt eine körperbezogene und bewegungsorientierte Pädagogik-Therapie einsetzen. Haben sich neben den Sportangeboten bei Jugendlichen vor allem erlebnispädagogische Angebote bewährt, so fällt bei Kindern (unter spezifischen Bedingungen aber auch bei Jugendlichen) eher die Psychomotorik auf fruchtbaren Boden.

Edward Joseph Flanagan (1886–1948)

Bereits 1960 zeigte Rieder in einer Untersuchung zum „Sport als Therapeutikum bei neurotischen Kindern" auf, wie durch den gezielten Einsatz von Bewegung, Spiel und Sport das Individual- und Sozialverhalten von Kindern und Jugendlichen aus Heimwohngruppen verändert werden konnten. Ausgehend von der Hypothese, dass diesem auffälligen Verhalten Störungen in der Motorik, der Kontaktfähigkeit und im übersensiblen Verhalten zugrunde liegen, versuchte er durch eine „Sporttherapie" Verbesserungen im Bereich der Motorik und dem Status der Kinder und Jugendlichen innerhalb der Gemeinschaft zu erreichen. Verwendet werden können alle Sportarten und Einzeldisziplinen, „sofern sie kind- und jugendgemäß angeboten werden können und einer Filterung auf ihren heilpädagogischen Wert standhalten. Bisher wurden folgende Sportarten verwendet: Schwimmen, Wandern, Radtouren, Zelten, kleine und große Spiele, Geländespiele, Turnen, Gymnastik, Laufen, Springen, Werfen, Trampolinspringen, Ringen, Boxen, Klettern, Schlittenfahren."
(Quelle: Rieder, 1971, S. 214 f)

Entscheidend ist hier die Aussage, dass das Angebot nicht leistungsorientiert sein sollte, sondern in erster Linie die kindliche Entwicklung im Auge haben muss. Auf dieser Grundlage wurde ein psychomotorischer Ansatz entwickelt, nach dem die Grundqualifikationen für Bewegungsaktivitäten nicht aus den Sportarten abgeleitet, sondern entwicklungsorientiert und ganzheitlich bestimmt wurden, d. h. eine umfassende Kenntnis und ein guten Umgang mit dem eigenen Körper ist Voraussetzung für das Erlernen von Sportarten. Die Lernvoraussetzungen für den Sport werden also nicht allein durch den Aufbau sportmotorischer und konditioneller Qualifikationen erworben, sondern durch die Beherrschung des eigenen Körpers, der in seiner Umwelt möglichst vielfältige Bewegungserfahrungen sammeln kann.

5.4.2 Bedeutung des Sports in den Hilfen zur Erziehung

Betrachtet man die **Gesundheit** als den „Zustand des vollständigen körperlichen, geistigen und sozialen Wohlergehens" (WHO), so kann man davon ausgehen, dass die sportliche Betätigung einen großen Teil dazu beitragen kann, sich diesem Zustand anzunähern. Bei der Ausübung von sportlichen Aktivitäten sollte den Kindern und Jugendlichen erfahrbar gemacht werden, was es heißt einen „gut funktionierenden Körper" zu haben und damit aktiv am gesellschaftlichen Leben teilnehmen zu können.

Voraussetzung dafür ist die Aneignung von Wissen, Fähigkeiten und Fertigkeiten über einzelne Sportarten aber auch die psychischen und sozialen Kompetenzen, um in Sportstrukturen außerhalb der Kinder- und Jugendhilfeeinrichtung integriert werden zu können. Die **gesellschaftliche Teilhabe**, also die Teilnahme an Training und Spielbetrieb von Sportvereinen scheitert viel zu häufig nicht am sportlichen Können, sondern an der fehlenden Frustrationstoleranz, an der mangelnden Bereitschaft sich den Anforderungen eines Spielbetriebs anzupassen.

Dafür müssen in den Einrichtungen die Voraussetzungen geschaffen werden. Erziehung zum Sport geht also einher mit der **Erziehung durch Sport**. Der Sport, vor allem das Sportspiel, ist ein ideales Lernfeld des sozialen Handelns, weil hier in einem überschaubaren, eng umgrenzten Rahmen Kompetenzen des Miteinanders und Gegeneinanders eingeübt werden können. Kooperation, das Sich-Einlassen auf die Ideen, Vorstellungen und Bedürfnisse des Mitspielers und die faire Auseinandersetzung mit dem Gegenspieler sind Grundvoraussetzungen für ein gelungenes Spiel.

Die Ausübung der klassischen Sportarten ist durch den engen, vorgegebenen Regelcharakter für die Kinder und Jugendlichen häufig stark problembelastet. Deshalb werden in den Hilfen zur Erziehung zunehmend auch Bewegungsaktivitäten angeboten, die relativ einfach strukturiert sind und nicht das gemeinsame Spiel im Vordergrund haben, aber dennoch die Zusammenarbeit in der Gruppe erfordert. Gelungene Beispiele sind dafür erlebnispädagogische Aktivitäten, welche die Eigenaktivität des Einzelnen ermöglichen und damit zum Aufbau von Selbstbewusstsein und Ich-Stärke beitragen, die aber auch im Rahmen von Gruppenaktionen durchgeführt werden können.

5.4.3 Die psychomotorische Entwicklungsförderung in den Hilfen zur Erziehung

Als therapeutische Maßnahme wird in den Hilfen zur Erziehung die „Psychomotorische Entwicklungsförderung" angeboten, die als bewegungsorientiertes und körperbezogenes Spiel gestaltet wird (siehe Hammer 2001). In dieser Spielsituation haben die Kinder – in Einzelsituationen oder in der Gruppe – die Möglichkeit, ihre emotionalen Probleme darzustellen, zu bearbeiten und damit einen Selbstheilungsprozess einzuleiten. Dabei folgt der Erwachsene in einer weitgehend offenen Situation den Impulsen der Kinder und lässt somit die „heilenden Kräfte im kindlichen Spiel" wirksam werden.

Psychomotorische Entwicklungsförderung findet statt im körperbezogenen und bewegungsorientierten Spiel. Ausgehend von der Annahme, dass das Ich zunächst einmal ein körperliches ist, werden die Einstellung zum eigenen **Körper** und der Umgang mit ihm als Organ des Ausdrucks und Mittel der Bewegung zum zentralen Thema der psychomotorischen Entwicklungsförderung.

Dabei bekommt das Kind genügend Freiraum, um seine Innenwelt ausdrücken zu können, wird aber durch die Strukturierung des Spielraums geschützt vor den Überforderungen, die von der Außenwelt gestellt oder durch eine Überflutung aus der Gefühlswelt verursacht werden. Dies heißt also zunächst, einen **Raum** bereitzustellen, der Schutz bietet, der das Zusammensein nach außen abschirmt und damit einen Raum des absoluten Vertrauens entstehen lässt.

Dieser Anspruch der eindeutigen Strukturierung auf der einen Seite mit den darin enthaltenen Freiräumen auf der anderen Seite gilt auch für die **Zeit**. Auch in dieser Hinsicht muss durch eindeutige Grenzziehung für den Anfang und das Ende der Stunde der klare Rahmen abgesteckt werden. Dadurch wird dem Kind geholfen, diese, seine Stunde in den Fluss seiner Lebenszeit einzuordnen und Klarheit für seinen Tagesablauf zu bekommen.

Viele dieser Spielideen drängen aus der Innenwelt des Kindes nach außen, weil ihnen dieser Weg durch die Anregungen der bewusst angebotenen **Materialien** erleichtert wird. Sie sind wegen ihres „Appellcharakters " (Kliphuis) die Hebammen der Fantasien des Kindes, regen sie an, bieten ihnen gleichzeitig aber auch Widerstand. Da sie schwerer zu hantieren sind wie Ideen, zwingen sie das Kind, sich mit seinen Fantasien körperlich auseinanderzusetzen und sie in der Realität der Spielwelt darzustellen.

Ist hiermit der äußere Rahmen für die psychomotorische Entwicklungsförderung abgesteckt, so gilt es diesen zu füllen durch das gemeinsame Spiel der Therapeutin mit dem oder den Kindern. Dabei sollte zwischen den Kindern und der Erwachsenen eine partnerschaftliche **Beziehung** entstehen, in der jedoch die Therapeutin die Verantwortung dafür trägt, dass die äußeren Rahmenbedingungen aufrechterhalten werden und dass die Kinder ihr Spiel spielen können, ohne von Außeneinflüssen gestört oder von der Gewalt der eigenen Gefühle überflutet zu werden.

Die Therapeutin spielt mit, lässt sich aber nicht in das Spiel verwickeln. Sie steht psychisch hinter dem Kind, ist Helferin, Beschützerin und Mitspielerin. Sie geht dem Kind nicht voran und setzt Impulse für das Spielgeschehen nur dann, wenn das Kind in seinem Spielfluss „hängenbleibt" und im Moment nicht fähig ist, die notwendigen Ideen zu entwickeln. Ansonsten werden die **Inhalte** einer Spielstunde von den Kindern bestimmt, wobei – wie oben gezeigt – durch die notwendige Festlegung der äußeren Rahmenbedingungen schon gewisse Einschränkungen gemacht werden. Umso wichtiger ist es für die Erwachsene, sich in die Gefühlswelt des Kindes „einzuspüren" und daraus die wichtigen Anregungen für das Arrangement zu erhalten. Die Inhalte werden für die Kinder zu **Themen** (Klafki), da sie nicht durch die Zielsetzungen der Therapeutin festgelegt, sondern von ihren Interessen und Bedürfnissen bestimmt werden. Es ist ihre Vergangenheit, Gegenwart und Zukunft die im gemeinsamen Spiel inszeniert wird – es sei denn, die Therapeutin bringt im Sinne der „Gegenübertragung" eigene Themen mit ein.

Die Aktivitäten der psychomotorischen Entwicklungsförderung entfalten also ihre Wirksamkeit dadurch, dass sie für die Kinder zu Erlebnissen werden, in denen durch den Einsatz ihres ganzen Körpers im bewegungsorientierten Spiel (ähnlich wie bei einem Musikinstrument) Saiten ihres Innenlebens zum Schwingen gebracht werden. In diesem Prozess der Begegnung von Innen- und Außenwelt des Kindes können Themen entwickelt werden, die eng mit der Biografie des Kindes verbunden sind, sei es, dass es hier

„Erlebtes" aus der Vergangenheit neu aufbereitet und verarbeitet, sei es, dass es sich mit aktuellen Problemen der Gegenwart auseinandersetzt oder Entwürfe für seine Zukunft gestaltet. Wenn es gelingt, nicht in diesen Erlebnissen stecken zu bleiben, sondern im gemeinsamen Prozess das **Erleben** zu **Erfahrungen** zu machen, die sich in die Biografie des Kindes einbinden lassen, so werden die nicht gelösten psychosozialen Krisen einer neuen Bearbeitung wieder zugänglich und dem Kind neue Entwicklungsmöglichkeiten für seine Zukunft eröffnet.

5.4.4 Psychomotorische Haltung im pädagogischen Alltag

Die Erfahrung zeigt, dass diese psychomotorischen Maßnahmen nur dann ihre Wirksamkeit entfalten können, wenn sie eingebettet sind in einen Gruppenalltag, dessen Grundprinzipien an denen der Psychomotorik ausgerichtet sind. So kann z. B. das Bemühen, dem Kind eine positive Beziehung zu seinem Körper zu vermitteln, nicht beschränkt werden auf eine Stunde pro Woche. Auch im pädagogischen Alltag muss durch einen reflektierten Umgang der Erwachsenen mit körperlicher Nähe und Distanz der Grundstein für hoffnungsvolles Vertrauen auf Seiten des Kindes gelegt werden.

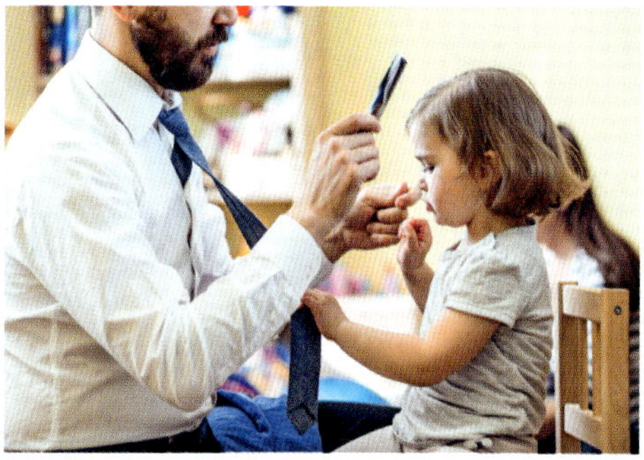

Dies betrifft Situationen in denen ein direkter Kontakt entsteht: bei der Körperpflege, beim Haarewaschen, beim Abtrocknen, beim Kämmen, Haareschneiden, beim Eincremen, bei der „ärztlichen Versorgung". Bei all diesen Gelegenheiten, in denen das Tabu des Körperkontakts aufgehoben ist, können sehr intensive und positive Körpererfahrungen vermittelt werden. Berührungen des Körpers als etwas Angenehmes zu empfinden ist für die meist mit physischen Gewalterfahrungen aufgewachsenen Kinder nicht immer selbstverständlich.

Auch die Situationen bei der Hausaufgabenhilfe, beim Vorlesen, beim Gespräch oder beim gemeinsamen Fernsehen bieten die Gelegenheit über Körperkontakt persönliche Nähe zu vermitteln, bzw. durch Distanz die Selbstbestimmung und Achtung vor den Grenzen des Kindes zu demonstrieren. Beim ritualisierten Balgen, Ringen und Raufen erfährt das Kind die körperliche Nähe des Erwachsenen und seinen eigenen Körper als positiv. Es erlebt seine körperlichen Kräfte, seine Gewandtheit und Geschicklichkeit, erfährt die Körpergrenzen im direkten Hautkontakt mit dem anderen, kurz: es erlebt sich selbst durch seinen Körper als eigenständige Persönlichkeit, die sich gegenüber dem anderen abgrenzt und in Freundschaft mit dem anderen auseinandersetzen kann. Das Kind ist bereit, sich den Entwicklungsaufgaben seiner Zukunft zu stellen.

Aufgabe

P *Vergegenwärtigen Sie sich die Bedeutung von Beziehung, Raum, Zeit, Materialien und Themen in der Psychomotorik und gestalten Sie Situationen des pädagogischen Alltags, in denen diese Dimensionen Berücksichtigung finden. Mögliche Situationen können sein:*

- *Wecken, Aufstehen*
- *Essenssituation*
- *Hausaufgabensituation u. a.*

Web

Zusammenfassung

Bewegung, Spiel und Sport sind ein bewährtes Angebot in den Hilfen zur Erziehung, da sie zum einen den persönlichen Zugang zu den Kindern und Jugendlichen erleichtern und da sie zum anderen bedeutsame pädagogische Medien darstellen. Sie dienen der Gesundheitserziehung, leisten einen wesentlichen Beitrag zur Herausbildung der Persönlichkeit und bilden eine wesentliche Voraussetzung für die Teilhabe am gesellschaftlichen Leben.

Die psychomotorische Entwicklungsförderung hat sich in den Hilfen zur Erziehung als therapeutisches Medium bewährt. Dabei gestaltet die Therapeutin in einem bewusst strukturierten Spielraum, der bestimmt wird von Raum, Zeit und Materialien, eine vertrauensvolle Beziehung und ermöglicht damit dem Kind oder Jugendlichen im bewegungsorientierten und körperbezogenen Spiel seine Lebensthemen zu bearbeiten.

5.5 Tiergestützte Therapie und Zirkuspädagogik

5.5.1 Tiergestützte Therapie

Tiergestützte Pädagogik nutzt die Erfahrungen aus mittlerweile gut fünfzig Jahren tiergestützter Therapie. Der Begriff „tiergestützte Therapie" wird inzwischen übergreifend sowohl für den therapeutischen wie auch pädagogischen Einsatz von Tieren verwendet. Damit sind alle tiergestützten Hilfen subsummiert, so z. B. auch tiergestützte Pädagogik, tiergestützte Förderung, tiergestützte Interaktion.

Nach der European Society of Animal Assisted Therapy (ESAAT, 2012) umfasst tiergestützte Therapie pädagogische, psychologische und sozialintegrative Angebote mit Tieren. Sie richten sich an Menschen jeden Alters mit Verhaltensstörungen und/oder kognitiven, sozial-emotionalen oder motorischen Einschränkungen und Förderschwerpunkten. Sie kann im Einzel- und Gruppensetting stattfinden. Basis der tiergestützten Therapie ist die Beziehungs- und Prozessgestaltung im Beziehungsdreieck Klient – Tier – Bezugsperson.

Tiergestützte Therapie beinhaltet Methoden, bei denen Klienten mit Tieren interagieren, über Tiere kommunizieren oder für Tiere tätig sind. Die Durchführung erfolgt zielorientiert anhand einer klaren Prozess- und Themenorientierung unter Berücksichtigung tierethischer Grundsätze mit anschließender Dokumentation und fachlich fundierter Reflexion.

Allgemeine Ziele der tiergestützten Therapie sind …

- die körperlichen, kognitiven und emotionalen Funktionen wiederherzustellen und zu erhalten,
- die Fähigkeiten und Fertigkeiten zur Durchführung von Aktivitäten und Handlungen zu fördern,
- das Einbezogensein in die jeweiligen Lebenssituation zu fördern und
- das subjektive Wohlbefinden zu verbessern.

Damit soll erreicht werden, dass der einzelne Mensch in unterschiedlichen Lebensbereichen seinen Fähigkeiten entsprechend agieren und partizipieren kann. Die spezifischen Ziele der tiergestützten Therapie orientieren sich ausgehend von der Indikationsstellung an Bedürfnissen, Ressourcen und am Störungsbild sowie dem Förderbedarf des jeweiligen Klienten.
In den Hilfen zur Erziehung kommen eine Reihe unterschiedlicher Tierarten zum Einsatz (siehe Scholten 2014), so z. B. Pferde, Hunde, Esel und Lamas.

Pferde

Pferde sind die Klassiker der Tierpädagogik im deutschsprachigen Raum. Sie können sowohl sportlich zum Einsatz kommen (z. B. Reiten für Anfänger oder Fortgeschrittene) wie auch therapieorientiert (z. B. heilpädagogisches Voltigieren). Nach Scholten (2014) erleben die jungen Menschen „eine Form von Zärtlichkeit, die vollkommen unverdächtig ist – im Gegensatz zu manchen negativen Erfahrungen, die sie in ihrer Vergangenheit

erlebt haben. Dem Pferd gegenüber dürfen ‚selbst coole Jungs' zärtlich sein. Sie können streicheln, kuscheln, sich tragen lassen und genießen. Die jungen Menschen verlieren auf dem Pferd oftmals jede Anspannung und werden frei und fröhlich."
(Quelle: Scholten, 2014, S. 417)

Hunde, Esel und Lamas

Hunde sind hervorragend geeignet, um bei Kindern und Jugendlichen die Angst vor Neuem zu reduzieren. Eine Ausbildung mit seiner Bezugsperson als Begleithunde- oder Therapiehundeteam sollte Voraussetzung sein. Esel kommen in der Erziehungshilfe als Partner zum Einsatz, der den jungen Menschen zur kommunikativen und sozialen Interaktion herausfordert. Bei den Lamas wird von beiden Seiten (junger Mensch und Lama) behutsam ein stabiles Vertrauensverhältnis aufgebaut. Lamas sind darüber hinaus auch hervorragend für den zirkuspädagogischen Einsatz geeignet.

Erste Ergebnisse zur Wirksamkeit von tiergestützter Pädagogik in der Erziehungshilfe sind ermutigend: Das Institut für Kinder- und Jugendhilfe evaluierte tiergestützte Pädagogik im Raphaelshaus in Dormagen. Dabei wurde festgestellt, dass mit der pädagogischen Arbeit im Reitstall erhebliche Effekte erzielt werden. In sämtlichen Ressourcenbereichen der jungen Menschen konnten zumeist erhebliche Zuwächse erreicht werden. Bis auf den Bereich der körperlichen Gesundheit waren die Zuwächse in allen Ressourcenbereichen statistisch signifikant (siehe Tabelle).

Förderung von Ressourcen durch tiergestützte Pädagogik:

Veränderung der Ressourcen

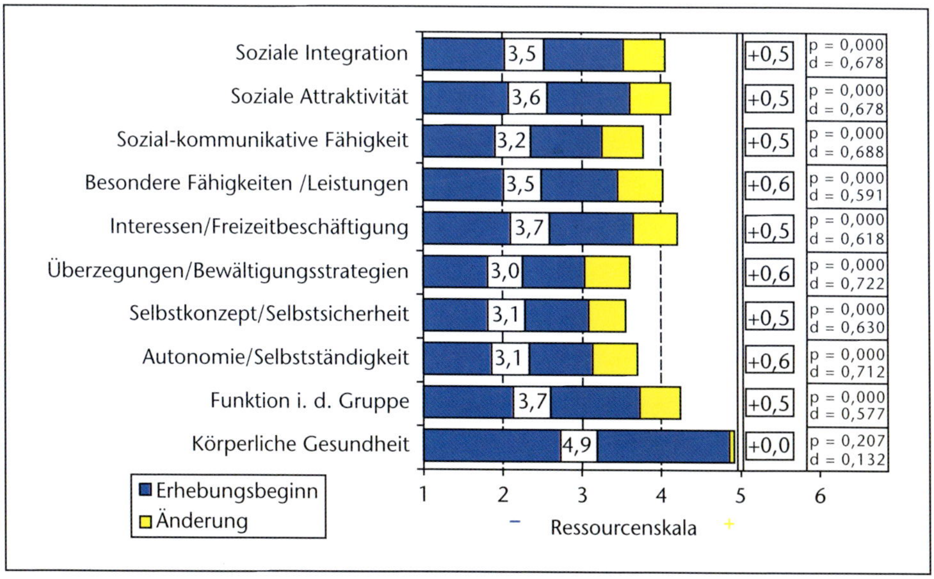

5.5.2 Zirkuspädagogik

Mit Zirkuspädagogik erlernen junge Menschen diverse Zirkuskünste. Dahinter steht allerdings das eigentliche Ziel, die Persönlichkeitsentwicklung der jungen Menschen zu fördern. Hierzu wird körperlich, geistig und sozial im Einzel- wie auch Gruppensetting gearbeitet.

Zu Beginn entscheiden sich die jungen Menschen, an welcher Zirkuskunst sie am meisten Interesse haben. Grundsätzlich können ganz unterschiedliche Künste genutzt werden, so z. B.:

- Akrobatik
- Balancierkünste
- Jonglieren
- Zaubern
- Clownerie
- Tierdressur
- Kleinkunst

Mit dem Erlernen dieser Künste wird angestrebt, die körperlichen, psychischen und sozialen Kompetenzen der jungen Menschen zu fördern. Zirkuspädagogik gilt als in besonderem Maße motivierend, da auch auffällige Jugendliche hier auffallen dürfen und weil sie in der Manege Erfolgserlebnisse bis hin zum tosenden Applaus erleben, die ihnen bislang verwehrt blieben.

Hartmann (2014) postuliert eine Reihe von Leitlinien zur Umsetzung von Zirkuspädagogik in der Erziehungshilfe. Er unterscheidet dabei zwischen pädagogischen Orientierungen und methodisch-didaktischen Orientierungen:

Pädagogische Orientierungen

- Freiwilligkeit: Da Zirkusarbeit an der intrinsischen Motivation ansetzt, muss die Teilnahme daran freiwillig sein.
- Empowerment: Der junge Mensch wird befähigt, sein Tun selbst in die Hand zu nehmen. Er wird sich dabei seiner eigenen Fähigkeiten bewusst. Die pädagogische Fachkraft begleitet diesen Prozess unterstützend.
- Partizipation und Kooperation: Diese beiden zentralen Wirkfaktoren der Jugendhilfe nutzt auch die Zirkuspädagogik für ihre Arbeit.

- Systemischer Kontext: Freunde, Eltern, Lehrerinnen, Nachbarn usw. werden nach Möglichkeit miteinbezogen.
- Balance zwischen Pädagogik, zirzensischer Technik und Kunst: Eine Zirkuspädagogin sollte diese drei Elemente gleichberechtigt im Blick haben, wobei situativ unterschiedliche Elemente vorrangig sein können.
- Motivation statt Kritik: Benachteiligte junge Menschen erfahren sehr viel mehr Kritik als Lob. Zirkuspädagogik versucht daher zu motivieren mit Achtsamkeit, Lob und Wertschätzung.

Methodisch-didaktische Orientierungen

- Gebundene und freie Zirkusangebote: Gebunden meint die regelmäßigen Angebote mit festem Termin und Ort. Frei bedeutet hier ein durch die Jugendlichen selbst organisiertes Training.
- Gruppenorientierung: Das Training findet grundsätzlich in (Klein-)Gruppen statt.
- Gestaltete Räume: Wenn möglich, wird die Arbeit in Zirkuszelten oder ansprechend gestalteten Bewegungsräumen durchgeführt.
- Der Weg ist das Ziel: Obwohl in der Regel der abschließende Auftritt angestrebt wird, ist er nur als ein Teil des Gesamtprozesses zu verstehen.
- Zirkus als Chance für Neuanfang: Das herausgehobene Setting eines Zirkus begünstigt für benachteiligte junge Menschen das Erfahren eines Neuanfangs.

Aufgaben

V 1. *Definieren Sie „tiergestützte Therapie".*

V 2. *Mit welchen Zielen arbeitet die tiergestützte Therapie?*

V 3. *Welche Tiere kommen dabei in der Jugendhilfe zum Einsatz?*

R 4. *Diskutieren Sie mit Ihrer Kleingruppe, warum Zirkuspädagogik eingesetzt werden sollte und wo möglicherweise Risiken und Grenzen vorliegen.*

V 5. *Welche pädagogischen und methodisch-didaktischen Leitlinien sind bei Zirkuspädagogik zu beachten?*

V 6. *Welche Zirkuskünste können im Rahmen von Zirkuspädagogik zum Einsatz kommen?*

Web

Zusammenfassung

Tiergestützte Pädagogik: *Tiergestützte Pädagogik umfasst pädagogische, psychologische und sozialintegrative Angebote mit Tieren. Sie richten sich an Menschen jeden Alters mit Verhaltensstörungen und/oder kognitiven, sozial-emotionalen oder motorischen Einschränkungen und Förderschwerpunkten. Sie kann im Einzel- und Gruppensetting stattfinden. Basis der tiergestützten Therapie ist die Beziehungs- und Prozessgestaltung im Beziehungsdreieck Klient – Tier – Bezugsperson. Hierbei interagieren Klienten mit Tieren, kommunizieren über Tiere oder sind für Tiere tätig.*

Damit soll erreicht werden, dass der einzelne Mensch in unterschiedlichen Lebensbereichen seinen Fähigkeiten entsprechend agieren und partizipieren kann. Die spezifischen Ziele der tiergestützten Therapie orientieren sich ausgehend von der Indikationsstellung an Bedürfnissen, Ressourcen und am Störungsbild sowie dem Förderbedarf des jeweiligen Klienten.

Zirkuspädagogik: *Mit Zirkuspädagogik wird angestrebt, die körperlichen, psychischen und sozialen Kompetenzen der jungen Menschen zu fördern. Hierzu wird körperlich, geistig und sozial im Einzel- wie auch Gruppensetting gearbeitet.*

Zum Einsatz können ganz unterschiedliche Zirkuskünste kommen, so z. B.:

- *Akrobatik, Blancierkünste, Jonglieren, Zaubern, Clownerie, Tierdressur und Kleinkunst*

5.6 Traumapädagogik

Unter dem Begriff „Traumapädagogik" wird eine Sammlung pädagogischer Methoden verstanden, die sich an den Erkenntnissen der Psychotraumatologie und der Traumatherapie orientieren und diese in das pädagogische Feld übertragen (siehe Gahleitner 2010, Kühn 2008, Kühn/Vogt 2009). Dabei ist sie nicht als spezifische pädagogische Vorgehensweise zur Reaktion auf bestimmte konfliktbeladene Situationen zu verstehen, sondern stellt insbesondere im Kontext stationärer Kinder- und Jugendhilfe vielmehr ein pädagogisches Gesamtkonzept dar, das Auswirkungen auf alle Handlungsebenen einer Einrichtung hat. Betroffen sind demzufolge nicht allein die alltäglichen Interaktionen zwischen pädagogischen Fachkräften und betreuten Kindern und Jugendlichen: traumapädagogisch orientierte Konzepte beziehen sich in erheblichem Maße auch auf das fachliche und persönliche Miteinander zwischen Mitarbeitern aller institutionellen Hierarchieebenen sowie nicht zuletzt auch auf den Umgang der Mitarbeiter mit sich selbst (Reflexion, Selbstfürsorge usw.).

Kinder und Jugendliche in stationären Einrichtungen der Jugendhilfe weisen in hohem Maß traumatisierende Lebensereignisse in ihrer Biografie auf, die sich in einer Vielzahl unterschiedlicher psychischer Problemlagen äußern (siehe Macsenaere/Klein 2011, Schmid u. a. 2007, Schmid 2011). Dies stellt die pädagogischen Fachkräfte vor eine große Herausforderung, um einerseits den betreffenden Kindern und Jugendlichen fachlich qualifizierte Hilfestellung in der Auf- und Verarbeitung ihrer traumatischen Erfahrungen geben zu können und andererseits die eigenen Risiken für Überlastung und mögliche sekundäre Traumatisierungen zu erkennen bzw. diesen entgegen zu wirken (siehe Weiß 2005, Schmid 2012). Traumapädagogische Konzepte versuchen genau diesen Spagat zu leisten und empathisches, beziehungsförderndes Arbeiten pädagogischer Fachkräfte mit traumatisierten Kindern und Jugendlichen unter hinreichendem Schutz der eigenen psychischen bzw. psychosomatischen Gesundheit zu ermöglichen (siehe Institut für Kinder- und Jugendhilfe, 2015).

Die Bundesarbeitsgemeinschaft Traumapädagogik hat Standards postuliert, deren Berücksichtigung für eine hochwertige traumapädagogische Arbeit unerlässlich ist. Sie betreffen die folgenden Haltungen, Methoden und Förderansätze.

Standards in der Traumapädagogik

„1. Grundhaltung

1.1. Die Annahme des guten Grund

1.2. Wertschätzung

1.3. Partizipation

1.4. Transparenz

1.5. Spaß und Freude

2. Selbstwirksamkeit/-bemächtigung der Kinder, Jugendlichen und jungen Erwachsenen

2.1. Förderung des Selbstverstehens

2.2. Förderung der Körper- und Sinneswahrnehmung

2.3. Förderung der Emotionsregulation

2.4. Förderung der physischen und psychischen Widerstandsfähigkeit (Resilienz)

2.5. Förderung der Selbstregulation

2.6. Partizipation

2.7. Chance zur sozialen Teilhabe: Familie, Kontakt mit Gleichaltrigen, Schulbildung

2.8. Gruppenpädagogik

2.9. Bindungspädagogik

2.10. Elternarbeit

3. Institutionelle Standards

3.1. Qualitätsmanagement

3.2. Personalentwicklung und -förderung

3.3. Ausstattung

4. Interdisziplinäre Vernetzung und Kooperation

4.1. Jugendamt

4.2. Schule

4.3. Therapie

4.4. Kinder- und Jugendpsychiatrie

4.5. Gemeinwesen"

(Quelle: BAG Traumapädagogik, 2011, S. 4–19)

Auswirkungen bei pädagogischen Fachkräften

Traumapädagogisch geschulte Fachkräfte weisen zum einen ein erheblich besseres theoretisches Fachwissen hinsichtlich relevanter traumabezogener Aspekte auf, wie z. B. die Gestaltung innerer wie äußerer sicherer Orte, geschlechtsspezifisches Bindungsverhalten oder Schutz von Kindern/Jugendlichen vor Retraumatisierungen (siehe Macsenaere/Klein 2011). Zum anderen gelingt auch die praktische Alltagsarbeit mit traumatisierten Kindern und Jugendlichen statistisch nachweisbar besser, z. B. bezogen auf den Umgang mit Flashbacksituationen bzw. das Erkennen von Triggern sowie das Erkennen von Bindungsbedürfnissen und Bindungsproblemen bei Mädchen wie bei Jungen.

Darüber hinaus bedingt eine konsequente Umsetzung traumapädagogischer Konzepte bei pädagogischen Fachkräften einen signifikanten Zuwachs im Verständnis für problematische Verhaltensweisen und somit eine veränderte Grundhaltung gegenüber traumatisierten Kindern und Jugendlichen. Sie leistet so einen wertvollen Beitrag für eine gelingende Kooperation zwischen Pädagogen und jungen Menschen, die wiederum einen zentralen Wirkfaktor für die erfolgreiche Durchführung von Kinder- und Jugendhilfemaßnahmen darstellt (siehe Klein u. a. 2003, siehe Macsenaere/Esser 2012, Schmidt u. a. 2003).

Traumapädagogisch geschulte Fachkräfte legen außerdem ein größeres Augenmerk auf den Bereich der Selbstfürsorge (Macsenaerae/Klein 2011), sodass das Risiko für Überlastungsreaktionen in der täglichen Arbeit mit traumatisierten Kindern und Jugendlichen reduziert werden kann.

Auswirkungen bei Kindern und Jugendlichen

Kinder und Jugendliche fühlen sich in Einrichtungen mit traumapädagogisch geschultem Personal nach eigener Aussage von ihren Betreuern mehr respektiert bzw. angenommen und beschützt (siehe Macsenaere/Klein 2011). In diesem geschützten Raum können sich junge Menschen eher öffnen und mit ihren Betreuern über Erlebnisse und Gefühle reden. Ängste und depressive Verhaltensweisen treten zudem erkennbar seltener auf (siehe Schmid u. a. 2007).

Die Einführung bzw. Umsetzung traumapädagogischer Konzepte kann aber über Verbesserungen in der emotionalen Befindlichkeit der betreuten jungen Menschen hinaus die generelle Effektivität in Jugendhilfeeinrichtungen steigern: Neben besseren Ergebnissen im Bereich des Ressourcenaufbaus ist insbesondere eine bedeutsame Reduzierung von Symptomatiken bzw. Defiziten der betreuten Kinder und Jugendlichen erkennbar (siehe Schmid 2007, siehe Macsenaere/Klein 2011). Diese Effekte zeigen sich allerdings erst ca. zwei Jahre nach Beginn einer traumapädagogischen Weiterbildung (siehe Institut für Kinder- und Jugendhilfe, 2015; Krautkrämer-Oberhoff u. a. 2014).

Aufgaben

V 1. *Beschreiben Sie, was unter Traumapädagogik zu verstehen ist.*

R 2. *Entwickeln Sie mit Ihrer Lerngruppe ein Beispiel, das aufzeigt, wie in einer Einrichtung Traumapädagogik eingesetzt wird und in welcher Form es einem Jugendlichen nützt.*

V 3. *Welche Standards sollten in der Traumapädagogik berücksichtigt werden?*

Web

Zusammenfassung

Kinder und Jugendliche in stationären Einrichtungen der Jugendhilfe weisen in hohem Maß traumatisierende Lebensereignisse in ihrer Biografie auf, die sich in einer Vielzahl unterschiedlicher psychischer Problemlagen äußern. Traumapädagogische Konzepte setzten hier an: Sie versuchen empathisches, beziehungsförderndes Arbeiten pädagogischer Fachkräfte mit traumatisierten Kindern und Jugendlichen unter hinreichendem Schutz der eigenen psychischen bzw. psychosomatischen Gesundheit zu ermöglichen.

Traumapädagogische Qualifizierung führt bei den Fachkräften zu einem besseren theoretischen Fachwissen hinsichtlich relevanter traumabezogener Aspekte wie auch zu einem besseren Verständnis für problematische Verhaltensweisen und somit zu einer veränderten Grundhaltung gegenüber traumatisierten Kindern und Jugendlichen. Kinder und Jugendliche fühlen sich in Einrichtungen mit traumapädagogisch geschultem Personal nach eigener Aussage von ihren Betreuern mehr respektiert bzw. angenommen und beschützt. In der Folge werden mehr Effekte in der Arbeit mit den jungen Menschen erreicht.

6 LERNFELD 5: Elternarbeit

Achtes Buch Sozialgesetzbuch – Kinder und Jugendhilfe:

§

§ 37 Zusammenarbeit bei Hilfen außerhalb der eigenen Familie

Bei Hilfen nach §§ 32 bis 34 und § 35a Abs. 2 Nr. 3 und 4 SGB VIII soll darauf hingewirkt werden, dass die Pflegeperson oder die in der Einrichtung für die Erziehung verantwortlichen Personen und die Eltern zum Wohl des Kindes oder des Jugendlichen zusammenarbeiten. Durch Beratung und Unterstützung sollen die Erziehungsbedingungen in der Herkunftsfamilie innerhalb eines im Hinblick auf die Entwicklung des Kindes oder Jugendlichen vertretbaren Zeitraums so weit verbessert werden, dass sie das Kind oder den Jugendlichen wieder selbst erziehen kann. Während dieser Zeit soll durch begleitende Beratung und Unterstützung der Familien darauf hingewirkt werden, dass die Beziehung des Kindes oder Jugendlichen zur Herkunftsfamilie gefördert wird. Ist eine nachhaltige Verbesserung der Erziehungsbedingungen in der Herkunftsfamilie innerhalb dieses Zeitraums nicht erreichbar, so soll mit den beteiligten Personen eine andere, dem Wohl des Kindes oder des Jugendlichen förderliche und auf Dauer angelegte Lebensperspektive erarbeitet werden.

§ 37 SGB VIII

Als 1990 das Kinder- und Jugendhilfegesetz verabschiedet wurde, bestätigte der Gesetzgeber eine Praxis, die sich in der Kinder- und Jugendhilfe schon seit einigen Jahren angedeutet hatte. Waren früher Eltern in der Praxis der Heimerziehung eher unbedeutende Partner, galten sie manchmal sogar als Störenfriede, so setzte sich zunehmend die Erkenntnis durch, dass ohne eine aktive und gelungene Eltern- und Familienarbeit erzieherische Arbeit nur selten von Erfolg gekennzeichnet sein kann. Werden Eltern in den Hilfeprozess nicht miteinbezogen, so agieren die Kinder und Jugendlichen möglicherweise Beziehungsmuster aus der Familie aus, ohne dass dies den Erzieherinnen bewusst wird. Und kehren die Betroffenen nach Beendigung der Maßnahme in ihr unverändertes Herkunftsmilieu zurück, so fallen sie auf altbekannte Verhaltensmuster zurück, auch wenn die Entwicklung in der Einrichtung positiv verlaufen ist.

Dieses Problem wird heute weitgehend erkannt und anerkannt. Deshalb ist Elternarbeit inzwischen zu einem wesentlichen Qualitätsmerkmal von Kinder- und Jugendhilfeeinrichtungen geworden. Eltern werden angemessen in die Arbeit und damit auch in die Verantwortung für den erzieherischen Prozess miteinbezogen und gewürdigt.

Wie sehr dies anerkannt und wie sehr dies auch erforderlich ist, zeigt eine Studie des Instituts für Kinder- und Jugendhilfe in Mainz, in der empirisch belegt werden konnte, dass erzieherische Hilfen mit Elternarbeit erfolgreicher verlaufen als Hilfen ohne. Dabei wirkt sich die Elternarbeit besonders positiv auf die Ressourcen der jungen Menschen sowie auf die Schulleistung aus. Wird Elternarbeit bewusst in den Hilfeprozess miteinbezogen, werden deutlich mehr Hilfen planmäßig beendet als etwa in Folge von Krisen, äußeren Umständen oder hemmendem Verhalten der Beteiligten vorzeitig abgebrochen werden. Und planmäßig beendete Hilfemaßnahmen entfalten eine wesentlich höhere Wirksamkeit als vorzeitig abgebrochene, vermutlich auch deshalb, weil die Kooperationsbereitschaft der Hilfeadressaten höher ist als ohne Miteinbeziehung der Eltern (siehe Macsenaere/Arnold, 2015).

Durchgängig höhere Effekte mit Elternarbeit

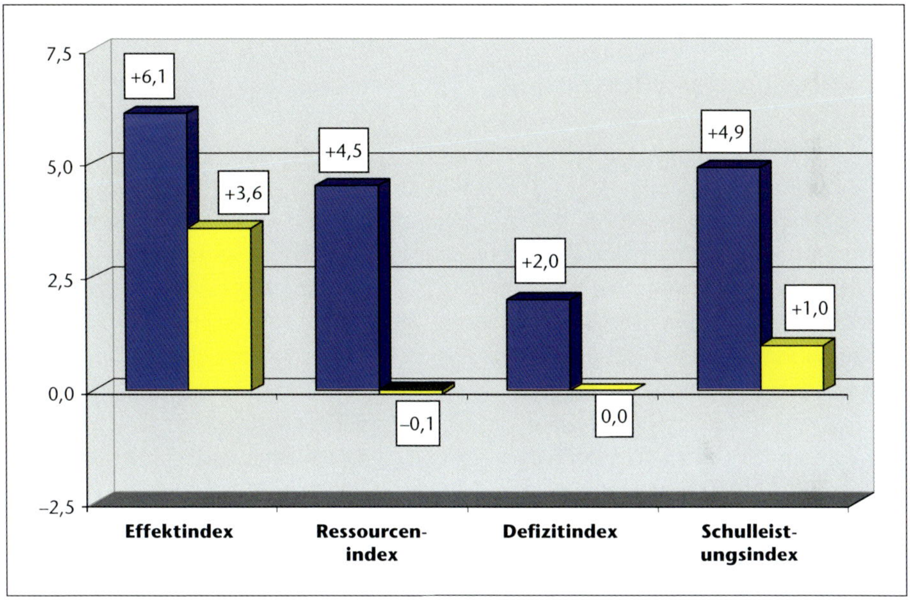

Besonders positiv wirkt sich die Elternarbeit auf die Ressourcen der jungen Menschen sowie die Schulleistung aus. Diese Effekte sind stärker ausgeprägt, wenn das Sorgerecht noch bei beiden Eltern liegt.

mit Elternarbeit, ohne Elternarbeit

(Quelle: Macsenaere/Arnold, 2015, S. 2)

6.1 Formen der Elternarbeit

Unter Elternarbeit kann jede Form von Kommunikation verstanden werden, die zwischen Mitarbeitern einer Kinder- und Jugendhilfeeinrichtung und den Eltern stattfindet. Dabei kann die Intensität sehr unterschiedlich sein. Das reicht von einem fast beiläufigen „Tür- und Angelgespräch" bis hin zu einem intensiven Gespräch über die gemeinsame Erziehungsplanung. Davon abzugrenzen ist eine „systemische Familienarbeit" oder „Familientherapie", für die in den Einrichtungen speziell ausgebildete Fachkräfte verantwortlich sind.

Ordnet man die Elternarbeit nach ihrer Intensität, so gibt es folgende Formen:

- schriftliche, oft formalisierte Informationen zu organisatorischen oder grundsätzlichen Bausteinen der Unterbringung (z. B. Leitbild der Einrichtung)
- Telefongespräche über organisatorische und pädagogische Fragestellungen

- Gesprächskontakte bei Hol- und Bringsituationen bei den Heimfahrten
- Gesprächskontakte bei Veranstaltungen in der Einrichtung
- Elternbesuche
- Elterngespräche im Rahmen der Hilfeplanung über Erziehungsfragen in der Wohngruppe und zur Situation in der Familie

6.2 Phasen der Elternarbeit

6.2.1 Vorbereitungsgespräch

Bei der Kontaktaufnahme geht es in erster Linie darum, das konkrete Anliegen für die Unterbringung in der Einrichtung zu klären. Es gilt bei den Eltern Vertrauen in die anstehende Maßnahme zu bilden, die Eltern in dem zu würdigen, was sie bisher für die Entwicklung ihres Kindes geleistet haben, um ihnen das Gefühl zu nehmen, in der Erziehung versagt zu haben. In diesem ersten Gespräch muss den Eltern deutlich werden, dass sie ernst genommen werden, d. h. man muss ihnen zuhören und sich auf ihre Sprache einstellen, was am besten gelingt, wenn die im Gespräch von den Eltern verwendeten Begriffe aufgegriffen und selbst benutzt werden. Darüber hinaus müssen erste Informationen über die Einrichtung und die Lebensbedingungen in der Wohngruppe vermittelt werden. Dadurch werden die Grundlagen für eine Entscheidung zur Unterbringung gelegt, die letztlich von den Eltern gefällt werden muss.

6.2.2 Aufnahmegespräch

Das Aufnahmegespräch hat für die gesamte Unterbringung eine Schlüsselfunktion, denn „die Entlassung beginnt mit der Aufnahme!" Hier werden die Grundlagen für eine gute Zusammenarbeit zwischen den Erzieherinnen und den Eltern gelegt und damit eine Voraussetzung für eine erfolgreiche Maßnahme geschaffen. Zur Vorbereitung werden die aus Akten und Vorgesprächen bekannten Vorinformationen sortiert und „geordnet". In der Einrichtung und der „aufnehmenden Gruppe" werden die räumlichen und personalen Voraussetzungen geschaffen und die neue Situation mit den Kindern und Jugendlichen der Gruppe angesprochen.

Zum Aufnahmegespräch werden die Eltern in einem gut vorbereiteten Raum empfangen. Ihnen bleibt die Entscheidung, wie sie sich setzen, da dies bereits eine wichtige Information über die Beziehungsstruktur in der Familie darstellen kann. Vor allem, wenn neben dem Kind, das zur Aufnahme ansteht, noch weitere Geschwisterkinder dabei sind. Das Aufnahmegespräch dient in erster Linie dem Sammeln von Informationen über die Familie und insbesondere das Kind bzw. den Jugendlichen, was besonders gut gelingt, wenn die Fragen offen formuliert sind und damit die Gesprächsbereitschaft geöffnet wird.

Fragen, die zu einem guten Gelingen beitragen können

Fragen zum Einstieg

- Was soll heute hier passieren, damit dies ein gutes Gespräch wird?
- Welche Frage sollte als Erste gestellt werden?
- Welche Idee haben Sie im Kopf, was hier jetzt passieren soll?
- Was hat sich in Ihrem „Fall" in den letzten Tagen/Wochen an Positivem verändert?
- Warum und auf wessen Empfehlung kommen Sie mit Ihrem Kind gerade jetzt?
- Gab es vorher schon Kontakte mit anderen Helfersystemen (z. B. Erziehungsberatung)?

Fragen zum Kontext der Problementstehung, d. h. zum Familiensystem

- Wie lebt die Familie und wer lebt alles in der Familie?
- Gibt es Muster im familiären Kontext (Mehrgenerationenmuster: Trennungen, Krankheiten, evtl. vergleichbare Lösungsmuster für Probleme)?
- Gibt es Tabuthemen, Familienmythen, „schwarze Schafe"?

Fragen zum Anliegen der Familie

- Welche Probleme werden von den einzelnen Familienmitgliedern gesehen? Sehen alle die gleichen und in der gleichen Reihenfolge der Gewichtung?
- Wer reagiert am meisten auf das Problemverhalten, wer weniger?
- Wen stört es, wen nicht?
- Aus welchen Verhaltensweisen besteht das Problem?
- Wem wird dieses Problemverhalten gezeigt, wem nicht?
- Wo wird es gezeigt, wo nicht?
- Wann wird es gezeigt, wann nicht?
- Wie geht die Familie bisher mit den Problemen um?
- Gibt es besonders kritische Phasen? An dieser Stelle bieten sich Fragen zur Verflüssigung des Problems oder Fragen nach Ausnahmen an (siehe Kapitel 6.3.2).

Fragen zum bisherigen Umgang mit dem Problem in der Familie

- Wie erklären Sie, dass das Problem entstanden ist? Und wie, dass es dann und dann auftritt und dann und dann nicht?
- Welche Folgen haben diese Erklärungen?

- Welche Versuche gab es bereits mit dem Problem konstruktiv umzugehen?
- Welche Lösungsvorschläge wurden schon entwickelt?
- Wer war dabei am aktivsten?
- Wie wird das Problem von jedem einzelnen Gesprächsteilnehmer dargestellt? Hier bietet sich das zirkuläre Fragen an (siehe Kapitel 6.3.1).
- Was hat sich in den Beziehungen verändert, als das Problem begann?
- Was würde sich in den Beziehungen verändern, wenn das Problem wieder aufhören würde?

Fragen zu den gegenseitigen Erwartungen und zur Zielsetzung der Maßnahme

- Was ist das vorrangige Ziel der Maßnahme?
- Wer kann was und wie viel dazu beitragen?
- Wer trägt zu wie viel Prozent die Verantwortung?
- Wer ist optimistisch, wer skeptisch?
- Was müssten wir tun, um die Erwartungen zu erfüllen?
- Was müssten wir tun, damit es ein Misserfolg wird?
- Woran würde man merken, dass das Ziel erreicht ist?
- Wer würde dies als Erster feststellen?
- Welche Auswirkungen hat die Erreichung des Ziels auf die anderen Familienmitglieder?

Abschluss des Gesprächs

Es ist zuletzt noch einmal wichtig, die Familie mit ihrem Anliegen zu würdigen und dabei die Aufmerksamkeit auf die Lösung des Problems zu richten. Zum Abschluss werden noch einmal die Rahmenbedingungen der Unterbringung verdeutlicht (Zeitstrukturen, Heimfahrten, Kontaktmöglichkeiten) und die Hoffnung auf eine gute Zusammenarbeit ausgedrückt.

6.2.3 Elterngespräche während der Unterbringung

Während der gesamten Unterbringung ist es wichtig, stets Informationen über die Entwicklungen des Kindes bzw. Jugendlichen zu geben und sich auch über Veränderungen im häuslichen Kontext Rückmeldungen einzuholen. Die Eltern sollen in ihren erzieherischen Tätigkeiten beraten werden, wobei die Vorschläge möglichst lösungsorientiert und konkret sein sollten. Wichtig dabei ist es die Zeitperspektive im Auge zu behalten und immer wieder die mögliche Rückführung ins Elternhaus anzusprechen, dabei aber die Bedürfnisse der Eltern zu berücksichtigen.

Gelegenheiten für diese Fragestellungen bieten „Tür- und Angelgespräche", Telefonkontakte, vor allem aber regelmäßig stattfindende Elterngespräche und vor allem das halbjährlich zu vereinbarende Hilfeplangespräch, in dem gemeinsam mit dem Jugendamt über die Beendigung oder die Weiterführung der Maßnahme entschieden wird.

6.2.4 Abschlussgespräch

Im Abschlussgespräch wird Bilanz gezogen über den Verlauf der Maßnahme, über die beobachteten Veränderungen in der Einrichtung, in der Schule, vor allem aber zu Hause. Gemeinsam mit den Eltern werden Strategien für die Zukunft entwickelt und eine mögliche weitere Beratung angeboten.

Mögliche Probleme der Elternarbeit

1. *Motivierung der Eltern zur Mitarbeit*
   Die Eltern scheinen manchmal wenig motiviert zur Mitarbeit zu sein, erwecken den Eindruck, als ob sie ihr Kind nur „zur Reparatur" abgeben wollen. Hier gilt es herauszufinden, weshalb dieser Eindruck entsteht. Sind es Ängste, Vorurteile, Beziehungsstörungen? Was ist die Hemmschwelle, welche die Eltern davon abhält in den gemeinsamen Prozess mit einzusteigen?

2. *Konkurrenzkonflikte zwischen Eltern und Erziehern*
   Erzieher sollten sich nicht in Konkurrenz zu den Eltern aufstellen oder sich gar als Ersatzvater oder Ersatzmutter anbieten. Das steht im Widerspruch zum Fühlen und Erleben des Kindes oder des Jugendlichen und ist letztlich von den Erzieherinnen auch nicht einzuhalten, da sie immer „nur" ihre bezahlte Arbeit machen, die vom Stundenumfang eingegrenzt ist. Eltern sind immer da, auch wenn sie nicht immer ihren erzieherischen Aufgaben gerecht werden können. Erzieherinnen kommen und gehen.

3. *Strukturelle Einschränkungen*
   - *Erfordernisse der Alltagsgestaltung, verbunden mit der nicht immer optimalen Personalausstattung können dazu führen, dass nicht genug Zeit für die erforderliche Elternarbeit bleibt.*
   - *Die Mitarbeiter sind nicht ausreichend qualifiziert, weil es ihnen an der entsprechenden Haltung („Würdigung" der Eltern) oder am notwendigen Handwerkszeug fehlt (Gesprächsführung) und weil sie für diese oft schwierige Arbeit auch keine Unterstützung in Form einer Supervision oder internen Beratung erhalten.*

6.3 Fragetechniken

6.3.1 Zirkuläres Fragen

Hilfreich für das Sammeln von Informationen sind „zirkuläre Fragen", bei denen nach Mustern innerhalb des Familiensystems und nicht nach „Dingen" gefragt wird. „Ein Symptom, ein Problem, eine Krankheit, welche Verhaltensprobleme erzeugen, sind keine Dinge, sondern Prozesse, gebildet durch Handlungen und Kommunikationen verschiedener Personen."

(Quelle: Schlippe/Schweizer, 2007, S. 141)

Fallbeispiel

In einer Gesprächsrunde sitzen die Eltern mit ihrem Sohn und ihrer Tochter zusammen. Das Mädchen hat Tränen in den Augen. In dieser Situation richtet sich die Frage nicht an das Mädchen: „Wie fühlst du dich?" Gefragt wird ihr Bruder: „Was denkst du, wie deine Schwester sich fühlt?" oder die Mutter: „Was denken Sie, was diese Tränen bei Ihrem Mann auslösen?" oder der Vater: „Was denken Sie, was diese Tränen für Ihre Frau bedeuten?"

Es ist davon auszugehen, dass dieses gezeigte Gefühl eine Botschaft an einen anderen ist und dass es deshalb von Interesse ist, wie diese Botschaft vom anderen verstanden wird. Diese Art des Fragens dient der Sammlung von Informationen, sie macht aber auch Beziehungsmuster innerhalb der Familie deutlich. Zirkuläre Fragen laden auch ein zum Einnehmen einer Außenperspektive. Sie lösen die Betroffenen aus ihren eingefahrenen Strukturen und machen frei für neue Möglichkeiten.

6.3.2 Fragen nach Ausnahmen

Als sehr nützlich erweisen sich in diesen Gesprächen auch Fragen nach Ausnahmen, d. h. nach problemfreien Zeiten: sie unterscheiden sich von der Lösung im Wesentlichen durch den Zeitfaktor. Ausnahmen finden in der Gegenwart statt oder haben in der Vergangenheit stattgefunden. Probleme, Schwierigkeiten oder negative Befindlichkeiten bestehen nicht ununterbrochen, sind nicht 24 Stunden am Tag vorhanden: es gibt auch Zeiten, in denen sie nicht oder weniger bestehen.

Es lohnt sich durch folgende Fragen die Aufmerksamkeit auf diese Ausnahmezeiten zu richten:

- Wann tritt das Problem nicht auf?
- Ist es manchmal irgendwie anders oder das Problem tritt weniger oder überhaupt nicht auf?
- Was ist dann anders, wenn das Problem nicht auftritt?
- Woran können andere erkennen, dass die Ausnahme heute stattgefunden hat?
- Was tust Du dann anders, wenn dies (die Ausnahme) geschieht?
- Was müsste passieren, damit dies öfters geschieht?
- Was können die Einzelnen tun, damit dies öfters geschieht?

6.3.3 Fragen zur Verdeutlichung von Unterschieden

Die Fragen zu den Unterschieden sind spezielle Formen des zirkulären Fragens. Damit können vor allem die verschiedenen Sichtweisen der am Prozess beteiligten Personen herausgefunden werden.

Beispiel

Klassifikationsfragen

„Wer ist über die Herausnahme von Mathias am meisten betroffen?"

Prozentfragen

„Zu wie viel Prozent ist das Verhalten von Mathias auf eine Stoffwechselstörung zurückzuführen, zu wie viel auf das Verhalten der Mutter, des Vaters, des Lehrers ...?"

Übereinstimmungsfragen
„Wer sieht das auch so wie Sie?"

6.3.4 Fragen nach Lösungen

Es ist davon auszugehen, dass innerhalb der Familie bereits alle Ressourcen vorhanden sind, das Problem zu lösen, dass diese jedoch aktuell nicht aktiviert werden können. Das Problem verursacht zwar im Moment Leiden, kann aber als ein Lösungsversuch gedeutet werden. Damit werden die Bemühungen der Eltern gewürdigt und ihre Eigenverantwortung in den Mittelpunkt gerückt.

- Welche Lösungsversuche haben Sie bereits unternommen?
- Woran würden Sie oder andere merken, dass das Problem gelöst ist?
- Wie kann ich merken, dass das Problem gelöst ist?
- Was sollte heute geschehen, dass Sie sich zumindest auf dem Weg zu einer Lösung sehen?
- Was wäre die kleinstmögliche Lösung, die als Lösung erkennbar ist?

6.3.5 Fragen nach Ressourcen

Die Orientierung an der Lösung des Problems erzeugt wie von selbst die Fragen nach den Ressourcen, die innerhalb der Familie vorhanden sind. Sie sind den Betroffenen oft nicht bewusst, da das Leiden am Problem und die gefühlte Hilflosigkeit alles andere überdecken. Das Gefühl der vorhandenen Stärken wieder zu wecken ist Ziel des ressourcenorientierten Fragens:

- Wann waren Sie das letzte Mal mit Ihrem Kind und Ihrer Situation zufrieden?
- Welche erfreuliche Situation haben Sie mit ihm kürzlich erlebt?
- Was ist Ihnen dabei besonders gut gelungen?
- Wie haben Sie das gemacht? Wie ist Ihnen das gelungen?
- Was war Ihr Beitrag dazu?
- Welche Ihrer Stärken und Fähigkeiten haben Sie dabei eingesetzt?
- Wie haben Sie sich darauf vorbereitet?
- Wie ließe sich das für Sie wiederholen?
- Wo können Sie Ihre hier gezeigten Stärken und Fähigkeiten noch einsetzen?
- Welche Ratschläge, Tipps oder „Lehren" könnten Sie uns geben, falls wir in eine ähnliche Situation kommen?
- Wie haben Sie sich dafür belohnt?
- Wie haben Sie anderen davon erzählt – damit sie Sie loben/belohnen/anerkennen können?

6.3.6 Fragen nach den Zielen

Zur Klärung des Auftrags und einer produktiven Zusammenarbeit ist es zunächst erforderlich gemeinsame Ziele zu formulieren, welche nach dem „SMART-Prinzip" **s**pezifisch, **m**essbar, **a**ktiv, **r**ealistisch und **t**erminiert sind. Wichtige Informationen zur Beziehungsstruktur in der Familie werden durch folgende Fragen deutlich:

- Woran werden Sie erkennen, wenn Ihr Ziel erreicht wurde?
- Woran werden andere erkennen, dass das Ziel erreicht wurde?
- Und wer wird es als Erster erkennen und an was?
- Wie lange möchten Sie Ihrem Problem noch Platz einräumen?
- Angenommen, eine andere Familie hätte in der Zukunft ein ähnliches Problem wie Sie, was würden Sie ihr zur Lösung ihres Problems raten?

6.3.7 Abschlussfragen

- Wenn ein Erdbeben alle Erzieher, Psychologen, Sozialarbeiter, Heilpädagogen, Diplompädagogen verschlucken würde, wie könnte das Problem dann gelöst werden?
- Wer hat am ehesten Interesse an dieser Maßnahme, wer am wenigsten?

6.3.8 Fragen zur „Verflüssigung" bei angenommener Hyperaktivität eines Kindes

- Wie sieht das aus, wenn das Kind hyperaktiv ist?
- Wann verhält es sich so?
- Wann beobachten es andere so? Wann nicht?
- Seit wann?
- War es schon immer so?
- Wo verhält es sich so?
- Bei wem und mit wem?
- Mit wem kommt es am ehesten zurecht?
- Was ist da anders?
- Wenn es nicht hyperaktiv ist, was machen dann die anderen?
- Wenn Sie die Fähigkeit des Kindes in Zahlen einschätzen müssten, wo würden Sie dies auf einer Skala von Null bis Zehn einordnen?
- Wenn es sich um einen Punkt verbessern würde, woran würden Sie das merken?

6.3.9 Fragen zur Externalisierung

Hilfreich ist auch die **Externalisierung** des Problems: nicht das Kind ist hyperaktiv, sondern es hat eine Hyperaktivität, ein Rumpelstilzchen als Lebensbegleiter. Dadurch wird dem Kind das Schuldbewusstsein genommen, der Zugang zum Problem und damit auch zu den Lösungen wird erleichtert:

- Wann kommt das Rumpelstilzchen zu dir?
- Kommt es häufig, überraschend, unaufgefordert, wird es gerufen, kommt es als Helfer oder Zerstörer?
- Was machst du, wenn es nicht da ist, was machen deine Eltern? ...

Web

Zum Einüben von Gesprächen mit Eltern bieten sich Rollenspiele an. Gestalten Sie folgende Situationen und nutzen Sie dabei die Rollenzuschreibungen, die für das Aufnahmegespräch ausführlich dargestellt wurden.

Berücksichtigen Sie bei diesen Gesprächen die verschiedenen Fragetechniken, indem Sie bei jedem Durchgang eine spezifische Technik überwiegend einsetzen.

- Telefongespräche über organisatorische und pädagogische Fragestellungen
- Elternbesuche in der Wohnung der Familie
- Aufnahmegespräch
- Elterngespräche im Rahmen der Hilfeplanung über Erziehungsfragen in der Wohngruppe und zur Situation in der Familie

Lernsituation

*Stellen Sie in einem Rollenspiel ein **Aufnahmegespräch** nach, in dem zwei Mitarbeiterinnen einer Kinder- und Jugendhilfeeinrichtung, ein Elternpaar und Mathias, ein elfjähriger Junge und seine achtjährige Schwester teilnehmen. Der Junge besucht eine Grundschulklasse. Sein Lehrer hatte mit ihm in den letzten Wochen zunehmend Probleme und regte deshalb eine Aufnahme in eine Kinder- und Jugendhilfeeinrichtung an.*

Die Vorstellung in der Kinder- und Jugendpsychiatrie ergab folgende Diagnose: „Schwere emotionale Störung mit aggressiv-hyperkinetischer Ausgestaltung im Rahmen einer depressiven Entwicklung bei schwer gestörter Mutter-Kind-Beziehung“.

Auszug aus dem Arztbericht
Bei Mathias handelt es sich um einen elfjährigen Schüler, dessen Intelligenztestleistungen deutlich in Abhängigkeit von der Art der Anforderungen variieren. Während sein abstrakt-logisches Denkvermögen sowie auch seine handlungsbezogenen Fähigkeiten durchschnittlich sind, sind seine sprachgebundenen Fertigkeiten deutlich unterdurchschnittlich.

Mathias leidet in erster Linie an ADHS, was sich bei ihm in impulsiver Arbeitsweise, motorischer Unruhe und erhöhter Ablenkbarkeit manifestiert. Dies führte zu vielen Misserfolgserlebnissen, welche sich bei Mathias zu einer konstanten Misserfolgserwartung entwickelten. Diese ihrerseits beeinträchtigt nochmals sein Leistungsverhalten, sodass er sich in einem Circulus vitiosus befindet.

Mathias ist ein Adoptivkind aus der ersten Ehe seiner Adoptivmutter. Die frühkindliche Entwicklung schildert diese als unauffällig. Als er ein Jahr alt war, trennten sich seine Adoptiveltern, Mathias blieb bei seiner Adoptivmutter, die kurz darauf wieder heiratete. Im Alter von vier bis sechs Jahren besuchte Mathias den Kindergarten, wo die ersten Auffälligkeiten beobachtet wurden. Während dieser Zeit sei die Adoptivmutter durch Zufall auf einen Ratgeber zum Thema „Das hyperaktive Kind" gestoßen, nach dessen Lektüre sie davon überzeugt war, dass es sich bei Mathias um ein hyperaktives Kind handele.

Im Alter von sechs Jahren, in der ersten Grundschulklasse, wurde Mathias wegen des diagnostizierten ADHS mit Ritalin behandelt. Unter dieser Medikation allein habe sich jedoch wenig geändert. Später wurde eine phosphatreduzierte Diät durchgeführt und die Kombination von Diät und Ritalin erbrachte eine deutliche positive Verhaltensveränderung bei Mathias. Mit in der Familie lebt die leibliche Tochter (acht Jahre) seiner jetzigen Eltern. Mit seiner Schwester habe Mathias sehr viele Streitigkeiten, wobei dies jedoch auch häufig von der Schwester ausgehe, die ihn bisweilen regelrecht ausnutze.

Web

Zusammenfassung

Mit der Verabschiedung des Kinder- und Jugendhilfegesetzes (SGB VIII) im Jahr 1990 wurde die Elternarbeit vermehrt in den Fokus der Kinder- und Jugendhilfe gerückt. Es zeigt sich immer wieder, dass der Erfolg einer Maßnahme in hohem Maße von der aktiven Beteiligung der Eltern abhängt.

Deshalb gehört es auch zu den Kernkompetenzen der Erzieherin, Gespräche mit Eltern führen zu können. Es kann sich hierbei um eher kurze und spontane „Tür- und Angelgespräche" handeln, aber auch um längere und intensivere Gespräche, deren Inhalt zu Beginn einer Maßnahme der Sammlung von Informationen dienen sollte.

Dabei geht es in erstere Linie um Fragen …

- *zum Kontext der Problementstehung, d. h. zum Familiensystem,*
- *zum Anliegen der Familie,*
- *zum bisherigen Umgang mit dem Problem in der Familie,*
- *zu den gegenseitigen Erwartungen und zur Zielsetzung der Maßnahme,*

Im weiteren Verlauf sind diese Gespräche zunehmend als Beratung und Suche nach einer Lösung zu gestalten.

Hilfreich dafür sind spezifische Fragetechniken wie:

- *zirkuläres Fragen*
- *Fragen nach Ausnahmen*
- *Fragen zur Verdeutlichung von Unterschieden*
- *Fragen nach Lösungen*
- *Fragen nach Ressourcen*
- *Fragen nach den Zielen*
- *Abschlussfragen, nach dem Ergebnis der Maßnahme und den Prognosen*
- *Fragen zur „Verflüssigung" bei angenommener Hyperaktivität eines Kindes*
- *Fragen zur Externalisierung*

7 LERNFELD 6: Institution und Team entwickeln

Hilfen zur Erziehung unterliegen einem ständigen Wandel des gesellschaftlichen Werte- und Normenverständnisses von Familie und den Bedingungen des Aufwachsens und Erziehens der Heranwachsenden. Gleichzeitig verändern sich auch die Auffassungen darüber, welche Strategien und Konzepte eine sinnvolle Förderung und Entwicklung von Kindern und Jugendlichen unterstützen. Hinzu kommen strukturelle Veränderungen derökonomischen und (sozial-)politischen Rahmenbedingungen.

Institutionen und Fachkräfte haben sich mit diesen Herausforderungen fortlaufend auseinanderzusetzen. Strukturen, Prozesse und Handlungskonzepte müssen regelmäßig reflektiert und den neuesten Entwicklungen angepasst werden. Darüber hinaus sind diese Veränderungen transparent und verständlich in der Öffentlichkeit zu kommunizieren.

Aufgabe

Beantworten Sie bitte die nachfolgenden Fragen.

V
- *Welche Veränderungen der (sozial-)politischen Rahmenbedingungen haben Sie in den letzten Jahren wahrgenommen? Können Sie dies an einigen Beispielen erläutern?*

R
- *Welche Veränderungen der ökonomischen Bedingungen des gesellschaftlichen Zusammenlebens sind Ihnen in Ihrem privaten oder beruflichen Umfeld aufgefallen?*

A
- *Haben diese Veränderungen auch Einfluss auf die Entwicklung im Bereich der Kinder- und Jugendhilfe? Welche Einflüsse könnten dies sein?*

7.1 Steuerung von Organisationen in den Hilfen zur Erziehung

7.1.1 Sozialmanagement

Die jährlich steigenden Kosten in der Kinder- und Jugendhilfe haben dazu geführt, dass Anfang der 1990er-Jahre Ansätze aus der Betriebswirtschaftslehre Einzug in das Sozialwesen hielten. Unter dem Stichwort der Ökonomisierung des Sozialen sollte die Einführung von Handlungsstrategien und Konzepten der ökonomischen Steuerung dazu beitragen, die Kosten in der Sozialen Arbeit zu reduzieren, das Management in sozialen Einrichtungen zu optimieren und die sozialpädagogische Arbeit effektiver, effizienter und transparenter zu gestalten. In der Fachliteratur hat sich der Arbeitsbegriff des Sozialmanagements zur Charakterisierung dieses generellen Trends durchgesetzt.

Sozialmanagement steht für den „Versuch, die betriebswirtschaftliche Sicht, bei der ‚Aufgaben, Strukturen und Prozesse in Organisationen unter wirtschaftlichen Gesichtspunkten zu planen, zu organisieren, zu entwickeln und zu kontrollieren' sind, stärker für die Gestaltung von Institutionen in der sozialen Hilfe zu profilieren und dabei neben der Wirtschaftlichkeit auch Prinzipien der sozialen Gerechtigkeit und der Fachlichkeit als elementare Bezugspunkte in das Management zu integrieren (Puch/Westermeyer, 1999, S. 23). Bei Sozialmanagement geht es also um die Anwendung des ökonomischen Kalküls unter den spezifischen (fachlichen, normativen, politischen, rechtlichen) Bedingungen von Einrichtungen der Sozialen Arbeit."
(Quelle: Merchel, 2013, S. 852)

Im Kern handelt es sich beim Sozialmanagement um eine ergänzende Perspektive der Steuerung von Strukturen und Prozessen im Bereich der Herstellung sozialer Dienstleistungen. Kriterien und Standards der Ökonomie sollen dazu beitragen, dass soziale Leistungen sachangemessen und wirtschaftlich erbracht werden. Mittels Kennzahlen, Instrumenten des Controllings, der Kostenkalkulation, des Kontraktmanagements, eines professionalisierten Personalmanagements sowie differenzierter Verfahren zur Qualitätssicherung sollen effektivere und effizientere Arbeitsresultate erzielt werden. Ergänzend kommt eine marktorientierte Öffnung im Bereich der Leistungserbringung hinzu. Neue Konkurrenzbeziehungen sollen nicht nur zu einer wettbewerbsorientierten Preisentwicklung führen, sondern auch zu neuen Dynamiken in Richtung einer Erweiterung der Angebotsstrukturen und zu einer verbesserten Ausrichtung an den Bedarfslagen der Nutzer.

7.1.2 Organisatonsentwicklung

Der inhaltliche Gegenstandsbereich des Sozialmanagements bezieht sich auf zwei Dimensionen der Steuerung in der sozialen Hilfe, die auf der einen Seite eher **organisationsintern** und auf der anderen Seite eher **umweltbezogen** ausgerichtet ist (siehe Merchel, 2013, S. 853). Diese lassen sich wie folgt charakterisieren.

Steuerungsfokus: Binnenorganisation

Auf dieser Ebene geht es um Strukturen, Prozesse und Abläufe der innerorganisatorischen Organisationsgestaltung. In den Vordergrund rücken hier Fragen der Organisationsanalyse, der Geschäftsprozessoptimierung, der Organisations- und Personalentwicklung sowie des Finanzmanagements.

Steuerungsfokus: Außenbeziehungen der Organisation

In den Vordergrund treten Strukturen, Prozesse und Abläufe, die der langfristigen Erhaltung und Positionierung der Einrichtung dienen. Der Schwerpunkt liegt auf Fragen der sozialpolitischen Positionierung, der Wahl neuer Rechtsformen, der mittel- und langfristigen Ausrichtung der Leistungen an (zukünftige) Nutzergruppen, der Auswahl von Netzwerk- und Kooperationspartnern, der Dokumentation von Wirksamkeitsnachweisen, des Marketings und der Öffentlichkeitsarbeit.

Zu den Leitgedanken des Sozialmanagements gehören somit …

- sowohl die Professionalisierung der Einrichtung hinsichtlich ihrer internen Abläufe
- als auch die Qualitätsentwicklung und Zukunftssicherung sozialer Dienstleistungen im Interesse einer wirksamen Steuerung der Leistungsprozesse.

7.2 Sozialmanagement in den Hilfen zur Erziehung

Vor dem Hintergrund der Vielfalt und Unterschiedlichkeit des Leistungsspektrums der Hilfen zur Erziehung und der sich hieraus ergebenden institutionellen Leistungserbringer bedarf es der sorgfältigen Prüfung, welche Steuerungsinstrumente des Sozialmanagements für eine Einrichtung geeignet sind, um bestimmte Fragestellungen zu beantworten und konkrete Zielsetzungen zu erreichen.

7.2.1 Innerorganisatorische Steuerung durch Sozialmanagement

Grundsätzlich haben sich folgende Bausteine des Sozialmanagements etabliert:

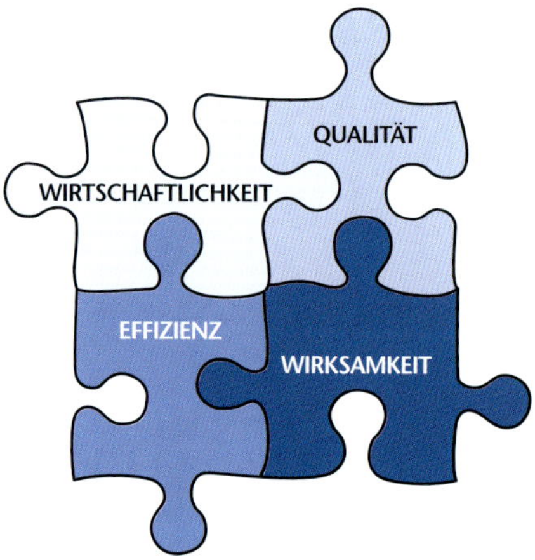

Strategische und operative Zielvereinbarungen

Bei der strategischen Planung handelt es sich um ein Führungsinstrument zur Verwirklichung einer grundsätzlichen Ausrichtung der Organisation. Eine solche strategische Planung könnte z. B. lauten, dass man zukünftig wirtschaftlicher arbeitet und stärker kundenorientiert handelt.

In der operativen Planung kommt es dann darauf an, diese strategische Ausrichtung in eine kurzfristige Planung zu überführen und konkrete Ziele, Schritte und Vorgehensweisen zu definieren. Zur Verwirklichung des Ziels der Wirtschaftlichkeit könnte man das Ziel vereinbaren, dass bis zu einem bestimmten Zeitpunkt ein ganz konkreter Arbeitsbereich in der Organisation unter Einsatz bestimmter Instrumente daraufhin überprüft wird, ob hier auf der Basis vorher festzulegender Kriterien effizient gearbeitet wird. Konkret geht es um die Frage, ob das Verhältnis von Kosten und Nutzen angemessen ist.

Zur Verwirklichung des Ziels der verbesserten Kundenorientierung könnte man sich für eine Weiterbildungsmaßnahme entscheiden. Im Rahmen der Zielvereinbarung wird dann u. a. festgelegt, dass die Fachkräfte des infrage kommenden Bereichs innerhalb des nächsten Jahres an dieser Maßnahme teilnehmen müssen und dafür ein entsprechendes Zertifikat sowie einen angemessenen Freizeitausgleich erhalten.

Fach- und Ressourcenverantwortung

Im Vordergrund steht eine fachabteilungsbezogene Verknüpfung von sachlicher und ressourcenorientierter Entscheidungskompetenz. Auf diese Weise sollen neue Handlungsspielräume und hierdurch bedingt auch verbesserte Leistungsergebnisse erreicht werden. Konkret könnten z. B. bestimmte Investitionen, die das Budget überschreiten würden, durch Einsparungen an anderer Stelle verwirklicht werden. Eine andere Variante könnte die Beauftragung bestimmter Experten sein, um bestimmte fachliche Fragen oder Projekte realisieren zu können.

Hilfeplanung

Das Instrument dient der Steuerung einer erzieherischen Hilfe im Einzelfall. Der Prozess der Hilfe hinsichtlich Auswahl, Durchführung und Anpassung wird ausgehandelt und schriftlich präzisiert. Auf der Basis dieser Grundlage können der Prozessverlauf (Hilfeplangespräche, Berichte, Absprachen), die Ergebnisqualität und damit auch die Wirkungen von erzieherischen Hilfen ermittelt und die Qualität der Leistungserbringer überprüft werden.

Einsatz von Informationstechnologie

Im Vordergrund steht die EDV-basierte Informationsverarbeitung in sozialen Organisationen. Im Bereich des Sozialmanagements geht es um die systematische Verarbeitung, Aufbereitung und Auswertung von Informationen (vgl. Hermsen 2014).

Personalmanagement

Zu den wichtigsten Ressourcen von Organisationen gehören die Mitarbeiterinnen und Mitarbeiter, die durch ihre Leistungsbereitschaft und ihr Verhalten die Ziele der Organisation konkret umsetzen. Dies gilt insbesondere für Organisationen, die personenbezogene Dienstleistungen erbringen und das Produkt erst gemeinsam mit den Kunden/ Klienten erarbeiten. Die Instrumente im Bereich des Personalmanagements sollen dazu beitragen, dass die Gesamtheit aller Ziele, Strategien und Konzepte einer Organisation umgesetzt werden. Um sowohl die Motivation als auch die Leistungsbereitschaft und das Verhalten zu steuern, bedarf es u. a. bedarfsgerechter Fort- und Weiterbildungsmöglichkeiten, lernfördernder und motivierender Arbeitsstrukturen, materieller Anreize, sachgerechter Kompetenzverteilungen und Arbeitsteilungen sowie angemessener Strategien zur Dezentralisierung und Personalführung.

Qualitätsmanagement

Das Instrument der Qualitätssicherung soll grundsätzlich dazu beitragen, dass Leistungsprozesse kundenorientiert/nutzerorientiert auf der Basis bestimmter Qualitätsgesichtspunkte gestaltet werden. Hierzu sollte man wissen, welche Erwartungen die Kunden bzw. Klienten an die Organisation haben und anhand welcher Standards und Kriterien Prozesse in der Organisation ablaufen.

Fach- und Finanzcontrolling

Outputorientierte Steuerung setzt voraus, dass Entscheidungen auf der Basis verlässlicher Kennzahlen und Informationen gefällt werden. Ein sachangemessenes Controlling liefert hierzu eine entsprechende Informationsbasis. Welche Kennzahlen und betriebswirtschaftlichen Verfahren geeignete Instrumente und Bezugsgrößen darstellen, bedarf einer fachlichen Abstimmung auf der Grundlage der jeweiligen Aufgaben der Organisation.

7.2.2 Steuerung der Außenbeziehungen durch Sozialmanagement

Analyse des Angebots- und Leistungsspektrums

Im Vordergrund des Instruments steht die systematisch-methodische Ermittlung der Stellung der sozialen Organisation im Markt. Hierbei spielt es grundsätzlich keine Rolle, ob es sich hierbei faktisch um einen freien Markt (keine Zugangsbeschränkung der Teilnehmer) oder um einen beschränkten Markt (eingeschränkter Zugang) handelt. Das Ziel der Analyse besteht darin, das Marktgeschehen zu beobachten, neue Strategien der Mitanbieter zu erkennen und (neue) Bedarfslagen der Nutzer zu erfassen. Konkrete Instrumente sind Befragungen, Konkurrenz- und Produktanalysen sowie Angebots- und Standortanalysen.

Kontraktmanagement

Hierunter wird ein Instrument verstanden, das Absprachen über die zu erbringenden Leistungen, die dafür zur Verfügung gestellten Mittel und die Art der Berichterstattung über das Ergebnis und eventuelle Abweichungen enthält.

Outsourcing

Im Rahmen dieser Steuerungsstrategie passen sich soziale Organisationen bestimmten Marktentwicklungen an und lagern einzelne Aufgaben oder Teilbereiche aus. Hierbei werden entweder neue Tochterunternehmen gegründet oder aber bestimmte Aufgabenbereiche an Drittunternehmen vergeben. Klassische Beispiele in den Erziehungshilfen sind die Auslagerung von Kindertagesstätten zu eigenständigen Gesellschaften sowie die Auslagerung von Arbeitseinheiten, die nicht zum Kerngeschäft der sozialen Organisation gehören (Kantinenbetrieb, Wäscherei usw.). Diese Maßnahmen sollen Kosten senken und dazu beitragen, dass bestimmte spezialisierte Aufgaben von fachlich ausgewiesenen Organisationen übernommen werden.

Benchmarking

Mit Benchmarks werden bestimmte Ziel- und Orientierungswerte bezeichnet, die es erlauben, im direkten Vergleich von anderen, gleichartigen Anbietern sozialer Dienstleistungen zu lernen und sich an guten Ideen und Lösungen Dritter zu orientieren. Durch das Benchmarking wird ein strukturierter Prozess des Lernens angestrebt. Im Kern handelt es sich um einen Vergleich von Einrichtungen und Diensten der Erziehungshilfe, bei dem Wirkungen sozialer Hilfen aus fachlich-methodischer Sicht systematisch miteinander verglichen und mit betriebswirtschaftlichen Größen (z. B. Kosten) in Beziehung gesetzt werden. Wichtige Messgrößen können Personalschlüssel, Beraterstunden, Kosten, Ausstattungsmerkmale, Zufriedenheitsindizes, Schulabschlüsse, Rückfallquoten usw. sein.

Marketing und Öffentlichkeitsarbeit

Das Marketing im Bereich der personenbezogenen Dienstleistungen hat die Aufgabe, diese Dienstleistungen den infrage kommenden Nutzern attraktiv anzubieten, damit sich die Nutzer entscheiden, genau diese Leistung bei dieser Organisation in Anspruch zu nehmen. Darüber hinaus sollen auch andere Interessengruppen, wie z. B. Auftraggeber, politische Interessengruppen, Selbsthilfeorganisationen und andere relevante Akteure (Verbände, Sponsoren usw.) auf die Angebote aufmerksam werden. Die Öffentlichkeitsarbeit geht darüber hinaus. Hierbei handelt es sich um ein generelles Kommunikationsinstrument zur Vermittlung aller Aktivitäten der Organisation. Auf diese Weise soll ein gewisser Bekanntheitsgrad, ein Selbstverständnis, eine gewisse Positionierung innerhalb des Anbietermarktes und der Gesellschaft sowie ein Zielgruppenprofil vermittelt werden.

Die Umsetzung von Instrumenten des Sozialmanagements kann kosten- und personalintensiv sein. Soziale Organisationen sind gut beraten wenn sie im Vorfeld prüfen, welche Bedarfe überhaupt bestehen und welche Instrumente der Steuerung und Qualitätssicherung vor diesem Hintergrund infrage kommen. Aufgrund der begrenzten Kapazitäten und Personalressourcen in sozialen Einrichtungen kann es sinnvoll sein, sich hierbei von Experten oder wissenschaftlichen Forschungseinrichtungen beratend unterstützen zu lassen.

Hierzu ein Praxisbeispiel:

„Herzlich willkommen auf den Seiten des JUGENDHILFE COCKPITS!

Das JUGENDHILFE COCKPIT ist eine Kooperation des Instituts für Kinder- und Jugendhilfe (IKJ) in Mainz und der xit GmbH in Nürnberg. Ziel ist es, pädagogische Wirkungsmessung mit betrieblichen Analysen zu kombinieren und Jugendhilfe-Einrichtungen anhand von Vergleichsdaten eine systematische Reflexion ihrer Leistungsqualität zu ermöglichen. Dabei steht das Offenlegen von Chancen und versteckten Potenzialen im Zentrum der Analyse.

Gründe für das JUGENDHILFE COCKPIT

Die Anbieter der Kinder- und Jugendhilfe müssen mit einer anspruchsvollen Klientel umgehen und ihre Effekte vor Sozialleistungsträgern rechtfertigen. Während die Komplexität der Finanzierung und die Managementanforderungen an die Träger steigen, bleiben die entscheidenden Fragen der Wirksamkeit, der Qualitäts- und Kostenentwicklung dabei allzu häufig offen.

Das JUGENDHILFE COCKPIT bietet einen Unternehmenscheck an, der eine Positionsbestimmung unter den Aspekten Betriebswirtschaft, Leistung, Prozesse, Kunden und Outcome erlaubt. Für einzelne Einrichtungen bieten wir darüber hinaus individuelle Organisationsanalysen an. Wir entwickeln mit Ihnen gemeinsam Strategien für Ihre Verbesserungsinitiativen.

Einsatzbereiche für das JUGENDHILFE COCKPIT

Sie möchten wissen, wie in Ihrer Einrichtung noch effektiver und effizienter gearbeitet werden kann? Oder wie Sie im Vergleich mit anderen Einrichtungen abschneiden? Welche weiteren Potenziale, Spielräume und Chancen existieren?

Das wissenschaftlich entwickelte Instrument JUGENDHILFE COCKPIT eröffnet Ihnen neue Perspektiven: Mit Hilfe von Vergleichswerten können Sie die Leistungsqualität Ihrer Einrichtung systematisch reflektieren und relativieren.

Das JUGENDHILFE COCKPIT hilft Ihnen und Ihrer Einrichtung bei der Ermittlung

- Ihrer wirtschaftlichen und fachlichen Produktivität,
- der pädagogischen Wirksamkeit,
- Ihrer Kostenspielräume,
- Ihrer Wettbewerbsfähigkeit sowie
- der Qualität im IST-Zustand und möglicher Potenziale."

(Quelle: xit/IKJ Pro Qualitas, 2015)

Anhand folgender Checkliste können Steuerungsbedarfe in folgenden Sektoren identifiziert werden:

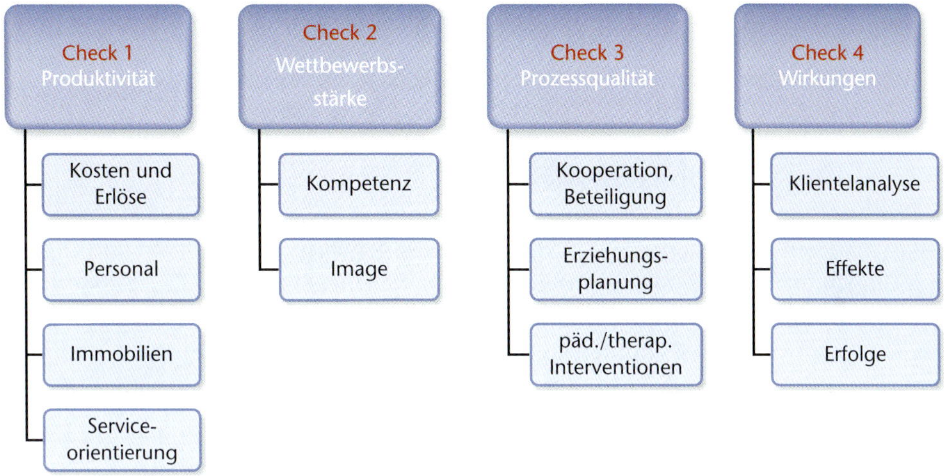

Konkret geht es um die Analyse von Strukturen und Prozessabläufen zur Optimierung der wirtschaftlichen und fachlichen Effizienz.

Exemplarisch sind hier einige Auswertungsdimensionen benannt:

Check 1: Produktivität

- Über welche Einnahmen, Ausgaben und Umsätze verfügen Sie?
- Welche Kostenspielräume (Overhead, Energiekosten) lassen sich erschließen, ohne Qualitätseinbußen hinnehmen zu müssen?
- Wie lässt sich Ihr Fort- und Weiterbildungsetat bestmöglich verwenden?
- Wie hoch ist Ihre Mitarbeiterfluktuation und wie hoch sind die Fehlzeiten?

Check 2: Wettbewerbsstärke

- Wie wird die Leistungskompetenz Ihrer Einrichtung von den relevanten Jugendämtern gesehen?
- Welche Kompetenzprofile sollten Sie ausbauen?
- Wie wird Ihre Einrichtung von Dritten wahrgenommen und welches Image streben Sie an (Marketingstrategie)?
- Was sind die wichtigsten Ansatzpunkte für die Auslastungssicherung in den nächsten Jahren?

Check 3: Prozessqualität

- Wie gut sind Ihre pädagogischen Kernprozesse im Vergleich?
- Gibt es empirische Zusammenhänge mit Ihrer Kostenstruktur?

- Der Ausbau (oder auch die Reduktion) welcher Qualitätsstandards wäre optimal?

Check 4: Wirkungen

- Wie erfolgreich sind Ihre Maßnahmen bzw. Hilfen?
- Welche Faktoren unterscheiden Sie von vergleichbaren Einrichtungen?

7.3 Organisationsentwicklung

Wenn man sich organisiert, dann ist damit ein zielorientiertes Strukturieren und Ordnen von Dingen und Sachverhalten verbunden. Wichtige Dokumente und Rechnungen werden nach einer bestimmten Systematik abgeheftet, Gegenstände nach selbst festgelegten Kriterien in Schränke und Regale eingeräumt und auch der Tagesablauf wird nach bestimmten Prioritäten geordnet und zeitlich strukturiert.

Gleiches gilt für Prozesse in der Gesellschaft. Die Leistungsfähigkeit einer modernen Gesellschaft hängt entscheidend davon ab, wie sie Aufgaben verteilt und strukturiert. Hochindustrielle Gesellschaften sind keine überschaubaren Stammesgesellschaften mehr, die in kleinen sozialen Gruppen das Gemeinwesen organisieren und so das Überleben sichern.

Moderne Gesellschaften stehen vor der komplexen Aufgabe, eine Vielzahl von Aufgaben und Tätigkeiten möglichst effizient und flächendeckend zu erbringen. Nahrungsmittel, Kleidung und sonstige Güter müssen für viele Millionen Menschen in gleicher Qualität, dauerhaft und überall im Land angeboten werden. Gleiches gilt für staatliche Leistungen, sei es auf dem Gebiet der allgemeinen Verwaltung, der öffentlichen Sicherheit oder der wohlfahrtsstaatlichen Sicherung. In hochgradig ausdifferenzierten Gesellschaften werden diese Aufgaben und Leistungen vorrangig durch formale Organisationen erbracht. Zu den formalen Organisationen zählen u. a. Wirtschaftsunternehmen, Behörden und Ämter, Krankenhäuser, Schulen und Universitäten sowie Organisationen der sozialen Hilfe. Das System der sozialen Sicherung kann nur deshalb flächendeckend funktionieren, weil soziale Dienstleistungen durch formale Organisationen erbracht werden.

Bei formalen Organisationen handelt es sich um eigenständige soziale Gebilde, die eine besondere Struktur aufweisen und nach spezifischen Regeln und Gesetzmäßigkeiten Aufgaben und Ziele verfolgen. Formale Organisationen verfügen über Beschäftigte oder Mitglieder und weisen diesen bestimmte Rollen und Aufgaben zu. Als Leitungskraft einer Organisation hat man z. B. andere Rollenerwartungen und berufliche Aufgaben zu erfüllen, als auf der Ebene einer sozialpädagogischen Fachkraft oder als Erzieher.

Weiterhin unterscheiden sich formale Organisationen deutlich sowohl voneinander, aber auch vom Rest der Gesellschaft, wie z. B. den einzelnen Individuen oder der Politik oder der Wirtschaft insgesamt. Eine Kindertageseinrichtung ist keine Hochschule und auch kein Industriebetrieb. Je nach Zielsetzung der Organisation (z. B. Gewinnmaximierung, Erziehung, Bildung, soziale Hilfe) werden den jeweiligen Aufgaben und Zielsetzungen verbindliche Regeln zugeordnet, konkrete Aufgaben zugewiesen, Hierarchien festgelegt und Entscheidungsbefugnisse übertragen.

„Organisationen sind soziale Gebilde, die dauerhaft ein Ziel verfolgen und eine formale Struktur aufweisen, mit deren Hilfe Aktivitäten der Mitglieder auf das verfolgte Ziel ausgerichtet werden sollen."

(Quelle: Kieser/Walgenbach, 2007, S. 6)

Ähnlich wie bei sozialen Gruppen oder Familien können auch bei Organisationen spezifische Strukturen und Prozesse identifiziert werden, die typisch sind für genau diesen Typus von sozialen Gebilden. Um die Ziele und die sich daraus ableitenden Aufgaben möglichst effizient umsetzen zu können, übernehmen die Mitarbeiterinnen und Mitarbeiter in der Organisation nicht nur spezifische Rollen, sondern das Handeln muss auch aufeinander bezogen werden. Über formale Hierarchien und Aufgabenverteilungen schafft sich die Organisation eine eigene und nur sie kennzeichnende Struktur, die sogenannte Aufbauorganisation. Über Zweckrationalität und Formalisierung kommt es zu einer Verknüpfung von Mensch und Organisation und dies trägt dazu bei, dass die Organisation in der Gesellschaft über einen gewissen Wiedererkennungswert, über eine Identität und Stabilität verfügt.

Die Aufbauorganisation strukturiert die Organisation hinsichtlich ...

- der Schaffung von Stellen,
- der Einrichtung von Organisationseinheiten (Abteilungen),
- der Gliederung von Über- und Unterordnungsverhältnissen und
- des gesamten Zusammenwirkens zwischen den Einheiten und Verhältnissen in der Organisation.

Sie gliedert eine Organisation in Teileinheiten (Stellen, Abteilungen), ordnet diesen Aufgaben und Kompetenzen zu und ermöglicht die Koordination der verschiedenen Organisationseinheiten (Zuordnung von Aufgaben, Zuständigkeiten, Kompetenzen und Verantwortlichkeiten).

Neben dem formalen Aufbau von Organisationen müssen Organisationen auch die konkreten Abläufe und Arbeitsprozesse festlegen. Es muss konkretisiert werden, in welcher sachlichen, zeitlichen und räumlichen Abfolge einzelne Tätigkeiten zu realisieren sind. Diese Steuerung der Geschäftsprozesse wird durch die Ablauforganisation konkretisiert.

Die Ablauforganisation regelt primär ...

- die inhaltliche, räumliche und zeitliche Folge der Arbeitsprozesse und
- sie beschreibt die raumzeitliche Strukturierung von Prozessen.

Aufbau- und Ablauforganisation stabilisieren das System Organisation und grenzen es zur Umwelt ab. Gleichzeitig kann die Organisation allerdings auch nicht ohne den Kontakt zur Umwelt, also dem Rest der Gesellschaft dauerhaft überleben. Sie muss sich auf ihre Kunden und Nutzer einstellen, sie muss politische und gesellschaftliche Veränderungen beobachten und hierauf reagieren. Darüber hinaus pflegt sie Beziehungen zu Kooperationspartnern, Geldgebern, Handelspartnern, Verbänden, Aktionärsgruppen, Bildungseinrichtungen und politischen Interessenvertretern.

Organisationen müssen daher Strategien und Strukturen schaffen, um sich auf sozialen Wandel einzustellen und angemessen weiterentwickeln zu können. Sie passen sich aber nicht nur gesellschaftlichen Veränderungen an, sondern initiieren diese auch. Sie versuchen Einfluss zu nehmen auf politische Entwicklungen und bilden Lobbygruppen, die ihre Interessen in der Politik vertreten.

Zur Erhaltung und zum Ausbau ihrer Leistungsfähigkeit verfügen Organisationen über Konzepte und Strukturen, um lernen zu können und um ihre Mitarbeiterinnen und Mitarbeiter regelmäßig zu motivieren und zu binden. Nur auf diese Weise gelingt es, das grundsätzlich vorliegende Arbeitsvermögen in konkrete Arbeitsleistung zu überführen und Innovationen anzuregen. Zu den klassischen Beispielen des Lernens gehören Fort- und Weiterbildungsmaßnahmen, Supervisionen, Fachkongresse, Messen, aber auch die Aufbereitung wichtiger Informationen in Datenbanken des Intranets, auf die die Fachkräfte der Organisation zugreifen können.

Organisationsentwicklung ist demnach ein „längerfristig angelegter, organisationsumfassender Entwicklungs- und Veränderungsprozeß von Organisationen und den in ihr tätigen Menschen. Der Prozeß beruht auf Lernen aller Betroffenen durch direkte Mitwirkung und praktische Erfahrung. Sein Ziel besteht in einer gleichzeitigen Verbesserung der Leistungsfähigkeit der Organisation (Effektivität) und der Qualität des Arbeitslebens (Humanität)."

(Quelle: Trebesch, 1983, S. 85)

Zusammenfassung

Formale Organisationen sind eigenständige soziale Gebilde, die spezifische Strukturen und Gesetzmäßigkeiten aufweisen. Organisationsentwicklungsprozesse in Einrichtungen der Kinder- und Jugendhilfe können nur dann erfolgreich umgesetzt werden, wenn Zuständigkeiten, Hierarchien, Ablaufprozesse, aktuelle Problemla-

gen und Herausforderungen (Konflikte, finanzielle Schwierigkeiten, Personalsituation, Marktveränderungen) umfassend analysiert und bewertet werden. Hierbei sind insbesondere die unterschiedlichen Interessen der Leitung, der Mitarbeiterinnen und Mitarbeiter, der Klientinnen und Klienten sowie die unterschiedlichen Interessengruppen außerhalb der Organisation (Verbände, Selbsthilfegruppen, Elterninitiativen, politische Parteien, Sponsoren) zu berücksichtigen.

7.4 Organisationsentwicklung in den Hilfen zur Erziehung

Soziale Dienstleistungsorganisationen werden in ihren Umweltbeziehungen ganz entscheidend von sozialpolitischen und politischen Veränderungen geprägt. Ähnlich wie Wirtschaftsunternehmen, die permanent auf neue Veränderungen des Marktgeschehens reagieren müssen, sind soziale Dienstleister herausgefordert, auf neue Erwartungen und Bedarfslagen der sozialen Dienstleistungserbringung zu reagieren. Dazu gehören wachsende Qualitätsanforderungen, Kostendruck durch Verringerung von staatlichen Zuschüssen, Ausbleiben von Spenden, Wettbewerb mit konkurrierenden Organisationen sowie Veränderungen, die mit Wachstum und Alter einer Organisation verbunden sind. Organisationsentwicklungsprozesse sind ein ständiger Begleiter öffentlicher und freier Träger in den Hilfen zur Erziehung.

Am Beispiel einer Stellungnahme der internationalen Gesellschaft für erzieherische Hilfen aus dem Jahr 2008 lässt sich verdeutlich, wie Prozesse der Organisationsentwicklung initiiert werden bzw. woran sie sich orientieren.

Position der IGFH-Fachgruppe „Integrierte Erziehungshilfen"

„**Integrierte Erziehungshilfen** – Orientierung im Wandel der Zeit –

Vorwort

Spätestens seit den Entwicklungen in den 1960er-/70er-Jahren in der deutschen Erziehungshilfelandschaft sind Grundlinien im fachlichen Diskurs zu finden, die in dem Modellprojekt INTEGRA der 1990er-Jahre aufgegriffen und auf neue gesellschaftliche Gegebenheiten bezogen wurden. Strukturmaximen dabei waren: Prävention, Integration, Dezentralisierung und Regionalisierung.

Wir in der Fachgruppe ‚Integrierte Erziehungshilfen' verstehen uns als Forum, das sich innerhalb der IGfH und darüber hinaus diesen fachlichen Grundlinien verpflichtet fühlt und diese auf Gegenwart und Zukunft ausrichtet.

Wir blicken heute auf eine vielfältige und ausdifferenzierte Jugendhilfelandschaft. Um den Kern von Integrierten Erziehungshilfen zu akzentuieren, zielen wir auf eine grundlegende Diskussion und Neuausrichtung. Sie betrifft insbesondere verbindliche Strukturprinzipien einer modernen und [...] zukunftsorientierten Praxis der integrierten Erziehungshilfen. Dabei stehen die jungen Menschen, die Kinder und Jugendlichen in all ihren regionalen, biografischen, sozialen und familiären Kontexten im Mittelpunkt unserer Überlegungen. An ihren Erfahrungen, Lebensweisen, Bedürfnissen und Potentialen hat sich die Erziehungshilfe auszurichten. Das Grundverständnis Integrierter Erziehungshilfen impliziert, junge Menschen in ihrer individuellen und sozialen Entwicklung zu fördern und zur Gewährleistung und Wahrung ihrer Rechte beizutragen. [...]

Selbstverständnis der Fachgruppe ‚Integrierte Erziehungshilfen'

[...] Für die Fachgruppe bilden Flexibilisierung, Sozialraumorientierung und Integration als Eckpunkte einer Philosophie und Vision die fachpolitische Trias, die in der Konstruktion von Veränderungsprozessen zentrale Orientierung bietet. Erst die gleichrangige und verbindliche Umsetzung dieser Strukturprinzipien eines integrierten Hilfesystems macht die oben genannten Zielsetzungen erreichbar. [...]
Aus der Vision ‚Integrierte erzieherische Hilfen' heraus wurde ein Umbauprozess gestaltet, der in vielen Regionen und Einrichtungen innovative Ansätze und notwendige Dynamiken erzeugte. Damit sich dieser Prozess fortführen und weiterentwickeln lässt, sollen folgende Strukturmerkmale definiert werden:

Integrierte Erziehungshilfen definieren

Adressatenorientierung

[...] Hilfearrangements, die am individuellen Bedarf orientiert und für jeden Einzelfall neu ausgerichtet werden. Dies bedarf systematischer Verfahren der Beteiligung der betroffenen Kinder, Jugendlichen und ihren Familien sowie einer flexiblen Organisation mit flacher Hierarchie der Organisationen, Entscheidungen werden weitgehend dezentral gefällt. (‚Passgenauigkeit der Hilfen')

Politische Entscheidungsebene

[...] eine fach- und jugendhilfepolitische Diskussion sowie eine kommunale Willensbekundung, verbunden mit einem klaren Auftrag an die öffentlichen, freien und privaten Träger der Jugendhilfe. Integrierte Erziehungshilfe muss sozialpolitisch erwünscht sein und entsprechend unterstützt werden. (‚Politikfähigkeit von Jugendhilfe')

Integration

[...] die Idee, vorhandene Hilfen zu vernetzen – sowohl innerhalb der bestehenden ambulanten und (teil-)stationären Hilfen zur Erziehung als auch darüber hinaus: Kindertagesstätten, Jugendarbeit, Beratungsstellen, Gesundheitszentren und Bildungseinrichtungen. (‚Durchlässigkeit von Hilfeformen'/‚wandlungsfähige Organisation')

Professionalität

[...] eine Grundhaltung des Sich-Zuständig-Erklärens, so dass Probleme nicht mit Verweis auf institutionelle Zuständigkeiten abgewiesen werden. Die handelnden Personen erfüllen die Standards staatlich anerkannter Ausbildungen, ergänzt durch weiterführende Qualifikationen. Dies erfordert gleichermaßen die Bereitstellung von Qualifizierungsangeboten für die Fachkräfte. Die professionellen Systeme verstehen ehrenamtliches und bürgerschaftliches Engagement im Sozialraum als wichtige und hilfreiche Ressource und befördern diese entsprechend.

Sozialräumlichkeit

[...] die Nutzung der Ressourcen des Sozialraums, wie auch fallunspezifische und fallübergreifende Arbeit im Gemeinwesen als grundlegende Handlungsansätze. Integrierte Hilfen beinhalten eine grundsätzliche Inklusionsoption im Sinne von Teilhabe und Einbindung der im sozialen Umfeld befindlichen Akteure als integriertes Lebens- und Lernfeld. Wenn dies angezeigt ist, gilt vorrangig das Prinzip der Regionalisierung erzieherischer Hilfen.

Kooperation

[...] eine verbindliche Arbeit im Team, das eine angemessene Größe haben muss, um die Kommunikation und Flexibilität zu befördern. Kollegiale Beratung bildet ein grundlegendes Prinzip. Notwendig ist dabei sowohl eine (sozialräumlich organisierte verbindliche) Kultur der Kooperation zwischen öffentlichen und freien Trägern als auch eine Abstimmung zwischen den freien Trägern im Rahmen von träger- und fallübergreifenden Gremien.

Rollenklarheit

[...] selbstverantwortliche Arbeit sozialräumlich verantwortlicher Mitarbeiter und Mitarbeiterinnen kooperierender öffentlicher und freier Träger. Ein abgegrenztes und transparentes Rollenverständnis der beiden Partner ist dafür unerlässlich: auf der einen Seite Recherche, Koordination und Kontrolle, auf der anderen Seite konkrete und flexible Durchführung der Hilfe mit den Menschen. Diese Rollenverteilung muss gegenüber den Adressaten verdeutlicht werden.

Rahmenbedingungen

[...] auf die fachlichen Zielstellungen bezogene Finanzierungs-, Controlling- und auch Dokumentationsformen. Inhaltlicher Wettbewerb, Leistungstransparenz und kooperative Steuerungsmodelle sind erwünscht. Eine reine Marktsituation besteht jedoch nur eingeschränkt, da das Verhältnis zwischen Jugendamt als Auftraggeber und Kostenträger, dem Klienten als Leistungsberechtigter und dem Träger/Dienstleister als Erbringer der Hilfe kein echtes Kundenverhältnis darstellt. In den sozialräumlichen Bezügen ist demzufolge eine klare Abstimmung zwischen den Vertragspartnern notwendig, um die personellen und inhaltlichen Planungen stabilisieren zu können."

(Quelle: IGFH, 2008, S. 231 f., gekürzt)

Vor diesem Hintergrund, der zudem von politischer Seite noch durch die Befunde der Kinder- und Jugendberichte der Bundesregierung gestützt wurde, entstand ein Problemdruck, auf den soziale Dienstleister zu reagieren hatten. Es galt zu überprüfen, ob die derzeitigen Strukturen und Kooperationsnetzwerke den Forderungen nach verstärkter Alltags- und Lebensweltorientierung der Erziehungshilfen mit einer verstärkten Ausrichtung auf präventive, integrierende, sozialraumnahe und flexible Angebotsstrukturen entsprechen.

In der Folge kam es seit den 1990er-Jahren zu einer Vielzahl von Reformprozessen in den Hilfen zur Erziehung, die bis heute andauern. Unter dem Stichwort der flexiblen Hilfen werden aktuell folgende Zielsetzungen verfolgt, die mit entsprechenden Organisationsentwicklungsprozessen einhergehen:

- die Bedarfssteuerung soll die Angebotssteuerung ersetzen,
- die Erweiterung der Durchlässigkeit der Hilfe- und Unterstützungsformen zwischen offenen, ambulanten, teilstationären und stationären Hilfen soll vorangetrieben werden,
- die Hilfen sollen flexibel, adressatenbeteiligt, herkunftsorientiert und geschlechtsspezifisch den Bedürfnissen und Lebenslagen entsprechen,
- die bestehenden Qualitätskriterien sind den neuen Zielsetzungen anzupassen, z. B. in Richtung eines modernen Personalmanagements mit flexibler Arbeitszeitgestaltung,
- Bündelung von Zuständigkeiten, keine weitere Spezialisierung der Anbieter,
- sozialraumbezogene Organisations- und Kooperationsformen.

Wie genau eine Organisation mit ihren Partnern diese und ähnlich gelagerte Zielsetzungen mit konkreten Veränderungen der Organisationstruktur verbindet, ist sehr unterschiedlich und muss den spezifischen Ausgangslagen der Organisation angepasst werden.

Am Beispiel des Landkreises Esslingen (in Baden-Württemberg) sind exemplarisch einige Maßnahmen im Bereich der Organisationsentwicklung benannt:

- Einrichtung von Bezirkssozialdiensten zu Sozialraumteams,
- integrierte Berichterstattung auf örtlicher Ebene,
- Schaffung von Schwerpunktträgern der Erziehungshilfe,
- Neugestaltung von Leistungs- und Entgeltvereinbarungen,
- Schaffung von Bürogemeinschaften,
- Neueinrichtung von Stellen (Familienhelferinnen, Psychologinnen),
- Einrichtung von Workshops für die Team- und Methodenentwicklung,
- Schaffung von Fachbeiräten und runden Tischen,
- gemeinsame Falleingangssteuerung im Team,
- Familienberatung, Elternarbeit, Einzelförderung,
- flexible tagesstrukturierende Hilfen für Kinder,
- offene, nicht hilfeplangesteuerte Angebote für Kinder und Familien,
- Gewinnung und Begleitung von Volunteers und „Schlüsselpersonen“,
- enge Kooperation mit Schulen und Regeleinrichtungen.

(Landratsamt Esslingen, 2009)

Aufgaben

V 1. *Welche Aufgaben können betriebswirtschaftlich ausgerichtete Instrumente des Sozialmanagements sinnvollerweise in helfenden Organisationen übernehmen? Erläutern Sie dies an einem konkreten Beispiel aus dem Bereich der Hilfen zur Erziehung.*

R 2. *In welchem Zusammenhang stehen die Leitgedanken des Sozialmanagements mit dem Hilfeplanverfahren in den Hilfen zur Erziehung?*

A 3. *Die Aufbauorganisation einer formalen Organisation wird meist in einem Organigramm dargestellt. Wählen Sie eine Organisation im Bereich der Hilfen zur Erziehung im Internet aus und stellen Sie das Organigramm der Organisation vor. Was kann man daraus entnehmen?*

R 4. *Wählen Sie gemeinsam mit Ihrer Arbeitsgruppe einen in der Literatur oder im Internet beschriebenen Organisationsentwicklungsprozess einer Einrichtung der Erziehungshilfe aus und stellen Sie diesen vor.*

Web

Zusammenfassung

Sozialmanagement: *„Als Sozialmanagement wird die zielorientierte Steuerung von sozialen Organisationen unter effektiver und effizienter Nutzung der vorhandenen Ressourcen bezeichnet." (Nicolini, 2012, S. 38)*

Instrumente des Sozialmanagements: *Zu den wichtigsten Instrumenten des Sozialmanagements gehören die Hilfeplanung, das Controlling, Leistungs- und Zielvereinbarungen, Personalentwicklungskonzepte, das Benchmarking und das Qualitätsmanagement.*

Formale Organisationen: *„Organisationen sind soziale Gebilde, die dauerhaft ein Ziel verfolgen und eine formale Struktur aufweisen, mit deren Hilfe Aktivitäten der Mitglieder auf das verfolgte Ziel ausgerichtet werden sollen." (Kieser/Walgenbach, 2007, S. 6)*

Organisationsentwicklung: *Organisationsentwicklung ist ein „längerfristig angelegter, organisationsumfassender Entwicklungs- und Veränderungsprozeß von Organisationen und den in ihr tätigen Menschen. Der Prozeß beruht auf Lernen aller Betroffenen durch direkte Mitwirkung und praktische Erfahrung. Sein Ziel besteht in einer gleichzeitigen Verbesserung der Leistungsfähigkeit der Organisation (Effektivität) und der Qualität des Arbeitslebens (Humanität)." (Trebesch, 1983, S. 85)*

7.5 Qualität und Qualitätssicherung

Der Transfer von Instrumenten der Betriebswirtschaftslehre in den Sektor der sozialen Dienstleistungen hat auch zu einer neuen Debatte hinsichtlich der Bestimmung, Erfassung und Optimierung von Qualitätsstandards in der Sozialen Arbeit geführt. Die finanziell angespannte Situation der öffentlichen Haushalte, die Vielfalt der Trägerformen und Aufgabenverteilungen zwischen öffentlichen Auftraggebern, den freien Trägern als Leistungserbringern und den Nutzern sozialer Dienste sowie die Ausweitung in Richtung bedarfsorientiert zugeschnittener Angebote haben das Bedürfnis nach qualitätssichernden Maßnahmen weiter vorangetrieben.

Wir alle wollen qualitativ hochwertige Produkte kaufen und gehen davon aus, dass es sich hierbei um gute Produkte handelt. Aus diesem Grund sind wir auch gerne bereit, mehr zu bezahlen oder einige Tage Wartezeit bis zur Lieferung in Kauf zu nehmen. Als Konsument/Nutzer des Produkts gehen wir davon aus, dass bei guter Qualität der Ware das Preis-Leistungs-Verhältnis möglichst optimal abgestimmt wurde. Qualität hat ihren Preis!

Aber was ist Qualität? Das ist gar nicht so einfach herauszufinden. Schon bei der Anschaffung von Konsumgütern, wie z. B. eines Computers oder eines Smartphones, kann man schnell überfordert sein. Aus diesem Grunde lesen wir Testberichte, tauschen uns mit Freunden und Bekannten aus und versuchen auf diese Weise herauszufinden, an welchen Kriterien man sich möglichst „objektiv" orientieren kann. Was man unter Qualität zu verstehen hat, ist also schwer zu fassen und setzt voraus, dass man sich im Vorfeld über Erwartungen, Zielsetzungen und Kriterien der Bewertung verständigt hat.

„Qualität ergibt sich aus der Übereinstimmung zwischen den Erwartungen hinsichtlich einer Leistung und der tatsächlich erbrachten Dienstleistung" (Garms-Homolová, 1991, S. 42).

Bei alltäglichen Konsumgütern ist dies noch verhältnismäßig einfach zu lösen. Man orientiert sich hierbei an möglichst objektiven Faktoren, wie z. B. an den verwendeten Materialien (Kunststoff oder Metall), den Umwelteigenschaften (Stromverbrauch, Schadstoffe), der Handhabung (Bedienungskomfort), der Haltbarkeit und Vielseitigkeit (Funktionen) des Gerätes.

Aber was versteht man unter Qualität in der Sozialen Arbeit? Personenbezogene Dienstleistungen zeichnen sich dadurch aus, dass das Produkt sehr individuell erst in der Interaktion mit den Beteiligten erstellt wird. Hinzu kommt eine Vielzahl von Einflussfaktoren, die sich auf die Herstellung und den Einsatz des Produktes auswirken. Hierzu gehören insbesondere die Motivation der Beteiligten, die sich verändernden persönlichen Lebensumstände der Klienten (Familie, Schule, Beruf) sowie die vielfältigen Einflussmöglichkeiten anderer Akteure im sozialen Lebensgefüge. Erschwerend kommt hinzu, dass

Auftraggeber (Jugendamt), Leistungserbringer (freier Träger) und Nutzer in der Sozialen Arbeit an der Produkterstellung und -bewertung beteiligt sind. Je nach Perspektive kann es andere Erwartungen hinsichtlich der Ziele, Leistungen und Ergebnisse in Relation zur tatsächlich erbrachten Dienstleistung und ihrer Ergebnisse geben.

Die Beurteilung von Qualität ist also keine objektiv zu ermittelnde Größe, sondern stellt eine soziale Konstruktion der beteiligten Akteure im Diskurs dar. Sie wird geprägt durch eine Vielzahl von wertenden Elementen, spezifischen Interessenlagen, gesellschaftlichen und persönlichen Normen, Zielen und Erwartungen.
(Vgl. Merchel, 2013, S. 710 f.)

Diese Vielzahl an Einflussfaktoren und erschwerenden Rahmenbedingungen tragen dazu bei, dass Qualitätsstandards in der Sozialen Arbeit oftmals nicht hinreichend systematisch erfasst, verbindlich festgelegt und transparent kommuniziert werden. Gleichzeitig würde aber sicherlich auch keine Sozialarbeiterin oder Erzieherin behaupten, dass die alltägliche Arbeit in sozialen Einrichtungen nicht qualitätsvoll erbracht wird und sich nicht auf bestimmte anerkannte fachliche und institutionelle Standards bezieht.

Ganz unabhängig vom konkreten Aufgabengebiet in den Hilfen zur Erziehung lassen sich folgende, sehr allgemeine Indikatoren benennen, die für den Aufbau eines Qualitätsmanagements im Rahmen der Erbringung sozialer Dienstleistungen relevant sind:

- Orientiert sich die Einrichtung an einem übergreifenden Leitbild?
- Verfügt die Einrichtung über ein Konzept zur Erbringung von Leistungen?
- Entspricht dieses Konzept dem Stand der aktuellen wissenschaftlichen Diskussion sowie der praxisbezogenen Erkenntnisse?
- Welche Ziele leiten sich aus diesem Konzept ab?
- Wie sollen diese Ziele durch die Fachkräfte erreicht werden?
- Welche Ressourcen stehen zur Verfügung bzw. werden zur Umsetzung der Ziele benötigt?
- Anhand welcher Kriterien und Indikatoren wird die Zielerreichung überprüft?
- Sind diese Schlüsselprozesse hinreichend präzise beschrieben (z. B. Beratung, Hilfeplanerstellung)?
- Werden bestimmte Standards, Verfahren und Abläufe verbindlich dokumentiert und sind diese Dokumente für alle Beteiligten zugänglich?
- Werden die Prozesse regelmäßig reflektiert und gibt es klare Zuständigkeiten zur Durchführung bzw. Fortschreibung von Qualitätssicherungsstandards (Arbeitskreise, Qualitätsbeauftragter)?

Um diese und andere Indikatoren systematischer zuordnen zu können, unterscheidet Avedis Donabedian drei Dimensionen der Dienstleistungsqualität, die als Struktur-, Prozess- und Ergebnisqualität bezeichnet werden. Auf den Bereich der Hilfen zur Erziehung bezogen, lassen sich folgende Indikatoren den jeweiligen Ebenen zuordnen:

Strukturqualität bezieht sich auf die sachlichen, organisatorischen und personellen Rahmenbedingungen. Diese Merkmale weisen einen eher längerfristigen, überindividuellen und zeitlich relativ konstanten Charakter auf. Hierzu gehören z. B. die bauliche und technische Ausstattung, Arbeitskonzepte, Personalbestand, Aus- und Weiterbildungsstand der Fachkräfte, der Fallzahlenschlüssel und vieles andere mehr.

Unter **Prozessqualität** werden die Handlungsabläufe der Leistungserbringung verstanden. Hier kommt es ganz entscheidend auf die Art und Weise an, wie Leistungen erbracht werden. Im Vordergrund stehen die konkreten Prozesse der Fallarbeit, die zur Erreichung eines bestimmten Ziels eingesetzt werden. Wie gestaltet sich die Interaktion zwischen der Fachkraft, den Eltern und dem Jugendlichen und welche anderen Interessengruppen und Akteure des Sozialraums werden wie eingebunden?

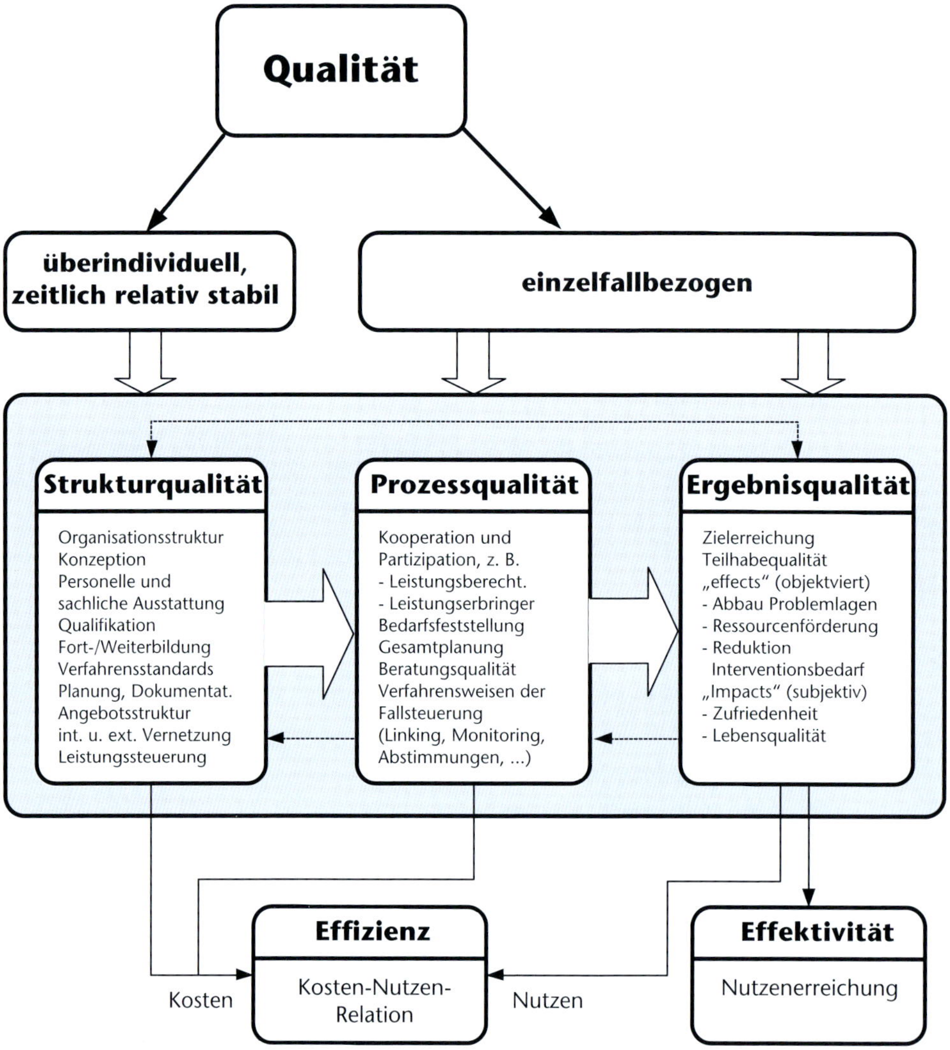

Qualitätsdimensionen in der Kinder- und Jugendhilfe nach Macsenaere (2004)

Als wichtige Dimensionen zur Ermittlung der Prozessqualität können die Mitwirkung der Leistungsberechtigten, die Kooperation mit sonstigen Akteuren (Dienstleister, Ämter), der fallbezogene Beratungsprozess und der Ablauf der Hilfeplanerstellung näher in den Blick genommen werden.

Eine gute Strukturqualität sagt allerdings noch nichts darüber aus, ob die zur Verfügung stehenden Instrumente auch im Einzelfall eingesetzt werden. Aus diesem Grund müssen die beiden Qualitätsdimensionen sorgfältig voneinander unterschieden und getrennt voneinander reflektiert werden. Das Vorliegen eines Qualitätshandbuches mag ein Qualitätsmerkmal auf der Ebene der Strukturqualität sein. Steht es aber nur im Regal und keiner schaut hinein, dann ist die Prozessqualität ausgesprochen kritisch zu bewerten.

Die **Ergebnisqualität** umfasst daher Indikatoren, anhand derer sich im Einzelfall der Erfolg oder Misserfolg der Hilfe bemessen lässt. Hierzu gehören z. B. Veränderungen von Problemlagen, Ressourcen und Interventionsbedarfe beim jungen Menschen als Leistungsberechtigter. Darüber hinaus können die Zielerreichungsgrade der in den Hilfeplänen vereinbarten Ziele, aber auch die subjektive Lebensqualität und Zufriedenheit der Leistungsempfänger und ihrer Angehörigen von Bedeutung sein. Zur Ergebnisqualität gehört neben der reinen Nutzenerreichung (Effektivität) auch die Berücksichtigung des Kosten-Nutzen-Verhältnisses (Effizienz). Generell ist festzuhalten, dass eine hohe Ergebnisqualität zwar zwingend eine gute Struktur- und Prozessqualität voraussetzt, dies aber noch keine Garantie für gute Ergebnisse ist.

Aus diesem Grunde bedarf es eines professionellen Qualitätsmanagements, das diese Qualitätsdimensionen sinnvoll aufeinander bezieht und produktiv miteinander vernetzt.

„Qualitätsmanagement meint das Führen und Steuern der Organisation hinsichtlich der Qualität ihrer Leistungen und Produkte. Qualitätsmanagement umfasst die Bereiche Qualitätsziele, Qualitätsplanung, Qualitätslenkung, Qualitätssicherung, Qualitätsverbesserung."
(Quelle: Pichotta, 2008, S. 8)

Zusammenfassung

Die Finanzierung sozialer Dienstleistungen basiert im deutschen Sozialstaat vorrangig auf staatlichen Sozialleistungen, die über Steuern und Beiträge finanziert werden. Ähnlich wie bei anderen öffentlichen Ausgaben auch haben der Staat und die Steuerzahler ein Interesse daran, dass die für die Erbringung personenbezogener Dienstleistungen verausgabten Gelder effizient eingesetzt werden. Damit ist gemeint, dass das Verhältnis von Kosten und Nutzen möglichst optimal aufeinander abgestimmt ist. Auf der Basis definierter Kriterien für Qualität sind bestimmte Standards im Bereich der strukturellen Rahmenbedingungen der jeweiligen Einrichtungen (Ausstattung, Personalbestand), der spezifischen Prozesse (Festlegung von Abläufen in der Hilfeplanerstellung, der Erbringung von Hilfeleistungen) sowie der konkreten Ergebnisse (einzelfallbezogene Erfassung der Zielerreichung und Zufriedenheit, Ermittlung der Veränderungen in den Problemlagen und der Persönlichkeits-

entwicklung) zu gewährleisten. Mittels dieser fachlich anerkannten Qualitätskriterien wird die soziale Hilfe der Fachkräfte in der Kinder- und Jugendhilfe für den hilfebedürftigen jungen Menschen optimiert und für Außenstehende verständlich und nachvollziehbar dokumentiert.

7.6 Instrumente und Anwendung: Qualitätsentwicklung in den Hilfen zur Erziehung

Gemäß den Vorschriften des § 79a und § 85 SGB VIII haben die Träger der öffentlichen Jugendhilfe im Bereich der Qualitätssicherung folgende Verpflichtungen zu erfüllen:

- Zur Erfüllung der Aufgaben der Kinder- und Jugendhilfe sind **Grundsätze und Maßstäbe für die Bewertung und Gewährleistung der Qualität** festzulegen. Es müssen Qualitätskriterien erarbeitet und definiert werden.
- Weiterhin sind **geeignete Maßnahmen zu ihrer Gewährleistung** durchzuführen. Damit ist gemeint, dass Verfahren der Qualitätsentwicklung zu entwerfen und zu praktizieren sind. Diese Verfahren bedürfen regelmäßig der Überprüfung und Weiterentwicklung.
- Die Träger der Jugendhilfe haben sich darüber hinaus an den **fachlichen Empfehlungen der Landesjugendämter bzw. überörtlichen Träger** zu orientieren. Insbesondere sind bereits allgemein angewandte Grundsätze und Maßstäbe für die Bewertung der Qualität sowie Maßnahmen zu ihrer Gewährleistung zu beachten.

Im Vordergrund des gesetzlichen Auftrages des Achten Sozialgesetzbuchs steht die Verpflichtung zur Qualitätsentwicklung. Die verbindliche Einführung eines konkreten Qualitätsmanagements oder spezifischer Instrumente der Qualitätssicherung wird nicht gefordert. Der Gesetzgeber hat vor dem Hintergrund der Vielfalt der Handlungsfelder in der Jugendhilfe ganz bewusst darauf verzichtet, konkrete Vorgaben einzuführen. Stattdessen wurde im Gesetz eine Formulierung gewählt, die den Trägern der Jugendhilfe einen erheblichen gestalterischen Handlungsspielraum und damit die Möglichkeit einer bedarfsorientierten Qualitätsentwicklung ermöglicht.

AWO

Zertifikat

Der Bereich des
AWO Jugendhilfeverbundes Südharz

Kinder- und Jugendwohngemeinschaft
Nordhausen

hat den Nachweis für

die Erfüllung der Qualitätsanforderungen gemäß der DIN EN ISO 9001 und der AWO-Qualitätskriterien

in einem Audit der unabhängigen Stabsstelle QM erbracht.

Dieses Zertifikat bescheinigt einen

hohen Standard der pädagogischen Qualität.

Erfurt, den 08.07.2015

Michael Hack, Geschäftsführung — Achim Ries, Geschäftsführung — Dr. Annett Junk, Stabsstelle Qualitätsmanagement

Das Zertifikat ist gültig bis 31.10.2016 und kann durch das erfolgreiche Bestehen eines Rezertifizierungsaudits erneuert werden.

Vor diesem Hintergrund sind unter Qualitätsentwicklung in den Hilfen zur Erziehung nahezu alle Instrumente einzustufen, die der

Reflexion von Strukturen, Prozessen und Maßnahmen der Hilfeerbringung dienen, also z. B. auch bereits vielfach praktizierte Verfahren der Supervision, Selbstevaluation, Fortbildung, Konzeptentwicklung, Teamarbeit.

Zu den bekanntesten Instrumenten der Qualitätsentwicklung im Rahmen der aktuellen Reformen in den Hilfen zur Erziehung gehören:

Qualitätsleitbilder

Leitbilder fassen Vorstellungen über Werte und fachliche Grundsätze der Organisation verallgemeinernd zusammen. Sie vermitteln eine Orientierungshilfe über sinnstiftende Visionen, Werte, Normen und Ziele des sozialen Dienstleistungsunternehmens. Darüber hinaus werden strategische Ziele und fachliche Standards definiert. Aus dem Qualitätsleitbild werden die Qualitätspolitik und die jeweiligen Qualitätsziele nach innen und außen transparent und zur persönlichen Arbeitsgestaltung handlungsleitend nutzbar.

Qualitätshandbücher

Leitbilder, Ziele, Konzepte und Verfahren müssen, um im Arbeitsalltag umsetzbar zu sein, dokumentiert und nachvollziehbar sein. Alle Mitarbeiterinnen und Mitarbeiter der Organisation müssen sich nicht nur fundiert und nachvollziehbar informieren können, sondern die Qualitätsstandards sind verbindlich und einheitlich anzuwenden. Ein Qualitätshandbuch trifft Aussagen zur Organisation und deren Zielsetzungen und Aufgaben, zum Aufbau und zur Funktion des Qualitätsverfahrens, zu den einzelnen Elementen der Qualitätssicherung, den jeweilig geltenden Verfahren und Regelungen in den Abteilungen und an den Arbeitsplätzen. Darüber hinaus werden wichtige Dokumente und Unterlagen im Anhang erläutert sowie die jeweiligen Bezugsquellen ausgewiesen. In der Regel werden diese Dokumente und ergänzenden Hinweise in elektronischer Form im Intranet der Organisation zur Verfügung gestellt.

Qualitätszirkel

Qualitätszirkel oder Qualitätskreise sind kleine Arbeitsgruppen, die sich explizit mit Verbesserungsmöglichkeiten von Strukturen, Prozessen oder Arbeitsabläufen, aber auch den Angeboten in der jeweiligen Organisation beschäftigen. Im Vordergrund können Fragen der Verbesserung der Produktqualität, der Effektivität und Effizienz, der Aufgabenerfüllung bzw. der allgemeinen Arbeitsverbesserung stehen. Qualitätszirkel sollten mit Unterstützung der Leitung dauerhaft und/oder projektbezogen, in kleinen Arbeitseinheiten, regelmäßig und weitestgehend autonom in der Organisation tätig sein. Die Mitarbeit sollte freiwillig erfolgen, die ausgewählten Mitglieder sollten über eine umfangreiche Fachkompetenz und langjährige Erfahrung verfügen und konkrete Handlungsvorschläge erarbeiten.

Qualitätsbeauftragte

Qualität zeichnet sich u. a. dadurch aus, dass in allen Bereichen klare Zuständigkeiten und Verantwortlichkeiten festgelegt sind. Vor diesem Hintergrund ist es ratsam, auch im Bereich der Qualitätssicherung einen Qualitätsbeauftragten zu benennen. Diese Beauftragung muss nicht an eine einzelne Person gekoppelt sein, sondern es können durchaus auch mehrere Personen für unterschiedliche Arbeitsbereiche oder aber eine einzelne Stabsstelle benannt werden. Qualitätsbeauftragte können sehr unterschiedliche Aufgaben wahrnehmen. Es handelt sich in allen Fällen um eine Leitungsposition, die Verantwortung wahrzunehmen hat und mit Befugnissen ausgestattet ist. Qualitätsbeauftragte haben die Aufgabe, die Prozesse zur Einführung, Realisierung und Aufrechterhaltung von Qualitätsstandards sicherzustellen. Darüber hinaus bestehen Informationspflichten zur Leitung und anderen Abteilungen in der Organisation, Mitwirkung an der Entwicklung der Qualitätspolitik und -ziele, ständige Überprüfung, Bewertung und Weiterentwicklung der bestehenden Verfahren, Beratungs- und Schulungsaufgaben, die Sicherstellung des organisationsübergreifenden fachlichen Austausches sowie die Kontakt- und Vermittlungsfunktion zwischen Mitarbeitern und Management.

Ideen- und Beschwerdemanagement

Ideen und Beschwerden professionell zu managen bedeutet, dass systematisch und zielorientiert mit Ideen und Beschwerden in sozialen Dienstleistungsunternehmen umgegangen wird. Im Vordergrund steht die „Planung, Durchführung und Kontrolle aller Maßnahmen, die zur Stimulierung, Annahme, Bearbeitung und Auswertung von Ideen und Beschwerden einschließlich der Initiierung angemessener Reaktionen ergriffen werden" (Arbeitskreis Ideen- und Beschwerdemanagement, 2007, S. 3). Ideen und Beschwerden können sowohl von den Beschäftigten selbst, aber auch von den Nutzern oder Auftraggebern sozialer Dienstleistungen geäußert werden. Bei den Beschwerden geht es vorrangig um fachliche Entscheidungen, organisatorische Abläufe und persönliches Verhalten von Fachkräften und sonstigen Beschäftigten. Im Bereich des Ideenmanagements stehen Arbeitsabläufe und neue Angebotsausrichtungen sowie die Optimierung der bestehenden Angebote im Vordergrund. Diese Anregungen werden überwiegend von den Beschäftigten selbst artikuliert. In beiden Bereichen geht es oftmals um die Verbesserung oder Wiederherstellung der Kunden- und Mitarbeiterzufriedenheit sowie um die effektivere und effizientere Gestaltung von Strukturen und Arbeitsabläufen bei gleichzeitiger Berücksichtigung von Wünschen und Bedürfnislagen sowie der Beteiligung der jeweiligen Akteursgruppen.

Benchmarking

Auf der Basis bestimmter Bezugswerte, den sogenannten Benchmarks, wird eine vergleichende Analyse von Produkten, Dienstleistungen, Methoden, Ergebnissen oder Prozessen angestrebt. Das Ziel besteht darin, die eigene Position mit externen Anbietern oder aber anderen Abteilungen innerhalb der Organisation zu vergleichen. Benchmarking „steht für ein Verfahren, in deren Umsetzung Organisationen, Behörden und soziale Einrichtungen organisierte und systematische Vergleiche anstellen. Das Ziel ist, vergleichende Positionsbestimmungen (Rankings) gegenüber anderen Organisationen im gleichen Sektor vorzunehmen. Aus einer Stärken-Schwächen-Analyse soll nach alternativen und besseren Lösungen gesucht werden" (Krause/Peters, 2014, S. 182). Im Vordergrund steht das gegenseitige Lernen durch systematischen Vergleich. Im Gegensatz zu Wirtschaftsunternehmen geht es bei sozialen Dienstleistungsunternehmen weniger um ein Lernen von Konkurrenten, sondern eher um einen gegenseitigen Austauschprozess des Lernens voneinander. Benchmarking dient der Informationsgewinnung und fördert den offenen Erfahrungsaustausch zur Steigerung der Lern- und Kooperationsfähigkeit sowie der Leistungsfähigkeit und des fachlichen Wissens. Durch einen Vergleich werden Unterschiede deutlich und es bedarf dann der Klärung, weshalb es Unterschiede gibt und welche Verbesserungsmöglichkeiten sich hieraus ableiten lassen.

Evaluation und Selbstevaluation

Um zu erfahren, ob und wie man in den Hilfen zur Erziehung die formulierten Ziele erreicht oder auch nur zum Teil oder gar nicht erreicht hat, bedarf es systematischer Auswertungs- und Bewertungsverfahren. Diese Verfahren können sich grundsätzlich auf die Auswertung aller Dimensionen der Struktur-, Prozess- und Ergebnisqualität sowie deren sich gegenseitig bedingender Komponenten beziehen. Im Vordergrund der beruflichen Praxis stehen allerdings Verfahren zur Analyse der Ergebnisqualität. Diese Verfahren können durch Fachkräfte innerhalb der Organisation, z. B. den Beschäftigten der Abteilung Qualitätsmanagement oder aber durch externe Personen, z. B. Wissenschaftler von Forschungsinstituten oder Hochschulen durchgeführt werden. Prozesse der Selbstevaluation beziehen sich auf eigene Auswertungsverfahren zur Evaluation von Arbeitsabläufen und Ergebnissen. Evaluationsinhalte sind vielfältig und stehen in Abhängigkeit zu den jeweiligen Zielen, deren Erreichungsgrad man erfassen möchte. Hierzu gehören z. B. die Mitarbeiter- und Kundenzufriedenheit, die Angemessenheit einer Hilfe, die Wirksamkeit der Hilfen unter Gesichtspunkten von Effektivität und Effizienz. Das Ziel von Evaluationen besteht darin, Strukturen, Prozesse und Ergebnisse zu erkennen und zu optimieren.

Aufgaben

A 1. *Erstellen Sie eine Liste von Qualitätsmerkmalen für ein Konsumprodukt sowie für eine soziale Dienstleistung und erläutern Sie, weshalb Sie diese Merkmale ausgewählt haben.*

V 2. *Warum ist es sinnvoll, Verfahren des Qualitätsmanagements in Einrichtungen der Kinder- und Jugendhilfe einzuführen und anzuwenden? Erstellen Sie eine Liste der Vorteile und benennen Sie praktische Beispiele.*

A 3. *Warum könnte es sinnvoll sein, auf eine Vielzahl von Verfahren des Qualitätsmanagements in Einrichtungen der Kinder- und Jugendhilfe zu verzichten? Erstellen Sie eine Liste der möglicherweise auftretenden Nachteile und erläutern Sie diese an selbst gewählten Beispielen.*

R 4. *Wählen Sie ein Instrument der Qualitätsentwicklung in den Hilfen zur Erziehung aus und stellen Sie dieses Instrument anhand eines praktischen Beispiels vor.*

Web

Zusammenfassung

Qualität: *Qualität ist als ein Konstrukt zu verstehen, „bei dem Personen sich (implizit oder explizit) in einem Vorgang der Normsetzung auf Bewertungsmaßstäbe verständigt haben und diese unter Einbeziehung ihrer Erwartungen auf einen Gegenstand oder einen Prozess beziehen. Qualität ist eine reflexive, substantiell auf Diskurs verwiesene Kategorie."*
(Merchel, 2013, S. 711)

Qualitätssicherung in der Jugendhilfe: *Gemäß §§ 79a und 85 SGB VIII haben die Träger der öffentlichen Jugendhilfe Grundsätze und Maßstäbe für die Bewertung und Gewährleistung der Qualität festzulegen. Verfahren der Qualitätsentwicklung sind zu entwerfen, anzuwenden und regelmäßig weiterzuentwickeln. Darüber hinaus sind fachliche Empfehlungen der Landesjugendämter zur Qualitätssicherung zu beachten.*

Qualitätsmanagement: *„Qualitätsmanagement meint das Führen und Steuern der Organisation hinsichtlich der Qualität ihrer Leistungen und Produkte. Qualitätsmanagement umfasst die Bereiche Qualitätsziele, Qualitätsplanung, Qualitätslenkung, Qualitätssicherung, Qualitätsverbesserung."*
(Pichotta, 2008, S. 8)

Instrumente zur Qualitätsentwicklung: *Qualitätsleitbilder, Qualitätshandbücher, Qualitätszirkel, Qualitätsbeauftragte, Ideen- und Beschwerdemanagement, Benchmarking, Evaluation und Selbstevaluation*

7.7 Grundlagen Öffentlichkeitsarbeit und Marketing

7.7.1 Öffentlichkeitsarbeit

Mit der zunehmenden Ausweitung der Angebote und einer verstärkten Ausrichtung auf individuelle Bedarfe in den Hilfen zur Erziehung wächst auch der Bedarf nach Werbung, Öffentlichkeitsarbeit und Marketing. Hinzu kommt, dass auch die öffentlichen und freien Träger verstärkt untereinander konkurrieren und ihre Produkte auf dem Markt der sozialen Dienstleistungsproduktion präsentieren.

Die Trennung zwischen Werbung, Öffentlichkeitsarbeit und Marketing ist nicht leicht. Oftmals werden die Begriffe synonym verwendet. Die Aktivitäten lassen sich wie folgt unterscheiden:

Werbung

Instrumente der Werbung werden eingesetzt, um kurzfristig – zu einem bestimmten Zweck – bestimmte Botschaften oder Informationen zu verbreiten. Es sollen Bedürfnisse geweckt, neue Produkte oder Angebote bekannt gemacht, der Absatz bzw. die Nachfrage nach bestehenden Angeboten verstärkt, das Nutzerverhalten beeinflusst und auf

Entwicklungen der Konkurrenz reagiert werden. Im Vordergrund steht in der Regel eine ganz konkrete Dienstleistung. Mit der Werbung wird dann auch eine konkrete Zielgruppe angesprochen. Werbemaßnahmen sind zeitlich begrenzt und beschränken sich auf konkret ausgewählte Medien (Plakataktion, Zeitungsinserate, Rubrik „Aktuelles" auf der Website usw.). Für diese Aktionen werden einmalige Budgets veranschlagt.

Öffentlichkeitsarbeit

Diese Aktivitäten werden oftmals auch mit dem englischen Ausdruck als Public Relations bezeichnet. Öffentlichkeitsarbeit bezieht sich auf alle Tätigkeiten, Absichten und Dienstleistungsangebote einer Organisation. Ein breites Publikum soll über das Gesamtunternehmen informiert werden. Das Ziel besteht darin, die Organisation bekannt zu machen, ein positives Image zu verbreiten und Vertrauen und Verständnis bei den unterschiedlichen Anspruchsgruppen, aber auch generell in der Gesellschaft zu erzeugen. Öffentlichkeitsarbeit ist ein allgemeines Kommunikationsmittel der gesellschaftlichen und marktorientierten Kommunikation. Vor dem Hintergrund der zunehmenden Kritik an der Arbeit der Jugendämter, einem öffentlichen Legitimationsdruck der Aktivitäten sozialer Dienstleistungsunternehmen sowie den begrenzt zur Verfügung stehenden öffentlichen Mitteln hat die Bedeutung von Öffentlichkeitsarbeit erheblich zugenommen.

Öffentlichkeitsarbeit in der Sozialen Arbeit hat „die Aufgabe, interne Verständigung, fachliche Vernetzung und öffentliche Aufmerksamkeit herzustellen. Um das zu erreichen, muss sie über soziale und sozialpolitische Zusammenhänge, Prävention oder Abhilfe von Notlagen informieren, sie muss darüber hinaus versuchen, ein Verständnis für soziale Belange zu vermitteln und bei der Bevölkerung um Vertrauen in sozialarbeiterische Maßnahmen zu werben."
(Quelle: Puhl, 2013, S. 640)

Zu den Zielen und Aufgaben der Öffentlichkeitsarbeit gehört neben der Verbesserung des Images schwerpunktmäßig die Gesamtpositionierung des sozialen Dienstleisters im gesellschaftlichen Gefüge sowie für Non-Profit-Organisationen die Einflussnahme auf gesellschaftliche Entwicklungen. Im Vordergrund stehen dabei nicht einzelne Angebote oder eine Steigerung der Nachfrage, sondern die Etablierung eines positiven Gesamteindruckes und der allgemeinen Akzeptanz der Aktivitäten des sozialen Dienstleistungsunternehmens.

Bausteine von Öffentlichkeitsarbeit sind zum Beispiel eigene Zeitschriften, Fachbeiträge in den Zeitungen und Zeitschriften, Prospekte und Flyer, Pressekonferenzen und Interviews, Fachtagungen, Messeauftritte und Podiumsdiskussionen, Internetauftritte oder Sponsoring.

7.7.2 Marketing

Das Marketing ist mittel- und langfristig ausgerichtet. Im Fokus steht nicht die konkrete Anpreisung eines Leistungsangebotes oder Produktes, sondern eines Leistungsspektrums bzw. einer Produktlinie der sozialen Hilfe. Marketingstrategien sollten sich an den Bedarfslagen der Nutzer und der potentiellen Auftraggeber ausrichten. Im Gegensatz zur Wirtschaft lassen sich diese Bedarfslagen nur sehr eingeschränkt durch Nutzerbefragungen oder Marktanalysen ermitteln.

Im sozialen Dienstleistungsbereich können Marketingstrategien auch durch gesetzliche Veränderungen initiiert werden, da durch die Ausweitung der Leistungsspektren staatlicherseits neue Betätigungsfelder und damit auch neue Märkte eröffnet werden. Marketingstrategien werden in der Regel durch eine gezielte Öffentlichkeitsarbeit und durch konkrete Werbemaßnahmen unterstützt. Zu den operativen Bereichen des Marketings im Non-Profit-Bereich gehören die Personalpolitik, die Finanzpolitik (Sponsoring, Fundraising), der Absatz von sozialen Dienstleistungen, die Preis- und Vertriebspolitik sowie die allgemeine Kommunikationspolitik (Broschüren, Events).

7.8 Instrumente und Anwendung: Öffentlichkeitsarbeit und Marketing in den Hilfen zur Erziehung

„Nonprofit-Marketing ist eine spezifische Denkhaltung. Sie konkretisiert sich in Analyse, Planung, Umsetzung und Kontrolle sämtlicher interner und externer Aktivitäten, die durch eine Ausrichtung am Nutzen und den Erwartungen der Anspruchsgruppen (z. B. Leistungsempfänger, Kostenträger, Mitglieder, Spender, Öffentlichkeit) darauf abzielen, die finanziellen, mitarbeiterbezogenen und insbesondere aufgabenbezogenen Ziele der Nonprofit-Organisation zu erreichen."
(Quelle: Bruhn, 2011, S. 63)

7.8.1 Beispiel für Öffentlichkeitsarbeit

Internetpräsenz der Fachstelle gegen sexuellen Missbrauch, Gewalt und Vernachlässigung (Caritasverband für das Dekanat Ahlen e. V.)

7.8.2 Beispiele für Marketing

Absatz von sozialen Dienstleistungen

Aufgaben

A 1. *Laden Sie sich aus dem Internet zwei Informationsflyer von vergleichbaren Einrichtungen der Hilfen zur Erziehung herunter und stellen Sie diese Flyer in Ihrer Arbeitsgruppe vor. Diskutieren Sie mit der Gruppe darüber, was Ihnen an den Flyern gut und weniger gut gefällt. Was würden Sie besser machen und warum? Begründen Sie bitte Ihre Antwort.*

P 2. *Entwerfen Sie gemeinsam mit Ihrer Arbeitsgruppe eine Marketingkonzeption für die Ausbildungseinrichtung, an der Sie sich gerade befinden. Diskutieren Sie Ihre Konzeption mit Ihren Kursteilnehmern.*

Web

Zusammenfassung

Werbung: *Instrumente der Werbung werden eingesetzt, um kurzfristig, zu einem bestimmten Zweck bestimmte Botschaften oder Informationen zu verbreiten.*

Öffentlichkeitsarbeit: *Öffentlichkeitsarbeit ist ein allgemeines Kommunikationsmittel der gesellschaftlichen und marktorientierten Kommunikation.*

Marketing: *Das Marketing dient der Ausrichtung helfender Organisationen am Markt der Dienstleistungsproduktion. Bedürfnisse und Erwartungen der Nutzer, Kunden und Interessengruppen (engl. Stakeholder) sind zu erkennen und durch konkrete Marketingstrategien zu erfüllen.*

7.9 Teamarbeit und Teamentwicklung

Die komplexen Anforderungen in den Arbeitsfeldern der Kinder- und Jugendhilfe können von einzelnen Mitarbeiterinnen nicht bewältigt werden. Verlangt wird eine effektive Zusammenarbeit mehrerer Personen, welche sich mit ihrem Wissen und ihren Erfahrungen ergänzen und somit Synergieeffekte erzeugen, die den bevorstehenden Aufgaben gerecht werden. Damit können sie den ihnen anvertrauten Kindern und Jugendlichen Orientierung und Sicherheit bieten, als notwendige Voraussetzung für eine positive Entwicklung.

Dies ist möglich in einem Team, in dem alle Teammitglieder mit ihren Kompetenzen an der Bewältigung gemeinsamer Aufgaben arbeiten und sich dabei gegenseitig unterstützen. Voraussetzung dafür ist die Leistungsbereitschaft jeder einzelnen Mitarbeiterin, effektive Kommunikations- und Interaktionsstrukturen und die Orientierung an einem gemeinsamen Ziel.

7.9.1 Ein gutes Team

Ein gutes Team zeichnet sich aus durch eine hohe **Leistungsbereitschaft**, die eingebettet ist in eine Arbeitsatmosphäre, die geprägt ist von gegenseitigem **Vertrauen, Wertschätzung und Verlässlichkeit**. Die Aufgabenorientierung ist gewährleistet, wenn die Individualität jedes einzelnen Teammitglieds gewahrt wird und eine erfolgreiche **Kommunikation** trotz unterschiedlicher Erfahrungen und Einstellungen möglich ist. Die Motivation gemeinsam gesteckte Ziele zu erreichen fördert die Bereitschaft zur **Kooperation**, die auch bei manchmal unterschiedlichen Meinungen zum Erfolg führen und ein **Wir-Gefühl** erzeugen kann. Manchmal können die Einschätzungen so weit auseinander gehen, dass sich das Team gegenseitig blockiert. Dies kann aufgelöst werden, wenn unter den Mitarbeiterinnen ein gewisses Maß an **Konfliktbereitschaft** vorhanden ist. In diesem Fall kann die Arbeitsfähigkeit des Teams aufrechterhalten werden, vorausgesetzt die Teammitglieder verständigen sich auf ein **gemeinsames Wertesystem**, das aktiv gelebt wird.

Die Aufrechterhaltung eines positiven Arbeitsklimas kann gefördert und erhalten werden, wenn sich die Teammitglieder darauf verständigen, im Umgang miteinander die „Regeln der **Themenzentrierten Interaktion**" anzuwenden und zu achten.

Themenzentrierte Interaktion

In Anlehnung an Grundideen der Psychoanalyse und der Gestalttherapie entwickelte Ruth Cohn (1912-2012) die Themenzentrierte Interaktion. Deren Ziel es ist, in Gruppen sowohl Themen zu entwickeln und zu bearbeiten als auch die Entwicklung der Persönlichkeit der Gruppenmitglieder zu fördern. Sie geht dabei von einem engen Wechselwirkungsverhältnis von Individuum (ICH), Gruppe (WIR) und Themen (ES) aus. Eingebunden ist dieses Beziehungsdreieck in eine alles umfassende Umwelt (GLOBE). Dazu gehören das zur Verfügung stehende Zeitbudget, die gesellschaftlichen und politischen Rahmenbedingungen, die persönliche Situation der Gruppenmitglieder, deren Biografie, Alter, Geschlecht, Schichtzugehörigkeit und aktueller Status in der Gruppe.

Für eine gelungene Interaktion formulierte Ruth Cohn folgende Postulate und Regeln:

- „Das Dreieck von Ich – Wir – Thema muss in der Balance sein: Diese Bereiche stehen prinzipiell gleichwertig nebeneinander.
- Störungen haben Vorrang: Gefühle wie Langeweile, Rivalität oder Aggression dürfen in der Gruppe vorübergehend zum Thema gemacht werden.
- Sei deine eigene ‚chair-person'! Übernimm Verantwortung für dich!
- Experimentiere mit deinem Verhalten!
- Steh zu dir; sag ‚ich', nicht ‚man'!
- Werde dir klar, was bei dir gerade im Vordergrund steht!
- Beachte deine Körpersignale!
- Frage, wenn du etwas wissen willst!
- Sprich die Menschen direkt an!
- Es spricht immer nur einer!"

(Quelle: Pousset, 2011, S. 152)

Aufgabe

P *Führen Sie ein Streitgespräch über ein aktuelles Tagesereignis aus Politik, Kunst, Sport oder über einen aktuellen Vorfall in Ihrer Gruppe. Wählen Sie fünf Personen für einen Innenkreis, die das Streitgespräch führen und weitere fünf Personen, die von außen jeweils einen der Diskussionsteilnehmer beobachten. Eine weitere Beobachterin dokumentiert den Gesprächsverlauf.*

Achten Sie dabei auf die Regeln der „Themenzentrierten Interaktion".

7.9.2 Teamentwicklung

Wird ein Team neu zusammengestellt oder durch die Fluktuation von Mitarbeiterinnen in seinen Strukturen aufgebrochen, muss erst einmal viel Energie investiert werden, um dieses Team so arbeitsfähig zu machen, dass es seinen Aufgaben gerecht wird. Bei der Analyse und Planung dieses Prozesses kann man auf Modelle der Gruppendynamik zurückgreifen, da auch Teams nach diesen Regeln funktionieren.

Die zeitliche Struktur eines Teams kann sehr gut nach dem Modell beschrieben werden, welches Tuckmann für die Entwicklung von Gruppenphasen vorgelegt hat (siehe Stahl 2012).

Entwicklung von Gruppenphasen

Orientierungsphase (warming)
In der Orientierungsphase zeigen sich die Mitglieder eher distanziert, wirken unsicher und neigen eher dazu, sich aus dem Geschehen zurückzuziehen, um Fehler zu vermeiden. Es sind keine festen Beziehungen, sondern vielmehr ein vorsichtiges gegenseitiges „Abtasten" zu erkennen. Alle Beteiligten sind auf der Suche nach den geltenden Normen im Team.

Gefordert ist hier die Leitung der Gruppe, da nur sie bereit ist, Verantwortung zu übernehmen und klare Ziele vorzugeben, an denen sich die Teammitglieder orientieren können.

Machtkampfphase (storming)
Die Vorsicht im Verhalten wird allmählich aufgegeben. Die Teammitglieder sind jetzt eher dazu bereit, eigene Meinungen zu äußern und Gefühle zu zeigen. Jeder versucht sich über seine Erwartungen und Werthaltungen zu positionieren und das Gruppengeschehen zu beeinflussen. Es beginnen die ersten Rangeleien um die Führungspositionen innerhalb der Gruppe, womit auch Kritik am Gruppenleiter und seinem Leitungsverhalten verbunden sein kann. Eigene Territorien werden abgesteckt. Es bilden sich Untergruppen, die Gefahr des Austritts Einzelner ist jetzt sehr groß.

Die Leitung muss jetzt Möglichkeiten bieten, dass Machtkämpfe ausgetragen werden können. Wichtig: Stets muss als Ziel die gemeinsame Aufgabe im Vordergrund bleiben, die nur durch Kooperation zu bewältigen ist.

Normierungsphase (norming)
Die Wettbewerbsgefühle und das übertriebene Konkurrenzverhalten werden abgelegt, die Zusammenarbeit wird intensiviert. Es kommt zunehmend zum Austausch von Ideen, Meinungen und Problemlösungsansätzen. Die Teammitglieder sind eher bereit, die Bedürfnisse der anderen zu akzeptieren. Es entwickelt sich ein funktionierendes Beziehungssystem, das von gegenseitiger Achtung und Wertschätzung getragen wird. Die Kommunikation wird offener, Fehler anderer Gruppenmitglieder werden eher toleriert. Die Aufgabenverteilung und die Rollen innerhalb des Teams sind geklärt, ein „Wir-Gefühl" ist erkennbar.

Die Leitung kann jetzt beginnen, zunehmend auf direktive Vorgaben zu verzichten, auf einzelne Teammitglieder Verantwortung zu übertragen und somit den Stärken der Einzelnen Freiräume zu bieten.

Differenzierungs- und Arbeitsphase (performing)

Jetzt ist das Team in der richtigen Arbeitsphase angelangt. Die Kommunikation läuft gut, jeder Einzelne identifiziert sich mit der Gruppe, die jetzt stark zusammenhält und eine eigene Identität, ein echtes Wir-Gefühl entwickelt hat. Jeder gibt, was er kann, die Gruppenaufgabe steht im Vordergrund. Machtkämpfe sind kaum noch zu beobachten.

Die Gruppe lenkt sich jetzt überwiegend selbst, die Leitung kann sich darauf beschränken, gute Arbeitsbedingungen zu schaffen und den Kontakt nach außen zu pflegen. Nach „innen" ist es ihre Aufgabe, der Gruppe konstruktive Feedbacks zu geben und jede Einzelne ihrer Mitarbeiterinnen mit ihren Stärken und Schwächen zu akzeptieren und zu fördern.

Ablösephase (mourning)

Diese Phase wurde im Nachhinein von Tuckmann (*1938) seiner ursprünglichen Fassung hinzugefügt. Sie spielt auch für die Teams in der Kinder- und Jugendhilfe eine nur geringe Rolle, da eine komplette Auflösung von Teams eher selten zu beobachten ist. Häufiger werden einzelne Teammitglieder das Team verlassen. Dies ist stets eine Herausforderung für alle Beteiligten, da in dieser Situation der gesamte Prozess oft von vorne beginnt, was für die eigentliche Aufgabenstellung stets eine Belastung ist und in einem hohen Maße wieder die Leitung fordert.

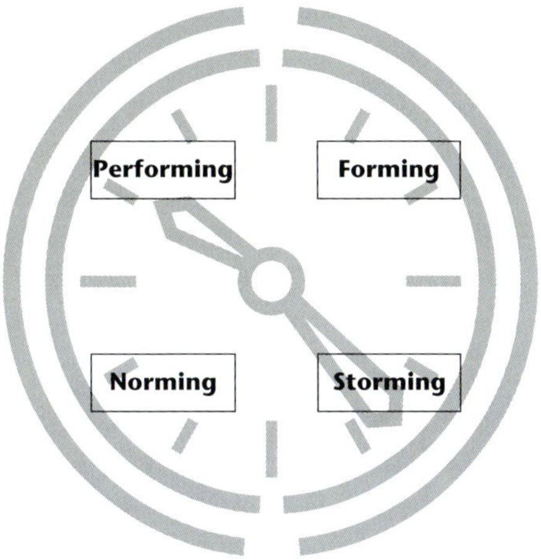

Aufgabe

A *Diskutieren Sie in der Kleingruppe die Situation in Ihrer Klasse. Betrachten Sie dabei insbesondere den Verlauf der Entwicklung, also die Entwicklungsphasen, und den aktuellen Stand. Richten Sie den Blick in die Zukunft und überlegen Sie mögliche und notwendige Interventionen.*

7.9.3 Teamstrukturen

Ein gutes Team kann nur wirklich gut sein, wenn innerhalb des Teams die Strukturen klar herausgearbeitet wurden. Sie müssen dann aber auch allen Beteiligten transparent sein. Wie oben gezeigt braucht es eine gewisse Zeit, um eine gewisse Stabilität zu erreichen. Dabei geht es zum einen um die Festlegung des Status, den jede Einzelne in der Gruppe und im Gesamtsystem der Institution hat und zum anderen um die Rolle, die sie in ihrem Aufgabenbereich spielt.

Für die Analyse der Binnenstruktur eines Teams bietet sich das in Kapitel 3.1.4.2 auf S. 100 beschriebene Modell an, das die differenzierten Rollen eines Teams herausarbeitet. Neben der

Gruppenführerin positionieren sich die „Spezialistinnen“, die Mitläuferinnen und die Außenseiterinnen eines Teams. Haben alle ihren Platz gefunden, kann das Team gut funktionieren. Kritisch wird es bei dieser Konstellation erst, wenn die „Spezialistin“ die Position der Führerin anstrebt und wenn es ihr gelingt, dafür andere Teammitglieder um sich zu scharen.

Aufgabe

A *Stellen Sie die Personen einer Kinder- und Jugendhilfeeinrichtung, von der Heimleiterin über die Bereichsleiterin bis zu Ihnen als Erzieherin als Rollen in einem Fußballverein dar. Beziehen Sie dabei alle Beteiligten, vom Präsidenten des Vereins bis hin zu den Spielern, den Zuschauern und den Fans mit ein. Positionieren Sie diese Personen auf einem Fußballfeld.*

Ein aktuelles Modell zur Beschreibung der Teamrollen findet sich bei **Meredith Belbin**, einem britischen Psychologen, der in den 1970er-Jahren untersuchte, welchen Einfluss die Zusammensetzung von Teams auf deren Leistung hat. Am effektivsten arbeiten nach Belbin die Teams, welche aus unterschiedlichsten Persönlichkeitstypen zusammengesetzt sind, die sich gegenseitig ergänzen und unterstützen.

*Meredith Belbin (*1926)*

In seinem Modell unterscheidet er drei Hauptorientierungen, die wiederum in jeweils drei Teamrollen differenziert werden:

- handlungsorientierte Rollen: Macher, Umsetzer, Perfektionist
- wissensorientierte Rollen: Ideengeber, Beobachter, Spezialist
- kommunikationsorientierte Rollen: Koordinator, Gruppenarbeiter, Weichensteller

Charaktereigenschaften der jeweiligen Teamtypen (siehe Sturmair)

1. Die handlungsorientierten Team-Typen

Typ	Eigenschaften	Stärken	Schwächen
Macher	angespannt, dynamisch, hochaktiv, aufgeschlossen	bekämpft Ineffizienz und Trägheit, übt Druck aus	leicht reizbar, gelegentlich provokativ, unaufmerksam
Umsetzer	pflichtbewusst, konservativ, berechenbar, verlässlich	hohe Arbeitsleistung, setzt Ideen in die Tat um, hat Selbstdisziplin	unflexibel, wenig kreativ, verzögert auf neue Möglichkeiten
Perfektionist	ordentlich und sorgfältig, gewissenhaft, jedoch ängstlich	fristgerechte und gewissenhafte Arbeitseinstellung und Erledigung	neigt dazu, alles selbst zu machen, macht sich schon über kleine Abweichungen Sorgen

2. Die wissensorientierten Team-Typen

Typ	Eigenschaften	Stärken	Schwächen
Neuerer	fantasievoll und kreativ, großes unorthodoxes Denkvermögen	Individualist, geht gerne neue Wege, Innovativer Denker	lässt leicht praktische Aspekte außer Acht, verträumt
Beobachter	strategisch, besonnen, scharfsinnig, vorsichtig, klug	nüchterne und diskrete Art, hohe Urteilsfähigkeit, und wägt kühl ab	wenig motivierend wirkend, Mangel an Antrieb, abwartend
Spezialist	hohe Fachkompetenz, leicht zerstreut, arbeitet gerne alleine	intensive Bearbeitung einer Aufgabe, antriebsstark, hohe Fachkompetenz	technischer Pedant, treibt nur die eigene Aufgabe voran

3. Die kommunikationsorientierten Team-Typen

Typ	Eigenschaften	Stärken	Schwächen
Koordinator	ruhig, selbstsicher, beherrscht, wertschätzend, klar, würdigend	bindet Alle ein, behält den Überblick, objektive Sicht	durchschnittliche Kreativität oder Spezialisierung, braucht Experten
Teamarbeiter	sozial orientiert, freundlich, empfindsam, gerne helfend	Solidarität und Teamgeist fördernd, sorgt für gutes Klima	unentschlossen bei Krisen, manchmal Konfliktscheu
Weichensteller	extrovertiert, begeistert, kommunikativ	knüpft gerne Kontakte, greift Ideen auf und liebt Herausforderungen	bleibt nicht dran, neigt zu Überoptimismus, kann keine Routinearbeiten leiden

(Quelle: http://www.sturmair.org/uploads/textsammlung/teamrollentest.pdf)

Natürlich handelt es sich bei der Beschreibung dieser Rollen um Archetypen, die in ihrer Reinform nur selten auftreten. In der Regel wird sich jedes Teammitglied mit seinen Charakterzügen in verschiedenen Typen wiederfinden. Dennoch bietet sich hier die Möglichkeit, die Vorzüge jedes Einzelnen herauszuarbeiten und danach die Aufgaben im Team optimaler zu verteilen. Einen guten Zugang dazu kann man über die Durchführung des Belbin-Tests finden, der über die Skalierung verschiedener Aussagen eine Zuordnung zu einem bestimmten Charaktertyp ermöglicht.

Der Belbin-Test verlangt eine Stellungnahme und eine Skalierung zu folgenden Aussagen:

1. Ich liebe meine Arbeit, denn ...
2. Charakteristisch für meine Art in einer Gruppe zu arbeiten ist ...
3. Einmal in ein Projekt mit anderen involviert ...

4. Was ich in meinen Augen zu einem Team beitragen kann ...
5. Ungereimtheiten, die ich während der Arbeit in einem Team spüre ...
6. Wenn mir plötzlich eine schwierige Aufgabe mit einer herausfordernden Frist übertragen wird und mit neuen, mir unbekannten Leuten ...
7. Während ich in einer Gruppe arbeite, kämpfe ich mit folgenden Problemen ...

Aufgabe

A *Recherchieren Sie im Internet zum Stichwort Belbin-Test. Laden Sie sich einen Test herunter und ordnen Sie sich aufgrund Ihrer Erfahrungen und Ihres Wissens einem der neun Typen zu. Stellen Sie Ihre Ergebnisse gegenseitig in einer Kleingruppe vor und verteilen auf dieser Grundlage verschiedene Aufgaben in einem Team.*

7.9.4 Teamkonflikte

Wenn mehr Menschen in einem Team zusammenarbeiten, wird die Entstehung von Konflikten nicht zu vermeiden sein. Es treffen Persönlichkeiten aufeinander, die sich – wie oben gezeigt – in ihren Charakterzügen unterscheiden, die unterschiedlichen Geschlechts sind, oft auch in ihrem Lebensalter und damit auch in ihren Lebenserfahrungen weit voneinander entfernt sind. Dies muss nicht immer ein Nachteil sein. Zeigen doch Ergebnisse aus der Kleingruppenforschung, dass nicht immer die „Schmuseteams" die besten Leistungen erzielen. Diese sind sich oft selbst genug und verlangen nicht mehr nach Herausforderungen, sind wenig bereit, Änderungen zuzulassen, werden starr und unbeweglich. Konflikte können Entwicklungen vorantreiben, wenn der Umgang mit ihnen gut gelingt.

Hilfreich für ein gelungenes Konfliktmanagement ist es, die Art des Konfliktes und seine Ursache zu erkennen, um dann, bei Analyse der „Eskalationsstufe", die geeigneten Maßnahmen treffen zu können. Dies kann vom Team selbst oder mithilfe von außen geleistet werden. Manchmal entstehen Konflikte ganz einfach, weil jemand einen Fehler gemacht hat, etwas vergessen hat zu tun: die Heizung nicht aufgedreht, nicht eingekauft, die Waschmaschine nicht geleert ...

Hier kann schnell Abhilfe geschaffen werden, wenn sich das Team gut versteht, wenn eine vertrauensvolle Arbeitsatmosphäre vorhanden ist. Fehler dürfen gemacht werden. Ist dies nicht der Fall, dann werden Beziehungskonflikte über diese „Kleinigkeiten" ausgetragen, die im Untergrund schwelen und bei diesen Gelegenheiten ausbrechen. Ein erster Schritt zur Konfliktlösung ist es also, seine wahren Ursachen zu erkennen: auf der Beziehungs- oder auf der Inhaltsebene.

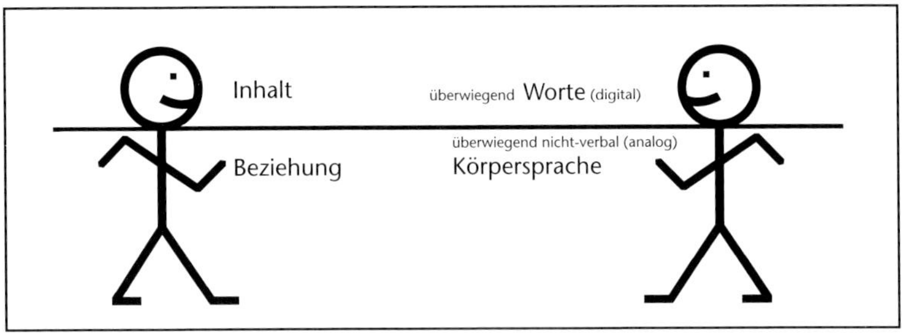

Zur Beziehungsebene können folgende Fragen gestellt werden:

- Bestehen angespannte Beziehungen zwischen zwei Teammitgliedern? Wenn ja, weshalb?
- Ist die Rollenverteilung im Team noch nicht geklärt?
- Fühlt sich jemand von anderen ausgegrenzt? Werden seine Beiträge für die Zusammenarbeit nicht genügend gewürdigt?
- Fühlt sich jemand ausgenutzt, weil er stets die „Drecksarbeit" machen muss?
- Besteht der Eindruck, dass jemand von der Leitung bevorzugt wird?

Die Erfahrung zeigt, dass erfolgreiches Arbeiten im Team nicht möglich ist, solange die Beziehungskonflikte ungelöst sind und aus dem Untergrund die Bewältigung der eigentlichen Aufgaben behindern. Das Team ist mehr mit sich selbst beschäftigt als mit der Gestaltung des Alltags. Oft können die daraus entstehenden Probleme nicht mehr im Team selbst bewältigt werden. Dann ist Hilfe von außen durch Supervision oder Mediation erforderlich.
Einfacher erscheint es, Konflikte auf der Inhaltsebene zu bearbeiten, da hier möglichst rational mit folgenden sieben Schritten auf die Suche nach Lösungen gegangen werden kann:

1. **Problembeschreibung:** Jede Mitarbeiterin im Team beschreibt das Problem aus ihrer Sicht. Dies kann noch erweitert werden, durch die Beschreibung aus der vermuteten Sichtweise von Außenstehenden: dem Einrichtungsleiter, Eltern, Lehrer, Kind, Jugendlicher, ... An dieser Stelle sollte noch nicht über mögliche Ursachen oder gar schon Lösungsideen gesprochen werden.
2. **Daten- und Faktensammlung:** Das Sammeln von Daten und Fakten dient der Versachlichung des Problems. Vermutungen, Schuldzuschreibungen, Bewertungen und Schlussfolgerungen sollten vermieden werden.
3. **Ideen zur Konfliktlösung:** Erste Ideen zu einer möglichen Konfliktlösung werden geäußert, möglichst zahlreich und unkommentiert im Sinne eines Brainstormings. Hier soll noch keine Bewertung abgegeben, sondern Vorschläge aufgegriffen und weitergedacht werden.

4. **Bewerten der Ideen:** Jetzt werden – auf der Grundlage eines vereinbarten Bewertungsmaßstabs und des bekannten Datenmaterials – die Lösungsansätze kritisch beurteilt und auf ihre Tauglichkeit hin überprüft, evtl. in eine Reihenfolge gebracht. Eine neue Beurteilung des Konflikts ist möglich.
5. **Auswählen von Lösungsansätzen:** Der von den meisten akzeptierte und bevorzugte Lösungsansatz wird jetzt auf seine Realisierbarkeit überprüft. Sind genügend Zeit und die nötigen Ressourcen dafür vorhanden? Alle sollten jetzt damit einverstanden sein.
6. **Vereinbarungen treffen:** Die notwendigen Schritte werden jetzt konkretisiert, der zeitliche Rahmen für die Zielerreichung festgelegt und die Aufgaben jedes Einzelnen für die Bearbeitung des Konfliktes verteilt.
7. **Ergebnisse sichern:** Die Ergebnisse der Verhandlung werden jetzt im Protokoll festgehalten und noch einmal für alle inhaltlich zusammengefasst. Das Konfliktgespräch wird offiziell beendet, ein Nacharbeiten wird an dieser Stelle nicht mehr akzeptiert.

(Vgl. Erger, 2012, S. 122 f)

7.9.5 Unterstützungsmöglichkeiten für Teams

Nicht immer sind Teams in der Lage, ihre Konflikte durch einfache Konfliktgespräche zu bewältigen. Die „**kollegiale Beratung**" (Intervision) kann hierbei hilfreich sein. Ist die Situation zu verfahren, was vor allem für Beziehungskonflikte gilt, ist Hilfe von außen erforderlich, die über Mediation, Supervision oder Coaching geleistet werden kann.

Die „kollegiale Beratung" bietet sich an, wenn eine Person im Team einen Konflikt sieht, also einen gewissen Leidensdruck hat und mithilfe ihrer Kolleginnen eine Lösung suchen will. Dabei ist vorausgesetzt, dass im Team selbst genügend Ressourcen für eine Lösung des Konflikts vorhanden sind und die Bereitschaft zu einer gemeinschaftlichen Lösungssuche besteht.

Ist eine Lösung des Konflikts innerhalb des Teams nicht mehr möglich, kann ein **Mediator** hinzugezogen werden, der das Konfliktlösungsgespräch führt und dabei neutral bleiben muss. Der Ablauf des Gesprächs ist vergleichbar mit den oben dargestellten sieben Schritten eines Konfliktgesprächs, das aber von einer außenstehenden Person moderiert wird.

Bei der **Supervision** liegt die Verantwortung und Leitung für das Gespräch beim Supervisor, der in der Regel von der Einrichtungsleitung beauftragt wird. Dieser wird nicht das Problem lösen, aber er versucht durch spezifische Methoden die Kompetenzen jedes Einzelnen und die Ressourcen im Team zu aktivieren und dadurch Hilfestellung für eine gemeinschaftlich erarbeitete Lösung zu geben.

Kollegiale Beratung

Kollegiale Beratung ist ein systematisches Beratungsgespräch, in dem Teamkollegen sich nach einer vorgegebenen Gesprächsstruktur wechselseitig zu beruflichen Fragen und Schlüsselthemen beraten und gemeinsam Lösungen entwickeln. Folgende Merkmale kennzeichnen die kollegiale Beratung:

- Eine kollegiale Beratung findet in Gruppen statt.
- Ein professioneller Berater ist nicht anwesend.
- Die Beratung folgt einem festen Ablauf.
- Der Ablauf und die Methoden sind allen Teilnehmern bekannt.
- Die Beratungsrollen und die Aufgaben werden verteilt.
- Alle Teilnehmer sind aktiv an der Beratung beteiligt.
- Lösungen für berufliche Praxisprobleme werden entwickelt.

(Vgl. Tietze, 2014)

Ablaufübersicht und Aufgaben der Beteiligten

Im Folgenden werden die sechs Phasen der kollegialen Beratung in einer Übersicht dargestellt:

Phase	Was passiert?	Was ist das Ergebnis?	Wer trägt was dazu bei?
Casting	Die Rollen werden besetzt: Moderator, Fallerzähler, Berater.	Fallerzähler und Moderator nehmen ihre Rollen ein.	Der Moderator wird gesucht, Teilnehmer benennen ihr Thema kurz, ein Fallerzähler wird ausgewählt.
Spontan-erzählung	Der Fallgeber gibt Informationen zu seinem Thema.	Alle Teilnehmer haben den Fall in groben Zügen verstanden.	Der Fallerzähler berichtet und wird dabei vom Moderator begleitet.
Schlüssel-frage	Eine Schlüsselfrage wird gesucht.	Alle Teilnehmer haben die Schlüsselfrage des Fallerzählers verstanden.	Der Fallerzähler formuliert eine Schlüsselfrage und wird dabei vom Moderator unterstützt.
Methoden-wahl	Ein Beratungsmodul aus dem Methodenpool wird gewählt.	Die Methode zur Bearbeitung der Schlüsselfrage steht fest.	Der Moderator leitet die Auswahl eines Moduls an, der Fallerzähler und die übrigen Teilnehmer machen Vorschläge.
Beratung	Die Berater geben ihre Ideen und Vorschläge im Stil des ausgewählten Beratungsmoduls.	Der Fallerzähler hat Ideen und Anregungen gemäß der Methode erhalten.	Die Berater formulieren ihre Beiträge passend zur Methode, der Moderator achtet auf die Zeit, ein Sekretär notiert die Beiträge mit.
Abschluss	Der Fallerzähler resümiert die Beiträge der Berater und nimmt abschließend Stellung.	Die kollegiale Beratung ist abgeschlossen.	Der Fallerzähler berichtet, welche Anregungen für ihn wertvoll waren und bedankt sich abschließend.

(Vgl. Tietze, 2014)

Lernsituation

Sie sind Bezugserzieher eines elfjährigen Jungen, den Sie als sehr lebendig erleben. Zwei Ihrer Kolleginnen sehen dies anders, bezeichnen dieses Kind als hyperaktiv, weil es ständig unterwegs ist, kaum ruhig sitzen kann und größte Probleme hat, sich auf seine Hausaufgaben zu konzentrieren. Die Mutter will den Jungen in der Kinder- und Jugendpsychiatrie vorstellen, um eine Einstellung auf ein Medikament zu erwirken.

A *Wie verhalten Sie sich gegenüber der Mutter? Wie können Sie sich mit Ihren Kolleginnen auf ein gemeinsames Vorgehen einigen?*

Aufgabe

P *Führen Sie in einer Kleingruppe von fünf bis sechs Personen eine kollegiale Beratung durch. Verteilen Sie dafür zunächst die Rollen für dieses Gespräch (Moderator, Fallerzähler, kollegialer Berater) und gestalten Sie das Gespräch nach dem Verlaufsplan, wie er von Tietze vorgeschlagen wird.*

Mögliche Themen können sein:

- *Konfliktsituation mit einem Vorgesetzten*
- *Konfliktsituation mit einem Kollegen*
- *Konfliktsituation mit einem Kind/Jugendlichen*
- *Eine Krisensituation, in der ich an meine Grenzen gekommen bin.*

Bei der Darstellung des Falles kann die Orientierung an folgenden Fragen hilfreich sein:

- *Was ist vor sich gegangen?*
- *Was ist im Einzelnen passiert?*
- *Was habe ich gemacht?*
- *Wie habe ich mich verhalten?*
- *Was ist in mir (emotional) vorgegangen?*
- *Wie beurteile ich die Situation heute?*
- *Was ist aus meiner Sicht gut gelaufen, was nicht?*

Zusammenfassung

Ein gutes Team *zeichnet sich durch folgende Merkmale aus:*

- *Leistungsbereitschaft hinsichtlich eines gemeinsamen Ziels*
- *Vertrauen, Wertschätzung und Verlässlichkeit untereinander*
- *Kommunikationsverhalten nach den Regeln der „Themenzentrierten Interaktion"*
- *Kooperationsbereitschaft*
- *Wir-Gefühl und Identifizierung mit den Teamzielen*
- *Konfliktbereitschaft*
- *gemeinsames Wertesystem, das aktiv gelebt wird*

Bei der Zusammenarbeit im Team lassen sich hintereinander ablaufende ***Entwicklungsphasen*** *beobachten:*

- *Orientierungsphase (warming)*
- *Machtkampfphase (storming)*
- *Normierungsphase (norming)*
- *Differenzierungs- und Arbeitsphase (performing)*
- *Ablösephase (mourning)*

Bei der Bildung von ***Teamstrukturen*** *kristallisieren sich unterschiedliche Rollen heraus. Ein gutes Modell wurde von Belbin vorgeschlagen, der folgende Rollentypen beschrieben hat:*

- *handlungsorientierte Rollen: Macher, Umsetzer, Perfektionist*
- *wissensorientierte Rollen: Neuerer, Beobachter, Spezialist*
- *kommunikationsorientierte Rollen: Koordinator, Gruppenarbeiter, Weichensteller*

Teamkonflikte *entstehen zwischen Personen oder bei Uneinigkeit über Inhalte. Sie können die Arbeit eines Teams erheblich behindern oder sogar verhindern. Sie stärken jedoch ein Team, wenn sie gemeinschaftlich erfolgreich bewältigt werden. Nützlich dafür ist eine formalisierte Gesprächsführung oder eine „kollegiale Supervision".*

Ist das Team nicht in der Lage, seine Konflikte oder Probleme eigenständig zu lösen, kann ***Hilfe von außen*** *geholt werden durch „Mediation" oder durch den Einsatz einer Supervisorin.*

7.10 Schnittstellen der Zusammenarbeit in den Hilfen zur Erziehung

Erzieherische Hilfen sind eingebunden in ein komplexes Netzwerk von Personen, sozialen Gruppen, ehrenamtlich Tätigen, helfenden Organisationen und Vereinen, staatlichen Institutionen und sonstigen im Sozialraum aktiven Akteuren. Diese übernehmen spezifische Aufgaben der Förderung, Unterstützung und sozialen Kontrolle von Kindern, Jugendlichen und jungen Erwachsenen im Entwicklungsverlauf.

Im Rahmen des Hilfeprozesses kommt es darauf an, diese Kooperationspartner, Netzwerke und Akteursgruppen zu erkennen und je nach Bedarf zu beteiligen und einzubinden. Durch eine sinnvolle Bündelung von Kompetenzen und einer differenzierten Verteilung von Zuständigkeiten und Aufgaben können Ressourcen zur Gestaltung von Übergängen in der Persönlichkeitsbildung junger Menschen genutzt werden.

Aufgabe

Beantworten Sie bitte nachfolgende Fragen.

A
1. *Welche Institutionen, mit denen Sie in der Kindheit Kontakt hatten, haben Sie bei persönlichen Problemen unterstützt? Wie ist es zu diesem Kontakt gekommen?*

R
2. *In welchen Vereinen waren Sie Mitglied und warum sind Sie diesen Vereinen beigetreten? Welche Erfahrungen haben Sie hier sammeln können?*

7.10.1 Schulträger, Schulaufsicht und Schulen

7.10.1.1 Grundlagen der Kooperation

Gemäß § 81 SGB VIII haben die Träger der öffentlichen Jugendhilfe strukturell mit anderen Stellen und öffentlichen Einrichtungen im Rahmen ihrer Aufgaben und Befugnisse immer dann zusammenzuarbeiten, wenn sich deren Tätigkeit auf die Lebenssituation junger Menschen und ihrer Familien auswirkt. Dies gilt insbesondere auch für den Bereich der Schulen und die Stellen der Schulverwaltung. In den jeweiligen Schulgesetzen der Länder wird dieser Auftrag der Jugendhilfe näher konkretisiert.

So heißt es zum Beispiel in den §§ 5 und 9 des Schulgesetzes für das Land Nordrhein-Westfalen:

§ **5 Öffnung von Schule, Zusammenarbeit mit außerschulischen Partnern**

(1) Die Schule wirkt mit Personen und Einrichtungen ihres Umfeldes zur Erfüllung des schulischen Bildungs- und Erziehungsauftrages und bei der Gestaltung des Übergangs von den Tageseinrichtungen für Kinder in die Grundschule zusammen.
(2) Schulen sollen in gemeinsamer Verantwortung mit den Trägern der öffentlichen und der freien Jugendhilfe, mit Religionsgemeinschaften und mit anderen Partnern zusammenarbeiten, die Verantwortung für die Belange von Kindern, Jugendlichen und jungen Volljährigen tragen und Hilfen zur beruflichen Orientierung geben.
(3) Vereinbarungen nach den Absätzen 1 und 2 bedürfen der Zustimmung der Schulkonferenz. [...]

(§ 5 Schulgesetz NRW, gekürzt, Stand 15.6.2014)

§ **9 Ganztagsschule, Ergänzende Angebote, Offene Ganztagsschule**

[...]
(3) Der Schulträger kann mit Trägern der öffentlichen und der freien Jugendhilfe und anderen Einrichtungen, die Bildung und Erziehung fördern, eine weitergehende Zusammenarbeit vereinbaren, um außerunterrichtliche Angebote vorzuhalten (Offene Ganztagsschule). Dabei soll auch die Bildung gemeinsamer Steuergruppen vorgesehen werden. Die Einbeziehung der Schule bedarf der Zustimmung der Schulkonferenz. [...]

(§ 9 Schulgesetz NRW, gekürzt, Stand 15.6.2014)

Die Bedeutung von Schule als besonderer Lebens- und Lernraum für junge Menschen ist allgemein anerkannt und unstrittig. Bildungseinrichtungen sind zentrale Institutionen der Sozialisation und Persönlichkeitsentwicklung von jungen Menschen. Durch die Vergabe von Bildungsabschlüssen üben diese Institutionen einen entscheidenden Einfluss auf den gesamten Lebensverlauf und die spätere soziale Stellung in der Gesellschaft aus. Individuelle und soziale Benachteiligungen von Familien führen bereits im Vorfeld der Schullaufbahn zu einer spezifischen Zuordnung der jungen Menschen durch die jeweiligen Bildungseinrichtungen. Zu diesen Benachteiligungen zählen insbesondere eingeschränkte Sprach- und Persönlichkeitskompetenzen, begrenzte ökonomische Ressourcen sowie belastende und entwicklungshemmende Herkunftsmilieus. Statistische Untersuchungen zeigen, dass sich diese Benachteiligungen während der Schul- und Ausbildungsphase fortsetzen und es so zu kaum noch zu überwindenden langfristigen Bildungsbenachteiligungen und sozialen Ausgrenzungen kommt.

„Kinder und Jugendliche in Heimen und betreuten Wohnformen besuchen vielfach häufiger eine Haupt- oder Sonderschule als Gleichaltrige, die im Elternhaus aufwachsen [...]. Innerhalb des gegliederten Schulsystems haben diese jungen Menschen häufig bereits vor ihrer Heimunterbringung einen entsprechenden Selektionsprozess durchlaufen. In etwa 40 bis 50 Prozent aller Fälle sind Schulprobleme ein Hauptanlass für die Erziehungshilfe. Diese stellen damit neben Erziehungsproblemen der Eltern die zweithäufigste Problemnennung dar [...]. [Die] Schule ist die weichenstellende Institution für den weiteren Lebensweg der jungen Menschen. [...] Ein Scheitern im schulischen Zusammenhang kann ohne Übertreibung als „existenziell" für die betroffenen jungen Menschen bezeichnet werden. Nicht selten ziehen sie sich frühzeitig von weiterführenden Bildungsanstrengungen zurück [...]."
(Quelle: Heckner, 2014, S. 488 ff, gekürzt und verändert)

Obwohl der Bereich der Hilfen zur Erziehung sowohl rechtlich als auch fachlich den Fokus verstärkt auf das Beziehungsgefüge von Eltern und Kindern legt, nimmt die gleichzeitige Förderung der persönlichen und schulischen Entwicklung eine immer bedeutendere Rolle ein. Angestrebt wird ein aufeinander abgestimmtes und sich gegenseitig bedingendes System der Förderung und Hilfe von Bildung, Erziehung und Betreuung.
(Vgl. BMFSFJ, 2006, S. 47 und vgl. BMFSFJ, 2013, S. 253 ff.)

Eine wichtige Schnittstelle zwischen Schule und Jugendhilfe bildet die Jugend- und Schulsozialarbeit, die sich zu einem anerkannten Bestandteil der Bildungs- und Sozialpolitik in Deutschland entwickelt hat. Diese etablierte Form der sozialen Arbeit beschränkt sich aktuell vorrangig auf Formen der Einzelfallhilfe. Es mangelt bisher an strukturell verankerten, lebensweltorientierten und sozialräumlichen Konzepten sowie an einer engeren Verknüpfung von erzieherischen Hilfen und Schule. Gleiches gilt für die Jugendhilfe, insbesondere im Bereich der Heimerziehung. Die vielfach gut gemeinte und notwendige sonderpädagogische Förderung in Einrichtungen der Jugendhilfe zur Erreichung des Bildungsziels kann den Prozess der schulischen und sozialen Inklusion auch erschweren.

7.10.1.2 Strukturelle Probleme der Kooperation

Im 14. Kinder- und Jugendhilfebericht der Bundesregierung von 2013 wird zu den Entwicklungstendenzen in der Kinder- und Jugendhilfe festgestellt, dass die Leistungen der Kinder- und Jugendhilfe nicht nur gesellschaftlich selbstverständlicher, sondern auch die in diesem Feld Tätigen professioneller und selbstbewusster geworden sind.

„Denn gleichzeitig mit dem Wachstum und der Ausdifferenzierung des Feldes ist – besonders in den vergangenen zehn Jahren – die zunehmende Notwendigkeit einer Kooperation der Kinder- und Jugendhilfe mit angrenzenden Einrichtungen und Diensten festzustellen. Um Kinder- und Jugendhilfe wirksam leisten zu können, sind ihre Institutionen und die in ihnen tätigen Professionellen immer stärker auf Kooperation und Verzahnung mit anderen Akteuren angewiesen. Die Kinder- und Jugendhilfe findet daher in Netzwerken statt, ob im relativ neuen Bereich der Frühen Hilfen, in den Einrichtungen der Kindertagesbetreuung, den erzieherischen Hilfen oder der Jugendsozialarbeit. Ohne eine enge Kooperation mit Schulen, dem

Gesundheitswesen, den Eingliederungshilfen nach dem SGB XII oder den Maßnahmeträgern der Ausbildungs- und Arbeitsförderung lässt sich eine fachlich effektive Kinder- und Jugendhilfe immer schwieriger gestalten."
(Quelle: BMFSFJ, 2013, S. 295)

Gleichzeitig stellt sich allerdings die Frage, worin eigentlich die konkreten Probleme einer effektiven Zusammenarbeit zwischen Schule und Jugendhilfe liegen. Auch hierzu nimmt der Jugendhilfebericht der Bundesregierung ausführlich Stellung.

Problembereiche

Folgende Problembereiche werden sowohl im Jugendhilfebericht als auch in der Fachliteratur benannt:

Zuständigkeiten und Vernetzung
Schulentwicklungs- und Jugendhilfeplanung kooperieren zu selten miteinander. Interessen der Schulen und Jugendhilfeträger werden oftmals nicht hinreichend miteinander abgestimmt. In vielen Fällen fehlt ein fachlicher Austausch bzw. die Möglichkeit, sich auf der politischen Ebene angemessen einbringen zu können. Als positive Beispiele werden im Bericht der Bundesregierung grundsätzliche Angebote der Jugendhilfe zur Überwindung von Schulmüdigkeit und -verweigerung sowie der Kinder- und Jugendarbeit, konkretisiert in besonderen Formen der schulnahen Nachmittagsangebote, der außerunterrichtlichen Bildung durch Angebote der sportlichen oder kulturellen Jugendarbeit benannt. Darüber hinaus werden Initiativen zur medienbezogenen Jugendarbeit, Angebote der klassischen Träger der Kinder- und Jugendhilfe im Rahmen der präventiven Rolle der Hilfen zur Erziehung, Kooperationen im Rahmen des Kinderschutzes sowie der Ganztagsschule hervorgehoben.

Selbstverständnis
Während die Schule einen explizit staatlichen Bildungsauftrag zu erfüllen hat, verstehen sich die Hilfen zur Erziehung als eine die Sorgeberechtigten unterstützende, einzelfallbezogene Form der Förderung von Kindern und Jugendlichen. Die pädagogischen Konzepte der Schule richten ihren Fokus auf eine Vermittlung festgelegter Lehrinhalte, auf verpflichtende Teilnahme, Kontrolle und Leistungsorientierung. Im Vordergrund stehen eher standardisierte, am sozialen Durchschnitt ausgerichtete Verhaltens- und Lernerwartungen. Sozialpädagogische Konzepte der Jugendsozialarbeit und der erzieherischen Hilfen basieren auf Freiwilligkeit, Selbstgestaltung, individuelle Entwicklungsförderung sowie einer Stärkung der allgemeinen persönlichen Ressourcen. Die Aufmerksamkeit der Schule wird erst dann geweckt, wenn schulische Leistungen nicht erbracht oder das Verhalten zu Störungen des schulischen Ablaufs führen. Für die konkreten Lebensbedingungen, unter denen Kinder aufwachsen, und die individuellen sozialen Probleme der Familie in der Lebenswelt junger Menschen ist die Schule nicht zuständig.

Schulsozialarbeit
Im Bereich der Schulsozialarbeit werden, trotz der gestiegenen Zahl der Beschäftigten in diesem Arbeitsfeld, die unklaren Zuständigkeiten und Schnittmengen zur Jugendhilfe beklagt. Positiv wird hervorgehoben, dass die Fachkräfte eine wichtige Vermittlerrolle zwi-

schen Schülerinnen und Schülern, Eltern und der Schule einnehmen und grundsätzlich einer breiter angelegten sozialpädagogischen Förderung als Profession verpflichtet sind. Die Schwerpunkte der Aufgaben in der Schulsozialarbeit beschränken sich allerdings im beruflichen Alltag meist auf allgemeine Bereiche der Hilfe und Unterstützung zur Vermeidung schulischen Versagens, der individuellen Beratung von Schülerinnen und Schülern sowie auf allgemeine pädagogische Angebote und Hilfen bei schulischen Konflikten.

Ganztagsschulen
Der Ausbau der Ganztagsschulen wird generell als eine positive Entwicklung einer sinnvollen Vernetzung von Bildungsauftrag und individueller Förderung hervorgehoben. Der Lernort Schule wird auf diese Weise, so die Einschätzung der Bundesregierung, zu einem Lebensort Schule weiterentwickelt und bietet auf diese Weise die Voraussetzung für eine engere Vernetzung von Schule und Lebenswelt bzw. schulischer und außerschulischer Förderung. Kritisiert wird in diesem Zusammenhang die bisher unzureichende aktive Mitgestaltung der Jugendämter an dieser Entwicklung. „Die Beteiligung am Projekt Ganztagesschule wird stattdessen eher freien Trägern der Kinder- und Jugendarbeit, den Wohlfahrtsverbänden, den Sportvereinen und der kulturellen Jugendbildung überlassen."
(Quelle: BMFSFJ, 2013, S. 333)

Positive Gesamteinschätzung der Zusammenarbeit von Schule und Jugendhilfe

Abschließend kommt der 14. Kinder- und Jugendhilfebericht unter Berücksichtigung der in den letzten Jahren verwirklichten Reformen zu einer grundsätzlich positiven Gesamteinschätzung der Zusammenarbeit von Schule und Jugendhilfe.

„Insgesamt kann man [...] konstatieren, dass sowohl die Zunahme der Kooperationsformen als auch die ‚Verlagerung' von Jugendhilfeangeboten an Schulen durchaus zur Stärkung der Kinder- und Jugendhilfe und zu ihrer größeren Anerkennung als außerunterrichtlicher und außerschulischer Bildungsort geführt hat. Die Kinder- und Jugendhilfe ist inzwischen weiter denn je davon entfernt, lediglich als „Lückenbüßer" zu fungieren und sich fraglos der Schule unterzuordnen. Das System Schule hat gelernt, dass die Partner aus dem außerschulischen Bereich eine große Unterstützung bei der Bewältigung der Alltagsherausforderungen von Schule sind und einen wichtigen Beitrag zu einer lebensweltorientierten Schule leisten. Dieses Selbstverständnis sollte die Kinder- und Jugendhilfe weiter ausbauen und sich als eigenständiger Bereich und gleichwertiger Partner in die anstehenden Entwicklungen und Herausforderungen einbringen."
(Quelle: BMFSFJ, 2013, S. 332, gekürzt)

7.10.1.3 Aktuelle Ansätze der Kooperation

Auf der Basis der gesetzlichen Grundlage des SGB VIII und der jeweiligen Schulgesetze der Länder tragen Schule und Jugendhilfe gemeinsam Verantwortung für die Entwicklung des jungen Menschen. Die außerschulischen Lebensbedingungen des Kindes und Jugendlichen beeinflussen nicht nur das Verhalten von Schülerinnen und Schülern, sondern haben Einfluss auf die Lernbereitschaft und den Lernerfolg, die wiederum die außerschulischen Lebensbedingungen beeinflussen.

Um die Kooperation und Zusammenarbeit zwischen Elternhaus, Schule und kindlicher Entwicklung zu verbessern, haben der Landschaftsverband Rheinland und der Landschaftsverband Westfalen 2008 Empfehlungen zur Kooperation von Trägern der Hilfe zur Erziehung mit Schulträgern, Schulaufsicht und Schulen entwickelt.

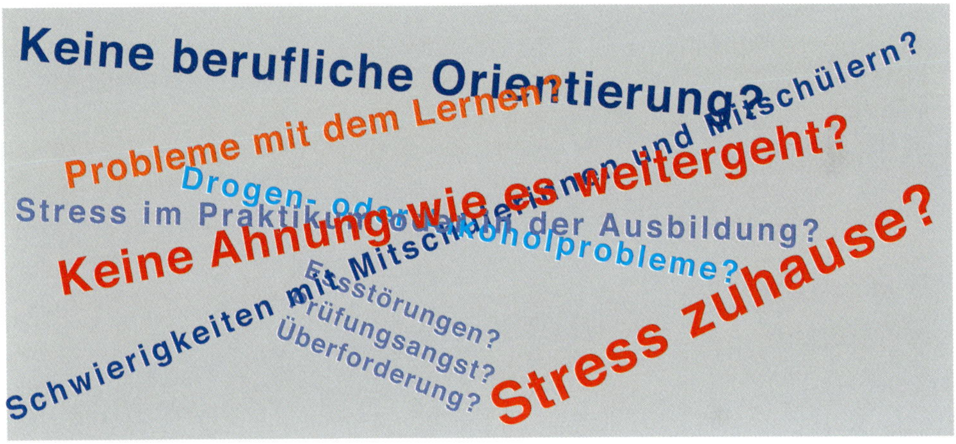

Zentrale Handlungs- und Gestaltungsempfehlungen

Verbindlichkeit von Kooperation
Gemäß den gesetzlichen Vorgaben ist die Schule verpflichtet, auf einzelfallindizierte Kooperationsangebote durch einen Träger der Jugendhilfe einzugehen und gleichzeitig ist die Jugendhilfe bei Feststellung eines Bedarfs verpflichtet, der Familie die Kooperation mit der Schule anzubieten. Im Vordergrund steht das Ziel, die erzieherischen Hilfen mit den schulischen Aktivitäten zur Förderung und Erziehung frühzeitig, im Interesse des Kindeswohls aufeinander abzustimmen. Um diesem Auftrag nachkommen zu können, sind in den letzten Jahren verstärkt Schulsozialarbeiterinnen und Schulpsychologinnen eingestellt und Lehrkräfte entsprechend qualifiziert worden.

Vorbereitende Kooperationsstruktur
Um die erzieherischen Hilfen und die schulische Förderung und Erziehung frühzeitig aufeinander abstimmen zu können, bedarf es einer formalisierten Kooperationsstruktur zwischen den jeweiligen Institutionen. Zuständigkeiten und Verfahrensstandards sind zu definieren, Kooperationsvereinbarungen abzuschließen, grundsätzliche Handlungsmöglichkeiten zu sondieren und regelmäßige Konsultationsgespräche und Arbeitstreffen zu definieren.

Politisch-planerische Unterstützung
Einzelfallübergreifend sind in Arbeitskreisen und Gremien öffentliche und freie Träger der Jugendhilfe sowie die Schulleitungen und die Schulaufsicht fachpolitisch zusammenzuführen und an kommunalpolitischen Reformprozessen zu beteiligen.

Kooperation der Fachkräfte
Angestrebt wird eine fallübergreifende Kooperation der zuständigen Fachkräfte. Gefordert werden neben einem Austausch fachlicher Informationen über Aufgaben und Strukturen gemeinsame Elternabende, beiderseitige Hospitationen sowie die gemeinsame Initiierung und Durchführung von sozialräumlichen Aktivitäten und Projektvorhaben. Auf diese Weise kann auch die ressortbezogene Beratungsqualität sowie die Wahrnehmung für Problemlagen verbessert werden.

Fallbezogene Kooperation
Entsprechend der im Hilfeplanverfahren zu vereinbarenden sonderpädagogischen Förderbedarfe ist auch die Schule in den Hilfeprozess einzubinden. Sie übt je nach Bedarfslage eine zentrale Rolle im Prozess der Leistungserbringung aus. Gemäß § 36 SGB VIII sind alle Fachkräfte im Rahmen der Erstellung des Hilfeplanes einzubinden und zu beteiligen.

Inklusion und Vielfalt
Inklusion erfordert eine Weiterentwicklung des Schulsystems. Im Vordergrund steht das Ziel eines gemeinsamen Schulunterrichts von Kindern mit und ohne Behinderung bzw. mit und ohne besonderem Förderbedarf. Das Konzept der Inklusion setzt die Anerkennung von gesellschaftlicher Vielfalt als normalen Bestandteil menschlichen Lebens und menschlicher Gesellschaft voraus. Es ist somit „radikaler und weitergehend als das der Integration. Während die Integration auf die Wiedereingliederung von Menschen mit Behinderung in bestehende gesellschaftliche Strukturen zielt, weist das Konzept der Inklusion auf die Umgestaltung der sozialen Umwelt als Voraussetzung für die gemeinsame Nutzung und die gesellschaftliche Teilhabe durch heterogene Gruppen von Menschen – hier Kinder und Jugendliche – hin [...]" (BMFJS, 2013, S. 370, gekürzt und verändert). Leistung, Motivation und Entwicklung soll nicht auf Schaffung von Rangskalen und bewertenden Leistungsstandards beruhen, sondern auf Vielfalt und Gleichstellung. Aus diesem Grunde wird mittelfristig eine interdisziplinäre Vernetzung von sonder- und sozialpädagogischen Kompetenzen unterschiedlicher Professionen im Rahmen einer Regelschule angestrebt.

7.10.2 Jugendsozialarbeit und Jugendberufshilfe

7.10.2.1 Grundlagen der Kooperation

Gemäß § 13 SGB VIII sollen im Rahmen der Jugendsozialarbeit junge Menschen zum Ausgleich sozialer Benachteiligungen oder zur Überwindung individueller Beeinträchtigungen sozialpädagogische Hilfen angeboten werden. Diese Hilfen haben die Aufgabe, die schulische und berufliche Ausbildung, die Eingliederung in die Arbeitswelt und die soziale Integration zu fördern. Soweit die Ausbildung der jungen Menschen nicht durch Maßnahmen und Programme anderer Träger und Organisationen sichergestellt werden kann, können geeignete sozialpädagogisch begleitete Ausbildungs- und Beschäftigungsmaßnahmen angeboten werden. Diese haben den Fähigkeiten und dem Entwicklungsstand dieser jungen Menschen explizit Rechnung zu tragen. Darüber hinaus, so Absatz 3, kann jungen Menschen während der Teilnahme an schulischen oder beruflichen Bildungsmaßnahmen oder bei der beruflichen Eingliederung Unterkunft in sozialpädagogisch begleiteten Wohnformen angeboten werden. Hierbei ist der notwendige Unterhalt des jungen Menschen sicherzustellen und Krankenhilfe zu leisten. Die Angebote der Jugendhilfe sind mit der Schulverwaltung, der Bundesagentur für Arbeit, den Trägern betrieblicher und außerbetrieblicher Ausbildung sowie den Trägern von Beschäftigungsangeboten abzustimmen.

Die Jugendberufshilfe hat auf der Basis dieser gesetzlichen Grundlage die Aufgabe, Jugendliche, in der Regel im Alter zwischen 16 und 21 Jahren, beim Übergang von der Schule in Ausbildung, Beruf oder entlohnter Beschäftigung zu unterstützen. Die Zuständigkeit der Jugendberufshilfe ist immer dann gegeben, wenn es der Agentur für Arbeit bzw. den zuständigen Jobcentern nicht gelingt, mit den zur Verfügung stehenden Mitteln junge Menschen ohne Berufsabschluss beruflich und sozial zu integrieren.

Das Angebot der Jugendsozialarbeit und Jugendberufshilfe richtet sich explizit an junge Menschen, die in erhöhtem Maße auf Unterstützung angewiesen sind. Hierunter fallen insbesondere junge Menschen, die massive soziale und persönliche Probleme sowie unzureichende schulische und berufliche Qualifikationen aufweisen.

Da eine Vielzahl der Probleme ihre Ursachen im familiären Umfeld und/oder dem sozialen Wohnumfeld haben, sind die Aufgaben der Jugendsozialarbeit vielfältig. Diese hat sich an den individuellen und meist sehr komplexen Lebensumständen der Jugendlichen auszurichten. Das Tätigkeitsfeld erstreckt sich von der schulbezogenen Jugendsozialarbeit, der Straßensozialarbeit bis zur sportorientierten Jugendarbeit und Jugendsozialarbeit.

Im Bereich der Jugendberufshilfe unterstützen zahlreiche Angebote und Maßnahmen die jungen Menschen beim Übergang von der Schule in die Berufsausbildung und den Beruf. Es werden berufliche Fähig- und Fertigkeiten mit sozialpädagogischer Begleitung vermittelt und vielfältige begleitende Unterstützungen angeboten. Diese reichen vom Nachholen von Schulabschlüssen bis zur Berufsorientierung, -vorbereitung und -ausbildung. Im Fokus der Jugendberufshilfe steht die berufliche und soziale Eingliederung benachteiligter und individuell beeinträchtigter junger Menschen im Übergang von Schule in Berufsausbildung und von Ausbildung ins Erwerbsleben.

Zum Leistungsspektrum der Jugendberufshilfe gehören:

- berufsorientierende und berufsvorbereitende Bildungsmaßnahmen,
- die sozialpädagogisch begleitete Berufsausbildung in außerbetrieblichen Einrichtungen,
- vollzeitschulische Ausbildungen und ausbildungsbegleitende Hilfen,

- qualifizierende Beschäftigungsmaßnahmen,
- Angebote der arbeitsweltbezogenen Jugendsozialarbeit für benachteiligte Jugendliche bis zum 27. Lebensjahr (z. B. individuelle sozialpädagogische Hilfen, Beratungsangebote, aufsuchende/mobile Jugendsozialarbeit und niedrigschwellige Beschäftigungsmaßnahmen in Jugendwerkstätten).

Im Bereich der Hilfen zur Erziehung verweist § 27 Abs. 3 SGB VIII darauf, dass bei Bedarf Ausbildungs- und Beschäftigungsmaßnahmen im Sinne von § 13 Abs. 2 SGB VIII eingebunden werden sollen. Auf diese Weise eröffnet zum Beispiel die Heimerziehung für benachteiligte junge Menschen soziale Teilnahmechancen in Form von Berufsausbildung und späterer beruflicher Tätigkeit. Heimerziehung in Kombination mit einer Ausbildung in einem heiminternen Betrieb wird in der Regel bei jungen Menschen gewählt, die eine Vielzahl von Risikofaktoren aufweisen. Zu diesen Risikofaktoren zu Beginn der Heimerziehung gehören insbesondere ein höherer Schweregrad der Symptomatik, ein hoher Anteil von bereits straffällig gewordenen und verurteilten Jugendlichen sowie eine ausgeprägte Jugendhilfekarriere. Trotz dieser ungünstigen Ausgangssituation und Erfolgsprognose können beachtliche Erfolge erzielt werden. Diese liegen oftmals über den Effekten, die im Bereich der externen Ausbildung bei jungen Menschen erreicht werden. Dies gilt insbesondere für die weibliche Klientel.

Aktuelle Untersuchungen belegen, dass die Heimerziehung in Kombination mit einer Ausbildung in einem heiminternen Betrieb die sozialen Teilnahmechancen für eine besonders benachteiligte Klientel erhöht. Trotz reduzierter Ausgangschancen erreicht der Großteil der jungen Menschen während oder nach Heimerziehung einen Ausbildungsabschluss, ist im späteren Leben berufstätig und mit der beruflichen Situation zufrieden bzw. teilweise zufrieden.

Gleichzeitig konnte aber auch gezeigt werden, dass sich die Erfolgswahrscheinlichkeit immer dann deutlich reduziert, wenn die Jugendlichen ein – relativ betrachtet – hohes Alter, eine ausgeprägte Jugendhilfekarriere, einen hohen Schweregrad der Auffälligkeiten und eine mangelnde Kooperationsbereitschaft haben oder aber hinsichtlich ihrer Herkunft einer anderen Nationalität zugehörig sind.

Besonders positiv auf den Entwicklungsverlauf wirken sich eine ressourcenorientierte Hilfeplanung, die Optimierung der Zuweisungsqualität sowie eine einheitliche sozialpädagogische Diagnostik seitens des Jugendamtes aus.

Auf der Seite der Leistungserbringer wirken sich eine gute Qualifikation der Mitarbeiterinnen und Mitarbeiter, eine klinische Orientierung (insbesondere Verhaltenstherapie), professionell durchgeführte intensiv- und individualpädagogische Maßnahmen, eine enge Kooperation von Eltern und jungem Menschen sowie eine angemessene Hilfedauer aus.

7.10.2.2 Strukturelle Probleme der Kooperation

In einer Gesellschaft, die sich nicht nur primär über Erwerbsarbeit definiert, sondern die Formen der Erwerbsarbeit eng an Bildungsabschlüsse koppelt und daraus bestimmte soziale gesellschaftliche Stellungen ableitet, haben es junge Menschen immer dann besonders schwer, wenn sie genau diesen Erwartungen nicht entsprechen. Insofern orientiert sich die Jugendberufshilfe explizit auch auf Formen der Unterstützung, die sich an den gesellschaftlichen Erwartungen und formellen Abschlüssen ausrichtet.

Problembereiche

Arbeitsmarkt

Ein strukturelles Problem der Jugendberufshilfe besteht somit darin, dass sie zwar den jungen Menschen spezifische Formen der Unterstützung zur beruflichen Ausbildung und zur Ausübung eines Berufes anbieten kann, die konkrete Akzeptanz und berufliche Integrationen allerdings von der Mitwirkung beschäftigender Institutionen und Unternehmen abhängig ist. Erschwerend kommen wirtschaftliche Rahmenbedingungen hinzu, die den Einstieg in den Arbeitsmarkt behindern können.

Anschlussfähigkeit

Vor diesem Hintergrund wird oftmals kritisiert, dass viele berufsbildende Maßnahmen letztlich nicht mit einer langfristigen beruflichen Perspektive verknüpft sind. Kritiker sprechen von Warteschleifen, die aufgrund der mangelnden Perspektive letztlich nur zu einer weiteren Minderung der Berufs- und Lernmotivation führen.

Förderbereiche

Um Integration leisten zu können, ist eine enge Zusammenarbeit mit anderen Ämtern erforderlich. Hierzu gehören u. a. die zuständigen Fallmanager des Jobcenters bzw. der Agentur für Arbeit sowie das Jugendamt. Im Rahmen der Erstellung des Hilfeplans kann es dazu kommen, dass die unterschiedlichen Interessen der jeweiligen Sachbearbeitungen nicht immer hinreichend miteinander abgestimmt werden und die Bedarfsorientierung sowie die Beteiligung des jungen Menschen nicht hinreichend gewährleistet wird. Erschwerend kommt hinzu, dass hinsichtlich des Handlungsfeldes der Jugendberufshilfe keine einheitlichen Rechtsgrundlagen existieren. Eine Vielzahl von Vorschriften aus den verschiedenen Förderbereichen, insbesondere der Jugend-, Bildungs- und Arbeitsmarktpolitik, sind zu beachten. Hierzu gehören zum Beispiel die Grundsicherung für Arbeitssuchende nach dem SGB II, die berufsvorbereitenden Bildungsmaßnahmen nach dem SGB III, die schul- und arbeitsweltbezogene Jugendsozialarbeit nach dem SGB VIII, die Teilhabe von Behinderten am Schul- und Arbeitsleben nach dem SGB IX und die Leistungen der Sozialhilfe nach dem SGB XII.

Angebotsstruktur

Dies hat zur Folge, dass es eine Vielfalt von Maßnahmen der Jugendberufshilfe gibt und auch eine Vielfalt an öffentlichen und privaten Trägern, die hier Angebote unterbreiten. Die Angebotslandschaft ist kaum noch zu überschauen mit der Folge, dass eine Transparenz hinsichtlich der Möglichkeiten im Einzelfall kaum herzustellen ist. Hinzu kommt, dass es auch hinsichtlich der Qualität der Angebote keine hinreichende Transparenz und kaum wissenschaftlich seriöse Evaluationsstudien in Bezug auf die Wirksamkeit der Maßnahmen gibt.

7.10.2.3 Aktuelle Ansätze der Kooperation

Im Kinder- und Jugendhilfebericht der Bundesregierung aus dem Jahr 2013 stellt die Bundesregierung zum Thema Netzwerk und Kooperation in der Jugendberufshilfe fest, dass diese als Teil der Jugendsozialarbeit in einem Netzwerk zwischen beruflichen Schulen, Arbeitsagenturen, Jobcentern, lokalen Betrieben und Ehrenamtlichen agiert: „Jugendberufshilfe hat eine schwierige Koordinationsaufgabe, in der zunehmend ein ‚Übergangsmanagement' in der Statuspassage zwischen Schule, Ausbildung und Arbeitsmarkt erforderlich wird, in der ein professionelles Handeln im Spannungsfeld von SGB II, SGB III, SGB VIII sowie den Schulgesetzen der Länder verlangt wird. Für die jungen Menschen ist diese Zeit häufig eine zweite Chance."
(Quelle: BMFSFJ, 2013, S. 326)

Um diese zweite Chance zu fördern, wurden in den letzten Jahren diverse arbeitsmarktpolitische Maßnahmen unternommen, die zu einer wirkungsvolleren Förderung und Unterstützung von jungen Menschen im Übergang von Schule, Ausbildung und Beruf beitragen sollen. Angestrebt werden mehr Dezentralität, eine höhere Flexibilität, eine verstärkte individuelle Bedarfsorientierung sowie eine Verbesserung der Qualität und mehr Transparenz der Angebotsstrukturen.

Grundausrichtungen der arbeitsmarktpolitischen Maßnahmen

Folgende Grundausrichtungen werden erkennbar:

Effektivität und Effizienz
Die massiven Einsparungen im Bereich der Arbeitsmarktförderung der letzten Jahre haben dazu geführt, dass die Arbeitsagenturen und Jobcenter im Bereich der Arbeitsförderung grundsätzlich über weniger Spielraum in der Förderung verfügen. Gleichzeitig wurde aber aus Sicht der Politik der Versuch unternommen, die Vielzahl der Arbeitsmarktinstrumente gezielter und adressatenorientierter zu bündeln. Auf diese Weise soll mehr Effektivität und Effizienz in den einzelnen Förderinitiativen erzielt werden (Instrumentenreform 2012). Ob dies bezogen auf einzelne Förderprogramme und Initiativen faktisch zutrifft, bedarf differenzierter wissenschaftlicher Erhebungen. Dennoch bleibt das Spektrum der Förderprogramme im positiven Sinne vielfältig, im negativen Sinne unübersichtlich (siehe hierzu die Zusammenstellung des Kommunalverbandes für Jugend und Soziales Baden-Württemberg vom 04.02.2013 unter bit.ly/1IlpFI3).

Berufsorientierung

Politisch wurden in den Reformen verstärkt die jungen Menschen im Übergang von der Schule in Ausbildung und Beruf in den Blick genommen. Mit dem Schwerpunkt auf Berufsorientierung sollen die besonderen Bedürfnisse von Schülerinnen und Schülern mit sonderpädagogischem Förderbedarf und von schwerbehinderten Schülerinnen und Schülern berücksichtigt werden. Die Einbindung von Praktika bzw. berufspraktischen Erfahrungen in die Lehrpläne der Schulen sollen dazu beitragen, dass sich Schülerinnen und Schüler frühzeitig mit berufsorientierenden Fragen auseinandersetzen. Ergänzt werden diese Reformen durch verstärkte Kooperationen mit Unternehmen, Verbänden und Bildungseinrichtungen (Jobbörsen, Ausbildungscamps usw.) sowie durch die Einführung des Berufsvorbereitungsjahres.

Inklusion

Darüber hinaus wurden im Bereich der Arbeitsmarktpolitik die Aktivitäten zur verstärkten Inklusion junger Menschen mit Behinderung vorangetrieben. Diese sollen ins Regelschulsystem inkludiert werden und weniger in Werkstätten für Menschen mit Behinderungen oder vergleichbaren Einrichtungen Beschäftigung finden.

Zuständigkeiten

Als Problem der Arbeitsmarktpolitik werden weiterhin die verschiedenen Zuständigkeiten benannt. Mit den aktuellen Reformen wurde für den Bereich der Berufsorientierung die Zuständigkeit auf die Arbeitsagenturen verlagert. Die bisher bestehende Doppelzuständigkeit von Jobcentern und Arbeitsagenturen wurde aufgehoben.

Qualitätssicherung

Für Träger und Maßnahmen wurde eine Zulassung einer fachkundigen Stelle Voraussetzung für die Förderung. Träger der Jugendberufshilfe müssen nachweisen, dass sie über ein Leitbild und eine Trägerstruktur verfügen, die auf die Eingliederung von Arbeitslosen in den Arbeits- und Ausbildungsmarkt ausgerichtet ist. Diese Zulassung ist kostenpflichtig. Durch die Maßnahmen sollen qualitative Mindeststandards sichergestellt werden. Gleichzeitig kommt es zu einer „Marktbereinigung", dessen positive und negative Folgen aktuell noch nicht absehbar sind.

7.10.3 Jugendhilfe und Justiz

7.10.3.1 Grundlagen der Kooperation

Die Jugendhilfe hat es mit jungen Menschen zu tun, die in vielfältiger Weise von sozialen Normen und Verhaltenserwartungen abweichen. Die Ursachen und Formen des abweichenden Verhaltens sind komplex und sehr unterschiedlich. Sie reichen von allgemeinen Erziehungsproblemen, über kleinere Ladendiebstähle bis zu Suchtmittelmissbrauch und Gewaltdelikten. Es besteht Konsens, dass das abweichende Verhalten in vielen Fällen ganz entscheidend gerade bei heranwachsenden jungen Menschen durch gesellschaftliche, sozialräumliche und entwicklungsbedingte Ursachen geprägt ist.

Unter abweichendes Verhalten fallen alle Handlungen, die gesellschaftlichen Regelungen und Erwartungen widersprechen. Werden hierbei rechtliche Grenzen überschritten, spricht man von delinquentem Verhalten. Es liegen dann konkrete Ordnungswidrigkeiten oder Gesetzesverstöße vor und je nach Alter des jungen Menschen kann bei Feststellung der Strafmündigkeit eine Straftat vorliegen.

Hinsichtlich der gesellschaftlichen Beurteilung des abweichenden Verhaltens und der Festlegung des Sanktionsrahmens ist der gesellschaftliche Erziehungsauftrag des Staates mitzuberücksichtigen. Junge Menschen werden durch die Erziehung erst allmählich an die Regeln und Normen der Gesellschaft, in der sie aufwachsen, herangeführt. Zugleich durchleben diese jungen Menschen spezifische Entwicklungsphasen des Erwachsenwerdens. Diese zeichnen sich in der Pubertät insbesondere durch eine allmähliche Loslösung vom Elternhaus aus. Es werden eigene Erfahrungen und Verhaltensweisen des sozialen Umganges und Zusammenlebens hinterfragt und erprobt. Geltende Normen und Verhaltenserwartungen werden infrage gestellt und neue soziale Beziehungen gepflegt.

Abweichendes Verhalten ist also in einer bestimmten Phase des Erwachsenwerdens eine normale Verhaltensweise junger Menschen und bedarf einer gesonderten Bewertung durch die Sorgeberechtigten und die staatlichen Institutionen. Aus diesem Grunde ist eine Vielzahl von Jugendgesetzen in Kraft getreten, die den Prozess der Anpassung und der (gelegentlichen) Abweichung in dieser Lebensphase berücksichtigen und Handlungsverstöße entsprechend einordnen. Art und Ausmaß der Sanktion richten sich nach den altersbedingten Entwicklungsphasen, den sozialen Gegebenheiten und persönlichen Reifegraden des Heranwachsenden, aber auch nach Art der Straftat.

Vor diesem Hintergrund ist es grundsätzlich auch nicht überraschend, dass junge Menschen verstärkt mit der Justiz und den geltenden Jugendgesetzen (Jugendgerichtsgesetz, Jugendstrafvollzugsgesetze der Länder, Jugendarrestvollzugsgesetzen) in Berührung kommen. Das Jugendgerichtsgesetz (JGG) trägt dem Umstand Rechnung, dass Jugendliche wegen ihrer Straftaten vor Gericht anders zu beurteilen sind als Erwachsene. Insbesondere sind das Alter sowie der Entwicklungsstand von Jugendlichen bei der Beurteilung des Strafmaßes zu berücksichtigen. Das Jugendgerichtsgesetz findet bei Verfehlungen von Jugendlichen Anwendung, die zur Tatzeit bereits 14, aber noch keine 18 Jahre alt sind. Darüber hinaus bei Heranwachsenden, die zur Tatzeit bereits 18 Jahre, aber noch nicht 21 Jahre alt sind (§ 105 JGG). In diesen Fällen sind der Entwicklungsstand der Persönlichkeit im Kontext der sittlichen und geistigen Entwicklung sowie die Art, die Umstände oder die Beweggründe der Tat zu prüfen.

Ganz unabhängig davon kommen junge Menschen vor dem Hintergrund des staatlichen Erziehungsauftrages aber auch immer dann mit Gesetzen in Kontakt, wenn spezifische Konfliktfelder und Lebensbedingungen dazu führen, dass die Rechte des Kindes oder Jugendlichen beeinträchtigt werden. Dies ist insbesondere bei der Kindeswohlgefährdung, der Inobhutnahme, bei der Arbeit mit unbegleiteten minderjährigen Flüchtlingen sowie des allgemeinen Zivil- und Familienrechts (z. B. Ehescheidungen) der Fall. Der Staat hat in diesem Zusammenhang für ein gedeihliches und gesundes Aufwachsen der Kinder in einem gesellschaftlichen Gemeinwesen zu sorgen. Das Wohl des Kindes und die gesunde, individuelle und soziale Entwicklung des jungen Menschen sind zu gewährleisten.

Der Jugendhilfe kommt hierbei die Aufgabe zu, dieses Recht auf Förderung und Entwicklung zu einer eigenverantwortlichen und gemeinschaftsfähigen Persönlichkeit gemäß § 1 Abs. 1 SGB VIII sicherzustellen. Gemäß § 81 Ziffer 2 und 9 SGB VIII haben die Träger der Jugendhilfe vor diesem Hintergrund mit den Familien- und Jugendgerichten, den Staatsanwaltschaften, den Justizvollzugsbehörden sowie den Polizei- und Ordnungsbehörden im Rahmen ihrer Aufgaben und Zuständigkeiten zusammenzuarbeiten.

Aus Sicht des Jugendstrafrechts, konkret des Jugendgerichtsgesetzes (JGG), stehen der Erziehungsgedanke sowie die Vermeidung weiterer Straftaten im Vordergrund. Um diese Ziele zu erreichen, sind gemäß § 2 Absatz 1 JGG die Rechtsfolgen und – unter Beachtung des elterlichen Erziehungsrechts – auch das Verfahren vorrangig am Erziehungsgedanken auszurichten. Gleiches gilt für den Jugendstrafvollzug. Auch dieser hat als zentrale Aufgabe die Förderung der Entwicklung des jungen Menschen in den Vordergrund zu stellen.

Darüber hinaus ist zu beachten, dass das Jugendamt im gesamten Verfahren nach dem Jugendgerichtsgesetz (siehe § 52 SGB VIII, §§ 38 und 50 JGG) mitzuwirken hat. Das Jugendamt hat zu prüfen, ob für den Jugendlichen oder den jungen Volljährigen Leistungen der Jugendhilfe in Betracht kommen oder ob eine geeignete Leistung bereits eingeleitet oder gewährt worden ist. Hiervon ist der Staatsanwalt oder der Richter umgehend zu unterrichten. Es ist dann zu prüfen, ob diese Leistung ein Absehen von der Verfolgung gemäß § 45 JGG oder eine Einstellung des Verfahrens gemäß § 47 JGG ermöglicht.

Diese Mitwirkung erstreckt sich gemäß § 38 JGG insbesondere auf das Einbringen der erzieherischen, sozialen und fürsorgerischen Gesichtspunkte im Verfahren vor den Jugendgerichten. Die Mitarbeiterinnen und Mitarbeiter des Jugendamtes haben die beteiligten Behörden bei der Erforschung der Persönlichkeit, der Entwicklung und der (sozialräumlichen) Lebenswelt des Beschuldigten zu unterstützen. Hierbei sollen sie sich auch zu den zu ergreifenden Maßnahmen äußern. Weiterhin haben sie, sofern kein Bewährungshelfer dazu berufen worden ist, darüber zu wachen, dass der Jugendliche Weisungen und Auflagen erfüllt.

Wie verläuft das Jugendgerichtsverfahren?

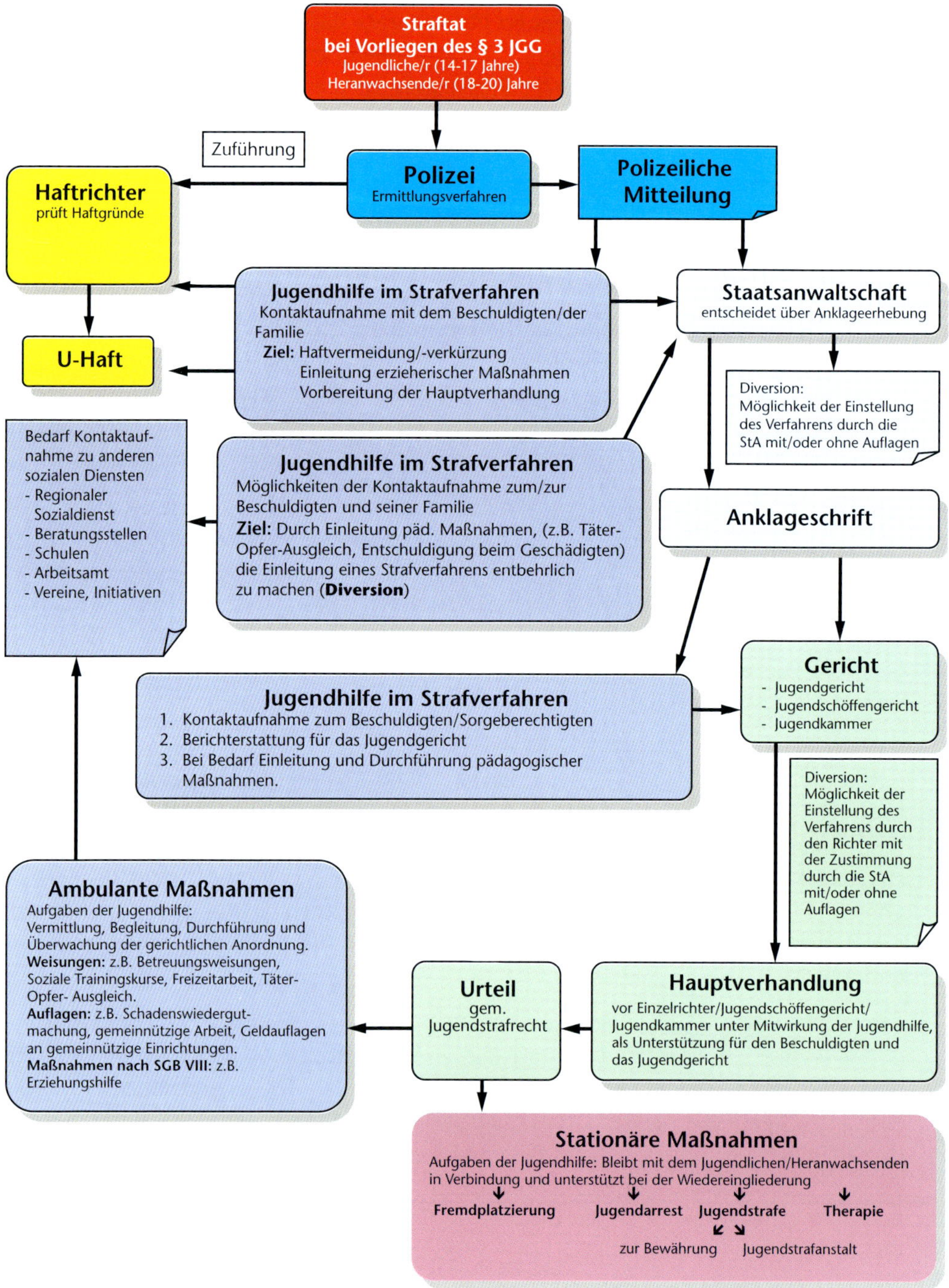

7.10.3.2 Strukturelle Probleme der Kooperation

Die Mitwirkung der Jugendhilfe im Strafverfahren ist ein Thema, das vor dem Hintergrund der allgemeinen gesellschaftlichen Veränderungen, des spezifischen staatlichen Erziehungsgedankens sowie den unterschiedlichen Aufgaben und Rollenzuschreibungen von Juristen, staatlichen Ordnungskräften und sozialpädagogischen Fachkräften einer ständigen Reflexion bedarf. „Die Justiz hat im Jugendstrafverfahren neben der Aufgabe der Wahrheitsfindung insbesondere das Ziel, unter Beachtung des Erziehungsgedankens des JGG Straftaten Jugendlicher und Heranwachsender zu sanktionieren. Ziel der Jugendhilfe ist es, zur Verwirklichung des Rechts junger Menschen auf Förderung ihrer Entwicklung und auf Erziehung zu einer eigenverantwortlichen und gemeinschaftsfähigen Persönlichkeit beizutragen."
(KVJS, 2007, S. 6)

Die Jugendgerichtshilfe ist mit einer Vielzahl von widersprüchlichen Aufgaben und Zielsetzungen konfrontiert, die an der Schnittstelle zur Justiz zu Konflikten führen können. Auf der einen Seite soll bei Verstoß gegen geltendes Recht durch Jugendliche und junge Heranwachsende die Unterstützung und Förderung im Vordergrund stehen. Auf der anderen Seite ist darauf zu achten, dass geltendes Recht durchgesetzt und Verstöße auch entsprechend geahndet werden. Die zu wählende Sanktion soll allerdings nicht dazu führen, dass junge Menschen ausgegrenzt, isoliert oder gar kriminalisiert werden. Die auszuwählenden Maßnahmen sollen die mittel- und langfristige Integration fördern und sie nicht behindern.

Gestärkt wird diese Sichtweise durch eine Vielzahl wissenschaftlicher Studien zum Thema Straffälligkeit und Lebensentwicklung von Jugendlichen und Heranwachsenden. Generell konnte nachgewiesen werden, dass es sich bei Straffälligkeit, selbst wenn es sich um jugendliche Mehrfachtäter handelt, vorrangig um ein alterstypisches Übergangsphänomen handelt, das sich langfristig nicht auf die Lebensentwicklung des Heranwachsenden auswirkt. In der Regel sind weder besondere erzieherische Hilfen, noch strafrechtliche Konsequenzen erforderlich (vgl. KVJS, 2007, S. 7).

Vor diesem Hintergrund ergeben sich folgende strukturelle Herausforderungen hinsichtlich der jeweiligen Aufgabenstellungen, des Selbstverständnisses und der Zielvorstellungen von Jugendhilfe und Jugendgerichten:

Strukturelle Herausforderungen

Aufgaben und Selbstverständnis
Soziale Arbeit und Sozialpädagogik unterliegen seit jeher einem klassischen Rollenkonflikt von Hilfe und sozialer Kontrolle, der nicht auf die Jugendhilfe beschränkt ist. Seit Entstehung eines professionellen Systems staatlicher Fürsorge kommt sozialpädagogischen Fachkräften die Funktion zu, Menschen auf der Basis wohlfahrtsstaatlicher Vorgaben und Gesetzesvorschriften Hilfeleistungen zukommen zu lassen. Zugleich haben diese Fachkräfte die gesetzlichen Voraussetzungen zu prüfen, die Inanspruchnahme von Sozialleistungen zu ermöglichen sowie die Integration der Klientinnen und Klienten in das jeweilige gesellschaftliche Gefüge zu fördern.

Im Bereich der Jugendgerichtshilfe sollte durch eine eindeutige Trennung der Aufgabenverteilung von Jugendhilfe und Justiz sowie der dort tätigen Professionen der strukturell bestehende Zielkonflikt auf der Einzelfallebene wenn schon nicht gelöst, so aber arbeitsteilig organisiert und dadurch gemindert werden. Die sozialpädagogischen Fachkräfte lieferten in der Vergangenheit den Jugendgerichten die Berichte zu den spezifischen Lebensumständen und möglichen Ursachen des Verhaltens des jungen Menschen und machten Vorschläge zu infrage kommenden Maßnahmen bzw. äußerten sich aus fachlicher Sicht zu einzelnen Sanktionen. Die eigentliche Entscheidung in juristischer Hinsicht wurde von den zuständigen Richterinnen und Richtern im Rahmen des gerichtlichen Verfahrens getroffen. Begleitende oder ggf. sogar das Strafverfahren ersetzende jugendhilfeorientierte Maßnahmen waren von geringer Bedeutung.

Die neueren Reformen der Jugendhilfe und der Jugendgerichtshilfe stellen verstärkt die sozialpädagogischen Aufgaben im Kontext der individuellen Bedarfslagen des Heranwachsenden in den Vordergrund und stärken damit die Position der sozialpädagogischen Fachkräfte im Rahmen des strafrechtlichen Verfahrens.

Organisationsformen der Jugendgerichtshilfe

Die Jugendgerichtshilfe stellt eine gesetzliche Pflichtaufgabe der Jugendämter im Zusammenwirken mit den Vereinigungen für Jugendhilfe dar. Sie wird überwiegend von spezialisierten Abteilungen, eigenständigen Sachgebieten oder Arbeitsgruppen des Allgemeinen Sozialen Dienstes, Fachkräften in zentralen Abteilungen der Allgemeinen Erziehungshilfe oder aber generell durch den Allgemeinen Sozialdienst ausgeübt. Abgesehen von hoheitlichen Aufgaben können und sollen diese Aufgaben auch von freien Trägern übernommen werden, sofern die Verantwortung bei den Jugendämtern verbleibt. In der Praxis sind vielfach arbeitsteilige Formen des Zusammenwirkens gewählt worden. Die Aufgaben, die während des gerichtlichen Verfahrens anfallen, werden überwiegend von den öffentlichen Trägern wahrgenommen. Die sich anschließende sozialpädagogische Betreuung sowie die Umsetzung festgelegter ambulanter Maßnahmen werden vielfach an freie Träger delegiert.

Grundsätzlich ist festzuhalten, dass der Gesetzgeber keine verbindlichen Regelungen zu den konkreten Organisationsformen der Jugendgerichtshilfe vorgegeben hat. Aufgrund der Spezifik der Anforderungsprofile sowie des unterschiedlichen beruflichen Selbstverständnisses der Akteure werden meist gesondert für diese Aufgabe qualifizierte und im Jugendstrafrecht erfahrene Mitarbeiterinnen und Mitarbeiter ausgewählt.

Mitwirkung in jugendgerichtlichen Verfahren

Mit der Neuregelung bzw. Einführung des SGB VIII wurde auch die Identität der Jugendhilfe im Kontext der gerichtsbezogenen Aufgaben neu definiert. Die Mitwirkung in Verfahren nach dem Jugendgerichtsgesetz gehört gemäß § 2 Ziff. 8 SGB VIII zum Aufgabenbereich der Jugendhilfe. Ein Teil der gerichtsbezogenen Aufgaben fallen somit in den Verantwortungsbereich des Jugendamts. Konkret ist damit gemeint, dass die Vertreter der Jugendgerichtshilfe gemäß § 38 Abs. 2 JGG insbesondere die erzieherischen, sozialen und fürsorgerischen Gesichtspunkte im Verfahren vor den Jugendgerichten zur Geltung zu bringen haben. Zu den weiteren Aufgaben gehört auch die Betreuung des Jugendlichen oder jungen Volljährigen während des gesamten Verfahrens (§ 52 SGB VIII).

Darüber hinaus hat das Jugendamt gemäß § 52 Abs. 2 SGB VIII frühzeitig zu prüfen, ob für den Jugendlichen oder den jungen Volljährigen Leistungen der Jugendhilfe in Betracht kommen. In diesen Fällen kann ggf. von einer weiteren strafrechtlichen Verfolgung abgesehen oder sogar das Verfahren eingestellt werden. Leistungen der Jugendhilfe haben grundsätzlich Vorrang vor strafrechtlichen Sanktionsmaßnahmen. Im Vordergrund haben fördernde, unterstützende und Benachteiligungen abbauende Gesichtspunkte zu stehen.

Obwohl die Reformen verstärkt die sozialpädagogisch-fachlichen Aspekte in den Vordergrund der gerichtlichen Aufgabenerfüllung stellen, können die strukturell bestehenden Zielkonflikte zwischen Jugendstrafjustiz und Jugendhilfe hierdurch nicht gänzlich beseitigt werden. Rollenkonflikte sind unvermeidlich, da die Jugendgerichtshilfe auf der einen Seite Leistungen für das Gericht zu erbringen hat (Ermittlungsaufgaben, Überwachung des Beschuldigten beim Bestehen von Weisungen und Auflagen), auf der anderen Seite zugleich aber auch für den Jugendlichen Hilfeleistungen (Vorbereitung auf den Ablauf der Hauptverhandlung; allgemeine Beratung; erzieherische, soziale und fürsorgerische Unterstützungsleistungen; Hilfe beim Vollzug der Jugendstrafe; Vermittlung von Arbeitsplätzen, Bereitstellung von Therapieplätzen) realisiert. In welchem Maß gesetzlich bestehende Mitwirkungsrechte der Jugendhilfe genutzt und welche Rolle Machtverteilungskonflikte und Statusfragen der jeweiligen Professionen in den jeweiligen Verfahren im Einzelfall spielen, ist letztlich eine empirische Frage.

Datenschutz und Strafjustiz
Die Vertreter der Jugendgerichtshilfe unterstützen die beteiligten Behörden gemäß § 38 Abs. 2 JGG im laufenden Verfahren. Sie haben aus einer fachlichen Sicht erzieherische, soziale und fürsorgerische Gesichtspunkte einzubringen. Im Vordergrund stehen hierbei insbesondere auch die Erforschung der Persönlichkeit sowie die Berücksichtigung der Entwicklung und Umwelt des Beschuldigten. Darüber hinaus haben sie sich zu den Maßnahmen zu äußern, die zu ergreifen sind.

Je nach Bedarf sind zur Unterstützung des Gerichts durch die Jugendgerichtshilfe ausführliche Stellungnahmen und Berichte zu den erzieherischen und sozialen Gesichtspunkten heranzuziehen. Hierbei ist grundsätzlich zu beachten, dass es zum Kernelement des Datenschutzes in der Jugendhilfe gehört, dass das Vertrauen zwischen Klientin bzw. Klient und der Fachkraft handlungsleitend für den Umgang mit Sozialdaten bei der Mitwirkung in Jugendstrafverfahren ist. Personenbezogene Daten, die der Mitarbeiterin oder dem Mitarbeiter eines Trägers der öffentlichen Jugendhilfe zum Zweck persönlicher und erzieherischer Hilfe anvertraut worden sind, dürfen nur unter ganz bestimmten Voraussetzungen weitergegeben werden (§ 65 SGB VIII).

7.10.3.3 Aktuelle Ansätze der Kooperation

Im Vordergrund der aktuellen Reformen zur verbesserten Kooperation von Jugendhilfe und Justiz steht das Bestreben, den Schutz, die Förderung und die Unterstützung junger Menschen und ihrer Familien vorrangig auch im gerichtlichen Verfahren in den Blick zu nehmen. Zugleich lässt sich das Spannungsverhältnis zwischen einer an Angeboten und

Freiwilligkeit der Inanspruchnahme von Hilfen ausgerichteten Jugendhilfe und den eher obrigkeitsstaatlichen Verfahren und Sanktionen der Strafjustiz nicht auflösen. Schon die Verwendung des Begriffs Jugendgerichtshilfe ist umstritten und gilt aus Sicht der Kinder- und Jugendhilfe als überholt. Im SGB VIII wurde dieser Terminus daher auch nicht aufgenommen.

Reformen und Veränderungsbedarfe

Folgende Reformen und Veränderungsbedarfe werden an der Schnittstelle von Jugendhilfe und Strafjustiz aktuell diskutiert:

Aufgaben und Selbstverständnis

Hinsichtlich des Aufgaben- und Rollenverständnisses von Jugendhilfe und Justiz besteht zunehmend Konsens darüber, dass bei straffälligen oder von Straffälligkeit bedrohten Jugendlichen das gemeinsame Ziel darin bestehen sollte, in enger Zusammenarbeit mit den Eltern und dem jungen Menschen zu einem frühestmöglichen Zeitpunkt eine ganzheitliche Begleitung und Unterstützung sicherzustellen. Ganzheitlich meint, dass hierbei nicht nur die Persönlichkeit des Betroffenen, sondern auch seine regionalen und sozialen Bezüge angemessen berücksichtigt und – wenn nötig auch – verbessert werden sollen. Im Vordergrund hat nicht die Fokussierung auf bisherige Verfehlungen zu stehen, sondern eine an den persönlichen Ressourcen orientierte und wertschätzende Umgangsweise zur Veränderung der Lebens- und Zukunftschancen des Heranwachsenden. Neben der Verbesserung der Betreuung und Begleitung des jungen Menschen wird auch ein angemessenerer Umgang mit Bagatelldelikten diskutiert. Es stellt sich in diesen Fällen verstärkt die Frage, ob Maßnahmen der Jugendhilfe oder strafrechtliche Sanktionen überhaupt notwendig und angemessen sind. Weiterhin werden die Stärkung des Mitspracherechts der Kinder und Jugendlichen, eine auf der Ebene der Leistungsangebote verbesserte sozialpädagogisch ausgerichtete Förderung im Interesse der Haftvermeidung und Haftverkürzung sowie eine Verbesserung des Übergangsmanagements des Jugendstrafvollzugs diskutiert.

Organisationsformen der Jugendgerichtshilfe

Vor dem Hintergrund der engen Kausalbeziehungen zwischen den Lebensbedingungen und gemachten Erfahrungen der Jugendlichen in Familie, Peergroup und sonstigen Beziehungsnetzwerken sowie den Formen abweichender oder delinquenter Verhaltensweisen ist das Thema Sozialraumorientierung auch in der Jugendgerichtshilfe aktuell. Begleitung und Förderung lassen sich nur angemessen umsetzen, wenn Jugendgerichtshilfe sozialraumnah präsent ist. Diskutiert werden Modelle der Schaffung von dezentralen Jugendhilfestationen oder vergleichbaren Einrichtungen, die stadtteilorientiert dazu beitragen sollen, dass der gesetzliche Auftrag der Jugendgerichtshilfe der Förderung und Unterstützung adäquat ausgeübt werden kann. In einigen Kommunen wurden sogenannte Sozialzentren geschaffen, in denen regionale ambulante Sozialdienste spezifische Tätigkeiten der Jugendhilfe in enger Kooperation sowohl mit den Institutionen vor Ort als auch in Zusammenarbeit mit gemeinnützigen Verbänden und Ehrenamtlichen wahrnehmen. Modelle des Fallmanagements und Case Managements in Kombination mit stadtteilorientierter Arbeit und kleinräumiger Jugendhilfeplanung (§ 80 SGB VIII) werden diskutiert und erprobt.

Mitwirkung in jugendgerichtlichen Verfahren

Bei der Frage nach der Auswahl der geeignetsten Handlungsinstrumente sowie der Nachhaltigkeit der Maßnahmen für die jungen Menschen ist die Intensität und Regelmäßigkeit des persönlichen Kontakts mit den Jugendlichen ein entscheidender Wirkfaktor für einen positiven Entwicklungsverlauf. In diesem Zusammenhang wird kritisiert, dass sich die Tätigkeit der Jugendgerichtshilfe im gerichtlichen Verfahren oftmals vorrangig darauf beschränkt, Termine wahrzunehmen und gutachterliche Stellungnahmen vorzulegen. Vor dem Hintergrund der Personalknappheit und Arbeitsbelastung der Jugendämter sowie der nur begrenzt zur Verfügung stehenden kommunalen Mittel, beschränken sich die persönlichen Kontakte mit den Heranwachsenden oftmals nur auf einmalige und sporadisch geführte Gespräche.

Kritisiert wird auch die Qualität der Berichte und Stellungnahmen, die oftmals hinsichtlich ihrer Fachlichkeit als pädagogisch nichtssagend, unausgewogen und diagnostisch wenig hilfreich eingestuft werden. Gefordert wird daher nicht nur eine gegenüber der Justiz verstärkte eigenständige sozialpädagogische Wahrnehmung des gesetzlichen Pflichtauftrages der Jugendhilfe, sondern auch eine verbesserte Begleitung und Förderung des jungen Menschen im gerichtlichen Verfahren. Darüber hinaus bedarf es einer Optimierung, Qualifizierung (Fachkräftegebot der Jugendhilfe § 72 SGB VIII) und Qualitätssicherung im Rahmen der Erstellung von Berichten und Stellungnahmen auf der Basis definierter Standards sowie passgenaue ambulante Hilfe- und Unterstützungsangebote.

Aufgaben

P 1. *Im Internet finden Sie diverse Modellprojekte zur verbesserten Kooperation von Schule und Hilfen zur Erziehung. Wählen Sie eines der Modellprojekte aus und präsentieren Sie dieses in der Gruppe. Welche Ziele sollen mit welchen Maßnahmen erreicht werden?*

V 2. *Welche Leistungsspektren sind der Jugendberufshilfe zuzuordnen? Wählen Sie drei Leistungsangebote aus und erläutern Sie diese anhand praktischer Beispiele.*

V 3. *Welche Erziehungsmaßregeln und Zuchtmittel kennt das Jugendgerichtsgesetz (JGG)?*

R 4. *Reflektieren Sie den Begriff „Zuchtmittel" im JGG hinsichtlich seiner historischen Herkunft und nehmen Sie dazu aus fachlicher Sicht Stellung.*

Web

Zusammenfassung

Schulsozialarbeit: *Unter Schulsozialarbeit wird die engste Form der Kooperation von Jugendhilfe und Schule verstanden, bei der sozialpädagogische Fachkräfte ganztägig und kontinuierlich an der Schule tätig sind und mit Lehrkräften zusammenarbeiten. Schulsozialarbeit nimmt eine wichtige Vermittlungs- und Scharnierfunktion zwischen Schule und Gemeinwesen wahr. Zum einen stellt sie eine Vermittlung zwischen der pädagogischen Institution Schule und dem örtlichen System der Jugendhilfe (Jugendamt, freie Träger) her. Zum anderen entwickelt und fördert sie Beziehungen zu Institutionen wie Vereinen und Verbänden, Betrieben, Kirchen, Arbeitsamt usw. im Umfeld der Schule. (Vgl. Speck, 2015)*

Jugendberufshilfe: *„Jugendberufshilfe ist ein zeitlich befristetes, kompensatorisches und qualifikationsorientiertes Instrument zur Förderung beruflicher Sozialisationsverläufe von Benachteiligten mit dem Ziel der stabilen Arbeitsmarktintegration von Jugendlichen und jungen Erwachsenen, die an der ersten und/oder zweiten Schwelle des Arbeitsmarktes zu scheitern drohen. Jugendberufshilfe ist eine gemeinsame Aufgabe der allgemeinbildenden und berufsbildenden Schulen, der Jugendsozialarbeit beziehungsweise Jugendhilfe und der Arbeitsförderung. Ihre Angebote umfassen Berufsorientierung, Berufsvorbereitung, Berufsausbildung und Maßnahmen der Arbeitsmarktintegration."*
(Klein, 2014, S. 495)

Jugendgerichtshilfe: *Die Jugendgerichtshilfe „ist eine Aufgabe der Jugendhilfe im Bereich des Jugendstrafverfahrens. Durch sie soll sichergestellt werden, dass in Strafverfahren gegen Jugendliche (14 bis 17 Jahre) und Heranwachsende (18 bis 20 Jahre) die erzieherischen, sozialen und fürsorgerischen Kompetenzen der Jugendhilfe berücksichtigt werden."*
(Goldberg, 2012, S. 145 f.)

7.11 Transnationalisierung der Hilfen zur Erziehung

Seit Beginn unseres Jahrhunderts hat die internationale Vernetzung nicht nur in Politik und Wirtschaft, sondern auch von Umwelt, Kommunikation und Kultur rasant zugenommen. Die Globalisierung betrifft verschiedene Ebenen: Von Individuen, über Institutionen bis hin zu Gesellschaften und Staaten. Zudem stellt heute ein Schüleraustausch mit Spanien, eine Reise in die USA, ein Studium in London, die Arbeit als „Expat" im Ausland keine Besonderheit mehr dar. Soziale Lebenswelten werden somit zunehmend entgrenzt. Und schließlich erreichen die weltweiten Flüchtlingsströme ein immer größeres Ausmaß.

Diese drei einleitenden Beispiele sprechen für eine zunehmende Transnationalisierung, die aus sozialen Interaktionen über Grenzen von Nationalstaaten hinaus resultiert. Es fällt auf, dass diese zunehmende Transnationalisierung an den Hilfen zur Erziehung bislang weitgehend vorbeigegangen ist. So sind die nationalen Erziehungshilfesysteme in Europa höchst unterschiedlich konzeptioniert. Ein Praktiker in Italien weiß in der Regel nicht, wie

FICE-Weltkongress 2013 in Bern

sein Kollege in Deutschland arbeitet und sein Kollege in Deutschland weiß in der Regel nichts über die Arbeit seiner bulgarischen Kollegin. Es ist zu erwarten, dass sich dies in den nächsten beiden Jahrzehnten sukzessive ändern wird und ein „Blick über den Tellerrand" und ein transnationales „voneinander Lernen" zunehmend normal wird.

Erste Indizien, dass Transnationalisierung auch für die Erziehungshilfe relevant und erfolgsversprechend ist, liegen heute schon vor. So z. B. individualpädagogische Hilfen, die im Ausland hochwirksam arbeiten. Dabei zeigt sich gerade der transnationale Aspekt offensichtlich als starker Wirkfaktor.

Die Jugendhilfe in Deutschland muss verstärkt Kompetenzen für die Interaktion mit Klientel mit Migrationshintergrund entwickeln; die drastische Zunahme unbegleiteter minderjähriger Flüchtlinge verstärken diese Notwendigkeit noch.

Förderprogramme der Europäischen Union unterstützen die Transnationalisierung. So wurde in einem Leonardo-geförderten Projekt von fünf Ländern ein gemeinsames Studienskript zur computergestützten Dokumentation, Qualitätssicherung und Evaluation in der Jugendhilfe in unterschiedlichen Sprachen entwickelt.

Diesen transnationalen Austausch und die Vernetzung setzt sich auch die Fédération Internationale des Communautés Educatives (FICE) zum Ziel. Hierzu werden alle drei Jahre Weltkongresse durchgeführt, so z. B. 2013 in Bern zum Thema Inklusion und 2016 in Wien zum Thema „Together Towards a Better World for Children, Adolescents and Families".

Es ist zu erwarten, dass langfristig die Transnationalisierung der Erziehungshilfen zu einer schrittweisen Gestaltung eines einheitlichen europäischen Jugendhilfesystems führt.

Zusammenfassung

Die internationale Vernetzung nicht nur in Politik und Wirtschaft, sondern auch von Umwelt, Kommunikation und Kultur nimmt rasant zu. Sie betrifft verschiedene Ebenen: von Individuen, über Institutionen bis hin zu Gesellschaften und Staaten.

Die zunehmende Transnationalisierung, die aus sozialen Interaktionen über Grenzen von Nationalstaaten hinaus resultiert, ist bislang an den Hilfen zur Erziehung weitgehend vorbeigegangen. Nach wie vor sind die nationalen Erziehungshilfesysteme in Europa höchst unterschiedlich konzeptioniert. Zukünftig ist zu erwarten, dass ein transnationales „voneinander Lernen" zunehmend üblich wird. Einen solchen transnationalen Austausch und die Vernetzung setzt sich auch die Fédération Internationale des Communautés Educatives (FICE) zum Ziel.

Literaturverzeichnis

Ader, S. (2006): Was leitet den Blick? Wahrnehmung, Deutung und Intervention in der Jugendhilfe. Weinheim/München, Juventa.

AKJ – Arbeitsstelle Kinder- und Jugendhilfestatistik Hrsg. (2014): Monitor Hilfen zur Erziehung 2014, Dortmund. Download: http://www.akjstat.tu-dortmund.de/fileadmin/Analysen/HzE/HzE_21.05.2014_-_Druckfassung.pdf (zuletzt geprüft 05.07.2015).

AKJ – Arbeitsstelle Kinder- und Jugendhilfestatistik Hrsg. (2014): Monitor Hilfen zur Erziehung 2012, Dortmund. Download: http://www.akjstat.tu-dortmund.de/fileadmin/Startseite/Monitor_HzE_2012.pdf (zuletzt geprüft 05.07.2015).

Arbeitskreis Ideen- und Beschwerdemanagement (2007): Ideen- und Beschwerdemanagement. Ein Leitfaden von Kommunen für Kommunen in Schleswig-Holstein. Download: www.komma-sh.de/themen/ideenmanagement/LeitfadenIdeen-undBeschwerdemanagement.pdf (zuletzt geprüft 05.07.2015).

Arnold, J. (2014): Wirkungsevaluation in der Erziehungsberatung (Wir.EB). In: Informationen für Erziehungsberatungsstellen, (2), S. 10–14.

BAG KJS (Bundesarbeitsgemeinschaft Katholische Jugendsozialarbeit) e. V. (2008): Rapper Bushido lobt katholischen Orden. Veröffentlicht am 09.06.2008. Download www.bagkjs.de/926 (zuletzt geprüft 05.07.2015).

BAG (Bundesarbeitsgemeinschaft) Landesjugendämter, Geschäftsführung Landesjugendamt Rheinland-Pfalz/LWL-Landesjugendamt Westfalen (2015): Wie ist das Jugendamt aufgebaut? Download: www.unterstuetzung-die-ankommt.de/leistungen/wie-ist-das-jugendamt-aufgebaut (zuletzt geprüft 05.07.2015).

BAG (Bundesarbeitsgemeinschaft) Traumapädagogik (2011): Standards für traumapädagogische Konzepte in der stationären Kinder- und Jugendhilfe. Gnarrenburg, BAG Traumapädagogik.

BAGFW – Bundesarbeitsgemeinschaft der Freien Wohlfahrtspflege, Hrsg. (2014): Die Freie Wohlfahrtspflege. Von Menschen für Menschen. 2. Aufl., Berlin, Eigenverlag.

BAGFW – Bundesarbeitsgemeinschaft der Freien Wohlfahrtspflege e. V.: Selbstverständnis. Download: http://www.bagfw.de/ueber-uns/freie-wohlfahrtspflege-deutschland/selbstverstaendnis/ (zuletzt geprüft 05.07.2015).

Baig-Schneider, R. (2012): Die moderne Erlebnispädagogik. 1. Aufl., Augsburg, ZIEL.

Balnis, P./Demmer, M./Rademacker, H. (2005): Leitgedanken zur Kooperation von Schule und Jugendhilfe, Frankfurt, Spitzer Druck. Download: http://www.gew.de/publikationen/publikationenList/suche/Leitgedanken/bundesland/hauptvorstand/ (zuletzt geprüft 05.07.2015).

Bettelheim, B. (1978): Der Weg aus dem Labyrinth. Frankfurt, Ullstein.

Bettelheim, B./Karlin, D. (1984): Liebe als Therapie. München, Piper.

BLJA (Bayerisches Landesjugendamt) Hrsg. (2011): Fachliche Empfehlungen zur Erziehung in Tagesgruppen gem. § 32 SGB VIII. München.

BLJA (Bayerisches Landesjugendamt) (1999): Vollzeitpflege: Arbeitshilfe für die Praxis der Jugendhilfe. Augsburg, Pröll.

BMFSFJ (Bundesministerium für Familie, Senioren, Frauen und Jugend) (2013): 14. Kinder- und Jugendhilfebericht, Bericht über die Lebenssituation junger Menschen und die Leistungen der Kinder- und Jugendhilfe in Deutschland. Berlin. Download: www.bmfsfj.de/BMFSFJ/Service/publikationen,did=196138.html (zuletzt geprüft 05.07.2015).

BMFSFJ (2006): 12. Kinder- und Jugendbericht. Bericht über die Lebenssituation junger Menschen und die Leistungen der Kinder- und Jugendhilfe in Deutschland. Berlin. Download: www.bmfsfj.de/doku/Publikationen/kjb/data/download/kjb_060228_ak3.pdf (zuletzt geprüft 05.07.2015).

BöfAE (Bundesarbeitsgemeinschaft der öffentlichen und freien, nicht konfessionell gebundenen Ausbildungsstätten für Erzieherinnen und Erzieher in der Bundesrepublik Deutschland): Länderübergreifender Lehrplan Erzieherin/Erzieher, veröff. am 01.07.2012. Download: www.boefae.de/wp-content/uploads/2012/11/laenderuebergr-Lehrplan-Endversion.pdf (zuletzt geprüft 05.07.2015).

Britze, H., Dittmann, A., Hillmeier, H. & Huber, G. (2013): Sozialpädagogische Diagnose-Tabellen & Hilfeplan. Arbeitshilfe zur Prüfung gewichtiger Anhaltspunkte für eine Gefährdung des Kindeswohls, Abklärung der Leistungsvoraussetzungen einer Hilfe zur Erziehung und Durchführung des Hilfeplanverfahrens in der Praxis. München, ZBFS.

Brosch, P. (1971): Fürsorgeerziehung. Heimterror und Gegenwehr. Frankfurt, Fischer Verlag.

Bruhn, M. (2011): Marketing für Nonprofit-Organisationen. 2. Auflage, Stuttgart, Kohlhammer.

Bundesgesetzblatt (2008): Übereinkommen über die Rechte von Menschen mit Behinderungen vom 13. Dezember 2006, II, S. 1419. Download: http://www.institut-fuer-menschenrechte.de/fileadmin/user_upload/PDF-Dateien/Pakte_Konventionen/CRPD_behindertenrechtskonvention/crpd_b_de.pdf (zuletzt geprüft 05.07.2015).

Bundestagsdrucksache BT-Ds. 1/3641 vom 22. Juli 1952.

Cloerkes, G. (2007): Soziologie der Behinderten. Eine Einführung. 3. Aufl., Heidelberg, Universitätsverlag.

Dahme, H-J./Wohlfahrt, N. (2011): Qualität. In: Otto, H-U./Thiersch H. Hrsg.: Handbuch Soziale Arbeit. 4. Aufl., München/Basel, Reinhardt, S. 1176–1185.

DeGEval – Gesellschaft für Evaluation e.V. Hrsg. (2008): Standards für Evaluation. 4. unveränderte Auflage. Mainz, Eigenverlag. Download: http://www.degeval.de/fileadmin/user_upload/Sonstiges/STANDARDS_2008-12.pdf (zuletzt geprüft 05.07.2015).

Deutscher Bildungsrat (1974): Empfehlungen der Bildungskommission. Zur pädagogischen Förderung behinderter und von Behinderung bedrohter Kinder und Jugendlicher. Stuttgart, Klett.

Deutsches Jugendinstitut Hrsg. (2013): Kinder- und Jugendhilfe im Wandel. Heft Impulse, Nr. 101, Heft 1, München. Download: http://www.dji.de/fileadmin/user_upload/bulletin/d_bull_d/bull101_d/DJIB_101.pdf (zuletzt geprüft 05.07.2015).

Edding, C./Schattenhofer, K. (2012): Einführung in die Teamarbeit. Heidelberg, Carl Auer Verlag.

Eliot, Lise (2001): Was geht da drinnen vor? Berlin, Berlin Verlag.

Engels, D. (2008): Lebenslage. In: Maelicke, B. (Hrsg.): Lexikon der Sozialwirtschaft. Baden-Baden, Nomos-Verlag, S. 643–646.

Erger, R. (2012): Teamarbeit und Teamentwicklung in sozialen Berufen. Berlin, Cornelsen.

Erikson, E.H. (1989): Identität und Lebenszyklus. Frankfurt, Suhrkamp.

EU-Förderprogramme: ec.europa.eu/ewsi/de/funding/publprogtenders.cfm.

European Society for Animal-Assisted Therapy (ESAAT) (2012): Tiergestützte Therapie. Download: http://www.esaat.org/fileadmin/medien/downloads/Die_Definition_TgT-20.2.2012.pdf (zuletzt geprüft 05.07.2015).

Fehrenbacher, R. M. (2014): Aufgaben des Deutschen Caritasverbandes in der Erziehungshilfe. In: Macsenaere, M./Esser, K./Knab, E./Hiller, St. Hrsg.: Handbuch der Hilfen zur Erziehung. Freiburg, Lambertus, S. 247–250.

Felka, E./Harre, V. (2011): Individualpädagogik in den Hilfen zur Erziehung. Hohengehren, Schneider.

Fend, Helmut (1980): Theorie der Schule. München/Wien/Baltimore, Urban & Schwarzenberg.

Fendrich, S./Tabel, A. (2015): Konsolidierung setzt sich weiter fort – aktuelle Entwicklungen in den Hilfen zur Erziehung. In: KomDat, 1, S. 5–7.

Fey, Monika (2009): Therapie im Kontext von Beziehungsarbeit und Lebensweltorientierung. Diplomarbeit, Freie Universität Berlin. Download: www.forschung-stationaere-jugendhilfe.de/downloads/fey_2009.pdf (zuletzt geprüft 05.07.2015).

FICE (International Federation of Educative Communities): http://www.fice-inter.net/.

Fischer, K. (2011): Konzept und Wirksamkeit der Psychomotorik in der Frühförderung. PDF bereitgestellt von Reinhardt e-Journals | © 2015 by Ernst Reinhardt Verlag Persönliche Kopie. Zugriff über IP-Adresse 66.249.78.143 am 02.01.2015 Alle Rechte vorbehalten. www.reinhardt-verlag.de.

Fischer, T./Ziegenspeck, J. (2008): Handbuch Erlebnispädagogik: Von den Ursprüngen bis zur Gegenwart. Bad Heilbrunn, Klinkhardt.

Flosdorf, P. Hrsg. (1988): Theorie und Praxis stationärer Erziehungshilfe. Freiburg, Lambertus.

Freigang, W. (2009): Hilfeplanung. In: Michel-Schwartze, B. (Hrsg.): Methodenbuch Soziale Arbeit. Basiswissen für die Praxis. Wiesbaden, VS Verlag, S. 103–120.

Fröhlich-Gildhoff, K. (2014): § 31 SGB VIII: Sozialpädagogische Familienhilfe. In: Macsenaere, M./Esser, K./Knab, E./Hiller, St. Hrsg.: Handbuch der Hilfen zur Erziehung. Freiburg, Lambertus, S. 110–115.

Gadow, F./Peucker, CH./Pluto, L./v. Santen, E./Seckinger, M. (2013): Wie geht´s in der Kinder- und Jugendhilfe?, Weinheim/Basel, Beltz Juventa.

Gahleitner, Silke Birgitta (2010): Das therapeutische Milieu in der Arbeit mit Kindern und Jugendlichen. Trauma und Beziehungsarbeit in stationären Einrichtungen. Bonn.

Garms-Homolová, V. (1991): Entwicklung von Qualitätskriterien für die ambulante Arbeit am Beispiel der Hauspflege und der ambulanten Versorgung. In: Bosch, E. M./Beck, M. Hrsg.: Die Qualitätsfrage in der ambulanten Versorgung. Berlin, Paritätisches Bildungswerk, S. 38–54.

Geulen, D./Hurrelmann, K. (1980): Zur Programmatik einer umfassenden Sozialisationstheorie. In: Hurrelmann, K./Ulich, D. Hrsg.: Handbuch der Sozialisationsforschung. Weinheim, Beltz, S. 51–67.

GEW – Gewerkschaft Erziehung und Wissenschaft Hrsg. (2008): Das Bildungsbuch: Dokumentieren im Dialog. Kiliansroda, das netz.

GEW – Gewerkschaft Erziehung und Wissenschaft Hrsg. (2009): Bildung sichtbar machen: Von der Dokumentation zum Bildungsbuch. Kiliansroda, das netz.

Goldberg, B. (2012): Jugendgerichtshilfe. In: Thole, W./Höblich, D./Ahmed, S. Hrsg.: Taschenwörterbuch Soziale Arbeit. Bad Heilbronn, Klinkhardt, S. 145–146.

Grundwald, K./Steinbacher, E. (2007): Organisationsgestaltung und Personalführung in den Erziehungshilfen. Grundlagen und Praxismethoden, Weinheim/München, Juventa.

Günder, R. (2011): Praxis und Methoden der Heimerziehung. Entwicklungen, Veränderungen und Perspektiven der stationären Erziehungshilfe. 4. Aufl., Freiburg, Lambertus.

Habermas, J. (1958): Anthropologie. In: Diemer, A. /Frenzel, I.: Philosophie. Frankfurt, Fischer Verlag, S. 18–35.

Halfar, B. (2014): Sozialmanagement und Betriebswirtschaft in den Hilfen zur Erziehung. In: Macsenaere, M./Esser, K./Knab, E./Hiller, St. Hrsg.: Handbuch der Hilfen zur Erziehung. Freiburg, Lambertus, S. 477–481.

Halfar, B./Moos, G./Schellberg, K. (2014): Controlling in der Sozialwirtschaft. Baden-Baden Jugendhilfe-Cockpit: www.jugendhilfe-cockpit.de/.

Hammer, R. (2001): Bewegung allein genügt nicht. Dortmund, Verlag modernes Lernen.

Hammer, R. (1995): Bewegung in der Heimerziehung. Inaugur. Dissertation Univ. Dortmund.

Hammerschmidt, P. (2012): Wohlfahrtsverbände. In: Thole, W./Höblich, D./Ahmed, S. Hrsg.: Taschenwörterbuch Soziale Arbeit. Bad Heilbronn, Klinkhardt, S. 309–311.

Hast, J. u. a. Hrsg. (2009): Heimerziehung und Bildung. Frankfurt, IGfH.

Harnach, V. (2007): Psychosoziale Diagnostik in der Jugendhilfe. 5. überarbeitete Auflage, Weinheim, Juventa.

Hartmann, E. (2014): Zirkuspädagogik – ein Plädoyer für ein neues Arbeitsfeld in der Erziehungshilfe. In Macsenaere, M., Esser, K., Knab, E., Hiller, S. Hrsg.: Handbuch der Hilfen zur Erziehung. Freiburg, Lambertus, S. 422–429.

Hartwig, L. u. a. (2010): Gruppenpädagogik in der Heimerziehung. Frankfurt, IGfH.

Heckmair, B./Michl, W. (2012): Erleben und Lernen. Einführung in die Erlebnispädagogik. 7. Aufl., München/Basel, Reinhardt.

Heckner, Th. (2014): Erziehungshilfe und Schule. Funktionalisierung – Kooperation- Verschmelzung. In: Macsenaere, M./Esser, K./Knab, E./Hiller, St. Hrsg.: Handbuch der Hilfen zur Erziehung. Freiburg, Lambertus, S. 487–494.

Heiner, M./Schrapper, C. (2004): Diagnostisches Fallverstehen in der Sozialen Arbeit. In: Schrapper, C. Hrsg.: Sozialpädagogische Diagnostik und Fallverstehen in der Jugendhilfe. Anforderungen, Konzepte, Perspektiven. Weinheim/München, Juventa, S. 201–222.

Helming, E. (2001): Sozialpädagogische Familienhilfe und andere Formen familienbezogener Hilfen. In: Birtsch, Vera/Münstermann, Klaus/Trede, Wolfgang Hrsg.: Handbuch Erziehungshilfen, Münster, Votum Verlag, S. 541–572.

Hermsen, T. (2014): Sozialinformatik und Jugendhilfe. In: Institut für Kinder- und Jugendhilfe gGmbH Mainz/Katholische Hochschule Mainz, Kath. Fachschule für Sozialpädagogik Saarbrücken GmbH/ Institut für Lehrerfortbildung Saarbrücken Hrsg. (2014): Computergestützte Dokumentation, Qualitätssicherung und Evaluation in der Jugendhilfe: Studienskript. Mainz, Eigenverlag, S. 6–19. Download: http://www.evas-europe.eu/index.php/Download.html (zuletzt geprüft 05.07.2015).

Hinte, W. (2014): Sozialraumorientierung: Ein Fachkonzept auch für die Hilfen zur Erziehung?, in: Macsenaere, M./Esser, K./Knab, E./Hiller, St. Hrsg.: Handbuch der Hilfen zur Erziehung. Freiburg, Lambertus, 339–343.

Hinte, W./Treeß, H. (2011): Sozialraumorientierung in der Jugendhilfe. Theoretische Grundlagen, Handlungsprinzipien und Praxisbeispiele einer kooperativ-integrativen Pädagogik. Weinheim/ München, Beltz/Juventa.

Hurrelmann, Klaus (2002): Einführung in die Sozialisationstheorie. 8. Aufl., Weinheim, Beltz.

IGFH – Internationale Gesellschaft für erzieherische Hilfen (2008): Integrierte Erziehungshilfen – Orientierung im Wandel der Zeit. In: Forum Erziehungshilfen, Heft 4, S. 231–232.

Institut für Kinder- und Jugendhilfe (2008). Sozialpädagogische Diagnose – Ein Instrument zur Qualifizierung der Sozialarbeit. Zugriff am 15.07.2015 unter: http://www.ikj-mainz.de/index.php/ Projekte_und_Verfahren.html?file=tl_files/Downloads/Projekte%20und%20Verfahren/EST/SozialpadagogischeDiagnoseEREV.pdf.

Institut für Kinder- und Jugendhilfe (2015). Stimmt es eigentlich, dass Traumapädagogik in der Erziehungshilfe Sinn macht? Zugriff am 15.07.2015 unter:http://www.ikj-mainz.de/tl_files/ Downloads/Newsletter%20Abgehakt/Nachgehakt_17.pdf.

Institut für Kinder- und Jugendhilfe gGmbH Mainz/Katholische Hochschule Mainz, Kath. Fachschule für Sozialpädagogik Saarbrücken GmbH/Institut für Lehrerfortbildung Saarbrücken Hrsg. (2014): Computergestützte Dokumentation, Qualitätssicherung und Evaluation in der Jugendhilfe: Studienskript. Mainz, Eigenverlag. Download: http://www.evas-europe.eu/index.php/Download. html (zuletzt geprüft 05.07.2015).

Jugendeinrichtung Schloss Stutensee Hrsg. (2009): Schloss Stutensee Heim der Jugendhilfe. Leistungsbeschreibung Intensivgruppe „individuell geschlossen". Download: www.jugend-schloss.de/pdf/ Leistungsbeschreibung.pdf (zuletzt geprüft 05.07.2015).

Kannicht, A. (1983): Herumhängen, Blödeln, Action machen. In: deutsche jugend, S. 311–322.

Kant, I. (1968): Kants Werke, Bd. IX. Logik, Physische Geographie, Pädagogik. Berlin, de Gruyter.

Kieser, A./Walgenbach, P. (2007): Organisation. 5. Aufl., Stuttgart, Schäffer-Poeschel.

Kindler H./Helming E./Meysen T./Jurczyk K. Hrsg.) (2010: Handbuch Pflegekinderhilfe. München, Deutsches Jugendinstitut e.V.

Kiphard, E. J. (1997): Pädagogische und therapeutische Aspekte des Zirkusspiels. In: Ziegenspeck, J. W. Hrsg.: Zirkuspädagogik. Grundsätze - Beispiele - Anregungen. Lüneburg, Edition Erlebnispädagogik, S. 14–19.

Klafki, W. (1985): Neue Studien zur Bildungstheorie und Didaktik. Weinheim/Basel, Beltz.

Klawe, W. (2008): Individualpädagogische Maßnahmen als tragfähiges Beziehungsangebot. In: Unsere Jugend 60.Jg., Heft 5, S. 208–217.

Klein, J./Arnold, J./Macsenaere, M. (2011): InHAus – Individualpädagogische Hilfen im Ausland: Evaluation, Effektivität, Effizienz. Freiburg, Lambertus.

Klein, J./Erlacher, M./Macsenaere, M. (2003): Die Kinderdorf-Effekte-Studie. Mainz, Institut für Kinder- und Jugendhilfe.

Klein, W. (2014): Jugendberufshilfe. In: Macsenaere, M./Esser, K./Knab, E./Hiller, St. Hrsg.: Handbuch der Hilfen zur Erziehung. Freiburg, Lambertus, S. 495–501.

Klein, J./Arnold, J./Macsenaere, M. (2011): InHAus. Individualpädagogische Hilfen im Ausland: Evaluation, Effektivität, Effizienz. Freiburg, Lambertus.

Koch, J./Wolff, M. (2005): Erziehungshilfen und lokale Integration. In: Kessl, F./Reutlinger, Ch./Maurer, S./Frey, O. Hrsg.: Handbuch Sozialraum. Wiesbaden, VS Verlag, S. 375–392.

Köck, Th. (2014): Alltagspädagogik in den erzieherischen Hilfen. In: Macsenaere, M./Esser, K./Knab, E./Hiller, St. Hrsg.: Handbuch der Hilfen zur Erziehung. Freiburg, Lambertus, S. 344–348.

Konferenz der Kultusminister der Länder in der Bundesrepublik Deutschland (2004): Gemeinsamer Rahmen der Länder für die frühe Bildung in Kindertageseinrichtungen, 03./04. Juni 2004. Download: www.kmk.org/bildung-schule/allgemeine-bildung/fruehkindliche-bildung.html (zuletzt geprüft 05.07.2015).

König, O./ Schattenhofer, K. (2014): Einführung in die Gruppendynamik. Heidelberg, Carl Auer Verlag.

Korczak, Janusz (2005): Wie man ein Kind lieben soll. Göttingen, Vandenhoeck & Ruprecht.

Körner, W., Hensen, G. (2008): Erziehungsberatung: Strömungen, Entwicklungen und Standortbestimmungen der institutionellen Beratung in der Jugendhilfe. In: Hörmann, G., Körner, W. Hrsg.: Einführung in die Erziehungsberatung. Stuttgart, Kohlhammer, S. 10–26.

Krause, H.U./Peters, F. Hrsg. (2014): Grundwissen Erzieherische Hilfen. 4. Auflage, Weinheim/Basel, Beltz/Juventa.

Krautkrämer-Oberhoff, M./Klein, J./Macsenaere, M. (2014): Schulungsprojekt Traumapädagogik als Antwort auf Traumafolgestörungen bei untergebrachten Jungen und Mädchen. Die St. Mauritz KJH Münster macht sich auf den Weg. In: Unsere Jugend, 66, 1, S. 19–32.

Kreft, D. (2013): Träger der Sozialen Arbeit. In: Kreft, D./Mielenz, I. Hrsg.: Wörterbuch Soziale Arbeit. Weinheim/Basel, Beltz/Juventa, S. 975–978.

Kühn, M./Vogt, V. (2009). Definition „Traumapädagogik". Online unter www.traumapaedagogik.de/index.php?option=com_content&view=article&id=71:definition-qtraumapaedagogikq&catid=30:sonstiges&Itemid=53. Zugriff am 19.4.2013.

Kühn, Martin (2008). Wieso brauchen wir eine Traumapädagogik? Annäherung an einen neuen Fachbegriff. In: Trauma & Gewalt, 2 (4), S. 318–327.

Kulmeier, W./Meyser, J. (2003): Gestaltung von Lernsituationen. Intention und Umsetzung. In: berufsbildung, H. 79, S. 4–7.

KVJS – Kommunalverband Jugend und Soziales Baden-Württemberg (2007): Mitwirkung des Jugendamtes in Verfahren nach dem Jugendgerichtsgesetz, Stuttgart.

Landratsamt Esslingen Hrsg. (2009): Flexible Hilfen zur Erziehung. Download: www.landkreis-esslingen.de/site/LRA-Esslingen-ROOT/get/68585/Dokumentation%20Fachtag%20Erziehungshilfestationen.pdf (zuletzt geprüft 05.07.2015).

Landschaftsverband Rheinland/Landschaftsverband Westfalen-Lippe (2008): Empfehlungen zur Kooperation von Trägern der Hilfe zur Erziehung mit Schulträgern, Schulaufsicht und Schulen. Köln/Münster. Download: www.lvr.de/app/resources/schuljugendhilfe_12_11_08.pdf (zuletzt geprüft 05.07.2015).

Landschaftsverband Westfalen-Lippe (1999): Arbeitshilfe zur Vollzeitpflege gem. § 33 SGB VIII. Münster, Eigenverlag.

Landtag Nordrhein-Westfalen (2010): Bericht der Enquetekommission zur Erarbeitung von Vorschlägen für eine effektive Präventionspolitik in Nordrhein-Westfalen. Düsseldorf. Download: http://www.mik.nrw.de/fileadmin/user_upload/Redakteure/Dokumente/Themen_und_Aufgaben/Schutz_und_Sicherheit/Kurve_kriegen/EK_Praevention_Abschlussbericht.pdf (zuletzt geprüft 05.07.2015).

Litges, G./Lüttringhaus, M./Stoik, Ch. (2005): Quartiersmanagement. In: Kessl, F./Reutlinger, Ch./ Maurer, S./Frey, O. Hrsg.: Handbuch Sozialraum. Wiesbaden, VS Verlag, S. 559–576.

Lohmeier, A. (2003): Evaluation … und kein Ende? Ein Kurzüberblick über Wirksamkeitsstudien in der Erziehungsberatung. In: Informationen für Erziehungsberatungsstellen 3, S. 21–23.

Macsenaere, M. (2004). Strukturqualität. In Petermann, F. & Schmidt, M. H. (Hrsg.): *Qualitätssicherung in der Kinder- und Jugendhilfe – Erhebungsverfahren* (113–144). Weinheim: Beltz.

Macsenaere M./Arnold J. (2015): Stimmt es eigentlich, dass … Elternarbeit in den erzieherischen Hilfen sinnvoll ist? Download: www.ikj-mainz.de/tl_fi les/Downloads/Newsletter%20Abgehakt/Nachgehakt_10.pdf (zuletzt geprüft 05.07.2015).

Macsenaere, M., Esser, K. (2012): Was wirkt in der Erziehungshilfe? Wirkfaktoren in Heimerziehung und anderen Hilfearten. München, Ernst Reinhardt.

Macsenaere, M./Klein, J. (2011): Evaluation des traumapädagogischen Schulungsprojekts in der Kinder- und Jugendhilfe St. Mauritz in Münster. Vortrag im Rahmen der Fachtagung„Traumapädagogik – ein hoffnungsvoller Weg in der stationären Jugendhilfe" in Münster am 20.10.2011. Download: http://www.st-mauritz.de/downloads/category/3-fach-tag-20-11-2011 (zuletzt geprüft 05.07.2015). 3-fachtag-20-11-2011. Zugriff am 19.04.2013.

Macsenaere, M. (2012): Wirkungscontrolling in der Jugendhilfe: das Jugendhilfe-Cockpit. In: Bundesarbeitsgemeinschaft der Freien Wohlfahrtspflege (BAGFW) Hrsg.: Den Wandel steuern. Personal und Finanzen als Erfolgsfaktoren. Baden-Baden, S. 307–321.

Macsenaere, M./Paries, G., Arnold, J. (2009): EST! Evaluation der Sozialpädagogischen Diagnose-Tabellen – Abschlussbericht. München, Bayerisches Staatsministerium für Arbeit und Sozialordnung, Familie und Frauen.

Macsenaere, M., Esser, K., Knab, E., Hiller, S. Hrsg. (2014): Handbuch der Hilfen zur Erziehung. Freiburg, Lambertus.

Macsenaere, M./Geißler, G. (2009): Heilpädagogische Tagesstätten in Bayern – ein erfolgreiches Modell für die Jugendhilfe? In: Verhaltenstherapie mit Kindern & Jugendlichen, 5 (1), Tübingen, S. 37–46.

Mahlke, W./Schwarte, N. (1985): Wohnen als Lebenshilfe. Weinheim, Beltz.

Mahlke, W./Schwarte, N. (1989): Raum für Kinder. Weinheim, Beltz.

Makarenko, A.S. (1974): Eine Auswahl. Berlin, das europäische Buch.

Mangold, M./Schrapper, Ch. (2010): Projekt Fürsorgeerziehung der 1950er und 60er Jahre. Expertise im Auftrag des AFET. Hannover, AFET – Bundesverband für Erziehungshilfe e. V.

Marquard, P. (2002): Rahmenbedingungen der Kinder- und Jugendhilfe. In: Schröer, W./Struck, N./Wolff, M. Hrsg.: Handbuch Kinder- und Jugendhilfe. Weinheim/München, Beltz Juventa, S. 545–561.

Mastalerz, D./Brünner, A. (2013): Sicherheit und Risiko in der Erlebnispädagogik. Freiburg, Lambertus

Matzner, A./Munsch, Ch. (2014): Hilfeplan nach § 36 SGB VIII: Entwicklungen und Herausforderungen. In: Macsenaere, M./Esser, K./Knab, E./Hiller, St. Hrsg.: Handbuch der Hilfen zur Erziehung, Freiburg, Lambertus, S. 211–216.

Meinberg, E. (1988): Das Menschenbild der modernen Erziehungswissenschaft. Darmstadt, Wissenschaftliche Buchgesellschaft.

Merchel, J. (2006): Hilfeplanung bei den Hilfen zur Erziehung. § 36 SGB VIII. 2. Aufl., Boorberg, Stuttgart/München.

Merchel, J. (2013): Qualitätsentwicklung. In: Kreft, D./Mielenz, I. Hrsg.: Wörterbuch Soziale Arbeit. Weinheim/Basel, Beltz/Juventa, S. 709–713.

Merchel, J. (2013): Sozialmanagement. In: Kreft, D./Mielenz, I. Hrsg.: Wörterbuch Soziale Arbeit. Weinheim/Basel, Beltz/Juventa, S. 850–857.

Merchel, J. (2014): Qualität: Qualitätsentwicklungsvereinbarungen – (Selbst-)Evaluation. In: Macsenaere, M./Esser, K./Knab, E./Hiller, St. Hrsg.: Handbuch der Hilfen zur Erziehung. Freiburg, Lambertus, S. 536–543.

Messmer, H./Hitzler, S. (2011): Interaktion und Kommunikation in der Sozialen Arbeit. Fallstudien zum Hilfeplangespräch. In: Oelerich, G./Otto, H.-U. Hrsg.: Empirische Forschung und Soziale Arbeit. Wiesbaden, VS Verlag, S. 51–64.

Michaelis, P. (2009): Rollenmodelle vorleben. In: taz, 07.02.2009. Download: www.taz.de/1/archiv/print-archiv/printressorts/digi-artikel/?ressort=sp&dig=2009%2F02%2F07%2Fa0009&cHash=279abd85d0aadc2c4b8ad880f9a9ec89 (zuletzt geprüft 05.07.2015).

Michl, W. (2011): Erlebnispädagogik. 2. Aufl., München/Basel, Reinhardt.

Müller, H./Schmutz, E. (2005): Sozialraumorientierung: eine Entwicklungsperspektive für die erzieherischen Hilfen?! Evaluation der Hilfen zur Erziehung in der Stadt Ludwigshafen, ism Mainz, Ministerium für Arbeit, Soziales, Familie und Gesundheit Rheinland-Pfalz Hrsg., Mainz. Download: http://mifkjf.rlp.de/no_cache/service/publikationen/publikationsdetail/?tx_rbpublikationen%5Buid%5D=94582 (zuletzt geprüft 05.07.2015).

Nagel, Monika: Brief eines ehemaligen Heimkindes. Download: www.wensierski.info/html/briefe.html (zuletzt geprüft 05.07.2015).

Nicolini, H.J. (2012): Sozialmanagement. Köln, Bildungsverlag EINS.

Nikles, B.W. (2014): Organisationsentwicklung. In: Macsenaere, M./Esser, K./Knab, E./Hiller, St. Hrsg.: Handbuch der Hilfen zur Erziehung. Freiburg, Lambertus, S. 544–549.

Oberloskamp, H./Adams, U. (1994): Jugendhilferechtliche Fälle für Studium und Praxis. 8. Aufl. Luchterhand, Köln.

Paffrath, F. H. (2012): Einführung in die Erlebnispädagogik. Augsburg, ZIEL.

Pichotta, B. (2008): PsyQM Qualitätsmanagement für psychotherapeutische Praxen, Springer.

Pötter, N. Hrsg. (2014): Schulsozialarbeit am Übergang Schule – Beruf. Wiesbaden, Springer.

Pousset, R. (2011): Themenzentrierte Interaktion. In: Pousset, R.: Handwörterbuch für Erzieherinnen und Erzieher. Berlin, Cornelsen, S. 152.

Puch, H.-J./Westermeyer, K. (1999): Managementkonzepte. Eine Einführung für soziale Berufe. Freiburg, Lambertus.

Puhl, J. (2013): Öffentlichkeitsarbeit. in: Kreft, D./Mielenz, I. Hrsg.: Wörterbuch Soziale Arbeit. Weinheim/Basel, Beltz/Juventa, S. 640–644.

Rauschenbach, Thomas/Züchner, Ivo (2001): Lebenschancen benachteiligter junger Menschen – Risiken heutiger Sozialisation. In: Birtsch, Vera/Münstermann, Klaus/Trede, Wolfgang Hrsg.: Handbuch Erziehungshilfen. Münster, Votum Verlag, S. 69–102.

Redl, F. (1978): Erziehung schwieriger Kinder. Beiträge zu einer psychotherapeutisch orientierten Pädagogik. München, Pieper.

Redl, F./ Wineman, D. (1990): Steuerung des aggressiven Verhaltens beim Kind. München, Piper.

Redl, F/ Wineman, D. (1993): Kinder, die hassen. Auflösung und Zusammenbruch der Selbstkontrolle. München, Piper.

Rens, Ch. v. (2014): Erlebnispädagogik in der Erziehungshilfe. In: Macsenaere, M./Esser, K./Knab, E./Hiller, St. Hrsg.: Handbuch der Hilfen zur Erziehung. Freiburg, Lambertus, S. 384–390.

Rieder, H. (1971): Sport als Therapie. Berlin, Bartels & Wernitz.

Rühle, O. (1923): Das proletarische Kind. München.

Sader, M. (1991): Psychologie der Gruppe. Weinheim/München, Juventa.

Scheuerer-Englisch, H. (2008). Die Bedeutung des Bindungskonzepts im Bereich der Pflegekinderhilfe. Fachkongress „Kinder in Pf egefamilien: Chancen, Risiken und Nebenwirkungen". Download: http://www.dji.de/fileadmin/user_upload/pkh/Scheuerer_Englisch_Bindungkonzept.pdf (zuletzt geprüft 05.07.2015).

Schiefenhövel, W. (1992): Menschliches, Allzumenschliches. Tübingen, Deutsches Institut für Fernstudien.

Schipmann, W. (2014): Der VPK als Dachverband privater Träger in der Kinder- und Jugendhilfe. In: Macsenaere, M./Esser, K./Knab, E./Hiller, St. Hrsg.: Handbuch der Hilfen zur Erziehung, Freiburg, Lambertus, S. 279–283.

Schlippe, A. v./Schweizer, J. (2007): Lehrbuch der Systemischen Therapie und Beratung. Göttingen, Vandenhoek & Ruprecht.

Schmid, M. (2011): Tanz auf dem Vulkan. Entwicklungspsychopathologische Grundlagen einer Traumapädagogik. Vortrag im Rahmen der Fachtagung „Traumatisierte Mädchen und Jungen" an der Katholischen Hochschule Mainz. Download: www.kfh-mainz.de/aktuelles/pdf/Traum/Trauma-paedagogik_VortragSchmid.pdf (zuletzt geprüft 05.07.2015).

Schmid, M. (2012): Betreuungssettings für (komplex) traumatisierte Kinder: Konzepte und Strukturen optimieren. Vortrag auf der ConSozial in Nürnberg am 07.11.2012. Download: http://docslide.de/documents/marc-schmid-nuernberg-07112012-kinder-und-jugendpsychiatrische-klinik-betreuungssettings-fuer-komplex-traumatisierte-kinder-konzepte-und-strukturen.html (zuletzt geprüft 05.07.2015).

Schmid, M./Lang, B./Jaszkowic, K./Jaritz, C./Fegert, J. M./Wiesinger, D. (2007): Brauchen wir traumapädagogische Konzepte in der stationären Jugendhilfe? In: DGSF Hrsg.: Kontext 38 (4), S. 330–356.

Schmidt, M., Schneider, K., Hohm, E., Pickartz, A., Macsenaere, M., Petermann, F., Flosdorf,P., Hölzl, H. & Knab, E. (2003). Effekte erzieherischer Hilfen und ihre Hintergründe (Schriftenreihe des BMFSFJ; Band 219). Stuttgart: Kohlhammer.

Scholten, H. (2014): Tiergestützte Pädagogik - ein neues Handlungsfeld in der Heimerziehung. In Macsenaere, M./Esser, K./Knab, E./Hiller, S. Hrsg.: Handbuch der Hilfen zur Erziehung. Freiburg, Lambertus, S. 414–421.

Schoneville, H. (2012): Sozialraumorientierung. In: Thole, W./Höblich, D./Ahmed, S. Hrsg.: Taschenwörterbuch Soziale Arbeit. Bad Heilbronn, Klinkhardt, S. 288.

Schrader, M. (2012): Marketing praktisch II: Angewandtes Marketing in sozialen Organisationen – Beispiele und Bewertungen. Bochum, pragma.

Schwabe, M. (2005): Methoden der Hilfeplanung. Zielentwicklung, Moderation und Aushandlung. Frankfurt am Main, Internationale Gesellschaft für erzieherische Hilfen.

Sekretariat der Ständigen Konferenz der Kultusminister der Länder in der Bundesrepublik Deutschland: Allgemeine Schulpflicht und Teilzeitschulpflicht. Download: http://www.kmk.org/bildung-schule/allgemeine-bildung/schulpflicht.html (zuletzt geprüft 05.07.2015).

Senatorin f. Soziales, Kinder, Jugend und Frauen (2014): Jugendhilfe im Strafverfahren. 4. Aufl., Bremen. Download: www.amtfuersozialedienste.bremen.de/sixcms/media.php/13/2014_Rahmenkonzeption_JuHiS.pdf (zuletzt geprüft 05.07.2015).

Speck, Carsten: Definition von Schulsozialarbeit. Download: www.schulsozialarbeit.net/1.html (zuletzt geprüft 05.07.2015).

Spiegel, H. v. (2013): Evaluation. In: Kreft, D./Mielenz, I. Hrsg.: Wörterbuch Soziale Arbeit. Weinheim/Basel, Beltz/Juventa, S. 280–284.

Stahl, E. (2012): Dynamik in Gruppen: Handbuch der Gruppenleitung. Weinheim, Beltz.

Statistisches Bundesamt (2011): Bevölkerung mit Migrationshintergrund, Ergebnisse des Mikrozensus 2010. Fachserie 1 Reihe 2.2, Wiesbaden.

Statistisches Bundesamt Hrsg. (2014): Statistiken der Kinder- und Jugendhilfe. Erzieherische Hilfe, Eingliederungshilfe für seelisch behinderte junge Menschen, Hilfe für junge Volljährige, Heimerziehung, sonstige betreute Wohnform 2012. Wiesbaden, Statistisches Bundesamt.

Stecklina, G. (2012): Jugendamt. In: Thole, W./Höblich, D./Ahmed, S. Hrsg.: Taschenwörterbuch Soziale Arbeit. Bad Heilbronn, Klinkhardt, S. 142–143.

Strobel, H. (2003): Teamarbeit. Download: netzwerke.oegb.at/14gs_vorarlberg/data/upload/SK-02.pdf (zuletzt geprüft 05.07.2015).

Struck, N. (2014): Aufgaben des Paritätischen Wohlfahrtsverbandes in der Erziehungshilfe. In: Macsenaere, M./Esser, K./Knab, E./Hiller, St. Hrsg.: Handbuch der Hilfen zur Erziehung, Freiburg, Lambertus, S. 255–258.

Tietze, K.-O.: Kollegiale Beratung – Ablaufübersicht und Aufgaben der Beteiligten. Download: www.kollegiale-beratung.de/Ebene2/ablauf.html (zuletzt geprüft 05.07.2015).

Tietze, K.-O. (2003): Kollegiale Beratung. Reinbek, Rowohlt.

Tietze, W. (2008): Sozialisation in Krippe und Kindergarten. In: Hurrelmann, K./Grundmann, M./Walper,S. Hrsg.: Handbuch Sozialisationsforschung. Weinheim/Basel, Beltz, 274–289.

Tietze, W./Viernickel, S. (2007): Pädagogische Qualität in Tageseinrichtungen für Kinder: Ein nationaler Kriterienkatalog. 3. Aufl., Weinheim, Beltz.

Timm, G. (2014): Aufgaben der BAGFW im Feld der Erziehungshilfen. In: Macsenaere, M./Esser, K./Knab, E./Hiller, St. Hrsg.: Handbuch der Hilfen zur Erziehung. Freiburg, Lambertus, S. 245–245.

Trebesch, K. (1983): Organisatoren und Organisationsentwicklung. In: Zeitschrift für Organisation, 2, S. 85.

Tschöpe-Scheffler, S. (2009): Familie und Erziehung in der Sozialen Arbeit. Schwalbach, Wochenschau Verlag.

Van den Dries, L./Juffer, F./van Ijzendoorn, M.H./ Bakermans-Kranenburg, M. (2009): Fostering security? In: Children and Youth Services Review, 31, S. 410–421.

Verein für Kommunalwissenschaften e.V. Hrsg. (2007): Sozialraumorientierter Umbau der Hilfen zur Erziehung: Positive Effekte, Risiken und Nebenwirkungen, Band 1 und 2, Berlin. Download: www.google.de/url?sa=t&rct=j&q=&esrc=s&source=web&cd=1&ved=0CCAQFjAA&url=http%3A%2F%2Fedoc.difu.de%2Fedoc.php%3Fid%3DLN2EIWS7&ei=HfW9U_DWLMzBPMXkgPAM&usg=AFQjCNE5VyIMd4eNJ-spl1-zv6pWcKYuhQ (zuletzt geprüft 05.07.2015).

Vernooij, M. A./Schneider, S. (2008): Handbuch der tiergestützten Intervention. Wiebelsheim, Quelle & Meyer.

Waldschmidt, A. (2012): (Körper-)Behinderung als soziales Problem. In: Albrecht, G./Groenemeyer, A. Hrsg.: Handbuch soziale Probleme. Wiesbaden, Springer, S. 716–746.

Watson, J. B. (1928/1968): Behaviorismus. Köln/Berlin, Kiepenheuer u. Witsch.

Weiß, Wilma (2005): „Was hilft?“ – Pädagogische Möglichkeiten zur Korrektur traumatischer Erfahrungen. In: Forum Erziehungshilfen, 11, 1, S. 42–47.

Widulle, W. (2012): Gesprächsführung in der Sozialen Arbeit. Wiesbaden, VS Verlag.

Winnicott, D.W. (2011): Aggression: Versagen der Umwelt und antisoziale Tendenz. Stuttgart, Klett-Cotta.

xit GmbH/IKJ Pro Qualitas GmbH: Jugendhilfe Cockpit. Download: www.jugendhilfe-cockpit.de/index.html (zuletzt geprüft 05.07.2015).

Zentrum Bayern Familie und Soziales Bayerisches Landesjugendamt Hrsg. (2012): Sozialpädagogische Diagnose & Hilfeplan – Arbeitshilfe zur Prüfung gewichtiger Anhaltspunkte für eine Gefährdung des Kindeswohls, Abklärung der Leistungsvoraussetzungen einer Hilfe zur Erziehung und Durchführung des Hilfeplanverfahrens in der Praxis. München.

Zimbardo, P.G. (1998): Psychologie. Berlin, Springer.

Zimmer, R. (2012): Handbuch der Psychomotorik. Freiburg, Herder.

Sachwortverzeichnis

Bildquellenverzeichnis

AWO Bundesverband, Berlin: S. 82.3
AWO Jugendhilfeverbund Südharz: S. 248
Bundesarbeitsgemeinschaft Landesjugendämter
Geschäftsführung Landesjugendamt Rheinland-Pfalz
Landesamt für Soziales, Jugend und Versorgung Rheinland-Pfalz: S. 71
Caritasverband für das Dekanat Ahlen e. V.: S. 254
Colourbox.com: S. 85 (Sigrid Olsson), 127 (Odilon Dimier)
Der Paritätische – unser Spitzenverband, Berlin: S. 82.6
Deutscher Caritasverband e. V., Freiburg: S. 82.2
Deutsches Historisches Museum, Berlin: S. 20
Deutsches Rotes Kreuz, Berlin: S. 82.4
Dilly Nadine, Bonn/Bildungsverlag EINS, Köln: 136
Dreamstime.com: S. 86.4 (Georgios Kollidas)
Evangelisches Werk für Diakonie und Entwicklung e.V., Berlin: S. 82.1
Fotolia Deutschland GmbH, Berlin: S. 9 (guukaa), 28 (Marcito), 29 (KDImages), 44 (S.Kobold), 53 (JackF), 56 (Pavel Losevsky), 86.1 (Georgios Kollidas), 86.2 (Juulijs), 86.3 (Georgios Kollidas), 88.1 (Georgios Kollidas), 102 (mellsva), 113.2 (Voyagerix), 117 (Digital Press), 129 (fotodo), 133 (Thomas Wagner), 134 (lawcain), 138 (Artyom Yefimov), 139 (Christian Schwier), 145.1 (jovannig), 145.2 (Coloures-oic), 148 (pressmaster), 151 (Paolese), 152.1 (patrickjohn71), 152.2 (irinabozkaya), 153 (JackF), 157 (fuxart), 167 (Photographee.eu), 181 (Bobo), 182 (kotomiti), 188 (Sabphoto), 193 (waupee), 202.1 (Daniela EvaSchneider), 202.2 (Halfpoint), 204 (Zlatan Durakovic), 209 (ambrozinio), 213 (kamasigns), 227 (Andreas Rodriguez), 228 (frog-travel), 229 (tupungato), 232 (pressmaster), 236 (fotodo), 237 (bluebay2014), 238 (Denis Junker), 244 (Marco2811), 268 (vege), 269 (Gina Sanders), 275 (blue design), 280 (Gina Sanders)
Gemeinfrei: S. 15 (Hogarth, William), 198.2
Getty Images: S. 106.1 (AFP), 106.2 (Glen martin, Denver Post)
Hammer Richard, Neuenkirchen: S. 121.1-2, 199.1-2
Hauptarchiv der v. Bodelschwinghschen Stiftungen Bethel, Bielefeld: S. 22.2-3
Hurrelmann Klaus, Universität Bielefeld: S. 131
IKJ Institut für Kinder- und Jugendhilfe gGmbH, Mainz: S. 289
Istockphoto.com: S. 31 (tomazl), 49 (PeopleImages), 135 (snapphoto), 206 (ruizluquepaz),
Mahn- und Gedenkstätte Ravensbrück - Stiftung Brandenburgische Gedenkstätten: S. 21
Meredith Belbin: S. 260
Panther Media GmbH, München: S. 15 (Nashorn)
Picture Alliance, Frankfurt: S. 17, 19.1-2 (akg-images), 22, 103, 106, 118 (Tass)
Pressestelle Philipps-Universität Marburg: S. 123 (Hellmuth Grassmann)
Stadt Bochum: S. 35
Shutterstock.com: S. 47 (wavebreakmedia), 183 (VOJTa Herout), 185 (View Apart), 200 (Martynova Anna), 278 (Alexander Raths),
Schlüter Christian, Essen/Bildungsverlag EINS, Köln: S. 13, 154
Stadt Bochum: 164
Schlippe, A.v., Schweitzer, J. (2012). Lehrbuch der systemischen Therapie und Beratung I. Das Grudlagenwissen. Göttingen: S. 220

Ullstein Bild, Berlin: S. 109, 119
Wegbegleiter – Jugendhilfe nach Maß GmbH, Ehlscheid: S. 255
Wetterauer Oliver, Stuttgart/Bildungsverlag EINS, Köln: S. 112, 113.1, 160
Wikimedia commons: S. 16, 18, 19, 86.5, 198.1
Zentralwohlfahrtsstelle der Juden in Deutschland e. V., Frankfurt a.M.: S. 82.5